Windows 95 und MS-Plus!

Windows 95 und MS-Plus!

Daniel Danhäuser

DÜSSELDORF · SAN FRANCISCO · PARIS · SOEST (NL)

Fast alle Hard- und Software-Bezeichnungen, die in diesem Buch erwähnt werden, sind gleichzeitig auch eingetragene Warenzeichen und sollten als solche betrachtet werden. Der Verlag folgt bei den Produktbezeichnungen im wesentlichen den Schreibweisen der Hersteller.

Der Verlag hat alle Sorgfalt walten lassen, um vollständige und akkurate Informationen in diesem Buch bzw. Programm und anderen evtl. beiliegenden Informationsträgern zu publizieren. SYBEX-Verlag GmbH, Düsseldorf, übernimmt weder Garantie noch die juristische Verantwortung oder irgendeine Haftung für die Nutzung dieser Informationen, für deren Wirtschaftlichkeit oder fehlerfreie Funktion für einen bestimmten Zweck. Ferner kann der Verlag für Schäden, die auf eine Fehlfunktion von Programmen, Schaltplänen o.ä. zurückzuführen sind, nicht haftbar gemacht werden, auch nicht für die Verletzung von Patent- und anderen Rechten Dritter, die daraus resultiert.

Projektmanagement/Lektorat: Steffen Dralle

Produktion: Ingrid Erdmann

Satz: R. Felmet-Starke, Willich

Farbreproduktionen / Umschlaggestaltung: TYPE & IMAGE GmbH, Düsseldorf

Belichtung, Druck und buchbinderische Verarbeitung: Kösel, Kempten

ISBN 3-8155-7169-3

1. Auflage 1995

Inhaltsverzeichnis

Einleitung

Alle Computer-Zeitschriften oder die, die sich so nennen, stürzen sich seit mehr als einem Jahr auf dieses Thema. Da werden Reihen, Folgen oder sogar ganze Workshops abgehalten. Alles redet von Chicago und jetzt von Windows 95 und der SYBEX-Verlag natürlich auch.

Nun, Windows 95 soll der potentielle Nachfolger von Windows 3.1 und 3.11 sein, das weltweit immerhin fast 70 Millionen mal installiert ist. Microsoft arbeitet nun schon seit fast vier Jahren an der neuen Windows-Version, und nun ist sie da. Für Microsoft und für den Anwender bedeutet die Einführung von Windows 95 einen gewaltigen Quantensprung. Ein völlig neu anmutendes Betriebssystem führt man nicht ebenmal nebenbei ein. Mit diesem kleinen Buch erhalten Sie schon einmal einen Vorgeschmack und können sich auf die Neuerungen vorbereiten. Somit dient dieses Buch auch als spätere Kaufentscheidung.

Sie können auf Windows 95 gespannt sein. Trotzdem werden Sie sich gehörig umgewöhnen müssen. Dies soll kein Nachteil sein, denn Sie werden schnell merken, wenn Sie einmal mit der neuen Oberfläche gearbeitet haben, welche Vorteile Sie genießen können.

Bei der Entwicklung ist Microsofts oberstes Ziel die einfachste Bedienung und Handhabbarkeit. Dies spiegelt sich in einer komplett überarbeiteten Oberfläche wider, die mit der alten Version sehr wenig gemein hat.

Mit dem vorliegenden Taschenbuch soll Ihnen nun die Gelegenheit gegeben werden, einen ersten Eindruck vor allem von der Oberfläche zu gewinnen. Das Buch geht direkt in die Praxis. Sie finden reichlich Screenshots, die Ihnen viele Vorgänge und den Umgang mit der neuen Oberfläche transparent machen. Sie sollen sogar ein bißchen das Gefühl bekommen, vor einem Bildschirm zu sitzen, auf dem Windows 95 installiert ist. Es werden alle wichtigen Bereiche von Windows 95 erwähnt, vom einfachen Kopieren einer Datei bis hin zur Beschreibung der neuen Besonderheiten von Windows 95.

Verzichtet wurde auf ein Kapitel über die Systemarchitektur oder das Systemdesign von Windows 95. Diese Thematik ist dermaßen komplex und abstrakt, daß man sie sich zur Lebensaufgabe machen kann. Haben Sie schon mal das Gesicht eines "normalen" Windows-Users gesehen, dem Sie ein Windows NT-Programmierhandbuch in die Hand gedrückt haben? Die Antwort liegt, glaube ich, auf der Hand. Das erste, was den normalsterblichen Windows-Freak interessiert, ist wohl die Oberfläche oder das Look and Feel, Geschwindigkeit und natürlich die Kompatibilität zu seinen bisherigen Programmen. Was sich unter der Oberfläche abspielt, ist erst einmal sekundär, zumindest für die meisten Anwender. Damit wären wir bei der Zielgruppe für dieses Buch.

Für wen ist das Buch gedacht?

Eigentlich für jeden. Die Zielgruppe soll möglichst groß sein. Ob Sie nun Windows-Einsteiger, Windows-Fortgeschrittener, Power-User oder High-End-User sind oder gar keinen Computer haben, aber mit einem liebäugeln, es spielt keine Rolle. Sie müssen nur neugierig sein. Jeder kommt auf seine Kosten, dafür sind eigens die Guided Tours gedacht, die gleich noch erklärt werden. Im Vordergrund steht auf jeden Fall die neue Oberfläche und ihre Benutzung.

Sicherlich können Sie keinen Programmiertitel erwarten. Dann wäre es kein Taschenbuch mehr. Ganz abgesehen davon, daß der Autor in seinem Leben noch nicht eine Zeile C-Code geschrieben hat. Für den Programmierfreak, Entwickler oder Leute, die sich für den inneren Aufbau von Windows 95 interessieren, könnte der Literaturanhang wichtig sein, der einige technisch orientierte Titel enthält.

Aufbau des Buches

Das Taschenbuch gliedert sich in drei Teile. Teil 1 enthält die sogenannten Guided Tours oder auch Demos. Auf jeder rechten Seite finden Sie drei Screenshots, die auf der jeweils gegenüberliegenden linken Seite in kurzen Absätzen erklärt werden. Teil 2 widmet sich den allgemeinen Neuerungen von Windows 95 und versucht, Ihnen die Vorteile näherzubringen. Teil 3 stellt das sogenannte Zusatzprodukt MS Plus! vor, das einige Zusatztools für Windows 95 bereithält.

Teil 1: Die Guided Tours

Die Idee der Guided Tours beinhaltet eine kurze Vorstellung der neuen Funktionen von Windows 95 in Form von Bildschritten. Insgesamt finden Sie vier Touren, die auf eine bestimmte Zielgruppe abgestellt sind und jeweils eine andere Arbeitssituation mit unterschiedlichen Anforderungen darstellen.

❑ Tour 1 ist für Anfänger und Einsteiger gedacht, also auch Leute, die bisher noch nie mit Windows 3.1 oder einem anderen System gearbeitet haben. Gezeigt wird der erste Kontakt mit der Oberfläche, und die ersten Gehversuche werden unternommen. Abschließend kann der Anwender schon seinen ersten Text mit der eigens von Windows 95 mitgelieferten Textverarbeitung WordPad erstellen und abspeichern.

❑ Tour 2 richtet sich an den fortgeschrittenen Anwender. Dabei spielt es keine Rolle, ob der Anwender vorrangig privat oder beruflich mit Computern arbeiten möchte. Hier kommen auch elementare Funktionen für den Büroalltag zum Vorschein.

❑ Tour 3 ist für den neugierigen Windowsuser vorgesehen, der auch etwas experimentierfreudig ist und schon viel Erfahrung mit der alten Windowsversion gesammelt hat. Zum Thema gehören Netzwerkfunktionen, Windows 95 und Hardwareinstallation sowie das Thema Datenfernübertragung.

❑ Tour 4 bietet einen kleinen Vorgeschmack in Sachen Multimedia und Windows 95. Hier hat Windows 95 ebenfalls einige Überraschungen parat. Es ist für jeden etwas dabei.

Teil 2: Nähere Erklärungen zu Windows 95

Teil 2 geht etwas detaillierter auf die wichtigsten Komponenten von Windows 95 ein.

❑ Kapitel 5: **Von Windows 3.x zu Windows 95** beschäftigt sich mit Fragen wie: Was bringt Windows 95? Wie sieht die neue Oberfläche aus?

❑ Kapitel 6: **Was ist mit meinen DOS- und Windows-Anwendungen?** beinhaltet Antworten auf Fragen zur Kompatibilität von vorhandenen Windows-Programmen. Was ist mit reinen DOS-Programmen? Welche Vorteile bringen 32-Bit-Programme?

❑ Kapitel 7: **Plug and Play und Windows 95** versucht, den neuen Industriestandard zu erklären und was er mit Windows 95 zu tun hat. Vorgestellt werden natürlich auch die Plug and Play-Elemente in Windows 95.

❑ Kapitel 8: **Hilfe von allen Seiten** zeigt die neue Oberfläche der Hilfefunktion und stellt Inhaltsverzeichnis, Such- und Indexfunktion sowie die integrierten Assistenten vor.

❑ Kapitel 9: **Windows 95 und seine Netzwerkfunktionen** stellt die umfangreichen Netzwerkfeatures unter Windows 95 vor sowie die neuen Konfigurationsmöglichkeiten.

❑ Kapitel 10: **Kommunikation unter Windows 95** beschäftigt sich mit Windows 95 als Informationszentrum. Inhalt sind Hyperterminal, Briefcase-Funktion für Mobile Computing, aber auch Zugang zum Internet sowie der neue Onlinedienst MICROSOFT NETWORK, der allen Windows 95-Usern automatisch zur Verfügung stehen soll.

❑ Kapitel 11: **Windows 95 Tools und Zusatzprogramme** stellt neue Utilities von Windows 95 vor, unter anderem auch die Eingabehilfen für Behinderte, WordPad als Ersatz für Write und andere Nützlichkeiten.

Teil 3: MS Plus! für Windows 95

Teil 3 beschreibt in sechs weiteren Kapiteln alle Komponenten von MS Plus!. Angefangen von der Installation, der genauen Konfiguration des integrierten Internetzugangs bis hin zur Vorstellung der Desktopthemen und anderer Zusatzfunktionen.

Kleine Danksagung

Zu guter Letzt möchte ich mich als Autor noch bei einigen Leuten bedanken, die hinter den Kulissen an dem kleinen Taschenbuch maßgeblich beteiligt waren.

Erst durch Dagmar und Charlie konnte das Buch Wirklichkeit werden, denn sie haben mich mit vielen wertvollen Informationen versorgt. Ohne sie wäre das Buch nicht zustande gekommen. Und dann ist da noch mein guter Freund Peter Monadjemi, der mir als erfahrener Autor und Windows-Experte einige gute Ratschläge gegeben hat. Euch dreien gilt also mein Dankeschön.

So und nun viel Spaß beim Blättern.

Daniel Danhäuser

Köln, im August 1995

Teil 1:
Die Guided Tours

Kapitel 1:
Guided Tour - Anfänger und Einsteiger

Diese Tour ist in erster Linie für den Windowsneuling gedacht, der die ersten Übungen mit Windows 3.1 schon gemacht hat und vielleicht erst seit ein paar Wochen wirklich mit Windows 3.1 arbeitet. Aber auch der absolute Neuling kann von dieser Tour profitieren.

Die Tour simuliert in diesem Fall die Bedienung der Windows 95 Oberfläche an ausgewählten Beispielen, die auf Einsteiger zugeschnitten sind, also auch für Leute, die noch nie einen PC bedient haben. Auf diese Weise soll Ihnen vor allem die leichte Bedienbarkeit von Windows 95 vor Augen geführt werden.

Sie werden also direkt ins kalte Wasser gestürzt. Bei den Erklärungen werden Sie sicherlich die eine oder andere Detailfrage haben. Auf Details soll und kann das Buch hier aber gar nicht eingehen. Es soll in erster Linie einen ersten Eindruck geben und den Leistungsumfang von Windows 95 widerspiegeln. Einige Funktionen werden daher nur am Rande erwähnt. Sie dürfen nicht vergessen, daß das Buch eine Betaversion behandelt und einige Funktionen noch nicht implementiert sind.

Themen sind:

❑ Die erste Konfrontation mit der Oberfläche

❑ Die Task-Leiste

❑ Das Umschalten zwischen Anwendungen

❑ Wie finde ich Informationen?

❑ Lange Dateinamen

❑ Das Hilfesystem

❑ Was heißt dokumentorientiertes Arbeiten?

❑ Wie verfahre ich mit Dateien, Verzeichnissen und Disketten?

Übersichtliche Oberfläche

Wenn Sie den PC einschalten, sehen Sie zuerst einige Startroutinen, die Sie eigentlich nicht zu interessieren brauchen. Hauptsache, die Kiste kommt hoch, ohne steckenzubleiben. Windows 95 meldet sich dann zum ersten mal mit einer netten Animation in Form von einem blinkenden Windows 95 Schriftzug, den wir jetzt leider nicht zeigen können.

Nach einigen Sekunden befinden Sie sich dann auf der Oberfläche wie Sie sie in Abbildung 1.1 sehen. Sie sehen eine fast leere Oberfläche, die lediglich drei kleine Schaubilder - sprich Icons - bietet. Die Oberfläche ist praktisch als Ihr Büro oder Arbeitszimmer zu verstehen, in dem alles eine bestimmte Anordnung hat. Diese können Sie selber später verändern und bestimmen. Diese Vorstellung sollten Sie sich immer vor Augen halten, um Windows 95 mit seinen Funktionen zu verstehen.

Am unteren Bildschirmrand erkennen Sie die sogenannte Task-Leiste mit einem Startknopf. Einfacher geht es nun wirklich nicht. Man hätte vielleicht sogar auch noch auf die Icons verzichten können. Der Erklärung halber werden die Icons kurz vorgestellt:

❑ ARBEITSPLATZ repräsentiert praktisch Ihren Computer mit allen seinen Komponenten, wie Drucker und anderen Peripheriegeräten. Es handelt sich sozusagen um die Schaltzentrale für Ihren PC.

❑ NETZWERK stellt Ihnen eine mögliche Netzwerkanbindung zur Verfügung. Dahinter verbergen sich mehrere Servicefunktionen für die Arbeit in einem Netzwerk.

❑ PAPIERKORB dient als Objektlöscher. Alles, was nicht mehr benötigt wird, ziehen Sie mit der Maus auf den Papierkorb und löschen es.

Abb. 1.1:
Die Eingangs-oberfläche von Windows 95

Abb. 1.2:
Ihr persönliches Büro unter Windows 95

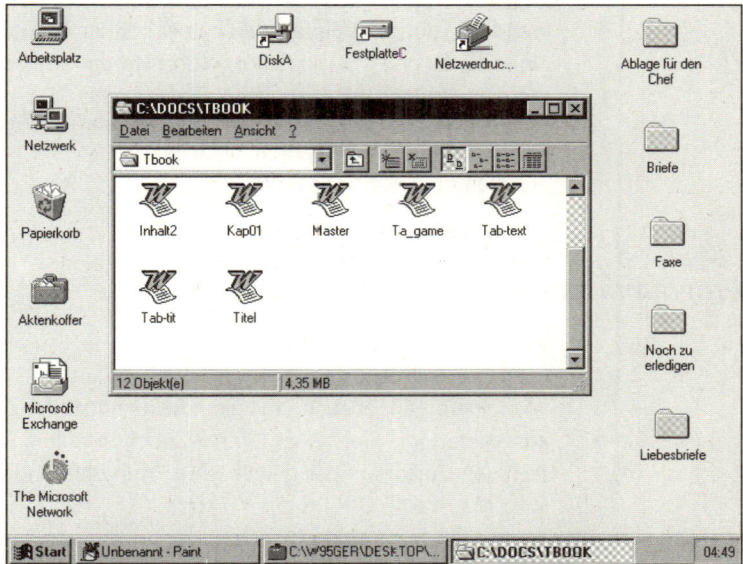

Die Task-Leiste

Die Task-Leiste ist eines der wichtigsten Steuerungselemente auf der neuen Oberfläche.

Alternativer Programmverwalter

Sie dient als Programmverwalter und ersetzt den alten Task-Manager von Windows 3.x. Sie ist ständig präsent und zeigt Ihnen an, welche Programme zur Zeit geladen sind. Uns interessiert jetzt zuerst der Startbutton. Wenn Sie den Startbutton mit einem einfachen Mausklick anklicken, öffnet sich ein sogenanntes Popup-Menü, wie in Abbildung 1.3 zu sehen ist.

Mit dem Mauscursor können Sie nun ganz einfach über die in dem Popup-Menü befindlichen Befehlsflächen ziehen. Sie müssen dabei gar nicht die Maustasten betätigen.

Doppelklick ade

Microsoft verabschiedet sich mit Windows 95 von dem legendären Doppelklick mit der linken Maustaste. Er findet zwar immer noch Verwendung, doch der Einfachheit halber können nun viele Funktionen mit einem einfachen Mausklick ausgeführt werden. Gerade Anfänger hatten mit dem Doppelklick sehr viele Schwierigkeiten. Dies lag zum Teil an der Doppelklickgeschwindigkeit, für die ein Anfänger erst ein Gefühl bekommen mußte.

Programmstart ganz einfach

Sie werden merken, wie leicht es ist, die Menüs zu öffnen. Dementsprechend einfach ist es auch, Programme aufzurufen. Windows 95 wird - wie sein Vorgänger auch - mit einer Reihe nützlicher Zubehörprogramme ausgeliefert, die Sie in dem Ordner Zubehör finden. Sie ziehen ganz einfach den Cursor auf das gewünschte Programm und drücken einmal die linke Maustaste. Das Programm startet.

Selbstverständlich können Sie die Programmenüs konfigurieren und Ihre eigenen Programme einbinden.

Abb. 1.3:
Der Inhalt des
Startbutton-
Menüs

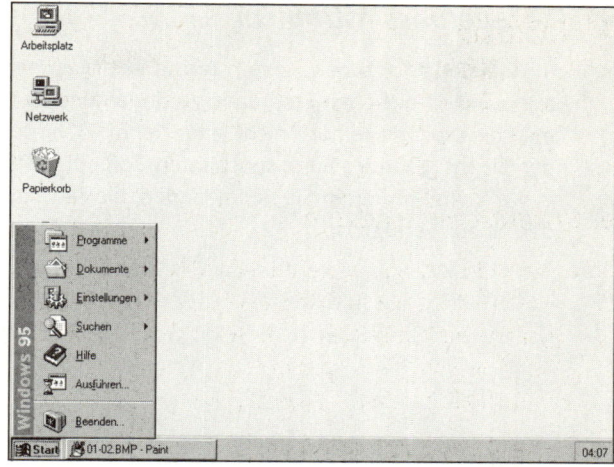

Abb. 1.4:
Führen Sie den
Cursor über
die Befehls-
flächen, so
öffnen sich
weitere
Untermenüs

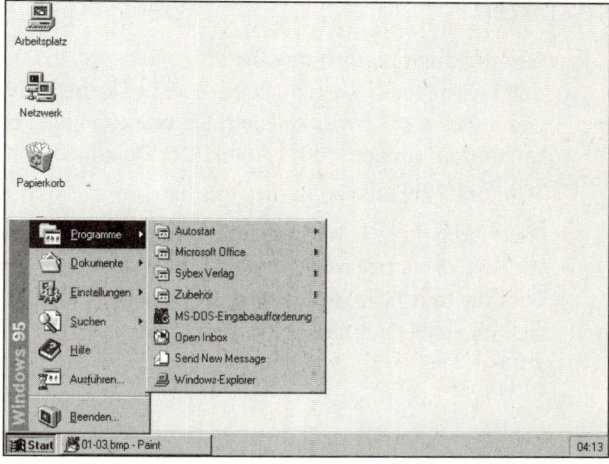

Abb. 1.5:
Hier sehen Sie
die über-
sichtliche
Anordnung der
Programme. In
diesem Fall
sehen Sie den
geöffneten
Spiele-Ordner.

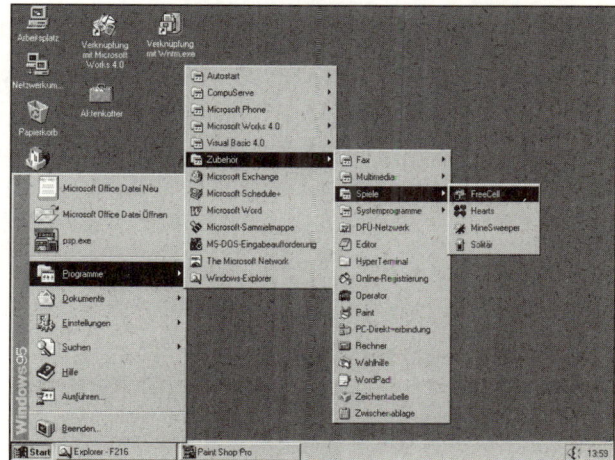

11

Startbutton als Steuerungsinstrument

In Abbildung 1.6 sehen Sie den Aufruf des Malprogramms Paint. Es ist also wirklich leicht, ein Programm zu finden und zu starten, auch wenn man die Oberfläche noch nicht lange kennt. Über den Startbutton können Sie Ihr gesamtes Büro, sprich Ihren Computer, steuern. Ganz gleich, in welchem Programm Sie sich befinden, die Task-Leiste steht Ihnen jederzeit zur Verfügung.

Dokumente starten

Sehr praktisch ist auch das Menü DOKUMENTE. In ihm finden Sie die zuletzt bearbeiteten Dateien. Dabei spielt es keine Rolle, mit welchem Programm sie erstellt worden sind. Sie brauchen also nicht das Programm aufzurufen, sondern öffnen direkt das Dokument mit dem entsprechenden Programm.

Diese Vorgehensweise bedeutet eine wesentliche Neuerung von Windows 95. Sie arbeiten nicht mit Applikationen, sondern überwiegend mit Dokumenten. Sie werden sehr bald merken, daß diese Organisationstechnik mehr Ordnung in Ihr Büro bringt.

Task-Leiste einstellen

Zur Konfiguration der Task-Leiste reicht ein Klick mit der rechten Maustaste auf die Task-Fläche. In Abbildung 1.8 sehen Sie das sich dann öffnende Popup-Menü mit dem Befehl EIGENSCHAFTEN, mit dessen Hilfe Sie dem Startmenü weitere Programme hinzufügen können.

Abb. 1.6:
Paint aufrufen

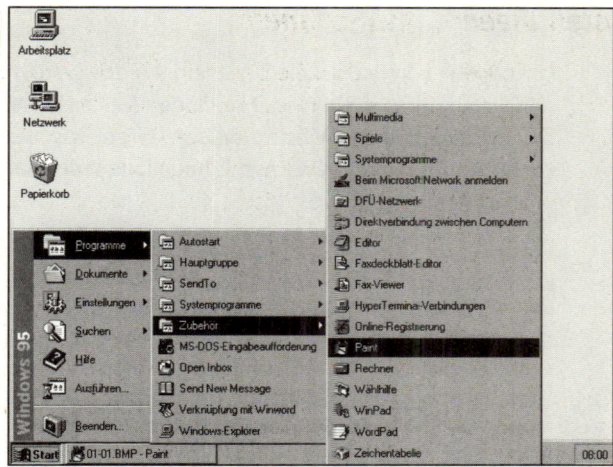

Abb. 1.7:
Paint über ein vorhandenes Grafikdokument öffnen

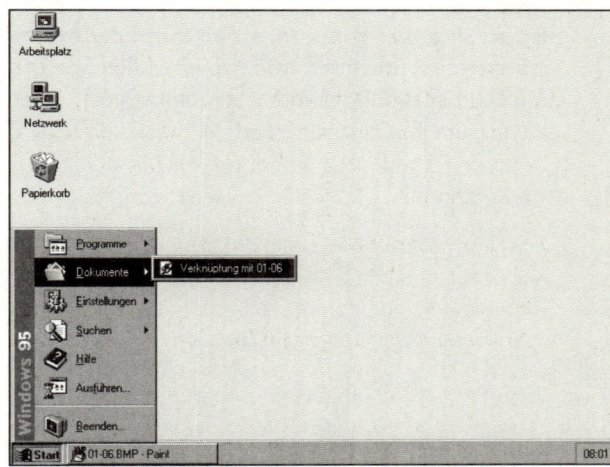

Abb. 1.8:
Konfiguration der Task-Leiste mit der rechten Maustaste

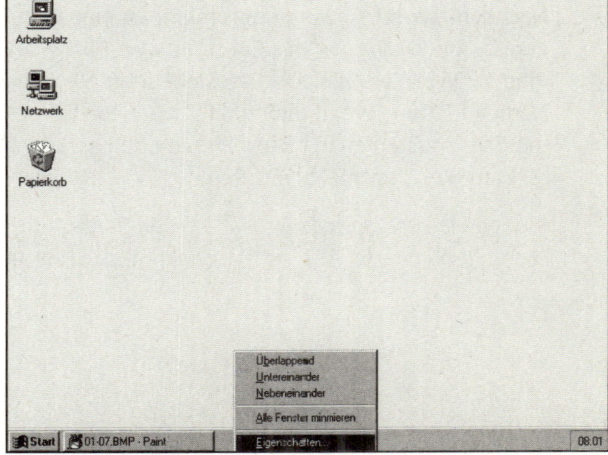

13

Systemeinstellungen

Umgekehrt können Sie alle Einstellungen des Systems auch wieder über den Startbutton vornehmen. Hier finden Sie das Menü EIGENSCHAFTEN. Es beinhaltet Befehle zur Einstellung des Startmenüs, des Druckers, des Gesamtsystems - unter Windows 3.1 auch als SYSTEMSTEUERUNG bekannt - und der TASK-LEISTE.

Wählen Sie TASK-LEISTE, öffnet sich eine Dialogbox mit zwei Registern zur Einstellung der Task-Leiste selbst und zur Konfiguration des Startmenüs PROGRAMME. Um ein Programm hinzuzufügen, werden Sie mit Hilfe eines kleinen Assistenten dialoggeführt. Er sagt Ihnen, was Sie zu tun haben.

Der Assistent hilft

Klicken Sie auf HINZUFÜGEN, erklärt Ihnen der Assistent die nächste Vorgehensweise. In unserem Beispiel wollen wir die Textverarbeitung WinWord in das Programm-Menü aufnehmen. Klicken Sie auf DURCH-SUCHEN, um Ihre Festplatte nach WinWord absuchen zu lassen.

Eigenes Startmenü

Nachdem Sie Ihr Anwendungsprogramm eingebunden haben, bestätigen Sie die Dialogbox mit OK. Windows 95 bindet nun den richtigen Pfad zu WinWord ein. Der Assistent fragt Sie dann noch nach einem Namen für Ihren Programmpunkt. Anschließend beenden Sie den Dialog mit dem Assistenten mit BEENDEN. Von nun an können Sie WinWord direkt aus dem Startmenü aufrufen.

Klicken Sie zur Kontrolle einmal auf den Starbutton, und öffnen Sie das Menü PROGRAMME. Aha, es hat geklappt, der Eintrag ist vorhanden.

Abb. 1.9:
Die Dialogbox zur Konfiguration der Task-Leiste

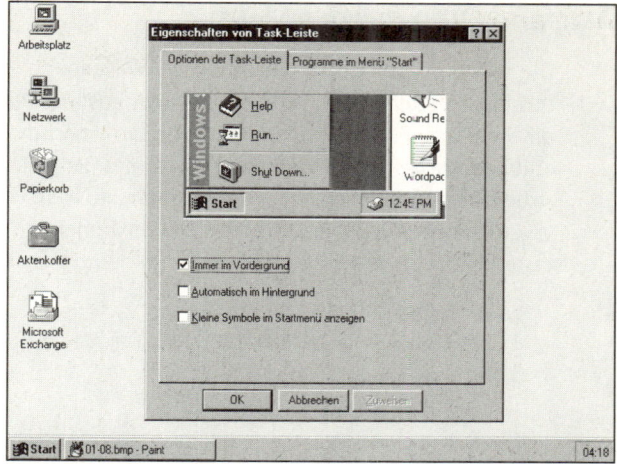

Abb. 1.10:
Der Assistent zur Einbindung von Programmen

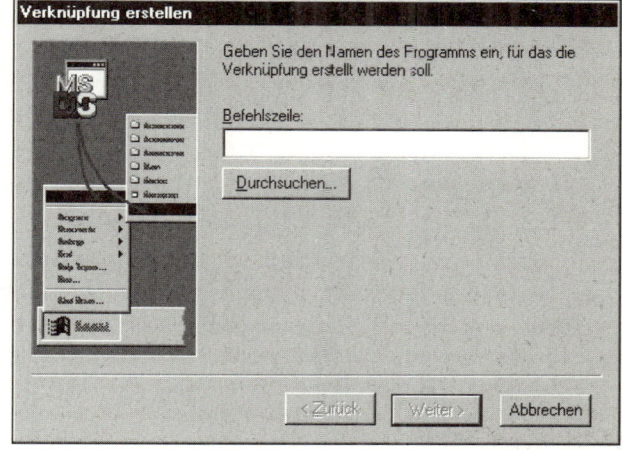

Abb. 1.11:
Der Eintrag von WinWord

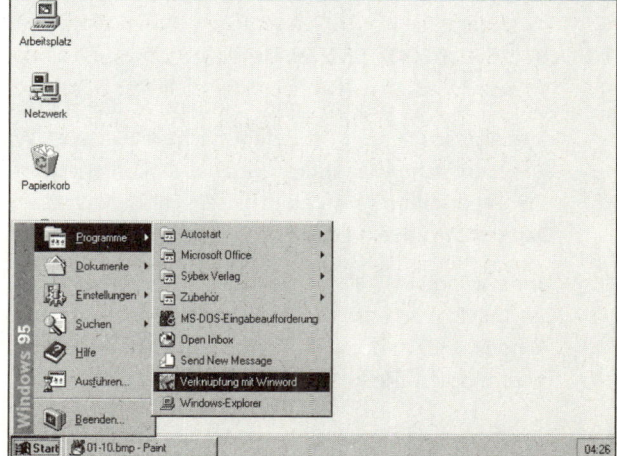

15

Wichtig: Drag and Drop mit der Maus

Die soeben beschriebene Vorgehensweise ist aber eher umständlich und nutzt die Vorteile von Windows 95 nicht aus. Anwender, die schon ein bißchen Erfahrung mit Windows haben, können mit dem Begriff Drag and Drop sicherlich etwas anfangen. Nun, unter Windows 95 wird diese Arbeitstechnik noch mehr Einzug erhalten und viele Vorgänge wesentlich vereinfachen. Auch das Aufrufen von Funktionen mit der rechten Maustaste gehört zu den größeren Neuerungen von Windows 95.

Dokument-Icon im Startmenü

Zur Veranschaulichung der Drag and Drop-Technik markieren Sie ein Icon auf dem Desktop, in diesem Beispiel ein Textdokument, und ziehen es mit der gedrückten linken Maustaste auf den Startbutton. Dies ist die einfache Drag-Funktion. Über dem Startbutton lassen Sie das Icon los oder fallen - sprich Drop, indem Sie die linke Maustaste loslassen.

Sie haben nun ein Dokument-Icon Ihrem Starmenü zugefügt. Genauso verfahren Sie in Zukunft auch mit Ihren Programmen. Sie ziehen einfach per Drag and Drop ein Programm-Icon auf den Starbutton oder verfahren, wenn Sie zur Zeit kein Programm-Icon auf dem Desktop haben, wie in unserem vorherigen Beispiel mit WinWord. In Abbildung 1.12 sehen Sie nun in Ihrem Startmenü den Eintrag Microsoft WinNews.

Programm über Dokument starten

Öffnen Sie nun das Dokument, indem Sie das Startmenü öffnen und mit dem Mauscursor auf die Befehlsfläche MICROSOFT WINNEWS gehen. Mit einem einfachen Mausklick wird das Dokument dann mit der dazugehörigen Applikation geöffnet. In diesem Fall handelt es sich um eine Readme-Datei, die von dem Editor Notepad geöffnet wird.

Unter Windows 3.1 war dies auch schon möglich, nur wurde das Arbeiten mit Dokumenten nicht konsequent durchgesetzt. Der Vorteil von Windows 95 ist der, daß Sie sich nun nicht mehr um Ihr Programm kümmern müssen. Sie konzentrieren sich mehr auf Ihr erstelltes Dokument.

Abb. 1.12:
Drag and Drop

Abb. 1.13:
Das Dokument-
Icon erscheint
als Befehl im
Startmenü

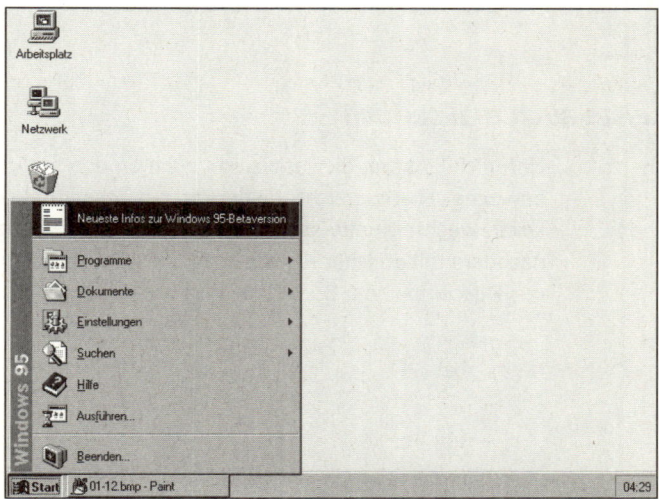

Abb. 1.14:
Das geöffnete
Dokument

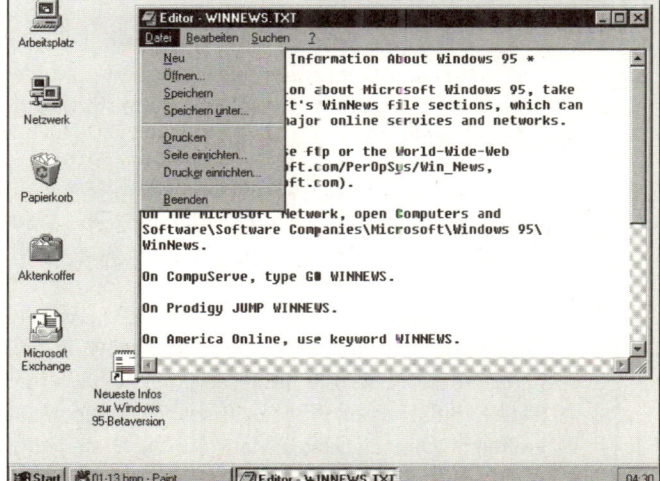

Task-Leiste einmal anders

Die Task-Leiste muß übrigens nicht immer am unteren Bildschirmrand stehen. Sie läßt sich wie ein geöffnetes Fenster oder eine Dialogbox verkleinern. Auch die Position kann beliebig variiert werden. Wenn Sie mit der Maus über die Ränder der Task-Leiste fahren, verändert sich der Mauscursor zu einem Doppelpfeil. Mit gedrückter linker Maustaste läßt sich nun die Task-Leiste vergrößern. Um den Effekt besser sichtbar zu machen, laden Sie das Programm Paint über die Menüs PROGRAMME und ZUBEHÖR.

Task-Leiste auch mal seitlich

Natürlich läßt sich die Task-Leiste auch an den seitlichen Bildschirmrand bewegen. Hierfür reicht wieder ein einfacher Mausklick und die Task-Leiste wechselt entweder die horizontale oder vertikale Anordnung. Je nachdem mit welcher Anwendung Sie arbeiten, kann die Aufteilung Ihres Bildschirms oder Büros von Wichtigkeit sein.

Es geht auch ohne Task-Leiste

Da die Task-Leiste praktisch alle zur Zeit laufenden Programme repräsentiert, kann sie sich mit der Zeit vergrößern und klaut Ihnen regelrecht Bildschirmfläche. Wenn Sie die Task-Leiste stört, da sie permanent anwesend ist, verstecken Sie sie einfach.

Klicken Sie einfach mit der rechten Maustaste auf die Task-Leiste und öffnen Sie über den Befehl EIGENSCHAFTEN die Systemeinstellungen für die Task-Leiste. Wenn Sie hier die Option AUTOMATISCH IM HINTERGRUND aktivieren, verschwindet die Task-Leiste von der Oberfläche. Trotzdem haben Sie immer noch Zugriff auf die Task-Leiste. Führen Sie den Mauszeiger auf den unteren Rand, erscheint die Task-Leiste wie von Geisterhand. So stört Sie die Task-Leiste nicht bei Anwendungen, die viel Bildschirmfläche benötigen. Müssen Sie dennoch auf die Task-Leiste zugreifen, reicht lediglich die Mausführung an den unteren Bildschirmrand.

Abb. 1.15:
Die vergrößerte Task-Leiste

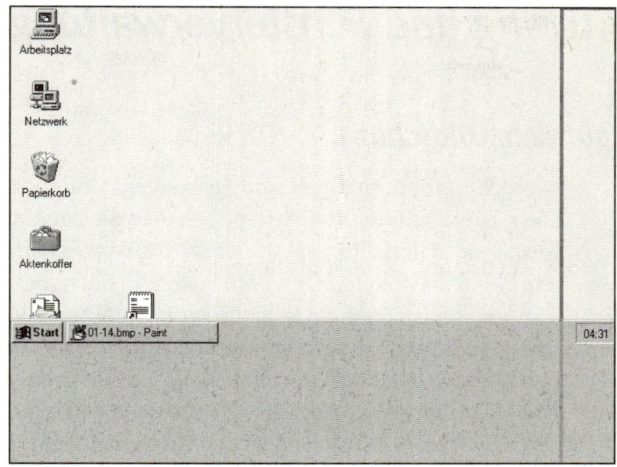

Abb. 1.16:
Die Task-Leiste einmal auf der linken Seite

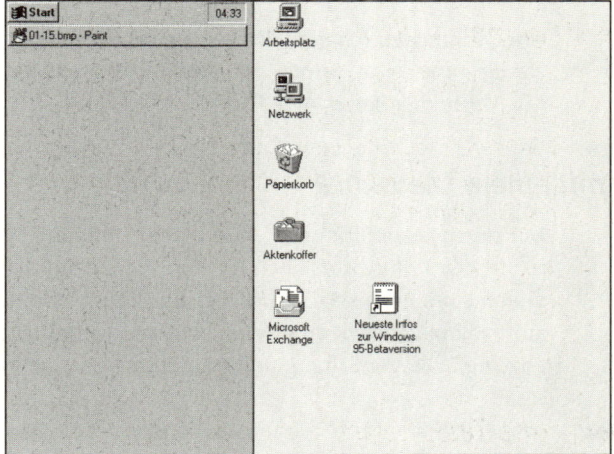

Abb. 1.17:
Die versteckte Task-Leiste

Taskswitching und Fensterverwaltung

Ordnung auf dem Bildschirm

Gerade für den Anfänger sind Fensterverwaltung und Verwendung der Task-Leiste sehr wichtig. Erstens behalten Sie dann mehr Übersicht über die Struktur und Ordnung Ihres Büros. Zweitens hilft Ihnen die Task-Leiste wenn Sie mal den Überblick verloren haben. Bei mehr als zwei oder drei geöffneten Fenstern ist Ihr Bildschirm praktisch dicht. Wie Sie in Abbildung 1.18 sehen, haben Sie keine Chance, Ihr gestartetes Paint wiederzufinden. In der Task-Leiste finden Sie jederzeit Ihre aktiven Programme. Ein Klick auf das jeweilige Programmicon in der Task-Leiste läßt Sie praktisch zwischen Ihren Anwendungen hin- und herschalten. Alten Windows-Hasen wird dies bekannt sein, nur nicht in dieser komfortablen Form.

Um Ordnung zu schaffen, klicken Sie wieder mit der rechten Maustaste auf die Task-Leiste, öffnen das Popup-Menü und wählen mit der linken Maustaste den Befehl ALLE FENSTER VERKLEINERN.

Ordnung mit einem Mausklick

Mit einem Mausklick ist Ihr Büro aufgeräumt, und Sie sehen wieder klarer. In der Task-Leiste sehen Sie nun ganz deutlich alle laufenden Programme nur noch in Iconform. Bei der alten Windows-Version wurde die auf Symbol verkleinerte Anwendungen ungeordnet auf der Oberfläche abgelegt. Die Verwaltung und Anordnung übernimmt nun die Task-Leiste.

Task-Leiste als Programmverwalter

Aus der Task-Leiste heraus können Sie nun Paint aufrufen. Die als Icon abgelegten Anwendungen erscheinen in der Liste als Pushbutton. Das heißt, daß Sie, wenn Sie auf ein Icon klicken, das Gefühl haben, einen Knopf zu drücken. Wie bei allen Knöpfen, die Sie bei Windows 95 und Windows 3.1 finden, handelt es sich natürlich nur um eine visuelle Täuschung. In Wirklichkeit ändert sich nur die Rahmenfarbe und Schattierung des Knopfes, der entweder nach außen oder innen gestellt ist. In der Abbildung 1.20 sehen Sie den gedrückten Knopf von Paint in der Task-Leiste.

20

Abb. 1.18:
Das unauf-
geräumte Büro

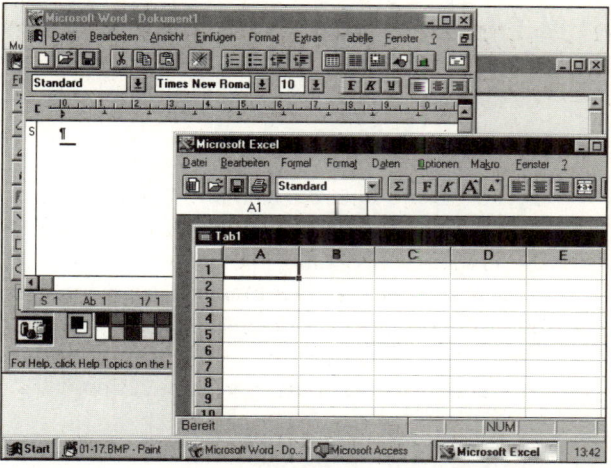

Abb. 1.19:
Ordnung mit
einem Maus-
klick

Abb. 1.20:
Aufruf von
Paint über die
Task-Leiste

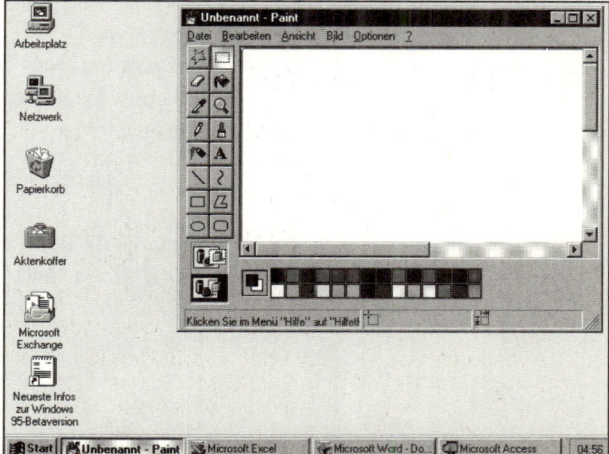

Fensterstruktur von Windows

In der Abbildung 1.21 sehen Sie die einfache Fensterstruktur von Windows 95 mit seinen wichtigsten Kontrollelementen:

❏ Titelzeile mit Fensternamen

❏ Kontrollmenü für das Fenster

❏ Befehlsleiste

❏ Symbolleiste zur Abkürzung von Befehlen

❏ Fensterrahmen

❏ Verkleinern/Vergrößern/Beenden-Buttons

Kleine Buttons mit großer Wirkung

Die Buttons in der rechten Hälfte der Titelleiste eines jeden Fensters dienen zur Verkleinerung eines Fensters auf Symbolgröße oder zur seiner Herstellung.

Die Buttons zum Vergrößern und Verkleinern gab es auch schon unter Windows 3.x. Ihr Aussehen wurde jetzt etwas modifiziert, und sie sprechen nun eine etwas deutlichere Symbolsprache.

Neu hinzu gekommen ist der Button zum Schließen eines Fensters. Er war vorher auf der linken Seite im Fenster-Kontrollmenü untergebracht.

Kontrolle ist alles

Das Kontrollmenü ist nicht verändert worden. Hier finden Sie die gleichen Befehle wie unter Windows 3.x auch. Sie dienen in erster Linie zur Veränderung und zum Bewegen des Fensters.

Die Befehle führen ein eher jämmerliches Dasein, da doch alle Befehle auch mit der Maus ausgeführt werden können. Fenster bewegen Sie mit gedrückter linker Maustaste über die markierte Titelleiste. Zur Größenveränderung führen Sie den Mauszeiger auf einen Fensterrahmen. Mit dem veränderten Cursor kann bei gedrückter linker Maustaste der Rahmen eines Fensters in seiner Größe beliebig verändert werden.

Abb. 1.21:
Die Fenster-struktur von Windows 95

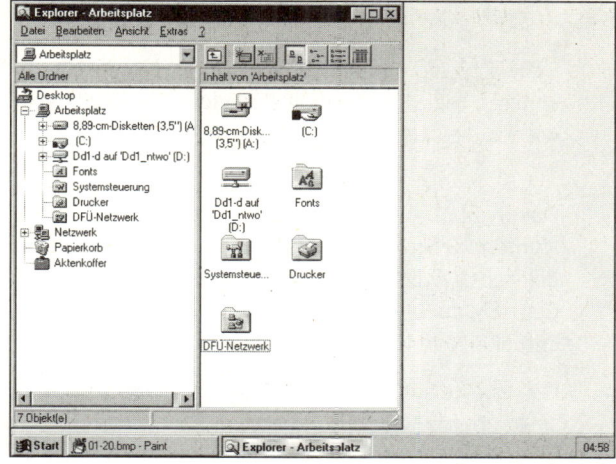

Abb. 1.22:
Neue Symbole in der Titel-leiste

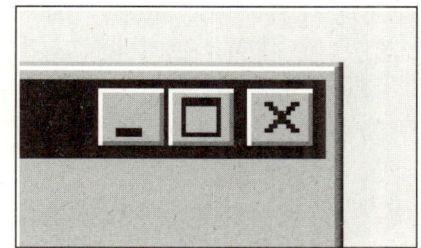

Abb. 1.23:
Kontrollmenü in alter Form

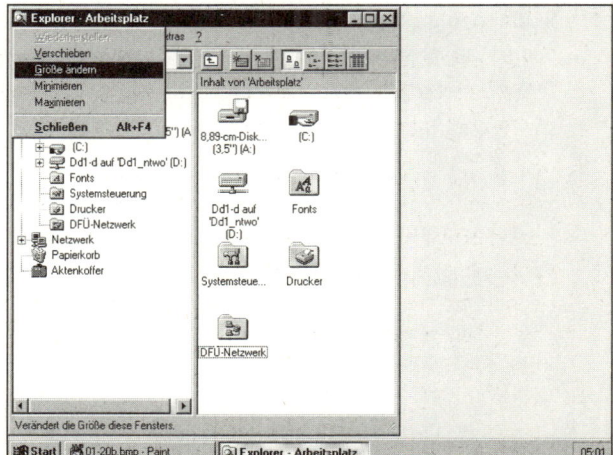

23

Mein Arbeitsplatz

Sicherlich sind Sie neugierig, was sich hinter dem Symbol ARBEISTPLATZ verbirgt. Hier findet der alte Windowshase auch seine SYSTEMSTEUERUNG wieder, die sich nicht wesentlich verändert hat.

Das Symbol ARBEITSPLATZ beinhaltet alle Hardwarekomponenten als Iconform. Hier können Sie Drucker einrichten und konfigurieren, neue Zeichensätze installieren und andere Systemeinstellungen vornehmen. In der Abbildung 1.24 sehen Sie zusätzlich drei Icons in Ordnerform. Sie enthalten wiederum Icons.

Was sofort auffällt: Ihre Laufwerke werden auch in Icon-Form dargestellt, ebenso Drucker und andere Komponenten Ihres Büros.

Laufwerke als Objekte

Klicken Sie zum Beispiel Ihr Festplattenlaufwerk mit einem Doppelklick an, wird Ihnen der Inhalt Ihrer Festplatte in Iconform wiedergegeben. Zwei Icongrundformen sind immer zu erkennen: Ordner und Dateien. Wobei die Datei-Icons je nach Dateityp stark variieren.

Ansichtssache

Sind Ihnen große Icons einfach nicht genehm, öffnen Sie in dem Fenster das Menü ANSICHT mit einem einfachen Mausklick. Vier Ansichten stehen zur Auswahl:

❏ Große Icons

❏ Kleine Icons

❏ Listenform

❏ Detaillierte Listenform

Wählen Sie zum Beispiel die Listenform, wird Ihnen das ganze Erscheinungsbild schon vertrauter wirken. Es ähnelt sehr dem Datei-Manager von Windows 3.x.

Abb. 1.24:
Inhalt von
ARBEITSPLATZ

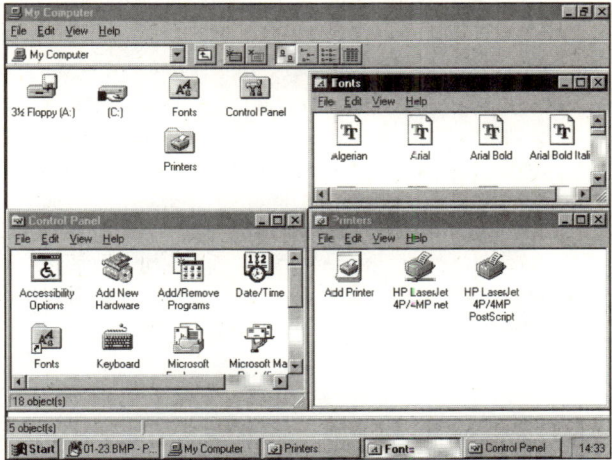

Abb. 1.25:
Festplatten-
inhalt in
Icon-Form

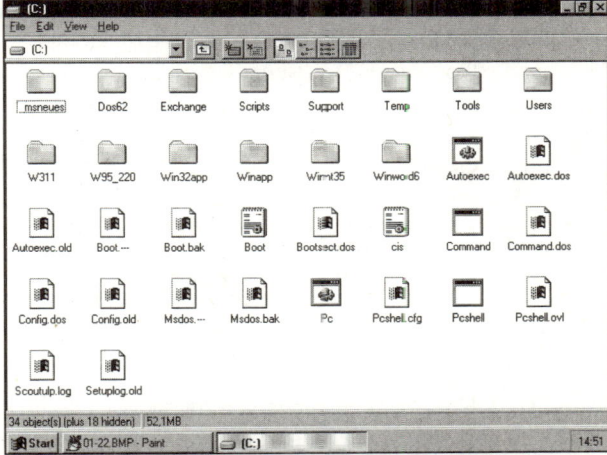

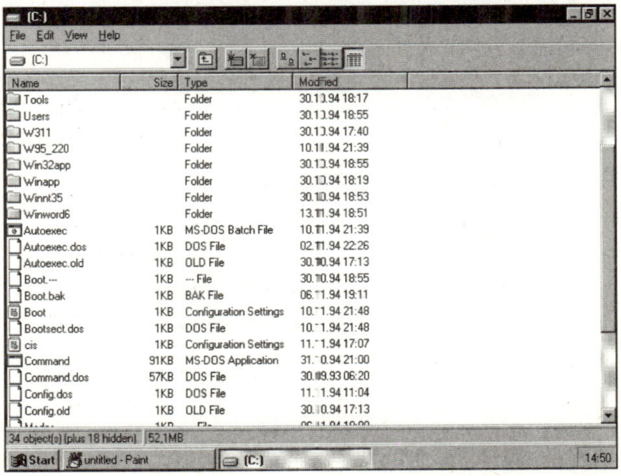

Abb. 1.26:
Festplatten-
inhalt in
Listenform

Immer nur ein Fenster

Wie Sie vielleicht bemerkt haben, wird immer nur ein Fenster geöffnet. Klicken Sie zum Beispiel mit der rechten Maustaste auf den Ordner Drukker, öffnet sich wieder ein Popup-Menü. Wählen Sie den Befehl ÖFFNEN. Der Ordner wird geöffnet. Sie erhalten aber lediglich ein Fenster. Windows 3.1 öffnet immer wieder neue Fenster, die dann schon geöffnete Fenster überlagern und zu Unübersichtlichkeit führen. Windows 95 schafft jetzt durch die neue Fensterverwaltung mehr Übersicht und Flexibilität. Sind Sie jedoch Fensterfetischist, so läßt sich auch das wieder einstellen. Der umgekehrte Effekt tritt ein. Jeder geöffnete Ordner erstellt ein separates Fenster, und Sie sehen bald vor lauter Fenster Ihr Büro nicht mehr.

Kleiner Exkurs: Grobe Struktur des Windows 95-Büros

Eine der zentralen Neuerungen von Windows ist die neue Hierarchieordnung, die sich nicht nur auf Dateien und Verzeichnisse beschränkt, so wie man es von der DOS-Welt her kennt. Die oberste Ebene bildet demnach nicht die Festplatte C:, sondern der Desktop oder Ihr Büro. Windows 95 wird auch als objektorientiertes Betriebssystem bezeichnet. Fast alle Komponenten werden als Objekte behandelt und können dadurch auch einfacher verwaltet werden. Dies verlangt am Anfang etwas Umgewöhnung. Vereinfacht dargestellt haben Sie drei Ebenen:

❑ 1. Ebene: DESKTOP oder Büro

❑ 2. Ebene: (Der Inhalt des Büros) ARBEITSPLATZ, Netzwerkanbindung und der Papierkorb

❑ 3. Ebene: Unterebenen von ARBEITSPLATZ (Laufwerke, Dateien, Verzeichnisse, Drucker und andere Komponenten)

Abb. 1.27:
Alle Ordner
immer im
selben Fenster

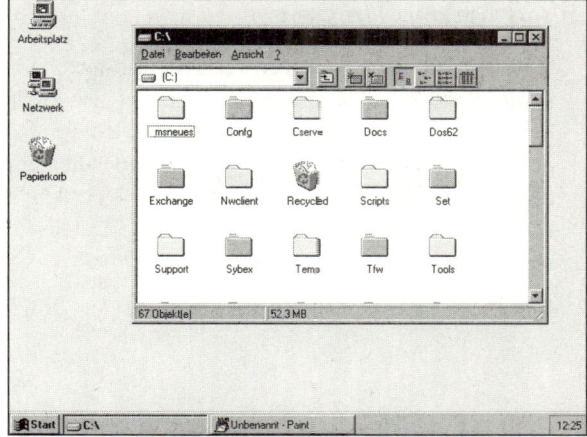

Abb. 1.28:
Die Ordner-
optionen

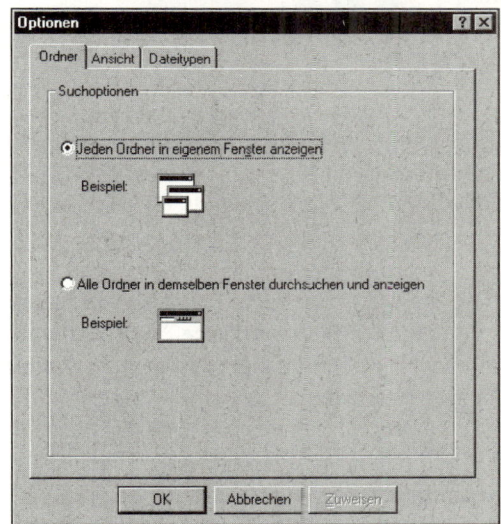

Abb. 1.29:
Fensterwald
wie unter
Windows 3.x

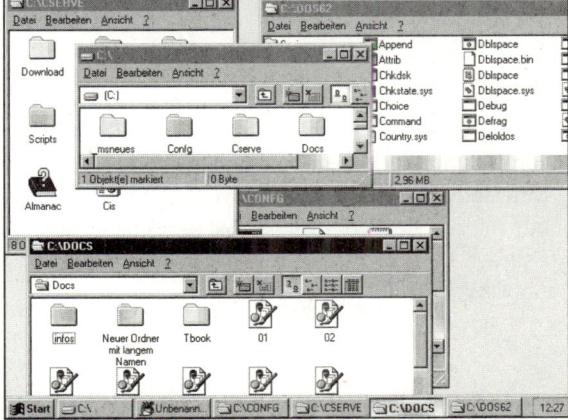

27

Toolbar: Kompaß für den Umsteiger

Vielleicht ist Ihnen in dem Fenster schon die Toolbar aufgefallen. Sie zeigt Ihnen immer genau, auf welcher Ebene Sie sich in Ihrem Büro befinden. In der Toolbar befindet sich ein wichtiges Icon, mit dessen Hilfe Sie auf die nächst höhere Ebene gelangen können. Abbildung 1.30 zeigt Ihnen den Inhalt des Verzeichnisses TBOOK. Deutlich können Sie in der Hierachieanzeige den Pfad verfolgen. Die Dateien befinden sich demnach in folgendem Pfad:

```
Desktop\Mein Computer\Laufwerk C:\DOCS\TBOOK
```

Lange Dateinamen

Windows 95 unterstützt nun endlich lange Dateinamen. Die Beschränkung auf acht Zeichen für einen Dateinamen plus drei Zeichen für eine Dateiendung ist nun zum Glück aufgehoben.

Bis zu 256 Zeichen

Wenn Sie unter WinWord jetzt eine Datei abspeichern, können Sie ihr einen Namen mit bis zu 256 Zeichen geben. Dateien können dadurch genauer spezifiziert werden, ohne daß Sie sich nun Gedanken über Dateinamen mit acht Zeichen machen müssen, die dann auch noch aussagekräftig sein sollen. In der Abbildung 1.31 sehen Sie ein WinWord-Dokument mit einer längeren Dateibeschreibung.

Anzeige von Dateiendungen

Mit Hilfe des Menüs ANSICHT läßt sich die Dateiansicht für das geöffnete Fenster noch verfeinern. Vielleicht legen Sie Wert auf die herkömmlichen Dateiendungen, wie sie unter DOS verwendet werden. In einer Dialogbox mit drei Registern wählen Sie die Funktion ANSICHT und schalten die Option MS-DOS DATEIENDUNG VERSTECKEN aus. Das Ergebnis sehen Sie in Abbildung 1.32.

Abb. 1.30:
Hierarchie-
anzeige

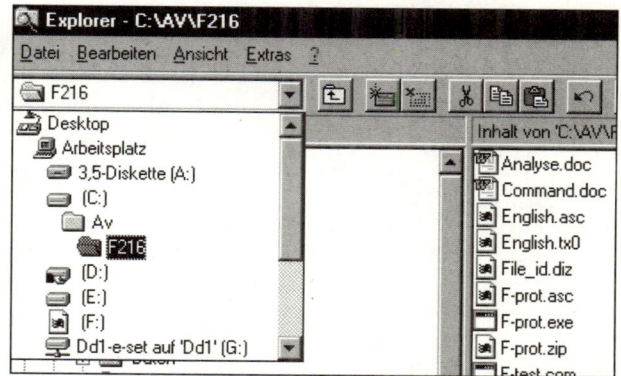

Abb. 1.31:
Lange Datei-
namen unter
Windows 95 ...

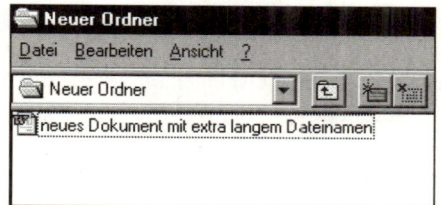

Abb. 1.32:
... und natürlich
auch mit
Dateiendung

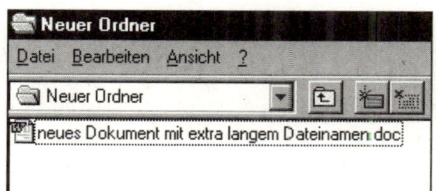

Lange Verzeichnisnamen

Nicht nur für Dateinamen können lange Bezeichnungen oder Beschreibungen verwendet werden. Auch bei der Erstellung von Verzeichnissen und Ordnern können bis zu 256 Zeichen verwendet werden. Das Anlegen eines Ordners für Ihr Büro ist dank der rechten Maustastenfunktion eher banal.

Sie klicken mit der rechten Maustaste mitten in Ihren Desktop. Wieder öffnet sich ein Popup-Menü. Dieses Menü bleibt so lange sichtbar, bis Sie die linke Maustaste wieder betätigen.

Wählen Sie nun den Befehl NEU. Hier haben Sie die Auswahl zwischen sechs Dokumentformaten, Symbolen oder Ordnern. Wählen Sie ORDNER, erscheint sofort ein neues Ordnersymbol auf Ihrem Desktop.

Ein neuer Ordner

Das Ordnersymbol erhält zuerst einen Standardnamen, nämlich sinnigerweise "Neuer Ordner". Mit der Maustaste markieren Sie den Namen. Der Cursor verwandelt sich dann in ein Editierzeichen. Jetzt können Sie den Namen des Ordners ändern.

Der Superklick mit der rechten Maustaste

Den auf diese Weise erstellten Ordner können Sie jetzt verändern und bearbeiten oder sogar löschen, wenn Sie ihn nicht mehr benötigen. Sie klicken wieder mit der rechten Maustaste auf das Ordnersymbol. In Abbildung 1.33 sehen Sie wieder das dazugehörige Popup-Menü. In ihm finden Sie alle Befehle, um das Objekt ORDNER zu manipulieren.

Kleiner Exkurs: Veränderung von Objekteigenschaften

Auf diese Art und Weise können eigentlich alle Objekte auf Ihrem Desktop verändert werden, sei es nun ein Drucker, Disketten- oder Netzlaufwerk oder eine Datei. Alle Eigenschaften sind über einen Mausklick erreichbar.

Wie hilfreich und praktisch diese Verwaltungstechnik ist, werden Sie gleich noch merken. Auf jeden Fall verlangt Sie vom Umsteiger einiges Umdenken. Hier hat der Neueinsteiger die Nase vorn. Er wird direkt mit einer objektorientierten Oberfläche vertraut gemacht.

Abb. 1.33:
Neuer Ordner
über die rechte
Maustaste

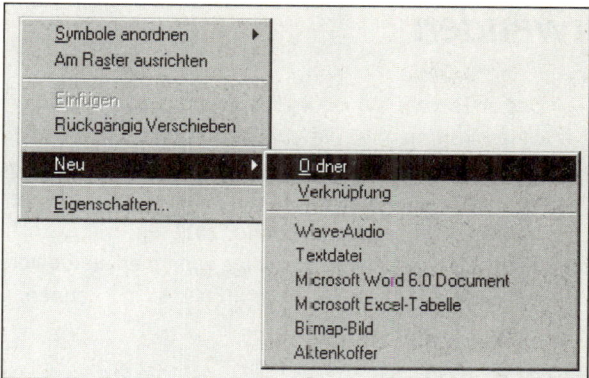

Abb. 1.34:
Ordner mit
extra langem
Dateinamen

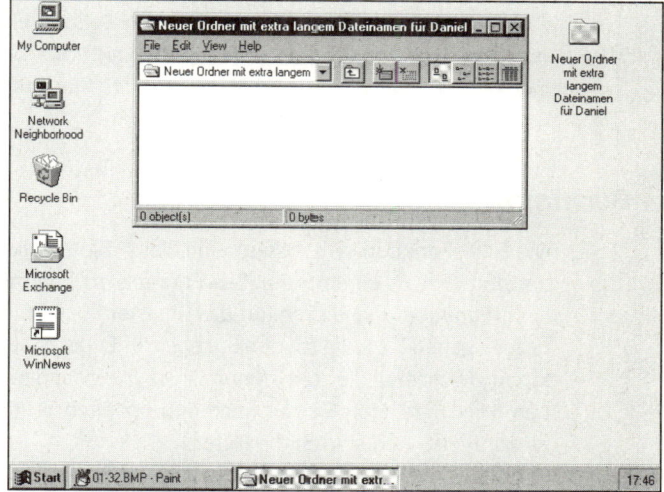

Abb. 1.35:
Und immer
wieder Popup-
Menüs. Sie
werden in
Windows 95 Ihr
ständiger
Begleiter sein.

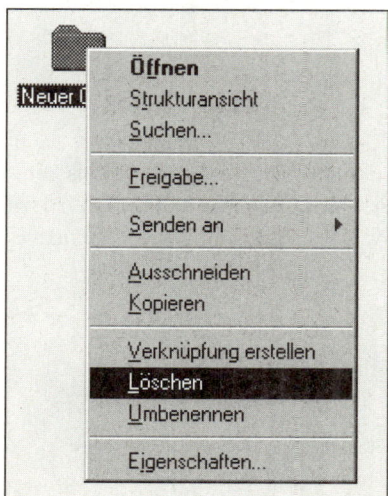

31

Hilfe verwenden

Das erste, was Windows 95-Neulinge tun sollten, wenn sie nicht mehr weiter kommen, ist die Verwendung der Hilfe-Funktion. In Windows 95 ist die Hilfe-Funktion wesentlich erweitert worden und beschränkt sich nicht mehr auf reine Hilfetexte. Tatsache ist, daß viele Leute sich dagegen wehren, Hilfetexte am Monitor zu lesen. Mit Recht! Windows 95 bietet Ihnen jetzt Assistenten an. Einige von Ihnen werden diese hilfreichen ASSIS aus anderen Windows-Programmen schon kennen.

Beispiel: Drucker neu einrichten

Über die Hilfe-Funktion können Sie zum Beispiel einen Druckertreiber installieren, obwohl Sie dies vielleicht noch nie unter Windows vorgenommen haben. Auch hier klicken Sie nur auf den Startbutton und wählen die Befehlsfläche HILFE.

Hilfe in Buchform

Die Hilfe-Funktion symbolisiert eine kleine Bibliothek, die aus drei Teilen besteht. Um zu einem schnellen Ergebnis zu kommen, wählen Sie die Such-Funktion und klicken auf das Register SUCHEN. In der ersten Eingabezeile geben Sie lediglich den Suchbegriff Drucker ein. Darunter werden Ihnen gleichzeitig die zum Thema Drucker vorhanden Hilfetexte angegeben. Hier markieren Sie nur noch den richtigen Textabschnitt - Drucker hinzufügen - und starten die Hilfe.

Die Assistent begleitet Sie

Von nun an werden Sie nicht mehr alleine gelassen. Die Assistenten sagen Ihnen lediglich, was Sie zu tun haben. Das einzige, was Sie selbst tun müssen, ist, die Anweisungen richtig zu lesen und die richtige Auswahl zu treffen.

Abb. 1.36:
Eingangs-
fenster der
Hilfefunktion

Abb. 1.37:
Automatisch
suchen lassen

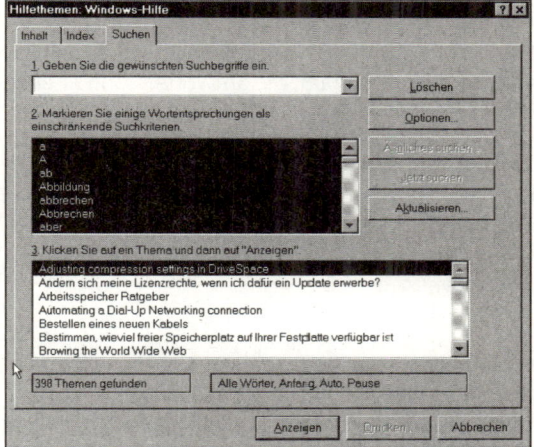

Abb. 1.38:
Der Assistent
in der Hilfe-
funktion

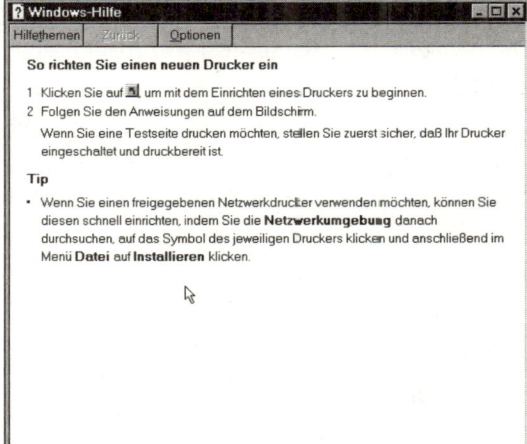

Der Hilfeassistent leitet ein

> **So richten Sie einen neuen Drucker ein**
>
> 1 Klicken Sie auf ▣, um mit dem Einrichten eines
>   Druckers zu beginnen.

Der Hilfeassistent weist Sie daraufhin, die Druckereinrichtung mit Hilfe eines Start-Icons zu starten. Letztendlich ruft er für Sie die Installationsroutine auf, da Sie ja nicht wissen, wie diese gestartet wird.

Installation per Assistent

Die Installationsroutine besteht aus einem weiteren Assistenten, der die Einbindung des neuen Druckers vornimmt. Sie werden dabei dialoggeführt. Windows-Anwender kennen diese Technik von Installationsprogrammen für Windows-Anwendungen. Die Installation erfolgt interaktiv. Der Assistent fragt, Sie antworten, und er erledigt dann den Rest. In diesem Fall müssen Sie lediglich das richtige Druckermodell aussuchen.

Sie werden in der Dialogbox des Assistenten auch einige Befehle finden, mit deren Hilfe Sie ihn steuern können. War Ihnen eine Abfrage nicht geläufig oder geheuer, gehen Sie einfach einen Schritt zurück und wiederholen die Prozedur. Sie haben den Assistenten im Griff und nicht der Assistent Sie!

Installation mit anschließendem Test

Nachdem der Assistent alle nötigen Einstellungen abgefragt hat, kommt das große Finish, und der neue Drucker ist installiert. Sie können nichts falsch machen, es sei denn, Sie haben das falsche Druckermodell gewählt. Optional fragt Sie der Assistent sogar nach dem Ausdruck einer Testseite.

Mein Büro braucht einen neuen Anstrich

Genauso wie Sie den Drucker installiert haben, kann über HILFE der Hintergrund Ihres Büros oder das gesamte Erscheinungsbild verändert werden. Über den Startbutton und die Hilfe-Funktion holen Sie sich die nötigen Anweisungen. Über die Index-Funktion suchen Sie nach dem

Abb. 1.39:
Der Assistent mit dem Eingangs-fenster

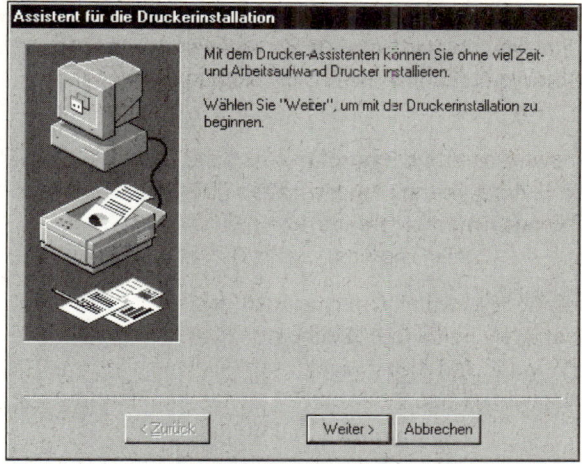

Abb. 1.40:
Auswahl des Herstellers und des Modells

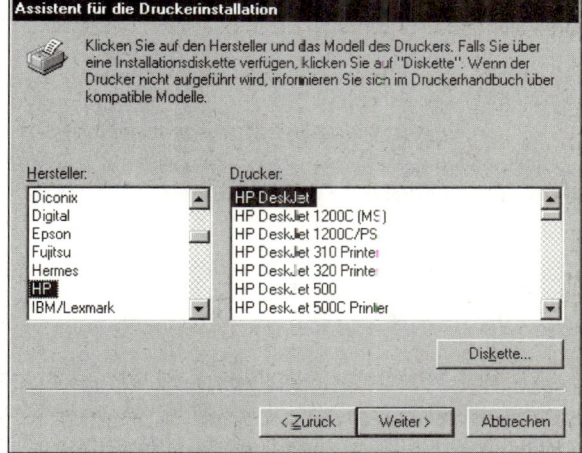

Abb. 1.41:
Installation mit Ausdruck einer Testseite

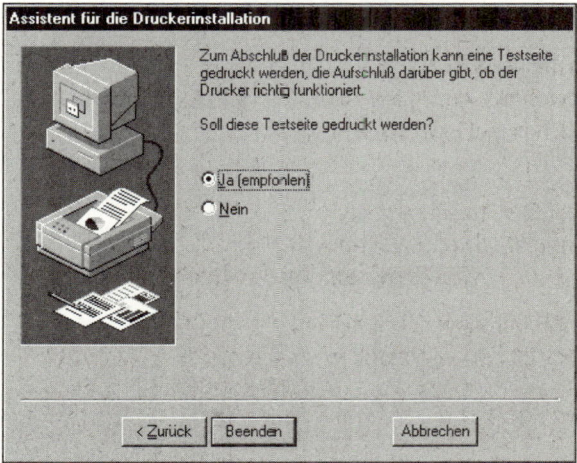

Oberbegriff BILDSCHIRM und markieren dann ein gewünschtes Unterthema. In diesem Beispiel soll der Hintergrund Ihres Büros verändert werden. Auch hier weist Sie der Hilfeassistent ein und ruft für Sie den nötigen Befehl auf.

Der Assistent hilft erneut

In Abbildung 1.43 sehen Sie eine Dialogbox zur Einstellung der Bildschirmeigenschaften Ihres Büros. Geübte Windowsuser kennen diese Einstellmöglichkeiten aus der Systemsteuerung von Windows 3.1. Nur haben Sie hier einen wesentlich komfortableren Zugriff. Ohne die Hilfe-Funktion kann dieser Befehl wesentlich schneller aufgerufen werden. Ein Klick mit der rechten Maustaste mitten in den Desktop öffnet Ihnen sofort die gleiche Dialogbox.

Über vier Register läßt sich hier das Hintergrundbild Ihres Bildschirms bestimmen, der Bildschirmschoner einstellen, die Hintergrundfarbe der einzelnen Büroelemente verändern und der Bildschirmtreiber Ihrer Grafikkarte konfigurieren.

Bildschirmeinstellung mit Vorschau

Wie auch schon unter Windows 3.1 werden Ihnen die Änderungen in einer Vorschau angezeigt. Sie können also im voraus sehen, ob Ihnen die neue Oberfläche gefällt oder eher Kopfzerbrechen bereitet. Der persönlichen Oberflächengestaltung sind keine Grenzen gesetzt, es sei denn technischer Art. Für die Farbvielfalt ist natürlich auch eine entsprechende Grafikkarte erforderlich.

Abb. 1.42:
Die Funktion
DESKTOP ÄNDERN
in der Hilfe
suchen

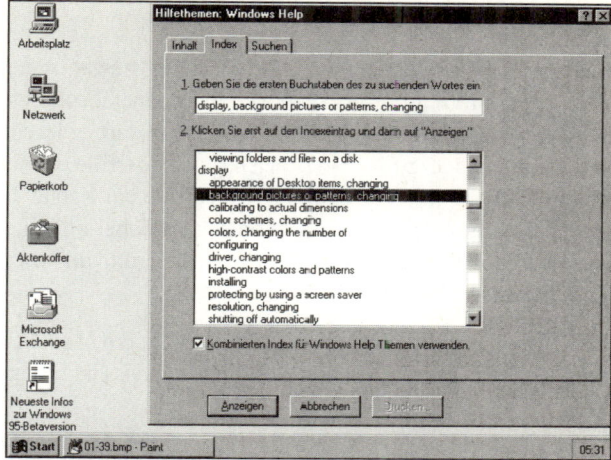

Abb. 1.43:
Änderung der
Desktop-
eigenschaften
über die Hilfe

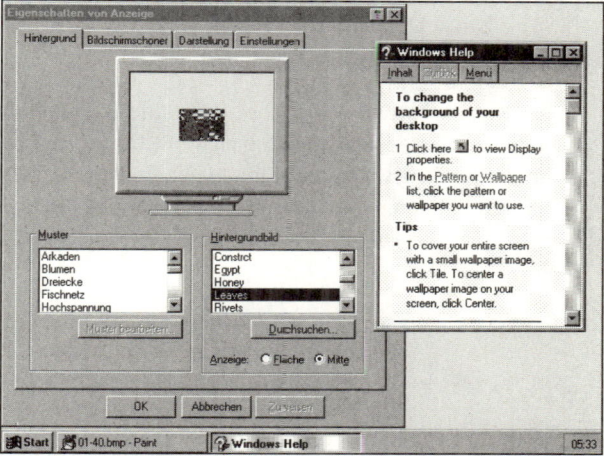

Abb. 1.44:
Ausprobieren
der Farben

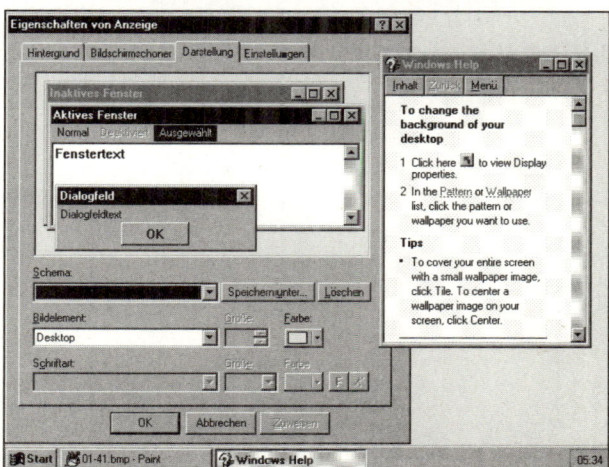

37

Wie starte ich denn nun ein Programm?

Eine absolute Neuerung, die für den Einsteiger interessant sein wird, ist der 10-Minuten-Kurs über Windows. Eine absolut idiotensichere Sache. Hier wird Ihnen zum Beispiel auch erklärt, wie ein Programm unter Windows 95 zu starten ist. Den Kurs finden Sie ebenfalls unter der Hilfe-Funktion. Im Register INHALT wählen Sie das Kapitel EINFÜHRUNG/10 MINUTEN MIT WINDOWS. Es handelt sich dabei um eine 10-Minuten-Tour bzw. einen interaktiven Lernkurs, der fünf der wichtigsten Säulen im Umgang mit Windows 95 abhandelt.

Am oberen Bildschirmrand erkennen Sie die Menüzeile, über welche Sie den Kurs steuern können. Sie können in das Hauptmenü verzweigen oder den Kurs verlassen.

Hilfe über die 10-Minuten-Vorführung

Im Kurs selbst werden Ihnen bestimmte Lernaufgaben gestellt, die Sie erfüllen müssen. Kommen Sie nicht weiter, klicken Sie einfach auf ZEIGEN und der Hilfeassistent zeigt Ihnen mit Pfeilen, welche Befehle Sie wo ausführen müssen. Sie erhalten also ein bißchen Nachhilfeunterricht, damit Sie die neuen Funktionen auch richtig beherrschen.

Der Startbutton hilft Ihnen immer

Der Hilfeassistent erklärt Ihnen nun Schritt für Schritt den Startvorgang eines Programms über den Startbutton. Selbst der absolute Laie wird mit dem Lernprogramm schnell in die Bedienung der Windowsoberfläche eingeführt und beherrscht bald die wichtigsten Grundregeln.

Abb. 1.45:
Der Einfüh-
rungskurs von
Windows 95

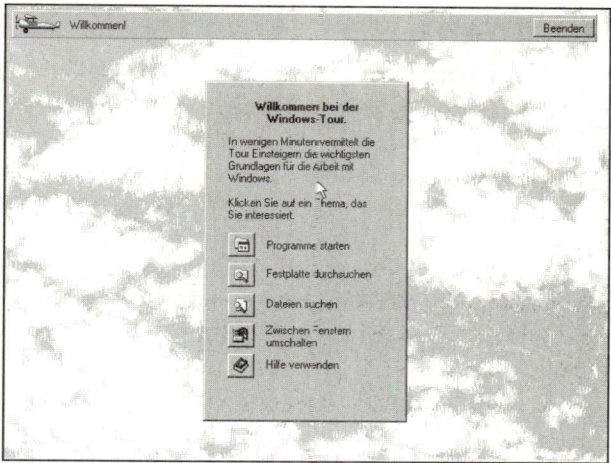

Abb. 1.46:
Kommen Sie
nicht weiter, ...

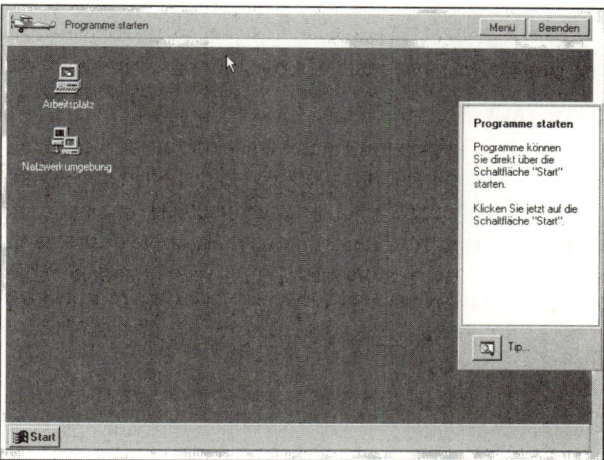

Abb. 1.47:
... der Assistent
hilft immer

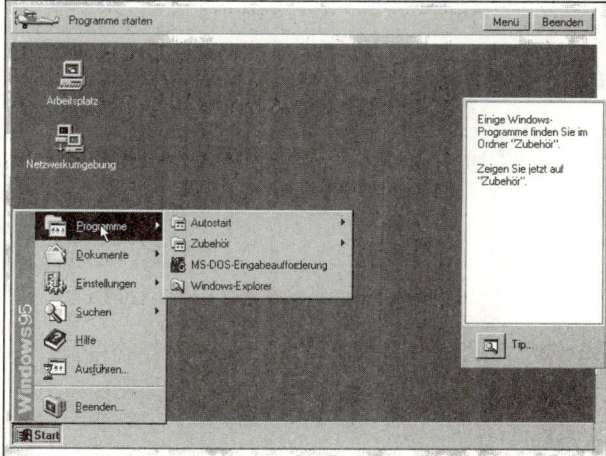

Dokumentorientiertes Arbeiten

Dokumentorientiertes Arbeiten. Dieser Begriff ist nun schon öfters erwähnt worden. Deswegen eine kurze Erklärung. Windows 95 versucht, Ihnen die Arbeit im Büro zu erleichtern. Da Sie im Büro normalerweise sehr viel Papierkram zu erledigen haben, sprich mit Dokumenten arbeiten, versucht Windows 95, diese Arbeitsweise auf die Oberfläche zu übertragen. Sie sollen sich in erster Linie um Ihre Dokumente kümmern und nicht um das Programm, mit dem diese Dokumente erstellt worden sind. Die Dokumentverwaltung hat hier oberste Priorität.

Ihr erstes Dokument

Zur Erstellung eines Dokuments bedarf es nur eines rechten Mausklicks auf den Desktop. Sie werden es nicht glauben, aber es ist so. In dem sich öffnenden Popup-Menü wählen Sie die Befehlsfläche NEU und haben dann die Auswahl zwischen mehreren Dokumentarten. In Abbildung 1.48 sehen Sie ein gerade erstelltes Textdokument.

Das Dokument öffnen

Das Dateisymbol verweist lediglich auf das kleine Textverarbeitungsprogramm NOTPAD, das mit Windows 95 mitgeliefert wird. Mit einem Doppelklick öffnen Sie das Programm und können Ihren ersten Text eingeben. Der blinkende Textcursor zeigt Ihnen, daß das Programm eingabebereit ist.

Dokument abspeichern

Natürlich soll der Text auch abgespeichert werden. Mit einem einfachen linken Mausklick öffnen Sie das Menü DATEI und führen den Mauscursor auf die Befehlsfläche SPEICHERN. Mit einem erneuten linken Mausklick wird das Dokument abgespeichert und auf Ihrem Desktop abgelegt. Das Programm verlassen Sie mit dem Befehl VERLASSEN aus dem Menü DATEI.

Abb. 1.48:
Leeres Dokument erstellen ...

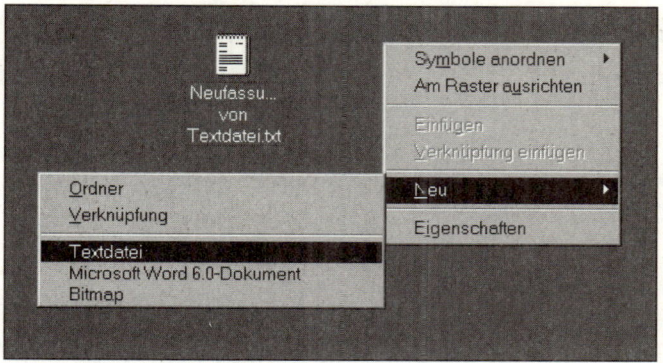

Abb. 1.49:
... bearbeiten ...

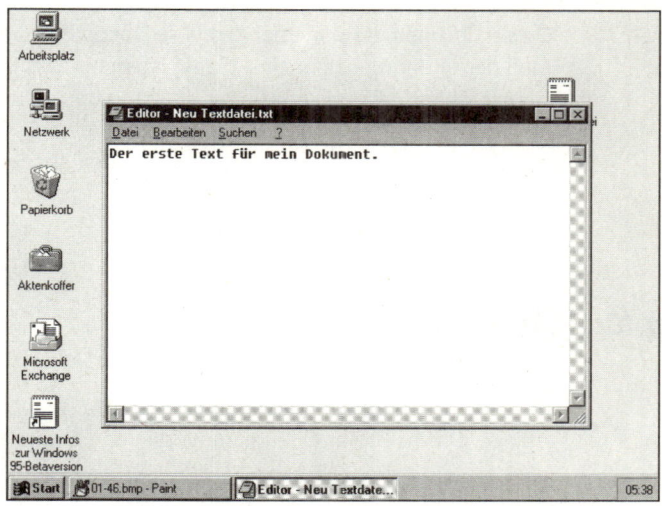

Abb. 1.50:
... und abspeichern

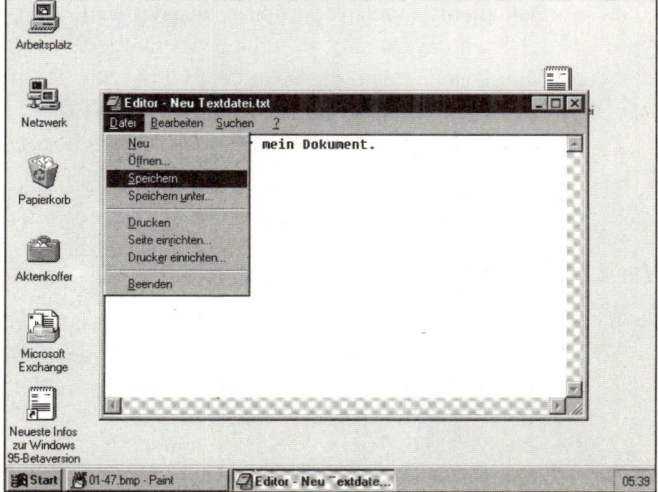

41

Umgang mit Disketten, Verzeichnissen und Dateien

Zuletzt sollen Ihnen noch kurz einige Grundfunktionen vorgeführt werden, die auch für den Windowsumsteiger interessant sein können. Denn das Kennenlernen der Oberfläche und das Aufrufen der Hilfe ist noch nicht der vollständige Grundstock, um mit Windows 95 die ersten Gehversuche zu unternehmen.

Ein neues Verzeichnis oder ein neuer Ordner

Da sich in einem Büro mit der Zeit viele Dokumente ansammeln können, muß der Ordnung halber ein Ablagesystem her, das Ihre Dokumente systematisch ordnet und verwaltet. Der DOS-User kennt die Ordnung über die Verzeichnisstruktur. Windows 95 verwaltet viele Objekte über Ordner. Wie der Name schon sagt. Ordner werden genauso wie Dokumente erstellt: mit einem rechten Mausklick.

Ordner für Dokumente

Damit Ihr neu erstelltes Dokument nicht ziellos auf dem Desktop herumirrt, legen Sie es in dem neuen Ordner ab. Da ist auch schon der Begriff Ablage. Das heißt, Ihr Dokument wird in den Ordner verschoben.

Für den Ablagevorgang, um im Bürokratendeutsch zu bleiben, brauchen Sie auch nur eine Mausbewegung durchzuführen. Sie klicken das Dokumentsymbol mit der linken Maustaste an, lassen diese gedrückt und schieben das Dokument nun auf das Ordnersymbol. Jetzt lassen Sie die Maustaste los, und Ihr Dokument fällt sozusagen in den Ordner. Diese Technik ist unter Windows 3.x auch schon als DRAG AND DROP bekannt. Sie wird Ihnen bei Windows 95 noch sehr oft begegnen.

Gefüllter Ordner

Ihr Dokument befindet sich nun nicht mehr auf dem Desktop. Zur Kontrolle, ob es noch da ist, öffnen Sie einfach Ihren neuen Ordner mit einem Doppelklick auf das Ordnersymbol. Aha, das Textdokument ist noch da.

Abb. 1.51:
Ein neuer Ordner auf dem Desktop

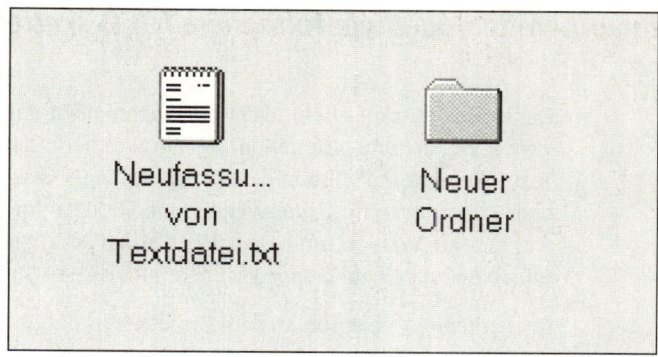

Abb. 1.52:
Per Drag and Drop ziehen Sie das Dokument von Ihrem Desktop in den Ordner

Abb. 1.53:
Der Inhalt des geöffneten Ordners

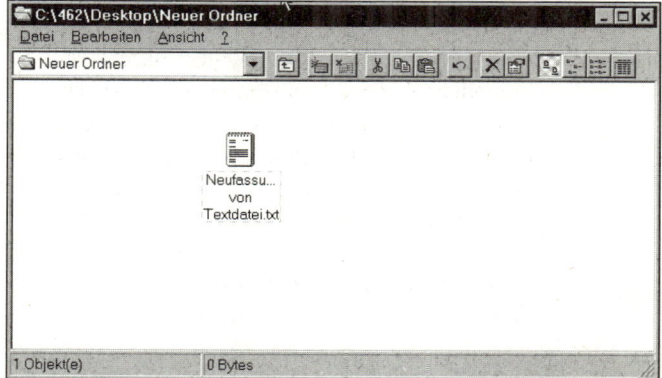

Diskette vorbereiten oder wie formatiere ich Disketten mit Windows 95?

Das normale Abspeichern reicht bei weitem nicht aus. Jedes Büro archiviert seine Dokumentbestände, egal in welchem Rahmen. Ihr erstelltes Textdokument muß also in diesem Fall auf einer Diskette archiviert werden. Zuerst müssen Sie deswegen eine Diskette formatieren. Da alles, was mit Hardware zu tun hat, in dem Ordner ARBEITSPLATZ vorhanden ist, öffnen Sie mit einem Doppelklick Ihren ARBEITSPLATZ.

Dort erkennen Sie schon an dem Disketten-Sysmbol, welches Objekt für Sie in Frage kommt. Jetzt kommt wieder die rechte Maustaste zum Einsatz, denn sie öffnet das Popup-Menü zu Veränderung der Eigenschaften eines Objekts. In diesem Fall soll das Objekt DISKETTE verändert oder bearbeitet werden. In dem Popup-Menü finden Sie den Befehl FORMAT. Starten Sie ihn mit der Maus.

Auswahl der Formatoptionen

In der sich öffnenden Dialogbox haben Sie mehrere Auswahlmöglichkeiten für die Formatierung, auf die hier nicht näher eingegangen werden soll. Den Formatiervorgang starten Sie mit einem Klick auf den Startbutton.

Anzeige des Formatvorgangs

Der Formatvorgang wird grafisch angezeigt und gibt Ihnen Informationen, in wieweit die Formatierung der Diskette fortgeschritten ist. Bei Windows 3.1 wurde auf eine grafische Anzeige verzichtet. Übrigens können Sie auf diese Weise keine Festplatten formatieren. Windows 95 läßt dies nicht zu. Eine rein zufällige Formatierung der Festplatte ist damit ausgeschlossen.

Abb. 1.54:
Objekt mit der
rechten
Maustaste
anklicken

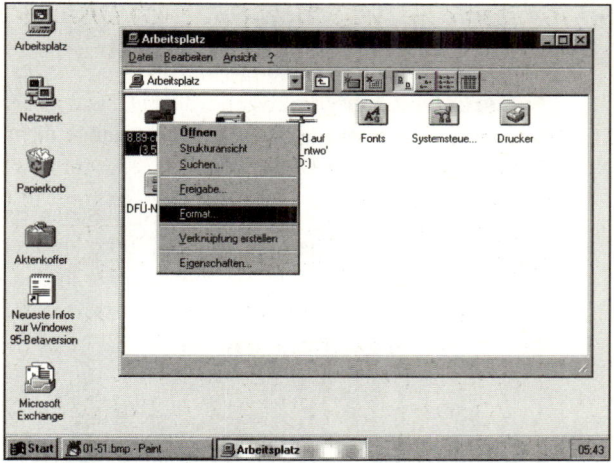

Abb. 1.55:
Formatein-
stellungen
vornehmen

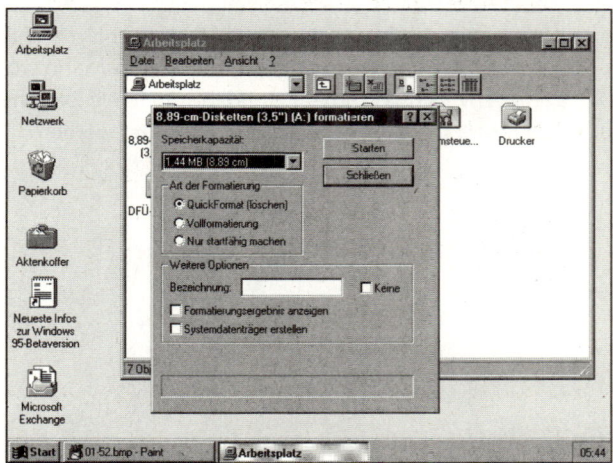

Abb. 1.56:
Der Format-
vorgang in
einer Fort-
schrittsanzeige

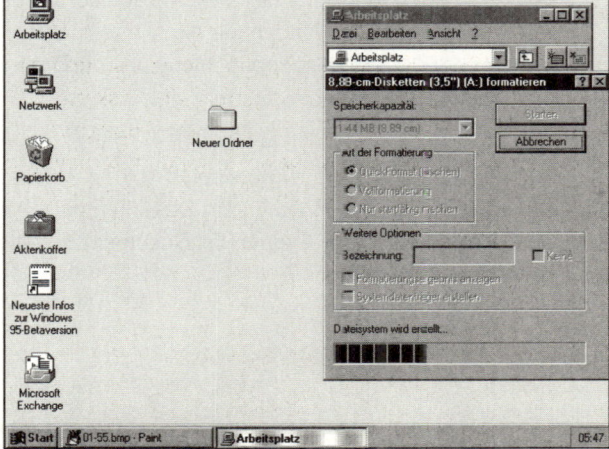

Wie kommt die Datei auf die Diskette?

Eine der praktischsten Neuerungen von Windows 95 ist wohl das Kopieren von Objekten über die Zwischenablage. Zwar gibt es auch bei Windows 3.x eine Zwischenablage, sie ist bloß noch lange nicht so flexibel einsetzbar wie unter Windows 95.

Die Zwischenablage dient praktisch als Zwischenspeicher. Sie kopieren ein Objekt hinein, suchen sich in Ihrem Büro ein Ziel, markieren es und fügen das Objekt aus dem Zwischenspeicher in das Ziel hinein. Hierbei verwenden Sie fast immer die rechte Maustaste. Sie erlaubt den schnellsten und einfachsten Kopiervorgang.

Ab in die Zwischenablage

In unserem Beispiel klicken Sie Ihr Dokumentsymbol aus dem Ordner mit der rechten Maustaste an. Aus dem Popup-Menü wählen Sie den Befehl KOPIEREN. Das Dokument wandert nun in die Zwischenablage und kann an einem beliebigen Ziel wieder eingefügt werden.

Rauf auf die Diskette

Als Ziel visieren Sie wieder das Diskettensymbol aus dem Ordner ARBEITSPLATZ an. Wieder verwenden Sie die rechte Maustaste. Sie wählen den Befehl EINFÜGEN aus dem Popup-Menü und die Datei wird auf die Diskette kopiert.

Zum Entspannen bietet Ihnen Windows 95 nun eine kleine Animation, die den Kopiervorgang symbolisieren soll. In Abbildung 1.59 sehen Sie zwei Ordner, zwischen denen ein Dokumentpapier fliegt. Dabei öffnen und schließen sich die Ordner. Ihr Dokument segelt wie ein Papierflugzeug in den Zielordner.

Abb. 1.57:
Datei in die Zwischen-ablage kopieren

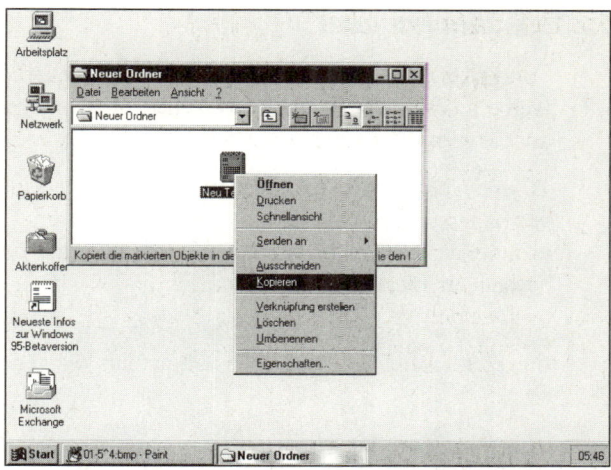

Abb. 1.58:
Ziel auswählen

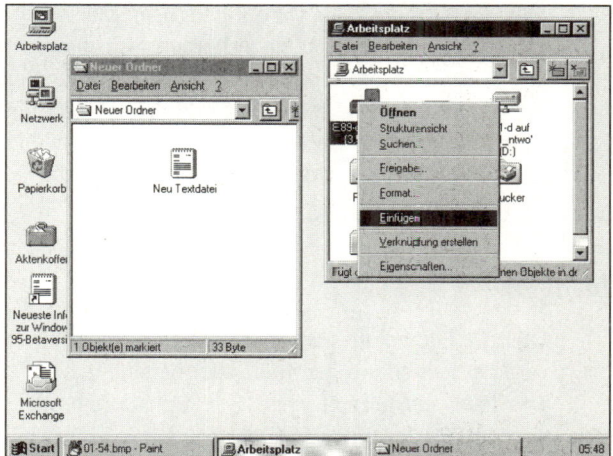

Abb. 1.59:
Über den Befehl EINFÜGEN auf die Diskette kopieren

47

Dateien löschen, aber bequem

Von Zeit zu Zeit muß natürlich in Ihrem Büro auch einmal aufgeräumt werden. Während der Arbeit fallen unwichtige und veraltete Dokumente an, die vernichtet werden müssen.

Zu jedem Büro gehört natürlich der obligatorische Papierkorb. Genau diesen haben Sie auch auf dem Windows 95 Desktop. Objekte oder Dateien, die Sie nicht mehr benötigen, ziehen Sie mit der Drag and Drop-Technik auf das Papierkorb-Icon.

Um auf dem Desktop mehrere Dateien zu markieren, ziehen Sie mit gedrückter linker Maustaste einen Rahmen um die gewünschten Dateien.

Papierkorb schluckt ohne Verdauung

Mit dem Papierkorb, den es übrigens beim Macintosh schon immer gegeben hat, haben Sie sogar ein Sicherheitsinstrument an der Hand. Wie ein richtiger Papierkorb sammelt dieser natürlich nur Müll. Er vernichtet ihn nicht. Auch wenn Sie in dem Papierkorb-Icon ein kleines Feuer erkennen, haben Sie immer noch die Möglichkeit, den Papierkorb „auszukippen" und nach wichtigen Dokumenten zu suchen, die Sie aus Versehen gelöscht haben.

Müll wegbringen

Quillt Ihr Papierkorb über, muß er geleert werden. Mit einem Doppelklick wird der Papierkorb geöffnet. Jetzt haben Sie noch die Gelegenheit, etwas aus dem Müll zu fischen. Der Papierkorb besitzt also demnach noch eine integrierte UNDELETE-Funktion.

Eventuell noch benötigte Dateien ziehen Sie per Drag and Drop praktisch aus dem Müll wieder auf den Desktop. Klingt schon komisch. Die Dateien sind programmtechnisch gesehen auch gar nicht gelöscht worden. Sie sind nur für Windows 95 unsichtbar markiert worden.

Im letzten Schritt wird der Papierkorb endgültig geleert. Dies tun Sie dann über das Menü DATEI und den Befehl PAPIERKORB LEEREN. Die Dateien sind dann unwiderruflich gelöscht worden. Überlegen Sie sich den Schritt am besten dreimal.

Abb. 1.60:
Auswahl der
Dateien über
die Maus

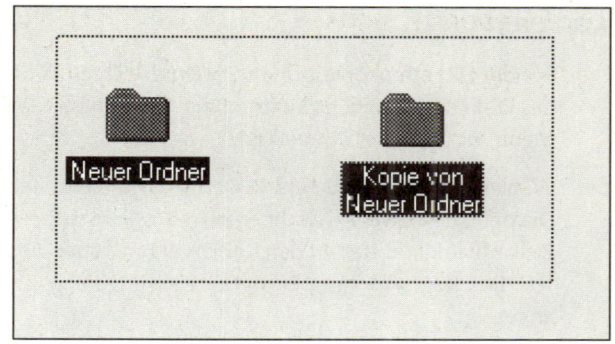

Abb. 1.61:
Dateien mit
Hilfe der Maus
in den Müll-
eimer ziehen

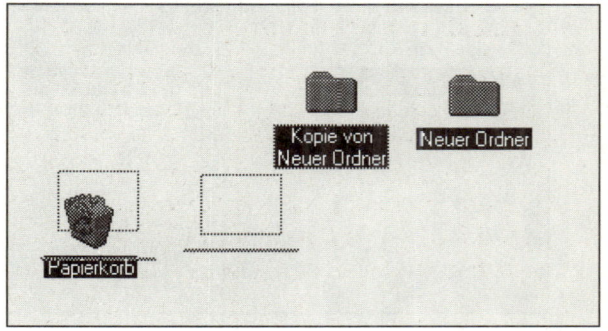

Abb. 1.62:
Über einen
Menübefehl
leeren Sie den
Papierkorb und
löschen die
Dateien
endgültig

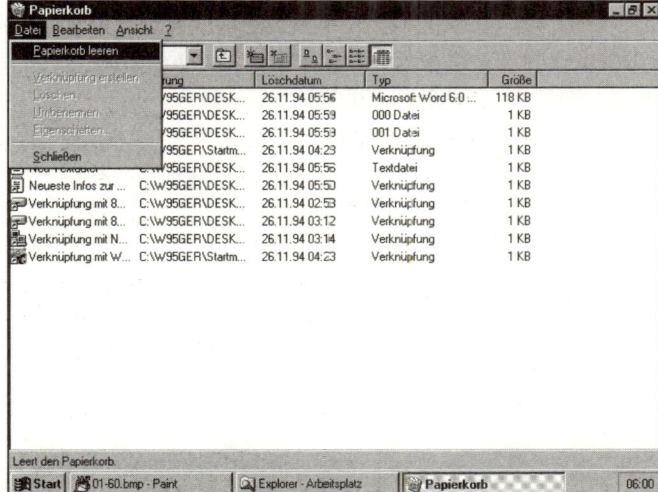

Disketten kopieren

Für die Diskettenkopie öffnen Sie einfach Ihren Arbeitsplatz, markieren das Diskettensymbol und öffnen mit der rechten Maustaste das Popup-Menü für Diskettenlaufwerke.

Wählen Sie nun den Befehl DISKETTE KOPIEREN. Es erscheint eine weitere Dialogbox. In zwei Auswahlfenstern bestimmen Sie nun das Quell- und Ziellaufwerk und starten den Kopiervorgang über die Befehlsfläche STAR-TEN. Der Kopiervorgang erfolgt in einem Durchgang und wird grafisch angezeigt.

Abb. 1.63:
Kopieren von
Disketten

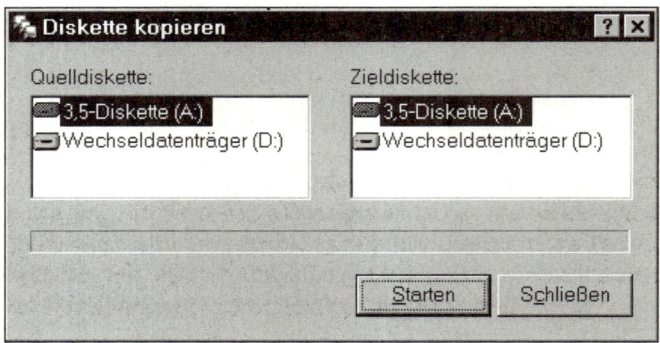

Kapitel 2:
Guided Tour - Fortgeschrittene Anwender

Diese Tour ist in erster Linie für den Windows-Geübten gedacht bzw. Anwender, die schon mit der Version 3.0 gearbeitet haben und mit Windows sozusagen großgeworden sind. Ganz besonders für Umsteiger ist diese Tour gedacht. So muß doch gerade der Umsteiger erst einmal herausfinden, wie Datei-, Programm- und Druck-Manager nun unter Windows 95 aussehen und zu bedienen sind.

Die Tour simuliert in diesem Fall die Bedienung der Windows 95 Oberfläche an ausgewählten Beispielen. Wie in der ersten Tour soll auch hier nur demonstriert werden, was alles in Windows 95 steckt. In Details geht der Teil 2. Hier werden die wichtigsten Neuerungen von Windows noch einmal näher erklärt.

Themen sind:

❑ Der Explorer oder Strukturbetrachter

❑ Windows 95 mit alter Oberfläche

❑ Was sind Shortcuts oder Verknüpfungen?

❑ Eigenschaftsfelder

❑ Was die rechte Maustaste sonst noch leistet

❑ Systemsteuerung unter Windows 95

❑ Neue OLE-Formen

❑ Was ist mit meinen DOS-Programmen?

Der Explorer - Regiezentrum für das Büro

Der Explorer oder Strukturbetrachter ist wohl das wichtigste Element zur Verwaltung Ihres Büros. Die deutsche Übersetzung STRUKTURBETRACHTER ist wahrlich nicht gelungen. Deswegen soll weiterhin vom Explorer die Rede sein. Er vereint fast alle alten Manager von Windows 3.x in einem flexiblen Tool. „Explore" heißt eigentlich wörtlich übersetzt erforschen. Genau dies macht der Explorer auch. Er öffnet alle Elemente Ihres Büros, um sie bearbeiten zu können.

Meinen Arbeitsplatz erforschen

Der Explorer ist über jedes Objekt, das sich auf Ihrem Schreibtisch befindet, erreichbar. Auch kommt wieder die rechte Maustaste ins Spiel. Klicken Sie zum Beispiel auf das Icon ARBEITSPLATZ, erreichen Sie über das nun schon bekannte Popup-Menü den Befehl STRUKTURANSICHT. Der Vorgang entspricht wirklich einem „Sesam öffne dich!".

Icons wie auf dem Desktop

Zunächst erinnert der Explorer ein bißchen an den alten Dateimanager von Windows 3.x. Nur sehen Sie jetzt anstatt langer Dateinamen überwiegend Icons. Jedes Icon symbolisiert schon, um welches Objekt es sich handelt. In Abbildung 2.2 sehen Sie zum Beispiel den Inhalt des Ordners SCHRIFTEN. Jede Schriftartendatei wird als Font-Icon dargestellt. Nur der Name der Schrift unterscheidet die Icons voneinander.

Die Ansicht kann beliebig verändert werden. Über den Befehl ANSICHT kann die Darstellung der Icons in Listenform geändert werden. Diese Darstellung entspricht der des Datei-Managers von Windows 3.1. Aber auch die Größe der Icons können Sie ändern.

Zwei Fenster

Im linken Fenster finden Sie alle Objekte Ihres Büros, also auch Papierkorb und Drucker, dann natürlich Laufwerke, Verzeichnisse und Dateien. Im rechten Fenster sehen Sie den Inhalt eines Objektes oder Ordners. Mit dem Explorer scrollen Sie praktisch durch Ihr Büro, können sich Objekte aussuchen und sie dann per rechtem Mausklick bearbeiten. Vergleichen Sie Abbildung 2.1 mit Abbildung 2.3, werden Sie merken, daß Sie alle Objekte beliebig verändern können. Ganz gleich, wo sie sich befinden, ob auf dem Desktop oder im Explorer, es handelt sich immer um ein und dasselbe Objekt.

Abb. 2.1:
Öffnen des
Explorers über
die rechte
Maustaste

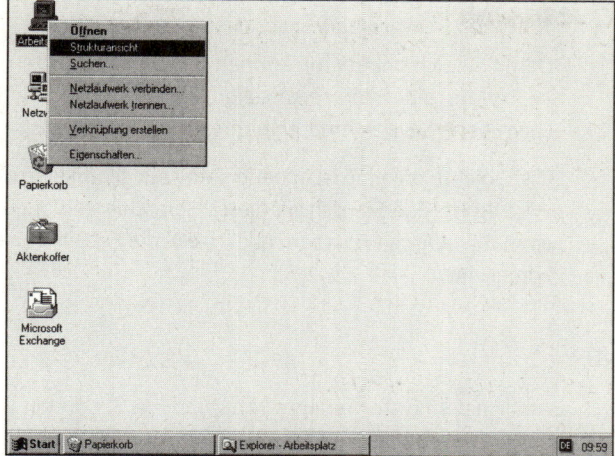

Abb. 2.2:
Icons wie auf
dem Desktop

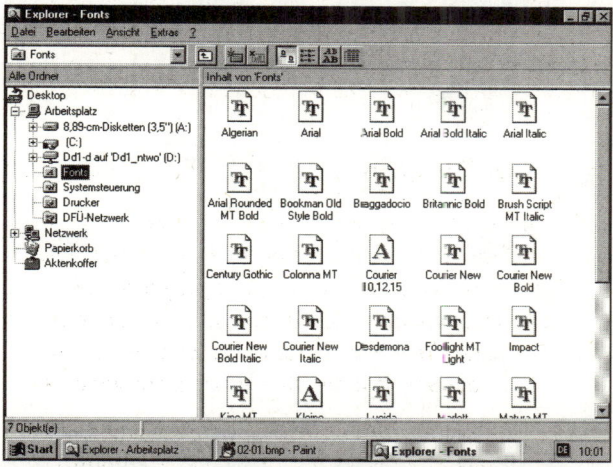

Abb. 2.3:
Jedes Objekt ist
wieder frei
manipulierbar

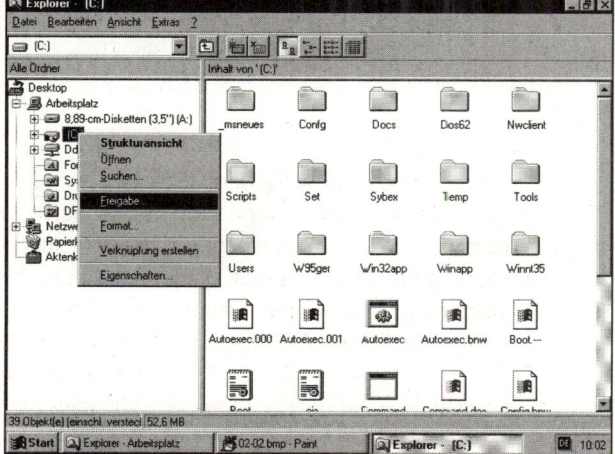

53

Die Hierachieanzeige

Damit Sie sich orientieren können, wo Sie sich in Ihrem Büro befinden, ist im Explorer eine Hierachieanzeige eingebaut. Sie zeigt Ihnen an, auf welcher Ebene Sie sich innerhalb Ihres Büros befinden.

Die Objekthierarchie ist in der ersten Tour schon einmal erwähnt worden. Wichtig ist, daß Sie sich an diese Hierarchie gewöhnen. Wenn Sie diese einmal durchschaut haben, erklärt sich die Arbeitsweise von Windows 95 von alleine.

Die Toolbar

Ähnlich dem Dateimanager von Windows 3.x finden Sie unter der Menüleiste eine Toolbar mit Befehlssymbolen. Die Symbole haben folgende Bedeutung:

 Wechseln der Hierarchieebene nach oben

 An- und Abmelden von Netzlaufwerken

 Ausschneiden, Kopieren und Einfügen von Objekten

 Funktion RÜCKGÄNGIG

 Löschen und Aufruf des Eigenschaftsfensters für markierte Objekte

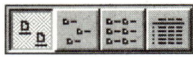 Änderung der vier Ansichtsmöglichkeiten für Objekte

Anzeige

Zu Änderung der Ansicht klicken Sie einfach auf eines der gewünschten Symbole. In der Abbildung 2.6 sehen Sie die detaillierte Listenansicht des Hauptverzeichnisses C: auf einer Festplatte. Deutlich sehen Sie auch die Dateiendungen, wie Sie sie von DOS her kennen.

Abb. 2.4:
Das geöffnete Orientierungs-menü

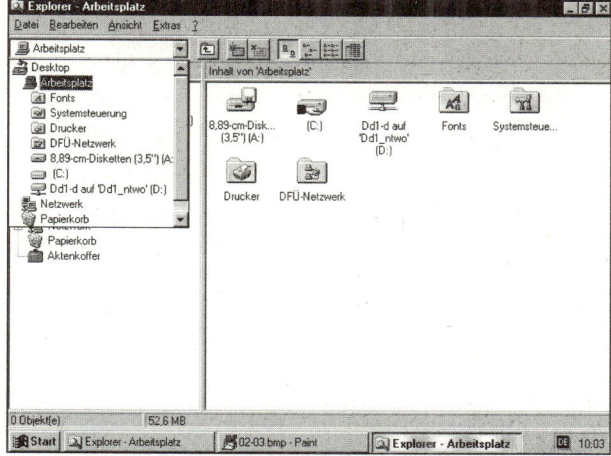

Abb. 2.5:
Wechseln der Ansicht über die Toolbar. Hier die Ansicht GROSSE SYMBOLE.

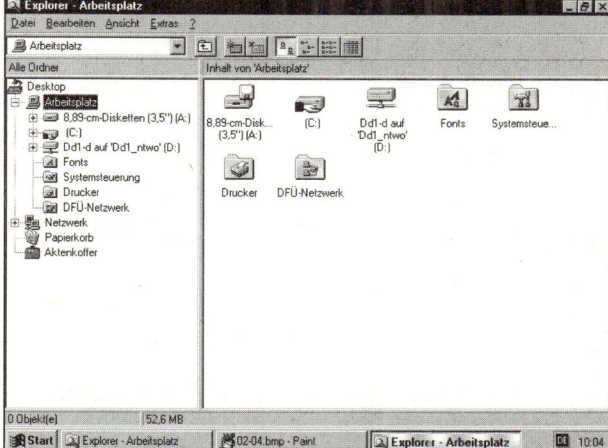

Abb. 2.6:
Detaillierte Ansicht mit Dateiendung und Pfadan-gaben

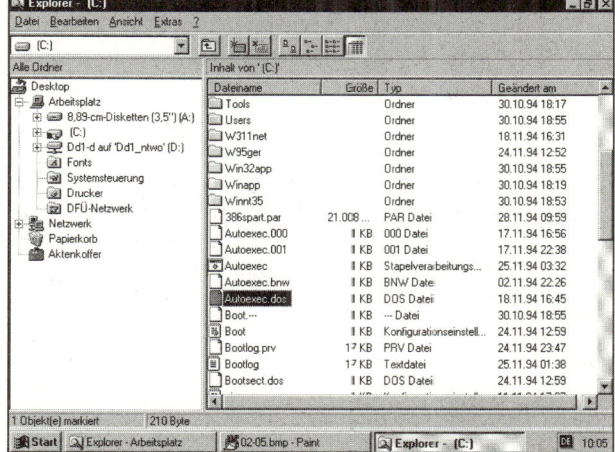

Neues Outfit der Bildlaufleisten

Auffällig ist auch die Neugestaltung der neuen Bildlaufleisten. In Abbildung 2.7 sehen Sie sie ganz deutlich. In diesem Fall sind sie stark vergrößert worden. Der Schieberegler ist jetzt auf Grund seiner Größe wesentlich leichter zu bedienen, da er mit der Maus leichter zu treffen ist.

Diese Bildlaufleisten können übrigens auch über die Objekteigenschaften des Desktops proportional in ihrer Größe und Farbe angepaßt werden.

Sortieren

In der Listenform kann automatisch eine Sortierung der Objekte vorgenommen werden. Über jeder Zuordnungsspalte der Liste finden Sie einen Button für ein Sortierschema. Bei Windows 3.1 finden Sie zwar auch Buttons, nur sind diese in der Toolbar integriert und nicht in der Anzeigeliste.

Sie brauchen nur auf einen Button zu klicken, und die Anzeige erfolgt entweder nach Namen, Größe, Typ oder Erstelldatum. Nochmaliges Klikken auf ein Sortierkriterium wechselt zwischen der Sortierung aufwärts oder abwärts.

Auch hier die rechte Maustaste

Befinden Sie sich in einem Verzeichnis oder Ordner kann auch hier natürlich der rechte Mausklick verwendet werden, um Objekte zu manipulieren. Sie sehen, der Explorer dient nicht nur als Programm-Manager, sondern auch als Dateimanager. Welche Managerdienste der Explorer noch zur Verfügung hat, sehen Sie auf den nächsten Seiten.

In der Abbildung sehen Sie das Popup-Menü zur Bearbeitung einer Datei, welches Sie mit der rechten Maustaste öffnen. Sie können jetzt zum Beispiel eine Datei kopieren, über den Explorer Ihr Zielobjekt ansteuern und dann die Datei wieder über das Popup-Menü in das Objekt hineinkopieren.

Abb. 2.7:
Skalierte
Bildlaufleisten

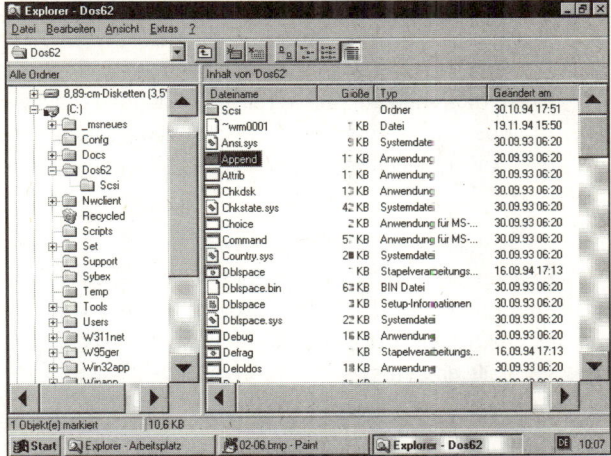

Abb. 2.8:
Sortieren per
Mausklick über
Spaltentitel

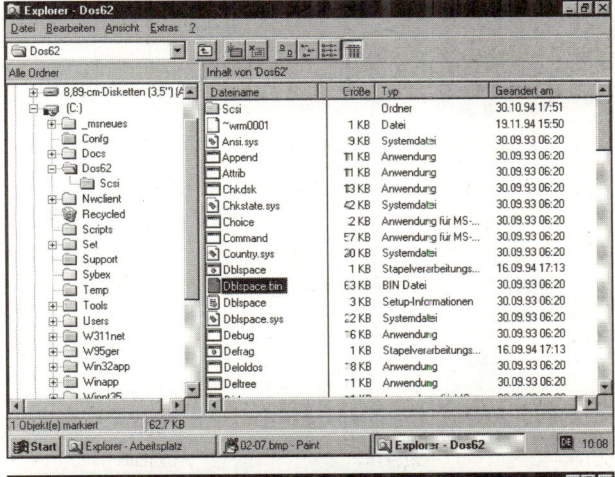

Abb. 2.9:
Popup-Menü
zum Kopieren
einer Datei

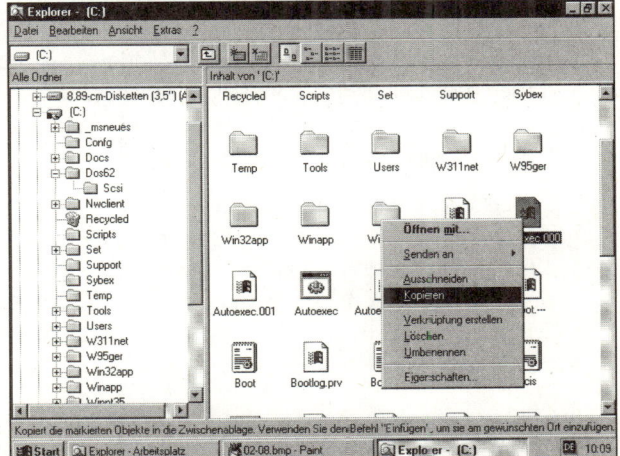

Explorer - Datei-Manager?

Aber mit dem Explorer lassen sich auch noch andere Aufgaben erledigen. Sie werden merken, daß sich der Explorer als Universalmanager erweist. Er ist beinahe mit unseren Politikern vergleichbar, die auch alles können und universal jeden Bereich betreuen. Nur ist der Explorer nicht bestechlich.

Die einfachste Funktion ist wohl die Erstellung von neuen Ordnern oder Dateien. Im rechtem Fenster führen Sie lediglich einen rechten Mausklick aus und wählen den Befehl NEU. Nun ist es Ihnen überlassen, entweder einen Ordner oder eine Datei zu erstellen. Das neue Objekt wird an dieser Stelle eingefügt.

Systemsteuerung über den Explorer ansprechen

Im Explorer sehen Sie in der Grundeinstellung normalerweise drei Ordner. Für Schriften, Drucker und die Systemsteuerung, die allen Windowsanwendern wohl noch bekannt sein dürften.

Also auch die Systemsteuerung können Sie über den Explorer ansprechen. In Abbildung 2.11 sehen Sie den Inhalt der Systemsteuerung. Es hat sich hier nicht allzuviel geändert. Lediglich einige Icons sind ausgetauscht worden. Mit einem Doppelklick können Sie nun Ihre Systemeinstellung zu den jeweiligen Komponenten ändern.

Druck-Manager über Explorer ansprechen

Sie werden sicherlich in der Systemsteuerung das gewohnte Druckersymbol vermissen. Da Sie auch schon unter Windows 3.x mehrere Drucker installieren und einrichten konnten, hat man sie unter Windows 95 in einem Ordner zusammengefaßt. Hier finden Sie auch angeschlossene Netzwerkdrucker sowie Faxgeräte.

Das erste Icon dient zum Installieren weiterer Drucker. Hier wird die Flexibilität des Explorers noch einmal ganz besonders deutlich. Ein Doppelklick öffnet den Druck-Manager. Aha, da ist er wieder, unser Universalmanager. Ein einfacher Klick mit der rechten Maustaste führt Sie zur Druckereinrichtung, wie Sie sie von Windows 3.1 aus der Systemsteuerung her kennen.

Abb. 2.10:
Neues Ver-
zeichnis
erstellen

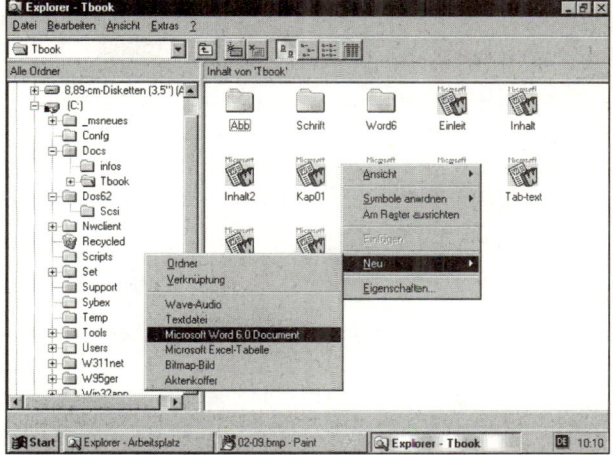

Abb. 2.11:
Die System-
steuerung in
der Explorer-
ansicht

Abb. 2.12:
Der Inhalt des
Druckerordners
mit drei
installierten
Modellen

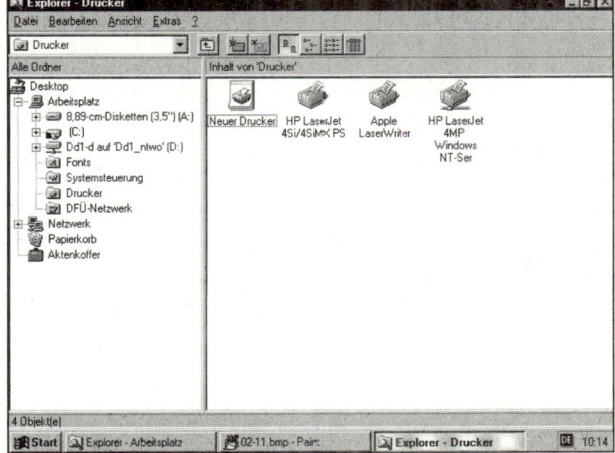

59

Windows 95 mit alter Oberfläche

Für denjenigen, der mit seiner alten Oberfläche weiter bearbeiten möchte, ist natürlich auch gesorgt. Mit Windows 95 mitgeliefert werden der alte Datei- und Programm-Manager von der Vorgängerversion. Nur, wo sind diese Dateien in meinem Büro abgelegt?

Suchfunktion

Windows 95 bietet hierfür eine ausgeklügelte Suchfunktion. Diese Suchfunktion zu „suchen" ist nicht schwer. Sie finden ja alles in dem Startbutton von Windows 95. Über den Befehl SUCHEN können Sie Ordner, Dateien und, was sich als sehr praktisch erweist, auch nach angeschlossenen Computern in einem Netzwerk suchen.

Dateien gefunden

In der Dialogbox für die Suchfunktion geben Sie zum Beispiel den Dateinamen für den alten Dateimanager von Windows 3.1 ein. Also WINFILE.EXE. Über einige Optionen kann die Suche eingeschränkt werden. So kann ein bestimmtes Verzeichnis eingetragen werden oder Sie bestimmen, die Suche auf einer ganz anderen Maschine innerhalb eines Netzwerkes vorzunehmen.

Anschließend starten Sie die Suchfunktion. In der Dialogbox sehen Sie dann eine animierte Lupe, die im wahrsten Sinne des Wortes Ihren Computer nach der gewünschten Datei unter die Lupe nimmt.

Datei- und Programm-Manager wie gewohnt

Ist der Suchvorgang beendet und die Datei gefunden, erscheint sie in einem separaten Fenster der Dialogbox. Mit einem einfachen Doppelklick starten Sie dann den gewohnten Datei-Manager von Windows 3.x.

Sie erkennen sofort, daß auch der alte Datei-Manager ein anderes Outfit besitzt. Auch hier erhielt der erweiterte 3-D-Look Einzug. Sie merken dies sofort, wenn Sie eines der Menüs öffnen.

Für den Programm-Manager verfahren Sie entsprechend. Nur heißt die gesuchte Datei jetzt PROGMAN.EXE. Um nun die beiden Oldtimer ständig auf dem Desktop zur Verfügung zu haben, wenden Sie ein neues Tool an, das im nächsten Schritt vorgestellt wird.

Abb. 2.13:
Die Suchfunk-tion innerhalb des Startbuttons

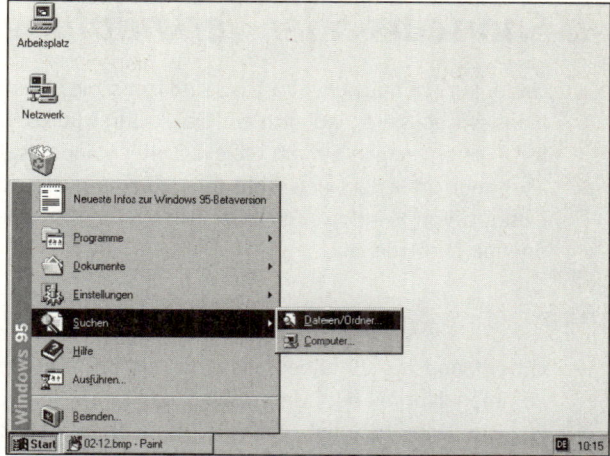

Abb. 2.14:
Eingabe der Suchkriterien

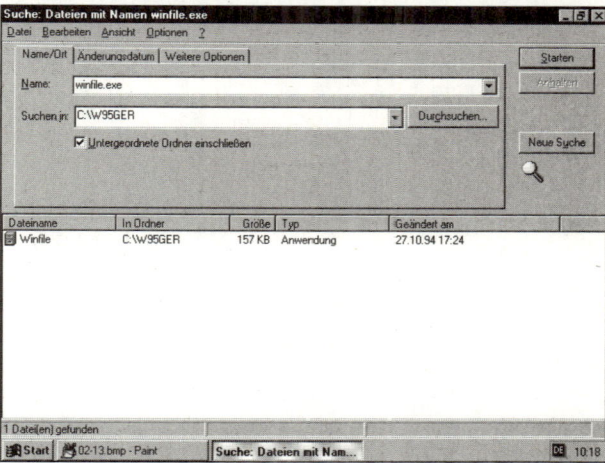

Abb. 2.15:
Der alte Datei-Manager von Windows 3.x unter Windows 95

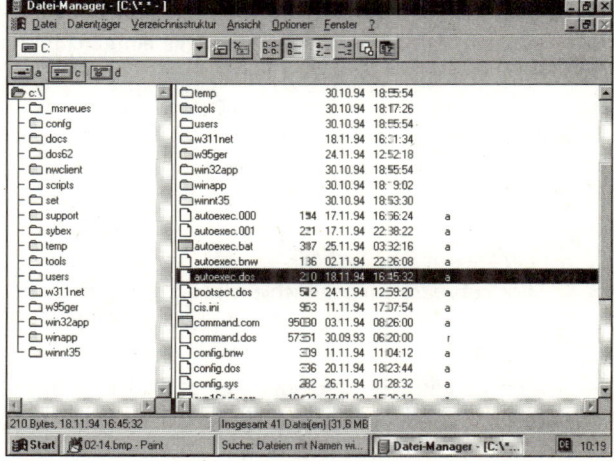

61

Was sind Shortcuts oder Verknüpfungen?

Um es kurz zu machen. Shortcuts sind Icons wie unter Windows 3.x auch. Icons symbolisieren lediglich ein Objekt Ihres Büros, um es treffender zu formulieren: zeigen auf ein Objekt. Unter Windows 3.x sind diese Icons aber sehr unflexibel gewesen. In Verbindung mit dem nun flexibleren Desktop von Windows 95 unterstützen Shortcuts Sie beim dokumentorientierten Arbeiten.

Neue Iconform

Unter Windows 95 haben alle Icons ein besseres Erscheinungsbild bekommen. Nur mit dem Unterschied, daß sich hinter dem Icon auch wirklich eine Datei befindet. Wenn Sie ein Icon auf Ihrem Desktop löschen, wird damit auch die Datei gelöscht. Zur besseren Handhabung können Sie aber auch nur mit Progammverknüpfungen arbeiten. Außerdem kann die Verknüpfung entfernt werden, ohne daß dann direkt eine Datei gelöscht wird.

Woran erkennt man sie?

Shortcuts unterscheiden Sie von den richtigen Datei-Icons durch einen kleinen Pfeil, der Ihnen sagt, daß es sich bei diesem Symbol um einen Zeiger handelt. Auch im Iconnamen erkennen Sie schon, daß es sich um eine Verknüpfung handelt. Der Vorteil ist nun der, daß Sie dieses Icon wie ein Programm behandeln können und es auch die gleichen Eigenschaften besitzt. Egal, wohin Sie den Shortcut - oder vielleicht sollte man ihn mit „Abbild" übersetzen - bewegen, der Bezug zum eigentlichen Programm bleibt erhalten. Programme können somit von jeder Stelle Ihres Büros aus aufgerufen werden. Aber auch Drucker und Laufwerke können Sie als Shortcut auf den Desktop ziehen und mit ihnen wie gewohnt arbeiten. Auf diese Weise können Sie ein ganz neues Büro auf Ihre Ansprüche maßschneidern. Vielleicht sind Sie PC Tools für Windows-Anhänger oder lieben den Norton Desktop für Windows. Sie bauen ihn einfach nach. In Abbildung 2.17 sehen Sie ein individuelles Büro. Der Clou: Diese Einstellungen werden mit Ihrem Einlognamen gespeichert.

Eigenschaften

Shortcuts besitzen natürlich auch andere Eigenschaften als Zeiger. Sie stellen auf der DOS-Ebene Dateien dar, die die Endung *.LNK besitzen. Was so viel wie „link" - also verbinden - heißt. In Abbildung 2.18 sehen Sie ganz deutlich die Verbindung eines Shortcuts zu seiner Mutterdatei. In diesem Fall ein Word für Windows 6.0-Dokument in Form eines Shortcuts.

Abb. 2.16:
Links Datei-
verknüpfung,
rechts normales
Programm-
symbol

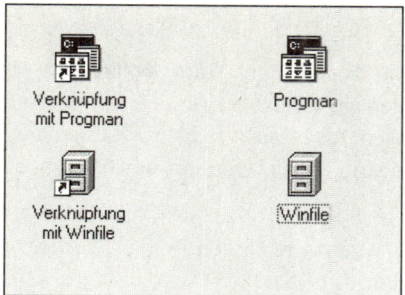

Abb. 2.17:
Zusammenstel-
lung mehrerer
Shortcuts je
nach Gebrauch

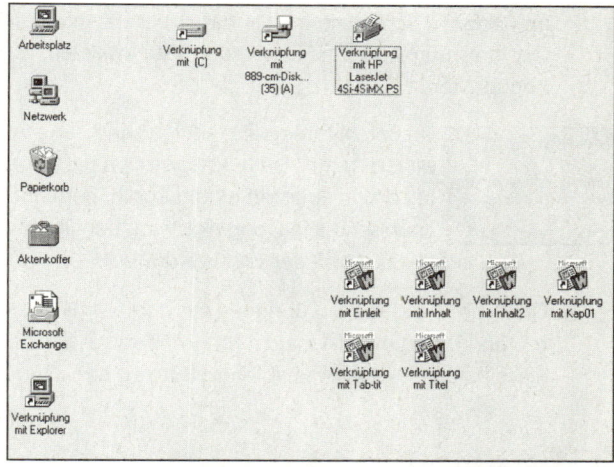

Abb. 2.18:
Eigenschaften
einer Dateiver-
knüpfung

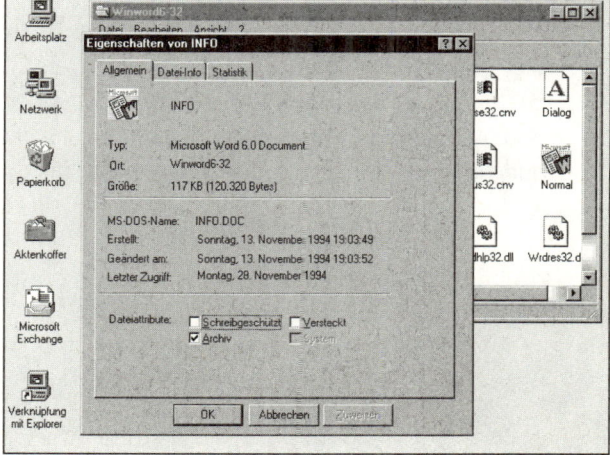

Shortcuts erstellen

Wie erstellt man diese Dinger. Ganz einfach. Sie öffnen Ihren ARBEITS-PLATZ und wählen ein Objekt aus, das Sie auf Ihrem Desktop immer präsent halten wollen. Als Beispiel wählen wir Ihren angeschlossenen Drukker. Sie öffnen also den Druckerordner, um Ihren angeschlossenen Drucker zu finden.

Mit der rechten Maustaste klicken Sie das Druckersymbol. Sie lassen die Maustaste gedrückt.

Drucker auf den Desktop ziehen

Im nächsten Schritt ziehen Sie das Druckersymbol an einen gewünschte Ort Ihres Büros. Wenn Sie nun die Taste loslassen, öffnet sich ein kleines Popup-Menü.

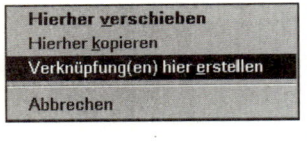

Ein Befehl fordert Sie mit der Anweisung VERKNÜPFUNG(EN) HIER ERSTELLEN auf. Sie bestätigen den Befehl mit der linken Maustaste, und ab sofort ist Ihr Drucker permanent auf dem Desktop anwesend. Ein Doppelklick auf den Shortcut öffnet sofort den Druck-Manager von Windows 95.

Genauso verfahren Sie übrigens mit dem vorher bereits erwähnten Datei- und Programm-Manager von Windows 3.1. Anschließend sind auch diese beiden Programme in Ihrem Büro zu erreichen.

Drag and Druck

Von jetzt ab können Sie Textdokumente per Drag and Drop auf das Druckersymbol ziehen, so wie Sie es von Windows 3.x auch gewohnt sind. Automatisch wird dann die zu dem Dokument gehörende Anwendung gestartet und der Druckvorgang eingeleitet.

Abb. 2.19:
Der Verweis auf
die Ursprungs-
datei mit
genauer
Verzeichnis-
angabe

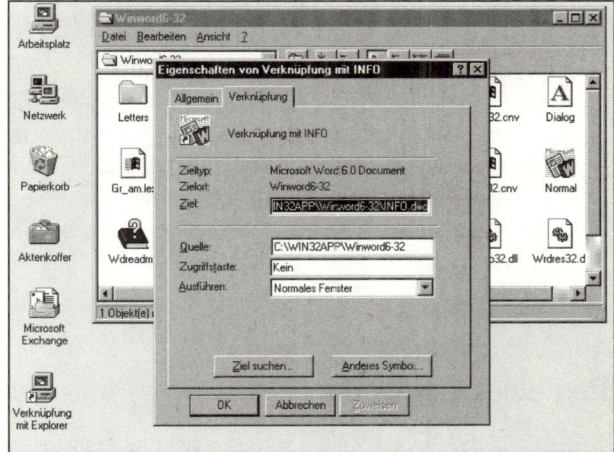

Abb. 2.20:
Der Drucker ist
immer präsent
auf dem Desktop

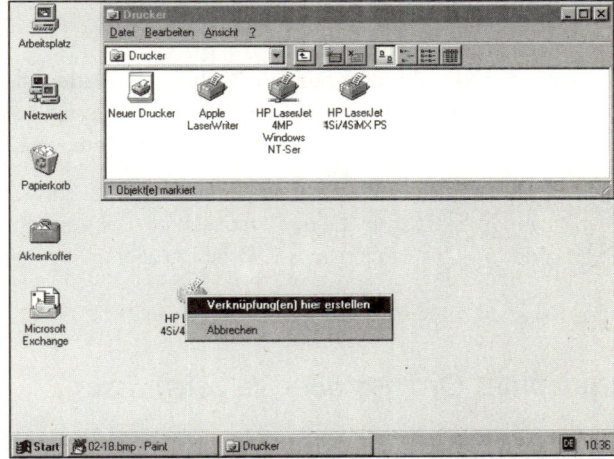

Abb. 2.21:
Mittels Drag and
Drop leiten Sie
den Druckvor-
gang eines
Dokuments ein

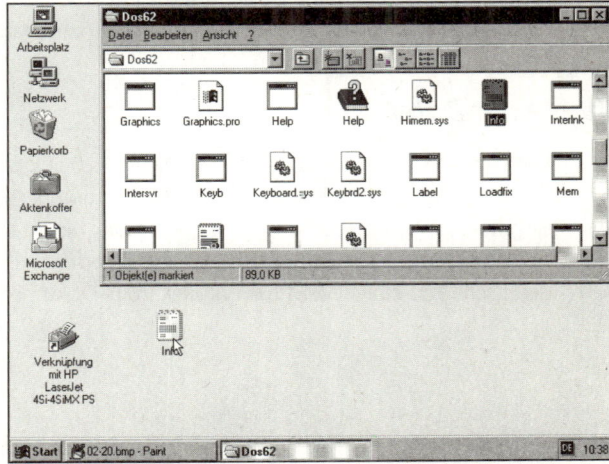

Property Sheets oder Eigenschaftsfenster

Alle Objekte und Gegenstände Ihres Büros besitzen Eigenschaften, sogenannte Objekteigenschaften. Sie sind Ihnen jetzt schon häufiger begegnet. Die Property-Dialogbox wird immer mit der rechten Maustaste aufgerufen. Je nach Objekt kann diese Dialogbox unterschiedlich ausfallen. Da jede dieser Dialogboxen mit Registern arbeiten, kann auch die Anzahl der verfügbaren Register unterschiedlich sein.

Eigenschaften eines Laufwerks

Für Laufwerke haben Sie zum Beispiel drei Register zur Verfügung. Eines für die Namensvergabe und die Gesamtübersicht bzw. über den verfügbaren Plattenplatz.

Ein Register, über das mehrere Tools für die Plattenpflege erreichbar sind. Hier finden Sie zum Beispiel den Windows 95-Befehl CHKDSK, ein Backup-Programm und natürlich einen Defragmentierer.

Und natürlich ein Register zum „Sharen" von Laufwerken, damit Sie Ihre Laufwerke auch in kleinen Netzwerken zur Verfügung stellen können. Windows für Workgroups 3.11 läßt grüßen.

Eigenschaften eines Ordners oder Verzeichnisses

Ordner weisen zwei Register für die Objekteigenschaften auf. Das erste für die Veränderung der Verzeichnisattribute und das zweite Register, um die Share-Funktion für Peer-to-Peer-Netze einzuschalten.

Eigenschaften einer Datei

Dateien weisen je nach Dateityp unterschiedliche Eigenschaften auf. Normalerweise können Sie nur die Dateiattribute ändern und steht nur ein Register zur Verfügung. Einige Textdokumente bieten aber durchaus mehr. In Abbildung 2.24 sehen Sie die Zusatzinformationen als Objekteigenschaften eines Word für Windows 6.0-Dokuments.

Abb. 2.22:
Der Befehl CHKDSK als Windows-Programm

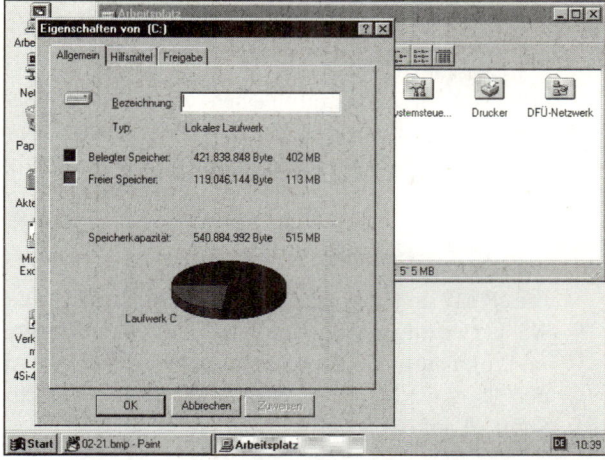

Abb. 2.23:
Eigenschaften eines Ordners oder Verzeichnisses

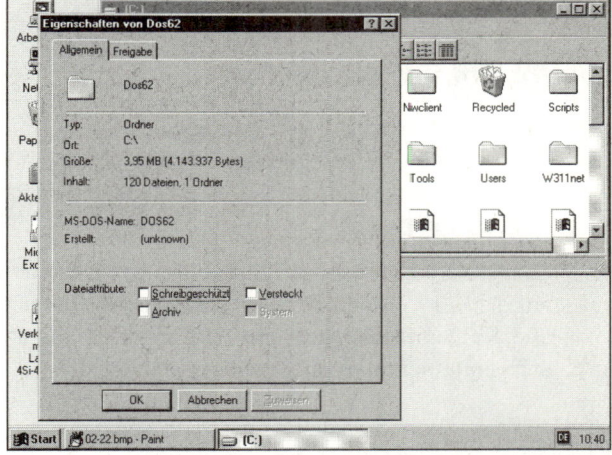

Abb. 2.24:
Allgemeine Eigenschaften einer normalen Textdatei

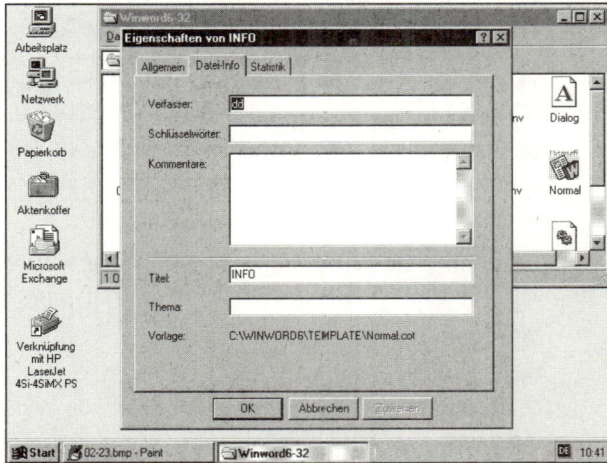

Startmenü einmal anders

Da ja nun das Startmenü zu einem der wichtigsten Elemente gehört, sollte es von Ihnen natürlich auch angepaßt werden können. Hier haben Sie mehrere Möglichkeiten, das Startmenü zu verändern.

Neue Programme per Drag and Drop

Die einfachste Methode: Über das Icon ARBEITSPLATZ oder die Suchfunktion wählen Sie Ihre gewünschte Applikation aus. Sie markieren das gefundene Programm-Icon und ziehen es mit gedrückter linker Maustaste auf den Startbutton. Sie erstellen somit in Ihrem Startbutton-Menü einen Shortcut auf das jeweilige Programm.

Neue Startbuttoneinträge als Shortcut

Wie Sie in Abbildung 2.26 sehen, wird der neue Eintrag direkt über dem Ordner PROGRAMME eingefügt. Auf diese Weise kann das Startmenü mit Ihren Programmen oder auch Dokumenten, die Sie schnell aufrufen wollen, aufgefüllt werden.

Zum Entfernen der neuen Einträge klicken Sie mit der rechten Maustaste auf die Task-Leiste und öffnen die Objekteigenschaften der Task-Leiste und des Startmenüs. Hier können Sie ebenfalls Programme addieren, aber auch entfernen. Dies ist die zweite Methode.

Autostart-Gruppe auch unter Windows 95

Die dritte Methode zeigt Ihnen ein bißchen den Aufbau des Startbutton-Menüs und seiner weiteren Untermenüs. Sie bestehen letztendlich aus weiteren Ordnern. Mit der rechten Maustaste klicken Sie einfach auf das Startbuttonmenü und öffnen den dafür vorgesehenen Ordner. Jetzt sehen Sie einmal das Startmenü in Ordnerform.

Nun können Sie beliebig Icons verschieben und auch neue hinzufügen. Sie können mit Hilfe neuer Ordner neue Programmgruppen zusammenstellen.

Auch unter Windows 95 gibt es noch eine Autostart-Gruppe. Hier fügen Sie die Programme ein, die nach dem Start von Windows geöffnet werden sollen.

Abb. 2.25:
Neues Programm per Drag and Drop dem Programm-Manager hinzufügen

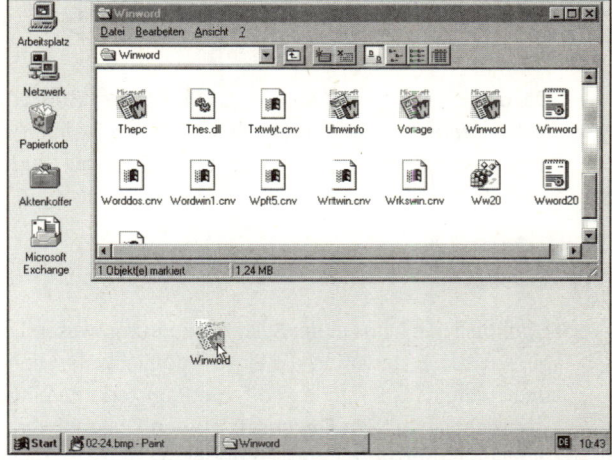

Abb. 2.26:
Der erste neue Eintrag

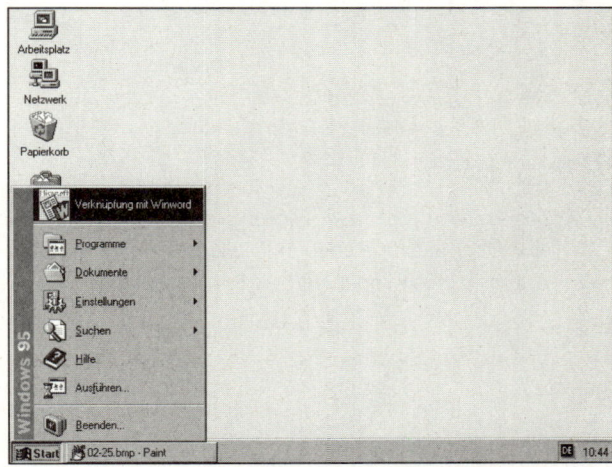

Abb. 2.27:
Das Startmenü in Explorer-Ansicht

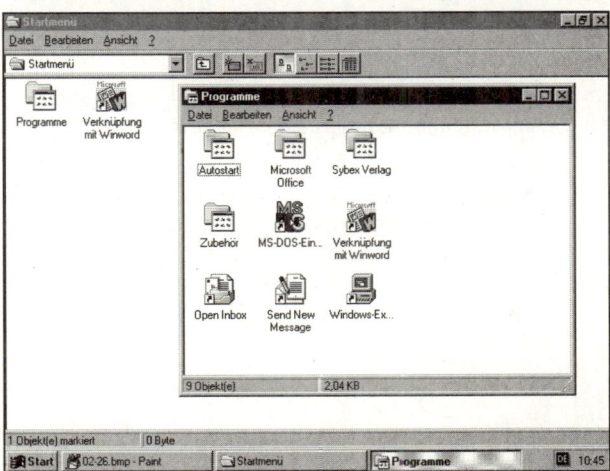

Systemsteuerung unter Windows 95

Da der Explorer alle Objekte auf Ihrem Desktop erreicht, ist auch die Systemsteuerung am einfachsten über den Explorer zu erreichen, es sei denn, Sie öffnen die Systemsteuerung über das Startmenü und den Befehl EINSTELLUNGEN.

Nur Property-Sheets

Eigentlich alle Icons in der Systemsteuerung weisen Dialogboxen mit Registern auf. Erstens sind die Einstellmöglichkeiten dann besser gruppiert, und zweitens bietet jede geöffnete Registerkarte einfach mehr Platz und Übersichtlichkeit, im Gegensatz zu den Dialogboxen von Windows 3.x, wo jede Gruppierung einfach nur eingerahmt wird.

Date and Time

Zur Änderung der Zeit klicken Sie auf DATUM UND UHRZEIT. Sie werden eine Überraschung erleben. Die Einstellung von Datum und Zeit ist Ihnen wahrscheinlich von Windows 3.1 her bekannt. Aber ...

Zeitzonen

... die Zeitzonen stellen Sie per Mausklick auf der Weltkarte ein. In einem Auswahlmenü können Sie zusätzlich alle Zeitzonen der Welt betrachten und in Beziehung der eingestellten Zeit setzen. Auf diese Weise können Sie sofort den Zeitunterschied zu allen anderen Zeitzonen ablesen. Tokio zum Beispiel ist der mitteleuropäischen Zeit um neun Stunden voraus.

Abb. 2.28:
Aufruf der
System-
steuerung über
den Startbutton

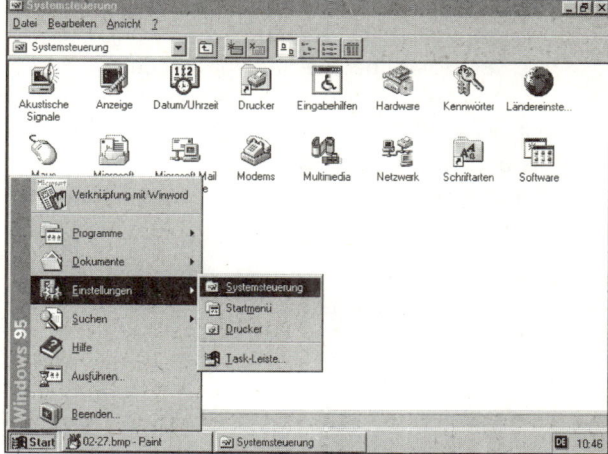

Abb. 2.29:
Einstellung von
Datum und Zeit

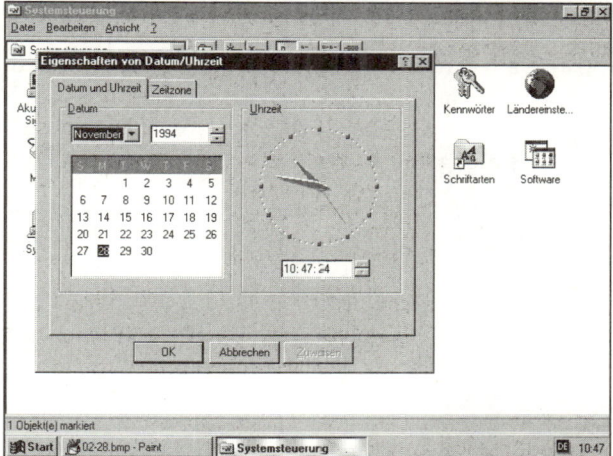

Abb. 2.30:
Visuelle
Auswahl der
Zeitzonen

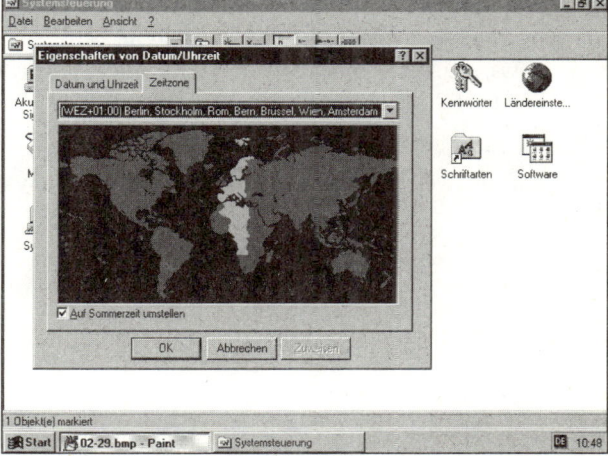

System oder 386er

Die 386er Systemeinstellung von Windows 3.x ist jetzt nur unter dem Icon SYSTEM zu finden. Auch hier finden Sie eine großzügige Dialogbox mit einigen Registern zum Einstellen des virtuellen Speichers. Hier finden Sie auch den Device-Manager für alle Peripheriegeräte, die in Ihrem Computer installiert sind.

Weiter Einstellungen betreffen die Art des Dateisystems und die Namen der Hardwareprofile. Auf diese Weise können Sie alle Einstellungen einem Profil zuweisen und speichern.

Bildschirmeinstellungen auch über die Systemsteuerung

Ganz wichtig ist natürlich auch die Installation und Konfiguration von Bildschirmtreibern. Ein Klick auf das Display-Icon gibt Ihnen Zugriff auf Hintergrund, Farbe, Erscheinungsform des Desktops allgemein und die Einstellung Ihrer momentan installierten Grafikkarte.

Je nach installierter Grafikkarte kann eine unterschiedliche Farbpalette eingestellt sowie eine höhere Auflösung gewählt werden.

Maus einstellen

Auch die Einstellungen für das wichtigste Eingabeinstrument von Windows, die Maus, wurden überarbeitet. Mit Hilfe einer kleinen Animation können Sie die Doppelklickgeschwindigkeit Ihrer Maus einstellen.

Als Testfeld dient eine kleine Spieluhr, aus der eine Springfigur herausschnellt, wenn Sie sie mit der richtigen Geschwindigkeit anklicken.

Abb. 2.31:
System-
einstellungen
zentral
gesteuert

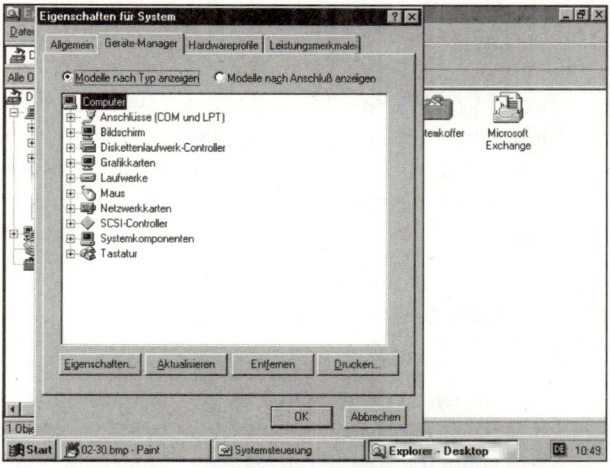

Abb. 2.32:
Konfiguration
des Hinter-
grundes

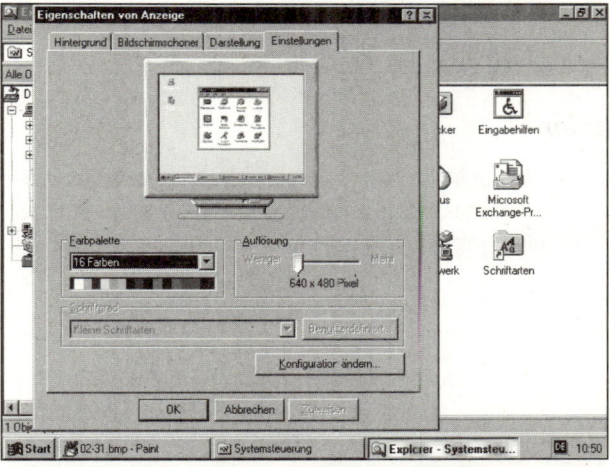

Abb. 2.33:
Tuning der
Maus

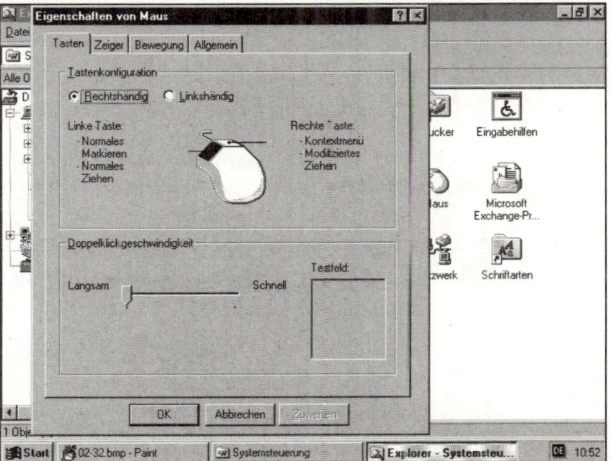

Neue OLE-Formen

Unter Windows 3.x ist der Datenaustausch schon eine geniale Sache. Bisher war der Datenaustausch über die Zwischenablage recht komfortabel. Aber auch das Einbetten von Dokumenten in andere Dokumente über OLE bietet dem Anwender ein flexibles Instrument, Mischdokumente zu erstellen, die mehrere Dateiformate verwalten können.

Datenaustausch einmal anders

Da Windows 95 das dokumentorientierte Arbeiten in den Vordergrund stellt, sollen Sie nicht nur mit ganzen Dokumenten arbeiten können, sondern auch mit Auszügen oder Ausrissen eines Dokuments. Dokumentteile können sozusagen aus einem Dokument per Drag and Drop auf den Desktop gezogen werden und stehen dann in Iconform zur Weiterverarbeitung zur Verfügung.

Scrap erstellen

Mit der Maus ziehen Sie einfach einen Absatz aus dem geöffneten Dokument auf den Desktop und legen es dort ab. Auf dem Desktop wird dann ein Scrap, ein Dokumentauszug, erstellt.

Scrap weiterverwenden

Scraps besitzen, wie jedes andere Objekt auch, Eigenschaften. Mit der rechten Maustaste öffnen Sie die Objekteigenschaften. Sie erkennen, daß Scraps auf der DOS-Ebene Dateien darstellen, die die Endung *.SHS besitzen.

Was mache ich jetzt mit meinem Scrap? Nun, Scraps lassen sich leichter handhaben als Dokumentteile, die Sie nur einfach in die Zwischenablage kopieren. Scraps können Sie über ihr Netzwerk verschicken, an E-Mails anhängen oder speziell als Sonderdokument in Ordnern archivieren.

Abb. 2.34:
Text markieren
...

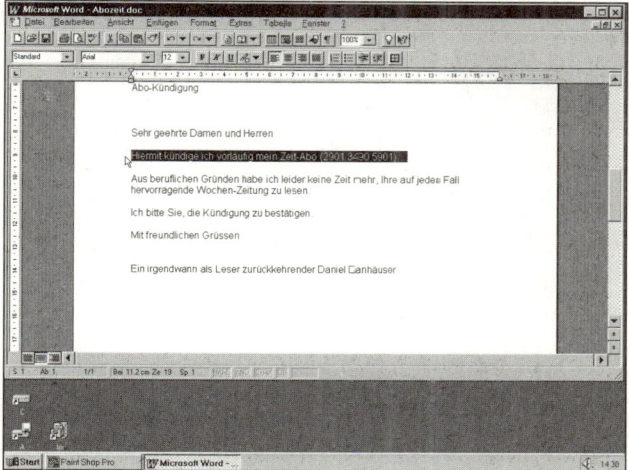

Abb. 2.35:
... mittels Drag
and Drop auf
den Desktop
ziehen und ...

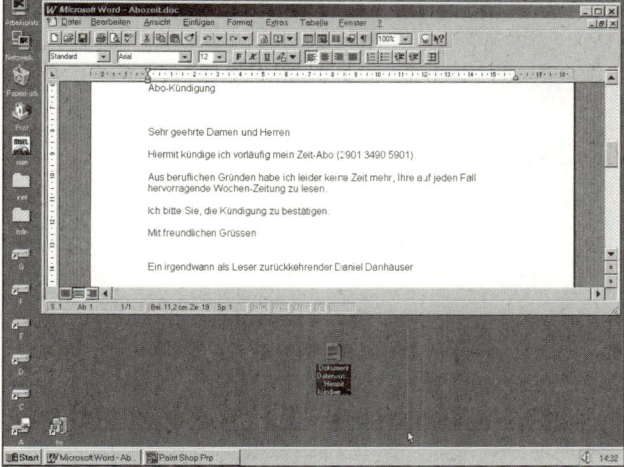

Abb. 2.36:
... auf einen
Datenträger
kopieren

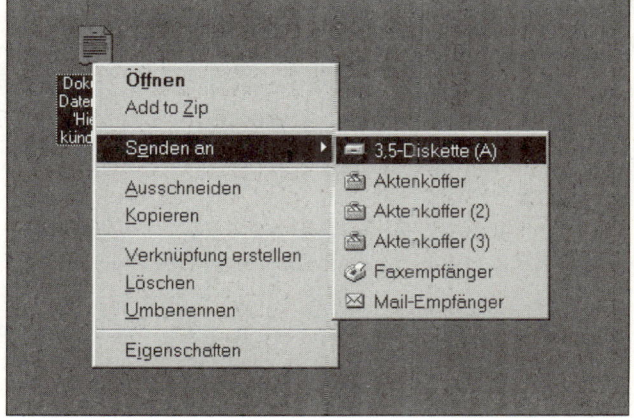

Was ist mit meinen bisherigen DOS- und Windows-Programmen?

Die wichtigste Frage überhaupt. Windows 95 unterstützt fast jede 16 Bit-Windows-Anwendung und davon existieren zur Zeit ca. 20 000. Da viele Anwender natürlich noch DOS-Anwendungen fahren, ist auch hier volle Kompatibilität gefragt. Auch die nächsten Windows NT-Applikationen werden unter Windows 95 lauffähig sein.

Die DOS-Box in neuem Gewand

Wie unter Windows 3.x können Sie eine DOS-Box öffnen, die entweder als Box oder im Vollbildmodus läuft. Den Befehl finden Sie im Startmenü unter PROGRAMMEN. Sie erkennen den Befehl schon an dem bekannten MS-DOS-Logo, wie es auch in Windows 3.x schon Verwendung findet.

DOS-Box anpassen

Neu ist die oben zu erkennende Toolleiste, über die die DOS-Box konfiguriert werden kann. Direkt einstellbar sind Schrift und Auflösung, aber auch die Objekteigenschaften, wie Sie sie in der Abbildung 2.38 sehen können. Hier stehen Ihnen die gleichen Einstellmöglichkeiten zur Verfügung, wie sie der PIF-Editor von Windows 3.x bietet.

Zurück zu Windows 95 über Exit

In der Abbildung 2.39 sehen Sie das gute alte Word 5.0 als DOS-Applikation in der BOX. Natürlich können Sie auch DOS-Spiele laufen lassen. Am einfachsten geht es über den Explorer. Mit einem Doppelklick auf das Icon Ihres DOS-Programms wird die DOS-Box automatisch mit dem Programm gestartet.

DOS-Applikationen, wie zum Beispiel Festplattendefragmentierer oder Analysetools, die auf die Hardware zugreifen, haben bei Windows 95 nur bedingte Lauffähigkeit. Übrigens sind bei Windows 95 jede Menge Zusatztools integriert, wenn es zum Beispiel um Festplattenpflege geht. Öffnen Sie nur einmal das Eigenschaftsfenster eines Ihrer Laufwerke!

Abb. 2.37:
Die DOS-Box mit Toolbar

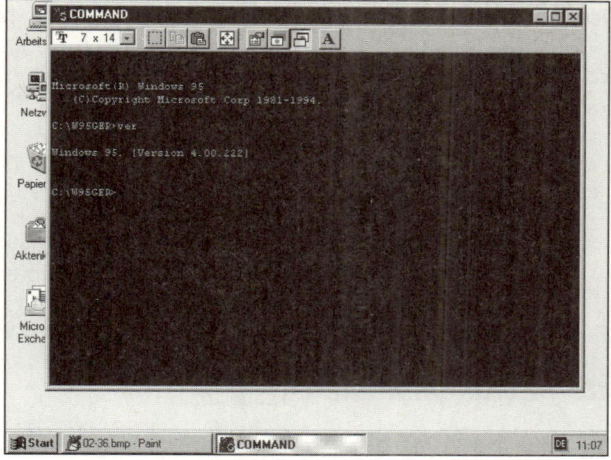

Abb. 2.38:
Eigenschafts-fenster der DOS-Box

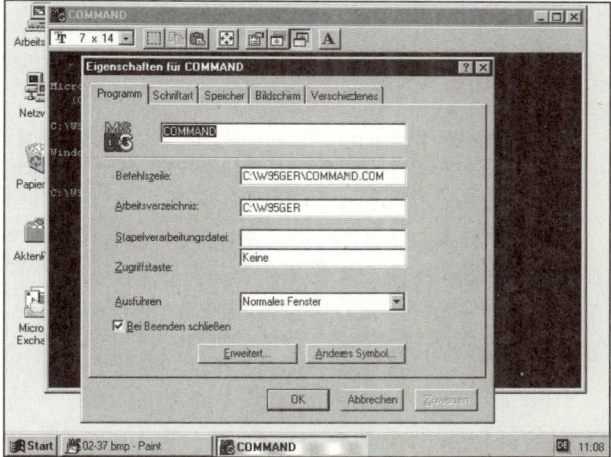

Abb. 2.39:
Word 5.0 unter Windows 95

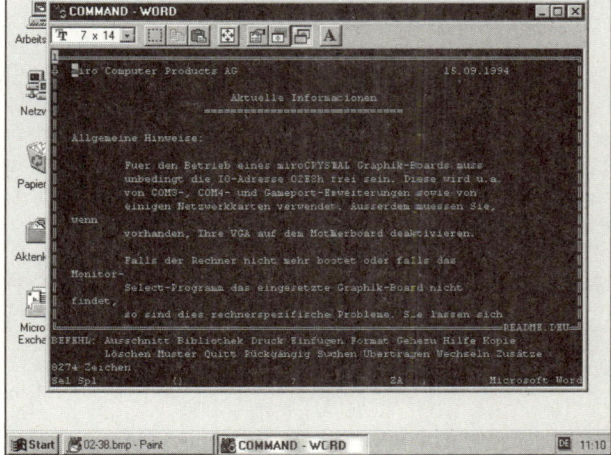

Excel 5 und WinWord 6 in neuem Gewand

Rufen Sie eine bekannte Windows-Applikation auf, so erleben Sie eine Überraschung. Alle Anwendungen erhalten durch Windows 95 ein anderes Outfit. Menüs besitzen einen stärkeren 3-D-Look, alle Fensterrahmen beinhalten die neuen Kontrollelemente, Dialogboxen sehen renovierter aus und haben sich ebenfalls an Windows 95 angepaßt.

Das Öffnen der Menüleiste geschieht mit einem Mausklick. Alle übrigen Menüs werden ohne Maustaste geöffnet. Das Führen des Mauscursors auf eine Menüfläche genügt.

Altbewährte Tastenkombination [Alt] [⇆]

Viele kennen die Tastenkombination [Alt] [⇆] noch von Windows 3.x. Sie dient zum schnellen Taskswitching zwischen mehreren gestarteten Programmen. In Windows 95 ist diese Tastenkombination eigentlich eher überflüssig, da die Taskleiste am unteren Bildschirmrand Ihre residenten Windows-Programme mit einem Mausklick öffnen läßt.

Nostalgiker können trotzdem ihre in Fleisch und Blut übergegangene Tastenkombination einsetzen. Aber auch hier hat sich das Erscheinungsbild geändert. Mit der Tabulatortaste können Sie dann eine laufende Anwendung auswählen. Anschließend wechseln Sie zu der gewünschten Anwendung, indem Sie die Tastenkombination loslassen.

Affengriff unter Windows

[Strg] [Alt] [Entf], auch als Affengriff bekannt, dient eigentlich zum Neustart des Computers. Natürlich unter DOS. Unter Windows 95 öffnet diese Tastenkombination den Task-Manager. Hier hat Windows 95 sich einiges von Windows NT 3.5 abgeguckt.

Der Task-Manager listet Ihnen alle laufenden Programme auf und dient in erster Linie zum Beenden eines Programms, das Schwierigkeiten macht. Aufgrund der neuen Speicherverwaltung von Windows 95 können Sie nun wesentlich sicherer eine eingefrorene Anwendung aus dem Speicher werfen. Sie markieren die laufende Anwendung in der Liste und wählen den Befehl BEENDE TASK.

Hilft alles nichts, bleibt Ihnen nichts anderes übrig, als den Rechner über den Befehl SHOT DOWN herunterzufahren und den Neustart einzuleiten.

Abb. 2.40:
Alte Windows-
Applikation mit
neuem Look
and Feel

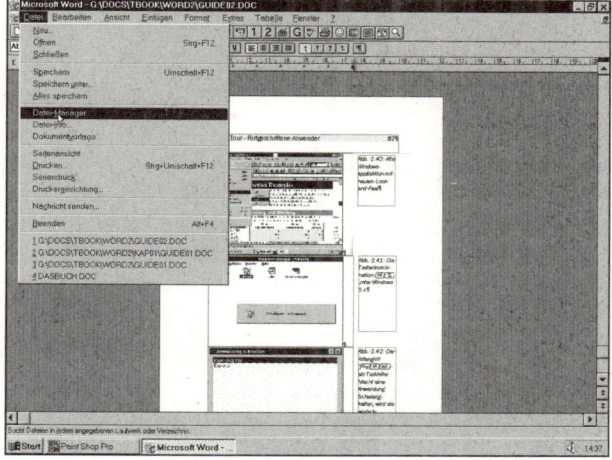

Abb. 2.41:
Die Tasten-
kombination
[Alt] [⇆] unter
Windows 3.x

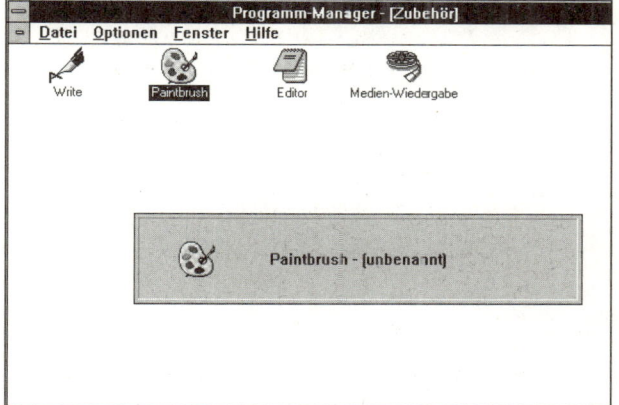

Abb. 2.42:
Der Affengriff
([Strg] [Alt] [Entf])
als Taskkiller.
Macht eine
Anwendung
Schwierig-
keiten, wird sie
einfach
beendet.

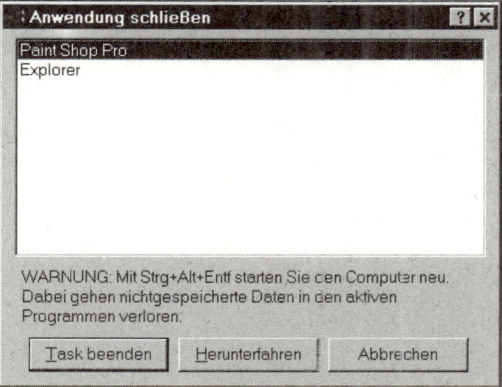

Kapitel 3:
Guided Tour - Neugierige Power-User oder Hardware-Bastler

Die dritte Tour zeigt eine Auswahl an Neuerungen von Windows 95, die vielleicht für einen Einsteiger zu stark in die Tiefe gehen. Da aber Windows 95 für eine breite Anwenderschaft ausgelegt ist, soll auch der neugierige oder mutige Anwender nicht zu kurz kommen und mit Hilfe dieser Tour erkennen, was Windows 95 auch für Hardware-Bastler oder Power-User bereithält.

Natürlich zeigt auch diese Tour nur eine Auswahl an Funktionsmöglichkeiten. Eine detaillierte Beschreibung würde sicherlich den Rahmen dieses Taschenbuches sprengen. Ziel dieses Buch bleibt ein erster Eindruck. Um aber einen möglichen Allroundblick zu erhalten, sollen auch etwas höher angesiedelte Themen rund um Windows 95 behandelt werden.

Themen sind:

❑ Netzwerkfunktionen von Windows 95

❑ Andere Maschinen im Netz

❑ Benutzerrechte

❑ Systemkonfiguration

❑ Registry

❑ Plug and Play

❑ Telekommunikation

Netzwerkanbindung

Windows 95 enthält wesentlich mehr Zusatzfunktionen als sein Vorgänger Windows für Workgroups 3.11, der zwar auch schon Netzwerkfunktionen enthält, aber bei weitem nicht so viele Anbindungsmöglichkeiten bietet wie das bei Windows 95 der Fall ist. Windows 95 bietet jetzt zum Beispiel eine eigene Client-Funkion für NetWare-Netzwerke an. Neu ist auch das Protokoll MICROSOFT TCP/IP, das jetzt standardmäßig mitgeliefert wird und den Zugang zum Internet ermöglicht.

Einloggen ins Microsoft Netzwerk

Schon beim Hochfahren des Systems werden Sie von einer Dialogbox begrüßt, die Sie dazu auffordert, sich beim Rechner anzumelden. Dies ist die gleiche Anmeldeprozedur wie beim Netzwerklogin. Zuerst heißt es Anmelden beim Rechner und dann beim Netz. An jedem Rechner kann somit ein bestimmtes Userprofil vergeben werden, das mit einem Benutzernamen und einem optionalen Paßwort gekoppelt ist. Alle Konfigurationen Ihres Desktops sind in diesem Benutzernamen gespeichert. Über das Paßwort kann der Zugriff auf das System verweigert werden. Das heißt, ein Fremder kommt erst gar nicht auf Ihre Maschine, geschweige denn in das Netzwerk. Windows 95 bietet hier also schon mehr Sicherheitsmechanismen als Windows 3.11.

Netzwerk erforschen

Auf dem Desktop oder im Büro finden Sie ein Netzwerkicon, das für die gesamte Steuerung der Netzwerkanbindung verantwortlich ist. Auch hier kommt wieder der Explorer ins Spiel, der alle Elemente der Netzwerkverbindung transparent macht. Hier finden Sie Netzwerklaufwerke, freigegebene Drucker, Namen von Arbeitsgruppen oder Serverbezeichnungen. Der Vorteil ist eine klare Übersicht über die Netzwerkstruktur und ein vereinfachter Zugriff auf die Netzwerkressourcen, die dem einzelnen User innerhalb eines Netzwerkes zur Verfügung stehen.

Netzwerkelemente als Objekt

Jedes Element kann wieder mit der rechten Maustaste konfiguriert oder verändert werden. Sie müssen sich also nicht durch mehrere Dialogboxen kämpfen, um eine Konfiguration vornehmen zu müssen. Die Ansicht der Elemente im Explorer bleibt immer die gleiche. Dabei spielt es keine Rolle, welcher Art Netzwerk Sie angebunden sind. Die Peer-to-Peer-Vernetzung zeigt die gleichen Symbole einer Netzwerksverknüpfung wie eine Verbindung zu einem NetWare 4.x-Server.

Abb. 3.1:
Einloggen wie
unter Windows
NT

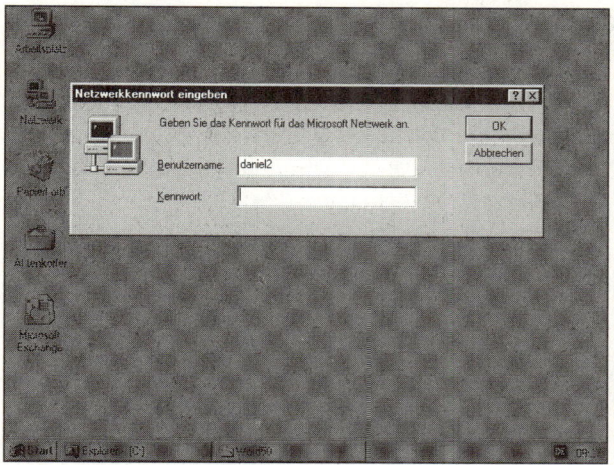

Abb. 3.2:
Genaue
Übersicht der
Netzwerk-
verbindungen

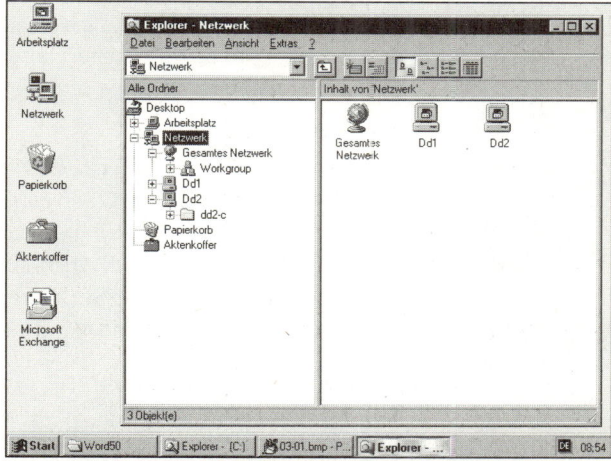

Abb. 3.3:
Netzwerk-
verbindung
immer in
einem Schema

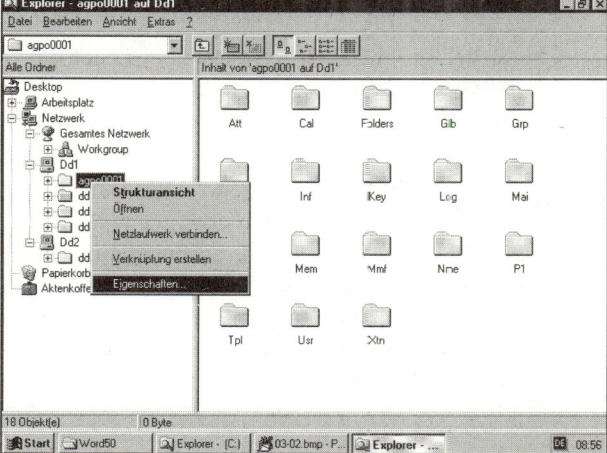

Netzwerkanbindung zu jeder Zeit

Sicherlich ist Ihnen schon aufgefallen, daß in jedem geöffneten Ordner die Möglichkeit besteht, ein Netzwerklaufwerk anzubinden. Vorausgesetzt, Sie sind an einem Netzwerk angeschlossen und eingeloggt. In der Toolleiste finden Sie ein Symbol, um eine Verbindung herzustellen, aber auch wieder zu trennen.

Das heißt, Sie haben von jeder Position Ihres Büros aus die Möglichkeit, ein Verbindung herzustellen. Sie müssen lediglich einen Laufwerksbuchstaben und einen Pfad definieren.

Netzlaufwerk suchen

Ist der Pfad noch nicht definiert, verwenden Sie einfach die Suchfunktion. Sie lassen Windows 95 einfach nach vorhandenen Netzwerkverbindungen suchen. So haben Sie auch die Kontrolle, sich richtig in ein Netzwerk eingeloggt zu haben. Findet Windows 95 keine Laufwerke, besteht keine Verbindung oder bestimmte Netzlaufwerke sind nicht freigegeben und Sie haben keine Zugangsberechtigung.

Mit der rechten Maustaste klicken Sie das Netzwerksymbol an und wählen den Befehl COMPUTER SUCHEN. Optional kann ein Computername eingegeben werden, doch in diesem Fall sollen alle Maschinen des Netzes abgefragt werden. Dafür klicken Sie einfach auf STARTEN. Eine kleine Animation verrät Ihnen, daß Windows 95 den Suchvorgang eingeleitet hat. Im unteren Fenster werden alle gefundenen Maschinen aufgelistet. Dies kann entweder ein Server oder mehrere Maschinen einer Workgroup sein.

Netzlaufwerk anbinden

Mit einem Doppelklick auf den gefundenen Rechner kann dessen Inhalt bzw. seine freigegebenen Laufwerke angesehen werden. Zu jedem freigegebenen Laufwerk oder Ordner kann dann eine Verbindung hergestellt werden. Der Pfad wird dann automatisch ermittelt und von Windows 95 eingestellt. Optional kann die Verbindung beim jedem Start von Windows 95 wiederhergestellt werden.

Schneller geht natürlich die Variante über die rechte Maustaste auf das Arbeitsplatzicon auf Ihrem Desktop. Nach dem Prinzip von Windows 95 kann man eine solche Funktion hinter dem Icon Arbeitsplatz oder Netzwerk vermuten. Dort finden Sie den Befehl zur Netzverbindung ebenfalls.

Abb. 3.4:
Netzanbindung
über jeden
Ordner

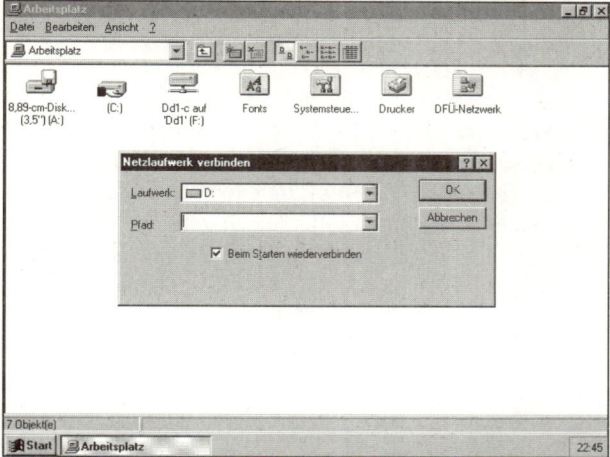

Abb. 3.5:
Die halbauto-
matische
Netzanbindung
über die Such-
funktion

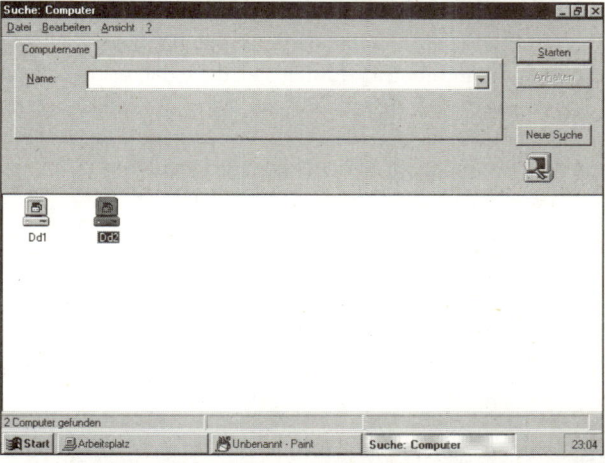

Abb. 3.6:
Die automati-
sche Netzan-
bindung bei
jedem Start von
Windows 95

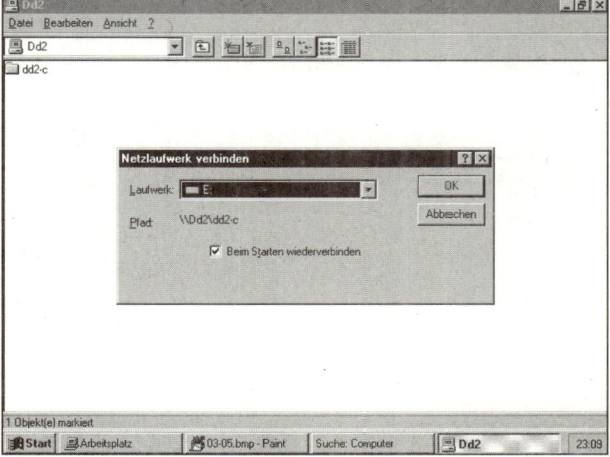

C: oder Netzlaufwerk - kaum ein Unterschied

 Das Erscheinungsbild des Netzlaufwerkes paßt sich dem Outfit von Windows 95 komplett an. Das Laufwerk des Netzwerks hat lediglich ein anderes Icon, das Ihnen signalisiert, daß es sich um ein fremdes Laufwerk handelt, auf das Sie nun zugreifen können. Die Netzwerkumgebung harmoniert also sehr gut mit der Umgebung Ihres Betriebssystems. Sie merken kaum noch, daß Sie sich auf einem Netzwerklaufwerk befinden.

Netzwerkdrucker einrichten

 Eine weitere wichtige Ressource ist der Netzwerkdrucker. Die Installation erfolgt über die Systemsteuerung und das Druckerordnersymbol. Sie wählen das Icon NEUER DRUCKER. Der Installationsassistent, den Sie schon kennengelernt haben, richtet Ihnen dann einen Netzdrucker ein. Er übernimmt automatisch für Sie die Suche nach einem Netzwerkdrucker. Auch dieser muß freigegeben bzw. es muß eine Druckerwarteschlange vorhanden sein, über die der Druckvorgang abgewickelt werden kann. Anschließend steht der Drucker zur Verfügung.

Netzlaufwerk freigeben

Arbeiten Sie in einem Peer-to-Peer-Netzwerk und sind einer Arbeitsgruppe oder Workgroup angeschlossen, können Sie im Gegensatz zu einem Client-Server Netzwerk selber Laufwerke freigeben und zur Verfügung stellen.

 Zur Freigabe öffnen Sie mit der rechten Maustaste die Objekteigenschaften eines Laufwerkes oder eines Ordners. Wählen Sie hier den Befehl FREIGABE. In dem Dialogfenster bestimmen Sie den Freigabenamen des Objektes und die Zugriffsrechte - ein weiterer Sicherheitsaspekt, der auch schon unter Windows für Workgroups 3.11 zur Verfügung steht. Der Zugriff eines Arbeitsgruppenmitglieds kann schreibgeschützt erfolgen oder - noch strenger, mit einem Paßwort kombiniert werden.

Abb. 3.7:
Freigegebene
Laufwerke
erkennen Sie an
der Hand am
Laufwerks-
symbol

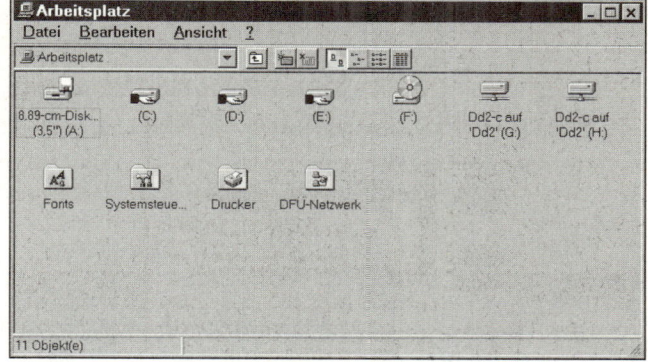

Abb. 3.8:
Der Drucker-
assistent
installiert auch
Netzwerk-
drucker

Abb. 3.9:
Freigabe-
eigenschaften
eines bereit-
gestellten
Laufwerks

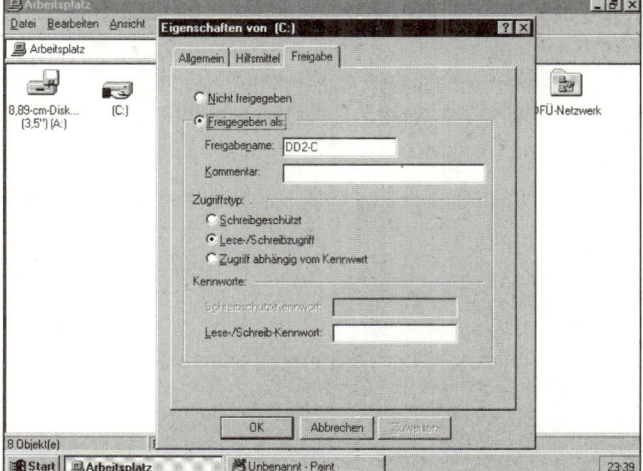

Fremde Maschine erforschen

Auf einem freigegebenen Laufwerk bewegen Sie sich, als ob es Ihr eigenes wäre. Auch hier erfolgt die Darstellung von Laufwerken und Ordnern im gleichen Schema, und Sie können Datei- und Ordneroperationen durchführen wie auf der eigenen Maschine. Dies bringt enorme Vorteile nicht nur für Netzwerkanwender, sondern auch für Netzwerkverwalter.

Der Netzwerkmonitor und User-Verwalter

Als Netzwerkadministrator haben Sie durch Windows 95 den Vorteil, Benutzerkonten wesentlich einfacher und übersichtlicher zu verwalten. Der Netzwerkmonitor zeigt Ihnen übersichtlich alle zur Zeit eingeloggten Netzwerkmitglieder an oder alternativ freigegebene Laufwerke und Drukker.

Viel interessanter ist da schon der Policyeditor oder User-Verwalter. Als Netzwerkadministrator haben Sie nun die Möglichkeiten, innerhalb eines Client-Servernetzes die Benutzerrechte eines jeden Netzwerkmitgliedes zu verändern. Das fängt an bei der Art des Einloggens und reicht bishin zu den Konfigurationsdateien einer jeden Netzwerkmaschine.

Netzkonfiguration zentral

Die eigentliche Konfiguration der Netzwerkfunktionen ist bei Windows 95 jetzt zentralisiert worden. Langes Suchen nach Konfigurationen entfällt. Ein Klick mit der rechten Maustaste auf das Netzwerkicon öffnet die Eigenschaften und macht alle Parameter für die Netzwerkfunktionen zugänglich. Sei es, daß Sie Ihre Netzwerkkarte einstellen wollen oder neue Übertragungsprotokolle hinzufügen möchten oder die CLIENT-FUNKTION für Novell-Netze aktivieren müssen.

Über die Registerkarten kann jeder Teilbereich bequem erreicht werden. In der Abbildung 3.12 sehen Sie Interrupteinstellungen einer Netzwerkkarte.

Abb. 3.10:
Das Netz-
laufwerk. Das
gleiche
Aussehen wie
auf dem
eigenen
Laufwerk.

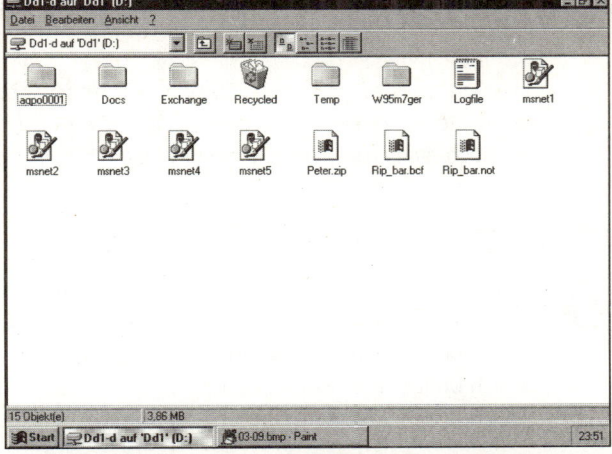

Abb. 3.11:
Die Eigenschaf-
ten eines
lokalen
Benutzers

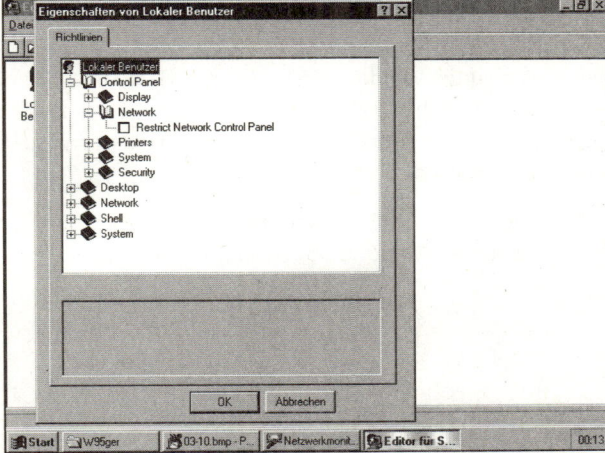

Abb. 3.12:
Hardware-
einstellungen
einer Netzwerk-
karte

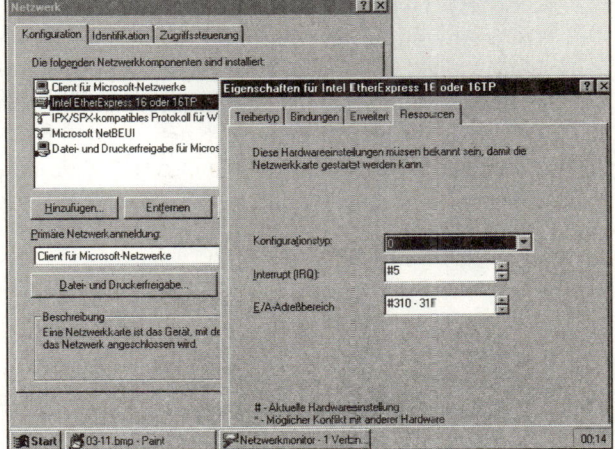

89

Systemkonfiguration

Natürlich muß es auch unter Windows 95 noch Konfigurationsdateien geben. Sie denken jetzt wahrscheinlich, daß die lästige INI-Editiererei immer noch nicht vorbei ist. Sie ist vorbei, doch mit Einschränkungen.

Systemdateien über SYSEDIT

Windows 95 verfügt, wie DOS auch, über Startdateien und zum Teil auch über INI-Dateien, um die Abwärtskompatibilität zu allen bisherigen Windowsapplikationen zu gewährleisten. Über den Befehl SYSEDIT können Sie sich bequem alle vorhandenen und benutzten Konfigurationsdateien von Windows 95 ansehen.

AUTOEXEC.BAT

Auch unter Windows 95 heißt die AUTOEXEC.BAT noch AUTOEXEC.BAT. Aber auch hier hat die Rumexperimentiererei ein Ende, da Windows die wichtigsten Einträge zentral in einer Datenbank speichert. Windows NT läßt grüßen.

Die meisten Einträge sind nur für die Verwendung von DOS-Applikationen unter Windows 95 relevant.

CONFIG.SYS

Gleiches gilt für die CONFIG.SYS-Datei, die auch nur Treiber für bestimmte DOS-Anwendungen enthält. Auch der DOS-Speichermanager EMM386.EXE spielt keine Rolle mehr. Windows 95 beinhaltet sehr viele Protected Mode Treiber, die den herkömmlichen Speicher einer virtuellen DOS-Maschine nicht in Anspruch nehmen und für DOS-Anwendungen genügend Speicher zur Verfügung stellen. Kurzum, ein Hochladen von Treibern ist nicht mehr nötig.

Abb. 3.13:
SYSEDIT wie
unter Windows
3.x

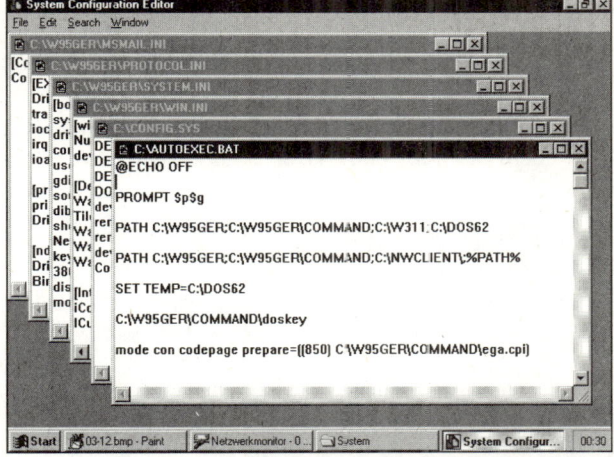

Abb. 3.14:
Für DOS-
Anwendungen
noch nötig: Die
Datei AUTO-
EXEC.BAT ...

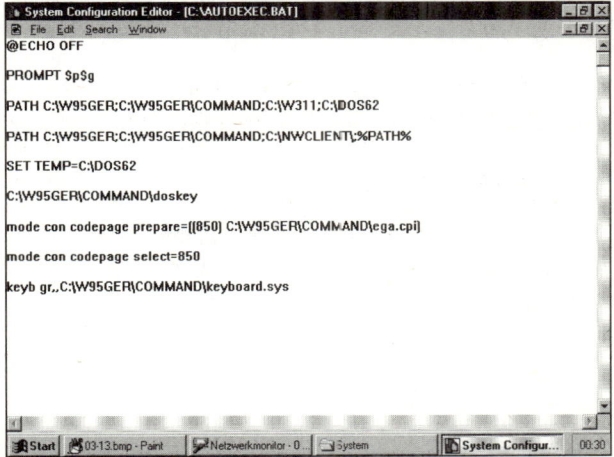

Abb. 3.15:
... und
CONFIG.SYS

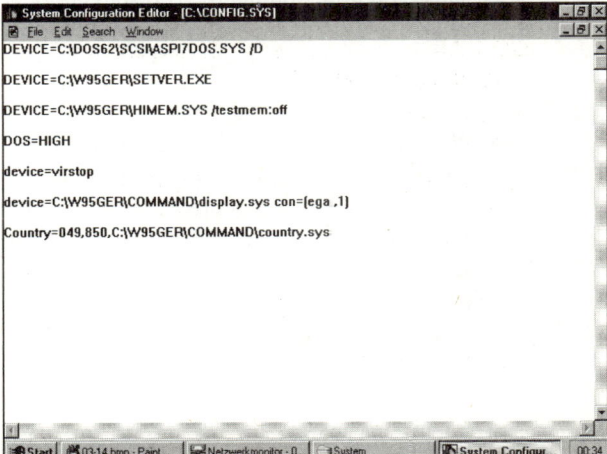

INI-Berater mit REGEDIT

Eine völlig neue Bedeutung fällt der zentralen Konfigurationsdatei von Windows 95 zu. Die sogenannte Registry dient als Datenbank mit allen Konfigurationseinträgen, die mit der Funktion REGEDIT editiert wird. Auf dem Desktop finden Sie den Editor nicht, denn ein Einsteiger soll nicht in die Versuchung kommen, die Datenbank zu verändern. Falsche Einstellungen können das System lahm legen oder nicht mehr bootfähig machen. Hier ist also Vorsicht geboten.

Den Editor finden Sie im Windowsverzeichnis unter der Datei REGEDIT.EXE. Mit einem Doppelklick wird er gestartet.

Klassenaufteilung

Auch hier erkennen Sie wieder das Ordnerschema von Windows 95. Die Einstellungen für Ihren Arbeitsplatz sind in sechs Teilbereiche aufgeteilt, die wiederum in andere Unterbereiche verzweigen. Hier finden Sie zum Beispiel Einstellungen für Ihren Desktop und die allgemeine Erscheinungsweise Ihres Arbeitsplatzes, wie Hintergrundbild oder Auflösung.

Bei den vorgegebenen Werten handelt es sich um Binärwerte. Das heißt, die meisten Einstellungen sind verschlüsselt. Da aber die meisten Konfigurationen über die Desktopfunktionen oder die rechte Maustaste erfolgen, bedarf es bei der Verwendung des Editors einiger Erfahrung, um die Schüssel und ihre Bedeutung zu durchschauen.

Einträge editieren

Der Vorteil des Editors liegt in seiner Übersichtlichkeit und schnellen Zugänglichkeit von Konfigurationen. Um zum Beispiel das Hintergrundbild des Desktops zu verändern, öffnen Sie den Bereich HKEY_-CURRENT_USER\CONTROL PANEL\DESKTOP.

Hier sehen Sie die Einstellung des Screensavers, aber auch die der verwendeten Wallpaper. Für das Hintergrundbild steht lediglich ein Verweis auf die verwendete Bilddatei. Mit der rechten Maustaste klicken Sie auf die Einstellung und öffnen ein Popup-Fenster zur Veränderung des Wertes. Jetzt kann der Name einer neuen Hintergrunddatei eingetragen werden. Beim Verlassen des Editors werden die Veränderungen automatisch gespeichert.

Abb. 3.16:
Die zentrale
Konfigura-
tionsdaten-
bank REGESTRY

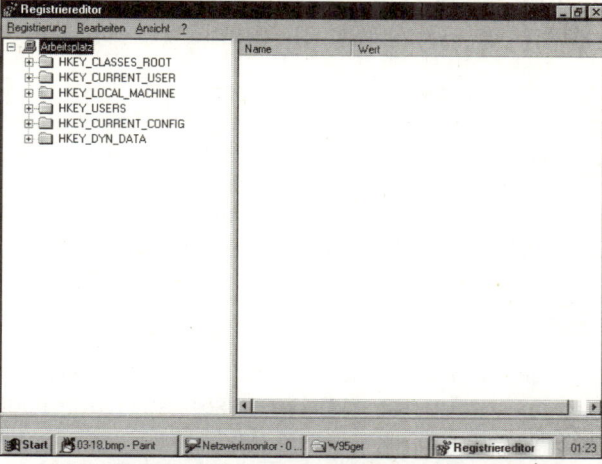

Abb. 3.17:
Einträge als
Binärwerte

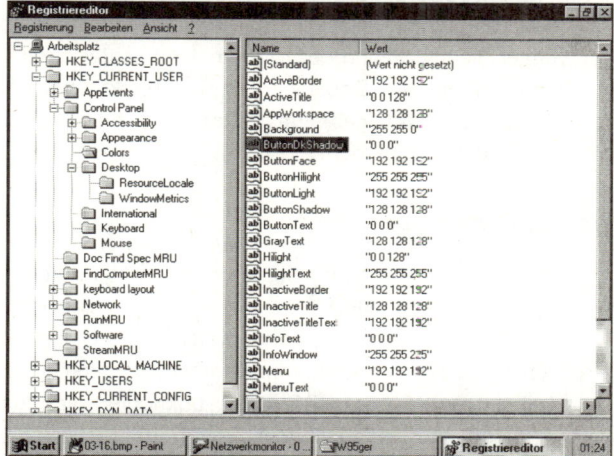

Abb. 3.18:
Ändern des
Hintergrund-
bildes über die
REGISTRY

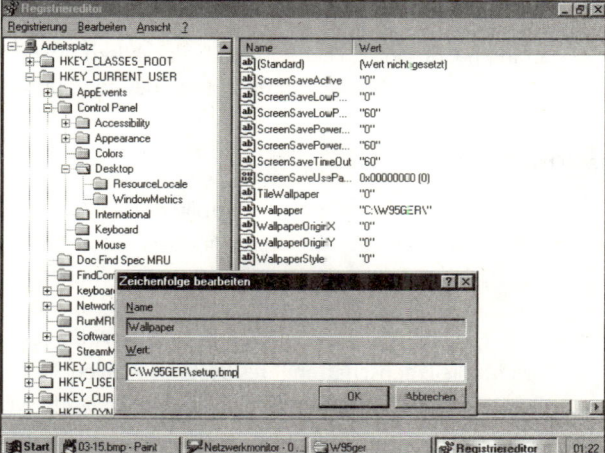

Plug and Play ...

... ist das große Modewort und zentraler Bestandteil von Windows 95. Windows 95 unterstützt mit Plug and Play als erstes Betriebssystem die automatische Hardwareerkennung. Dem Anwender soll damit bei der Hardwareerweiterung wesentlich geholfen werden. In den folgenden Schritten sehen Sie die ersten Ansätze zum Plug and Play. Eine genauere Erklärung finden Sie im zweiten Teil dieses Buches.

Neues Modem eingebaut

Gesetzt den Fall, Sie haben sich ein Modem gekauft und bauen es nach der Installation von Windows 95 ein. Schon beim Bootvorgang merkt das System, daß eine weitere Hardwarekomponente hinzugekommen ist. Windows 95 fragt die Hardware ab und vergleicht sie mit den vorhandenen Konfigurationseinstellungen. Anschließend übernimmt der Devicemanager die Installation des Modems und richtet die richtigen Treiber und Einstellungen ein. Dabei werden Sie interaktiv nach Modemmodell und COM-Portnummer abgefragt. Optional kann das Modem aber auch manuell installiert werden.

Device oder Gerät managen

Wenn der Plug and Play-Standard sich weiter durchsetzt, und die Hardwarehersteller ihre Produkte ebenfalls mit der intelligenten Plug and Play Technologie ausstatten, können Zusatzgeräte ohne Probleme hinzugeschaltet und wieder abgetrennt werden, während Windows 95 noch läuft. Mit einigen PC-Cards (PCMCIA) funktioniert dies auch schon. Aber ein Automatismus ist in Windows 95 schon integriert: Der Assistent für die Hardwareinstallation. Sie finden ihn im Ordner für die Systemsteuerung. Hier finden Sie eine Liste mit möglichen Peripheriegeräten zum Anschluß an ihren Computer. Hier können Sie praktisch die Hardwareabfrage einschränken und das System nach einer neuen Soundkarte suchen lassen.

Modem erkannt?

Ob Ihr Modem installiert ist, kontrollieren Sie einfach über den sogenannten Geräte-Manager, im alten Windows 3.x bekannt unter dem Treiber-Icon in der Systemsteuerung. Da der Geräte-Manager aber alle Peripheriegeräte verwaltet und deren Einstellung wiederum in der Registry speichert, finden Sie ihn über die Eigenschaften Ihres Arbeitsplatzes. In der Dialogbox für die Eigenschaften Ihres Systems wählen Sie aus dem Register den Geräte-Manager. Hier finden Sie alle zur Zeit aktiven Geräte aufgelistet. Bezüglich des Modems untersuchen Sie die COM-Anschlüsse.

Abb. 3.19:
Modem-
installation per
Assistent

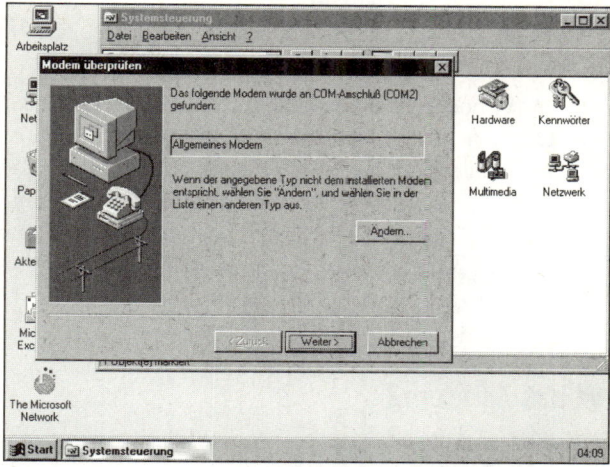

Abb. 3.20:
Der zentrale
Geräte-
Manager
innerhalb des
Eigenschafts-
fensters Ihres
Arbeitsplatzes

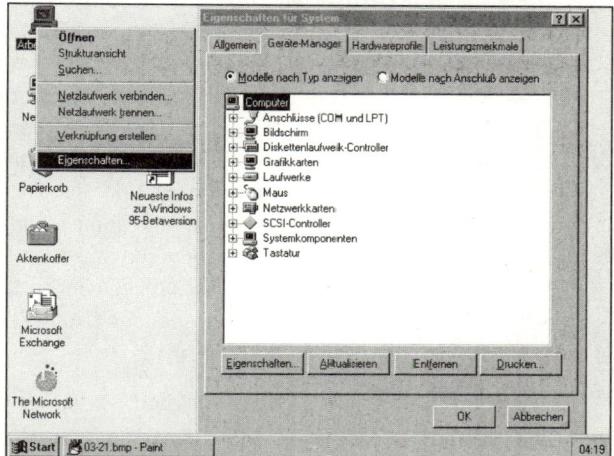

Abb. 3.21:
Anzeige aller
COM-An-
schlüsse

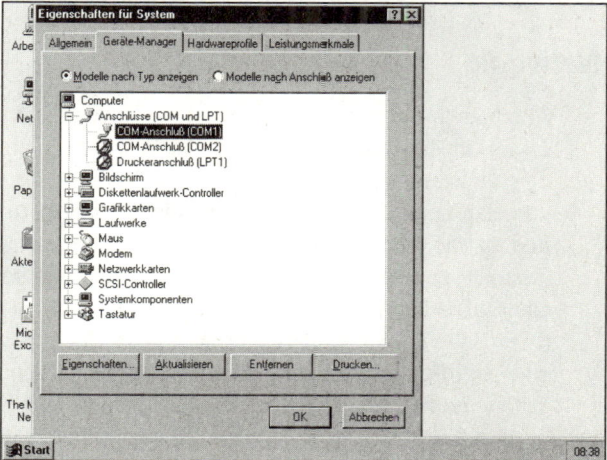

95

Die Welt am Draht oder auf dem Schreibtisch

Mit Windows 95 erhält jeder Anwender die Möglichkeit, sich bestimmter Onlinedienste zu bedienen. So stellt Windows 95 die entsprechenden Protokolle für den Internet-Zugang zur Verfügung sowie Funktionen für die Erstellung von E-Mails zur Versendung in CompuServe. Zusätzlich können Sie per Onlineregistrierung Mitglied des Microsofteigenen Onlinedienstes MICROSOFT NETWORK werden, um sich Informationen zu allen Themen-gebieten zu verschaffen. Voraussetzung ist natürlich ein Modem.

Funktioniert das Modem?

Die COM-Portstelle ist vorhanden und wird auch verwendet. So meldet es der Geräte-Manager, wenn Sie einen Doppelklick auf den COM-Port-Eintrag in der Liste ausführen. Wenn Sie nun das Register RESSOURCEN öffnen, gelangen Sie in die Tiefen des Systems. Die Ressourceneinstellung verrät Ihnen nämlich die Einstellung des Interrupts und die Basisadresse des COM 1 oder COM 2. Das Geniale: Im unteren Fenster wird Ihnen die Liste mit den Gerätekonflikten gezeigt. Liegt ein Konflikt vor, müssen Sie die Einstellungen auf der Softwareseite und auf der Hardwareseite ändern, das heißt immer noch Treiber und Jumper einstellen. Mit einem vollendeten Plug and Play-Standard würde in diesem Fall das System alle Möglichkeiten durchspielen, bis kein Konflikt mehr auftaucht. Vorerst dient der Manager sozusagen als hervorragendes Diagnosetool.

Einloggen in CompuServe

Zum Test loggen Sie sich in CompuServe ein. Ohne Schwierigkeiten gelangen Sie in den Onlinedienst.

Microsoft Network

Alternativ besuchen Sie den neuen Onlinedienst von Microsoft. Hier eröffnet sich ein neues Informationsangebot. Unter mehreren Rubriken finden Sie alle erdenklichen Themen und Rubriken. Angefangen natürlich von Hard- und Software, Sportnachrichten bishin zu Informationen für den Jazzfan, der einen neuen Bassisten sucht, finden Sie viele Interessengruppen vertreten, die Nachrichten, Treiber oder Programme austauschen. Der Onlinedienst nimmt dabei die gleiche Gestalt wie die Windows 95-Oberfläche an. So können Sie später nach einem Baukastenprinzip Ihre eigenen Informationsfilter zusammenbauen und sich nur auf bestimmte Schwerpunkte konzentrieren. Ein wichtiger Aspekt, um sich in Zukunft nicht zu Tode zu informieren und der Informationsflut Herr zu werden.

Abb. 3.22:
Die Konfi-
guration des
COM 2-An-
schlusses

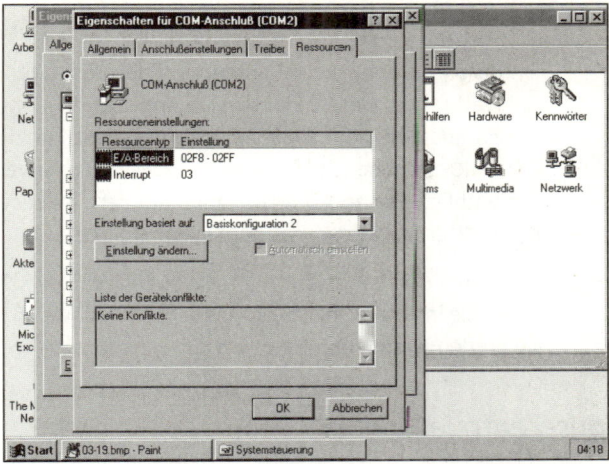

Abb. 3.23:
Der Compu-
Serve-Manager
unter Windows
95

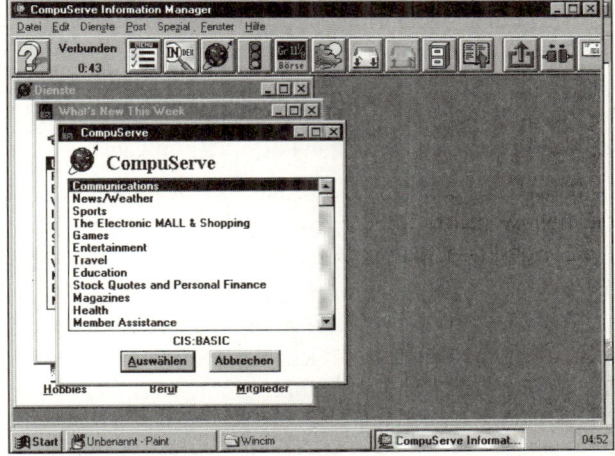

Abb. 3.24:
Eingangsmenü
des Microsoft
Network mit
seinen Rubriken

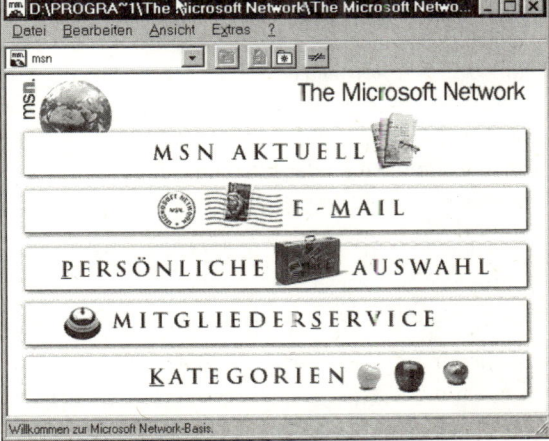

Microsoft Exchange - Neues MS-Mail

Ein Büro lebt natürlich sehr stark von der Verbindung nach außen, egal auf welche Art. Unter Windows 95 findet jeglicher Kommunikationsaustausch ebenfalls zentral statt. Über die Client-Funktion von MICROSOFT EXCHANGE tauschen Sie E-Mails und Faxe aus oder verschicken Nachrichten und Dateien an Adressen innerhalb der Onlinedienste COMPUSERVE, MICROSOFT NETWORK oder dem Weltnetz INTERNET.

Besitzen Sie Zugang zum Internet, bietet Windows 95 eine Erweiterung durch die Internet Clientfunktionen. Mit Windows 95 erhält Ihr Büro sozusagen den Draht zur Welt.

Informations-Zentrale

Mit einem Klick auf das Exchange-Icon gelangen Sie in Ihre Informationszentrale. Von hier aus können Sie ein Fax verfassen, über ein Adreßbuch den Empfänger bestimmen und die Nachricht direkt versenden oder sogar sammeln. Gleiches gilt für die Erstellung von E-Mails. Bei der Installation der Exchange-Client-Funktion werden automatisch, falls vorhanden, die Adressen Ihres alten Postoffices und die Ihrer CompuServe-Installation übernommen.

Der Aufbau Ihres Kommunikationscenters entspricht wieder der allgemeinen Windows 95-Struktur. Versendete und empfangene Informationen werden in Ordnern als ein Objekt behandelt. Dabei spielt es keine Rolle, auf welchem Wege die Nachricht übermittelt wurde. Mit einem Doppelklick auf das Nachrichtenobjekt wird es geöffnet. Handelt es sich dabei um eine Fax-Nachricht, öffnet sich der Fax-Viewer von Windows 95, um die Nachricht lesen zu können.

Mail über Exchange verschicken

Zum Erstellen von Mails wählen Sie in Microsoft Exchange das Menü VERFASSEN und dann den Befehl NEUE NACHRICHT. Wenn Sie auf den Button AN... klicken, öffnen Sie Ihr Adreßbuch. Sie wählen eine Adresse aus Ihrem CompuServe oder MS-Mail-Adreßbuch, tragen einen Betreff und Ihre Nachricht ein.

Über den Befehl DATEI SENDEN wird Ihre Nachricht als Objekt, das versendet werden soll, abgelegt. Sie sammeln Ihre Mails und bestimmen dann einen Zeitpunkt, zu dem alle gesammelten Mails rausgeschickt werden sollen.

Abb. 3.25:
Einstellung des
Internet-
protokolls unter
Windows 95

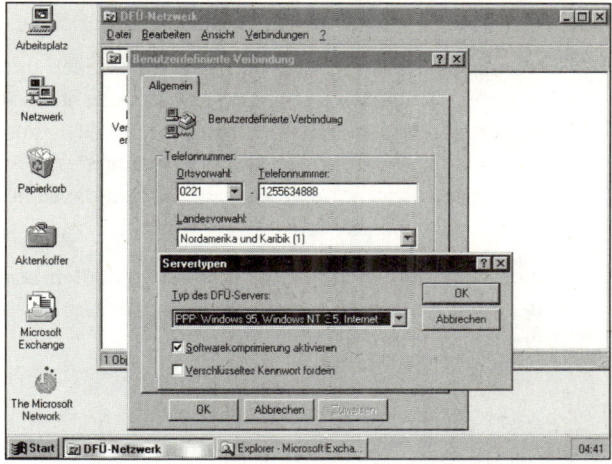

Abb. 3.26:
Verfassen einer
Nachricht über
den Exchange-
Client

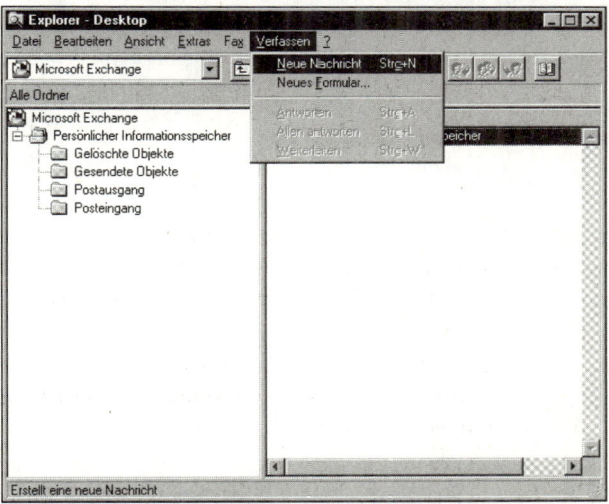

Abb. 3.27:
Der E-Mail-
Editor unter
Microsoft
Exchange

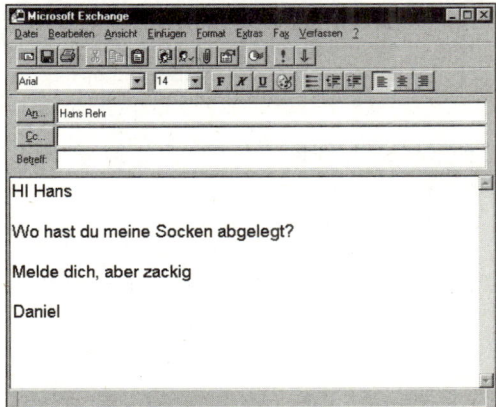

Microsoft Exchange als Informationsfilter

Microsoft Exchange läßt sich beliebig einstellen und konfigurieren. Sie haben somit die Möglichkeit, Nachrichten zu filtern und mit bestimmten Regeln zu versehen. Die Auswahlmöglichkeiten sind sehr vielfältig und erlauben in Verbindung mit einem eingerichteten Postoffice, wie Sie es von Windows für Workgroups her kennen, die Erstellung eines persönlichen Informationssystems.

Jede Nachricht kann mit bestimmten Attributen belegt werden, die bei der Dringlichkeit anfangen und über den Vertraulichkeitsgrad bishin zu bestimmten Sendeoptionen reichen.

Exchange Userprofil

Darüber hinaus kann an jeden Anwender ein bestimmtes Profil vergeben werden, das ihm, ähnlich wie in einer Netzwerkumgebung, nur die Informationsdienste zur Verfügung stellt, die er auch braucht. Über die Systemsteuerung öffnen Sie den Profileditor für Microsoft Exchange.

In der Dialogbox finden Sie Register zur Einstellung der verfügbaren Informationsdienste, wie CompuServe und anderer Onlinedienste. Über die Option ÜBERMITTLUNG bestimmen Sie die Bearbeitung von Nachrichtenobjekten und deren Rangfolge. Schließlich ordnen Sie Ihren Nachrichtobjekten ein Adressierungssystem zu, das heißt, aus welchem Adressenpool sich ausgehende Nachrichten bedienen sollen. Auch hier kann eine Rangfolge festgelegt werden.

Postoffice wie unter Windows für Workgroups 3.11

Auch unter Windows 95 benötigen Sie für das Versenden von Mails innerhalb eines Peer-to-Peer-Netzwerkes ein Postoffice, das auch von einem Postofficemanager verwaltet wird. Er fügt dem Postoffice neue User und Postfächer hinzu und kontrolliert den Mailverkehr. Die Einrichtung eines Postoffice wird, wie vorher auch, über die Systemsteuerung vorgenommen.

Das eigentliche Versenden eines Mails geschieht dabei nun mit Microsoft Exchange, das MS-Mail ersetzt.

Abb. 3.28:
Einstellung des Informations-filters für E-Mails

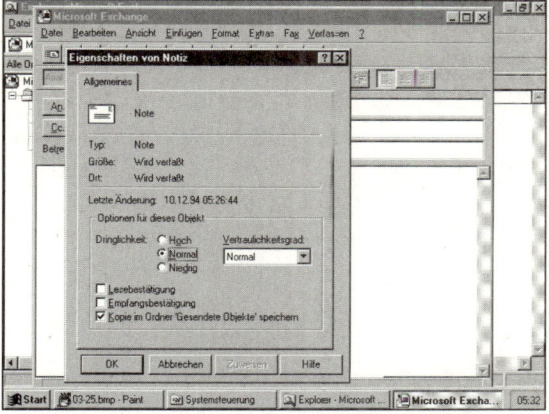

Abb. 3.29:
Erstellung von Benutzer-profilen für Microsoft Exchange

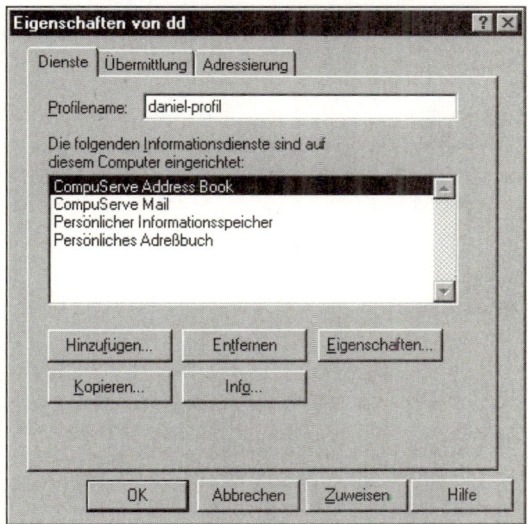

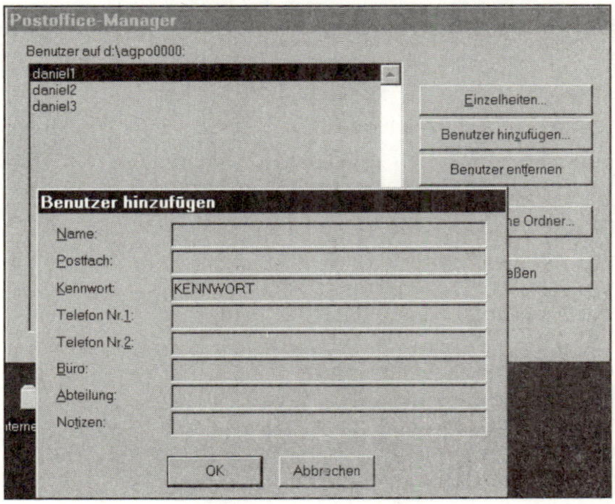

Abb. 3.30:
Der Postoffice-Manager zur Verwaltung von Benutzern

101

Kapitel 4:
Guided Tour - Ein bißchen Multimedia

Der Multimediamarkt ist in den letzten Jahren erheblich angewachsen und stellt an Hard- sowie Software immer größere Anforderungen. So haben die Datenmengen vor allem im Grafikbereich und in der Bildverarbeitung stark zugenommen. Klar, daß sich gerade auch die Windows-Plattform, die den Multimediamarkt mit angeheizt hat, weiterentwickeln muß und dem Anwender die richtigen Werkzeuge zur Verfügung stellt. Schließlich bietet Microsoft selber Multimediaprodukte an, die der Hardware etwas abverlangen und erst auf einem gut aufgerüsteten Multimedia-PC vernünftig laufen.

Windows 95 bietet gerade als 32-Bit-System einige Vorzüge und Verbesserungen, die die Hardware zugunsten von Multimediaanwendungen effektiver nutzen. So erklärt Microsoft zum Beispiel das MPEG-Verfahren zum Standard für Windows 95. Das heißt, daß Videos in einer besseren Qualität und im Vollbildmodus ablaufen können.

Auch der Zugriff auf CD-ROM-Laufwerke und der Datendurchsatz werden durch 32-Bit-Treiber von Windows 95 beschleunigt bzw. erhöht. CD-ROM-Produkte können dadurch schneller eingelesen werden und bieten eine bessere Abspielqualität.

In dieser Guided Tour erfahren Sie nun etwas über die Multimediakomponenten von Windows 95. Aber auch hier kann Ihnen nur ein Auszug der Neuerungen präsentiert werden.

Vorgestellt wird:

❑ Windows 95 und Sound

❑ Einbindung eines Tondokuments

❑ Videos mit Windows 95

❑ Audio-CD für Hi-Fi-Freaks

Windows 95 und Sound

Wie auch unter Windows 3.x gehören die Erstellung und Verwaltung von Sounddateien zum absoluten Minimum eines Multimedia-PC. Alle notwendigen Soundtools sind bei Windows 95 schon integriert. Dies war sicherlich auch bei Windows 3.x der Fall, doch bietet Windows 95 durch seine neue Oberfläche ganz andere Zugriffsmöglichkeiten.

Systemsteuerung

Über die Systemsteuerung haben Sie Zugang zu den akustischen Signalen von Windows, die auch zum Standardumfang der alten Windowsversion 3.x gehören. Jedem Ereignis oder jeder Aktion kann eine Sounddatei zugeordnet werden. Sie öffnen die Eigenschaften der akustischen Signale mit einem Doppelklick.

Soundevents

Unterschiede bestehen zum Beispiel in der Zuordnung von Soundevents. Sie suchen in der Liste ein Ereignis aus, dem Sie ein akustisches Signal zuordnen wollen. Anschließend markieren Sie in einer Auswahlliste die gewünschte WAV-Datei oder durchsuchen Ihren Arbeitsplatz nach Sounddateien. Ein kurzer Test der Datei, wenn Sie wollen, dann ein Klick auf OK, und die Sounddatei ist mit der Aktion verbunden.

Soundkontrolle

Zum Abspielen reicht ein einfacher Doppelklick auf die WAV-Datei. Dadurch wird der von Windows 3.x bekannte Soundrecorder geöffnet, mit dem Sie Sounddateien auch manipulieren.

Neu ist dagegen die Lautstärkeregelung. Mit der Maus bewegen Sie die Lautstärkeregler in die gewünschte Richtung wie bei der HIFI-Anlage. Zusätzlich kann aber auch der Eingangspegel bei Aufnahmen kontrolliert werden. Für jedes Ein- und Ausgabegerät steht ein Regler zur Verfügung. Für den Fall, daß Sie eine Soundkarte besitzen, sind Sie mit Windows 95 also schon bestens gerüstet. Aber erst mit einer Soundkarte können Sie die Multimediafähigkeiten von Windows 95 voll ausreizen.

Abb. 4.1:
Soundkon-
trolle immer
noch
über die
System-
steuerung

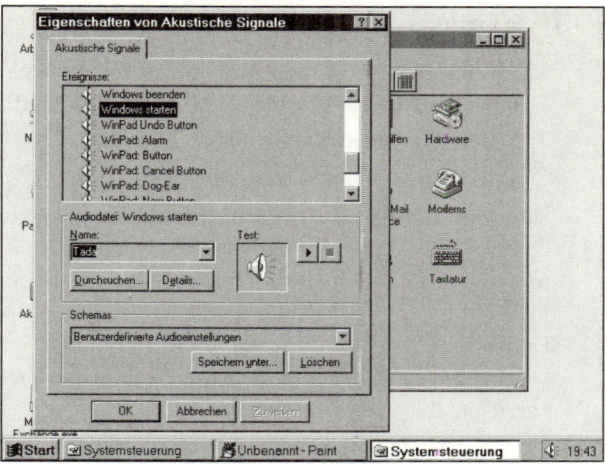

Abb. 4.2:
Zuweisen eines
Sounds zu
einem Ereignis

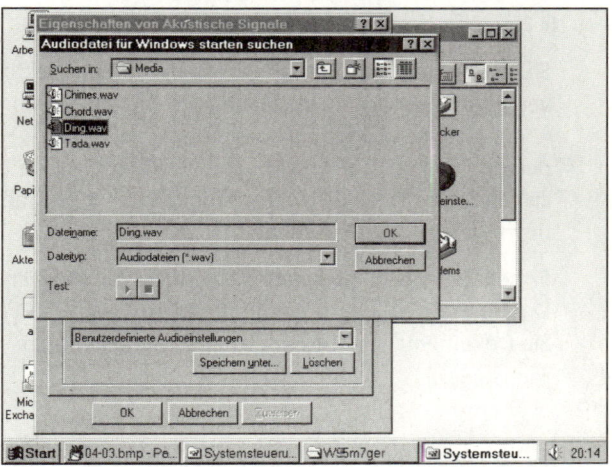

Abb. 4.3:
Lautstärke-
regelung nun
etwas komfor-
tabler

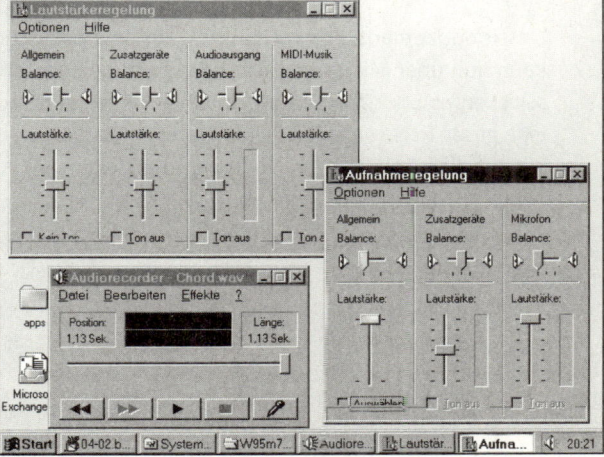

105

Tondokumente erstellen

Für die Erstellung von Tondokumenten benötigen Sie auf jeden Fall eine Soundkarte und ein Mikrofon. Dank der neuen Oberfläche von Windows 95 kreieren Sie Sounddateien direkt auf Ihrem Desktop. Auch hier steht das Dokument und nicht die Applikation, die es erstellt, im Vordergrund.

Sie klicken mit der rechten Maustaste auf Ihren Desktop und wählen den Befehl NEU. Aus der Liste wählen Sie die Dokumentart Wave-Audio. Sofort erhalten Sie ein neues Tondokument, was aber noch leer ist und von Ihnen noch mit geistreichen Sprüchen gefüllt werden muß. Mit einem Doppelklick auf das Dateisymbol öffnen Sie den Soundrecorder. Dann drücken Sie auf Aufnahme, sprechen Ihren Text in ein Mikrofon und speichern ihn ab.

Einbinden und ...

Sie haben nun ein weiteres Objekt auf Ihrem Desktop, das Sie beliebig verändern oder in andere Dokumente einbauen können. Textdokumente können mit gesprochenen Kommentaren versehen werden. Tabellen werden durch akustische Erklärungen verständlicher. Mittels Drag and Drop ziehen Sie Ihr so erstelltes Soundobjekt in ein geöffnetes Word für Windows- oder Excel-Dokument.

Sicherlich ist dies auch unter Windows 3.x möglich. Doch durch den Desktop und eine bessere und flexiblere Drag and Drop Technik können Sie Dokumente jetzt besser gestalten und erweitern.

... verschicken

Das Tondokument, das ja eigentlich aus einem Mischdokument besteht, kann nun über Microsoft Exchange Ihr Büro verlassen. Entweder Sie verschicken es als E-Mail innerhalb eines Netzwerkes oder schicken es auf eine große Reise an einen Adressaten per CompuServe. Übrigens können Sie auf diese Weise auch Dokumente erstellen, die Archive mit komprimierten Dateien enthalten.

Abb. 4.4:
Die Erstellung
einer Sound-
datei

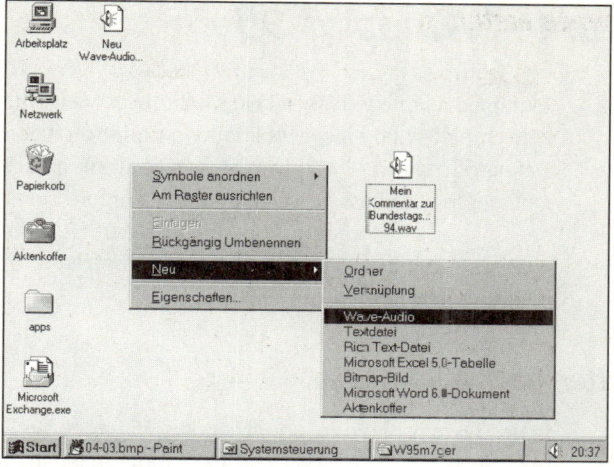

Abb. 4.5:
Aufnahme des
Kommentars ...

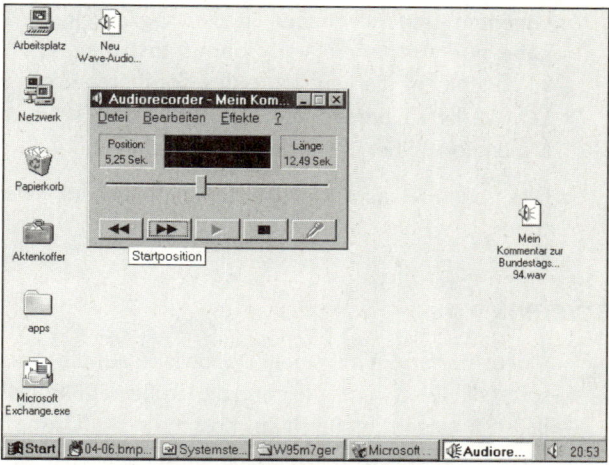

Abb. 4.6:
... und Einbin-
dung in ein
Textdokument

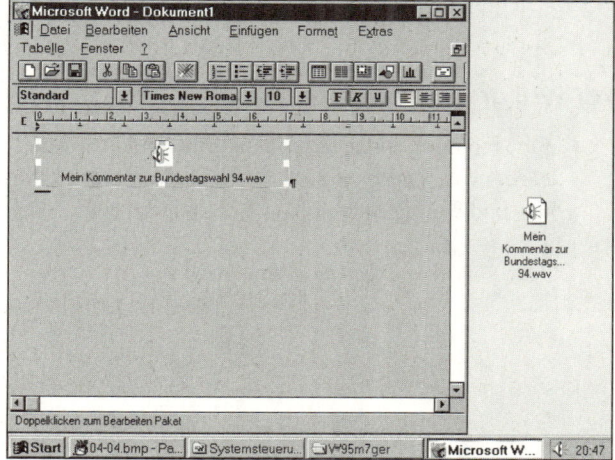

107

Videos unter Windows 95

Multimedia ohne Videos ist kein Multimedia. Viele Multimediaapplikationen enthalten komplexe Animationen oder digitalisierte Videos, deren Dateigröße mehrere MByte erreichen. Aufgrund der hohen Datenmengen werden zur besseren Handhabung Kompressionsverfahren verwendet. Zur Zeit sind mehrere Standards am Markt, und es ist nicht absehbar, welches Kompressionsverfahren sich durchsetzen wird. Windows 95 stellt mehrere Algorithmen zur Verfügung.

Eigenschaften von Multimedia

In der Systemsteuerung von Windows 95 finden Sie ein separates Multimediaicon, das Sie zu den Einstellungsmöglichkeiten der Multimediakomponenten führt. Hier haben Sie die Möglichkeit, die allgemeine Wiedergabe und Aufnahme von Sounds festzulegen, MIDI-Einstellungen vorzunehmen, die Lautstärke des Kopfhörerausgangs Ihres CD-ROM-Laufwerks zu bestimmen oder aber die Eigenschaften sämtlicher Multimediatreiber unter die Lupe zu nehmen.

Hier finden Sie auch die installierten Treiber für Videokomprimierungscodes.

Videos abspielen

Videos starten Sie mit einem Doppelklick auf die Videodatei. Auffällig ist sofort die Geschwindigkeit und die Größe des Bildschirms. Die Größe des Bildschirms geht natürlich auf Kosten der Auflösung. Aber bezeichnend ist schon der ruckelfreie Bildschirmaufbau. Bei der Verwendung einer Video-MPEG-Karte kommen Sie natürlich in Kinogenuß.

Mediaplayer wie unter Windows 3.x

Zur Steuerung einer Videodatei verwenden Sie den Multimediaplayer, wie er unter Windows 3.x schon bekannt ist. Er erlaubt das Anhalten und hin- und herspulen zwischen Einzelbildern oder Zeitabschnitten.

Abb. 4.7:
Die Multi-
mediaeigen-
schaften unter
Windows 95

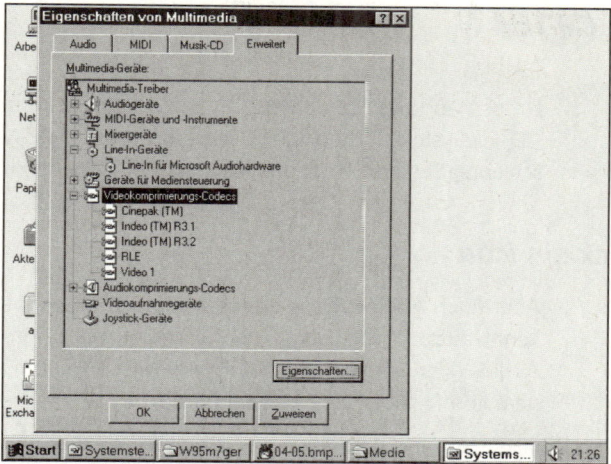

Abb. 4.8:
Video mal
etwas größer

Abb. 4.9:
Videosteu-
erung mit Hilfe
der Medien-
wiedergabe

Audio-CDs

Unter Windows 95 werden CD-ROM-Laufwerke mit Hilfe des 32-Bit-CD-FileSystems unterstützt. Das Lesen von CD-ROMs wird dadurch beschleunigt und die Performance von CD-ROM-Applikationen verbessert.

Jeder Track ein Icon

Aber auch Audio-CDs werden nun besser unterstützt. Windows 95 erkennt automatisch, ob es sich bei der eingelegten CD-ROM um eine Audio- oder Daten-CD handelt. Musik-CDs werden automatisch von einem komfortablen CD-Player abgespielt.

Wenn Sie also eine Audio-CD einlegen, beginnt diese wie von Geisterhand zu spielen. Über den Explorer sehen Sie den Inhalt Ihrer CD. Die Audio-CD zeigt dabei jeden Track als Icon an.

CD Player inklusive

Windows 95 bietet Ihnen nun einen komfortablen CD-Player, der so manches Shareware produkt in den Schatten stellt. Er kann ohne weiteres den herkömmlichen CD-Player Ihrer HIFI-Anlage ersetzen. Neben den normalen Bedienelementen, wie Vor- und Zurückspulen, haben Sie verschiedene Möglichkeiten der Wiedergabedauer, Funktionen, wie Shuffle, Autorepeat, und andere kleine Funktionen.

Titellisteneditor

Was natürlich jeden echten CD-Player in den Schatten stellt, ist der Titellisteneditor. Mit ihm können Sie die Wiedergabereihenfolge bestimmen, aber auch jeden Song mit dem richtigen Titel versehen.

Abb. 4.10:
Inhalt einer
Audio-CD in
Icon-Form

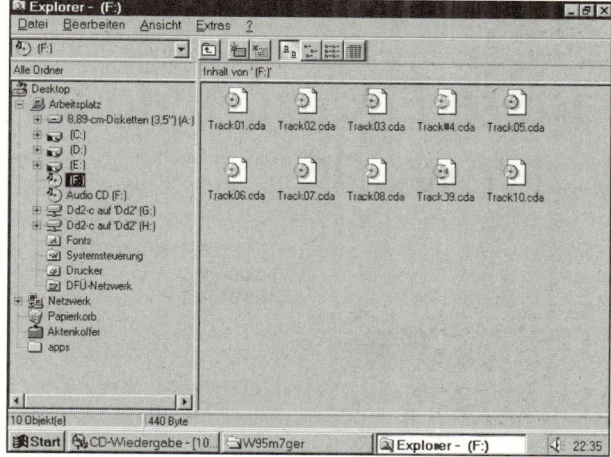

Abb. 4.11:
CD-Player vom
Feinsten

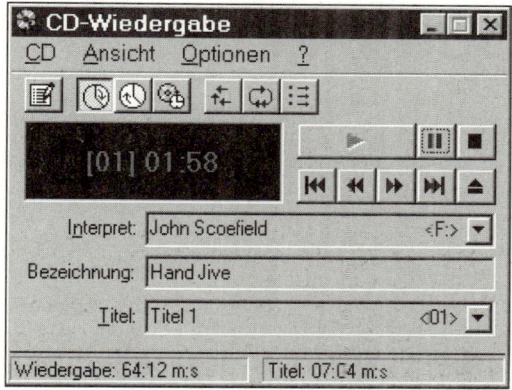

Abb. 4.12:
Die Wieder-
gabeliste

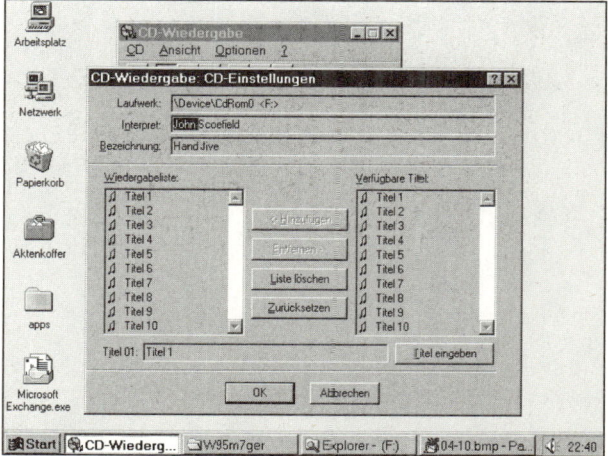

111

Teil 2:
Nähere Erklärungen zu Windows 95

Kapitel 5:
Von Windows 3.x
zu Windows 95

Was bringt Windows 95?

Die Einführung von Windows 95 bedeutet für die Computerindustrie einen weiteren Meilenstein oder Quantensprung, da Windows 95 nicht einfach ein Update eines Betriebssystems darstellt. Viele Anwender verdeutlichen sich nicht, was es heißt, ein völlig neues Produkt auf den Markt zu bringen, das auch noch volle Kompatibilität zu vorhandenen DOS- und Windows-Applikationen garantieren soll. Viele Leute warten schon ungeduldig auf die neue Version und sind schon fast verärgert. Doch das Warten hat auch seinen Grund. Microsoft möchte natürlich ein möglichst fehlerfreies Produkt auf den Markt bringen. Hier kann der Hersteller es sich nicht leisten, ein buggy Betriebssystem zu verkaufen, wie es bei reinen Applikationen schon der Fall war. Der Unterbau muß auf jeden Fall stimmen.

Nun, was kommt auf uns zu, wenn schon von einer fast revolutionären Neuerung gesprochen wird? Windows 95 bietet zuerst eine völlig neue Arbeitsumgebung, die ein wesentlich anderes Arbeiten mit dem Computer ermöglicht. „Information at your fingertips" bringt es auf den Punkt. Es ist schon beinahe erschreckend, mit welcher Konsequenz Bill Gates diese Vision verfolgt und in seine Produkte einfließen läßt. Dabei hat er immer den Anwender im Auge, für den die Computerwelt immer einfacher und handhabbarer werden soll. Kritiker würden sagen, daß er eigentlich nur Dollarzeichen in den Augen hat.

Kurzum: der PC als Informationszentrum in allen Haushalten und als Schnittstelle zum Datenhighway. Windows 95 liefert hier auch schon die ersten Werkzeuge mit, um diese Vision wahr werden zu lassen.

Vorteile und Neuerungen für den Anwender

Windows 95 bringt zuerst Verbesserungen und vor allem Hilfe für den Anwender. Schließlich ist er es, der mit der neuen Oberfläche zurecht kommen muß. USABILITY ist das Schlagwort, das heißt, höchste Benutzerfreundlichkeit für jede Zielgruppe. Dies hat sich Microsoft auch zum Ziel gesetzt und an Hand von Tests - wobei unterschiedlichste Anwender beim Umgang mit verschiedenen Oberflächen beobachtet wurden - versucht herauszufinden, welche Bedürfnisse und Probleme der Anwender in seinem Computeralltag hat.

Viele Einsteiger, aber auch Anwender mit schon etwas Erfahrung haben immer noch Angst vor der Tastatur oder Angst, etwas zu löschen oder kaputt zu machen. Manche Anwender sind froh, wenn Sie eine Textverarbeitung oder Dateien kopieren können. Fehlt allerdings ganz plötzlich der Druckertreiber oder treten andere Probleme auf, sind Sie auf andere Leute angewiesen. Da viele Vorgänge für den Anwender unter Windows 3.x nicht geläufig oder durchschaubar waren, legt Microsoft bei Windows 95 großen Wert auf Transparenz.

Ein weiterer wichtiger Punkt ist die Zentralisierung von verschiedenen Funktionen auf einer Ebene. Viele Manager unter Windows 3.x wurden in Windows 95 zu einem Zentralmanager zusammengefaßt. Für den Anwender bedeutet dies mehr Übersichtlichkeit, und er weiß, auf welcher Systemebene er sich befindet.

Aber nicht nur die Verwaltung des Systems steht für Microsoft auf der Aufgabenliste der Verbesserungen. Wenn jeder Anwender mit seinem System alleine zurechtkommen soll, muß er es auch alleine installieren und konfigurieren können. Schon bei der Installation von Windows 95 merken Sie, daß Sie trotzdem nicht alleine gelassen werden. Nicht nur die Installationsroutine, sondern auch viele andere Funktionen sind nun mit elektronischen Assistenten versehen. Assistenten wurden auch schon in anderen Windowsapplikationen eingesetzt. Sie erfüllen gleich zwei Aufgaben. Zuerst fragen Sie den Anwender interaktiv ab, was er machen möchte. Der Anwender muß lediglich eine Auswahl treffen. Auf der anderen Seite wird dem Anwender aber auch erklärt, was der nächste Schritt zu bedeuten hat.

Windows 95 besitzt zudem eine ausgeklügelte Hilfefunktion, die ebenfalls mit Assistenten versehen ist. Über dieses System kann auch der Einsteiger schon etwas komplexere und schwierigere Funktionen ausführen, zum Beispiel die Installation eines neuen Grafiktreibers, da er über den Assitenten zum Ziel geführt wird. Anschließend kann der Anwender die Funktion zu Fuß wiederholen.

Also auch die Konfiguration des Systems soll so einfach wie möglich gestaltet sein. Dies spart Zeit und vor allem die Inanspruchnahme von teurem Wartungspersonal. Dies ist sicherlich ein wichtiger Aspekt für Unternehmen, die auf Windows 95 umsteigen möchten.

Abb. 5.1: Der Assistent zur Installation von neuer Software

Hard- und Softwarekompatibilität

Ziel von Microsoft ist natürlich, mit Windows 95 ein Betriebssystem zu schaffen, das die vorhandene Hardware besser ausnutzt, als es bei MS-DOS der Fall war. Als 16-Bit-System lebt DOS schon seit mehreren Jahren hinter dem Mond, und die Hardwareindustrie hat mit 64-Bit-Prozzesoren diese Plattform schon lange überholt. Auch die Peripheriegeräte haben ein Leistungsspektrum erreicht, das zu einem veralteten Betriebssystem, wie DOS, in keinem Verhältnis steht. Einige Grafikkartenhersteller bieten schon die ersten 128-Bit-Beschleuniger an.

❑ So rücken mit Windows 95 Hard- und Softwarehersteller enger zusammen, um die Leistungsspektren eines Betriebssystems und des Rechners in Einklang zu bringen. Die Plug and Play-Spezifikation der Firmen Microsoft, Intel, Phoenix und anderer Firmen spielt dabei eine zentrale Rolle. Mit ihrer Hilfe soll dem Anwender beim Einbau und der Konfiguration neuer Hardware geholfen werden. Windows 95 ist darüberhinaus das erste Betriebssystem, das die installierte Hardware analysieren und erkennen kann. Es ist wohl bald Schluß mit der richtigen Interrupteinstellung und der Wahl der passenden I/O-Adresse.

115

❑ Windows 95 ist ein eigenständiges 32-Bit-Betriebssystem, das ohne DOS auskommt und die gesamte Verwaltung des Rechners übernimmt. Hier kommt die bessere Ausnutzung der Intelprozessoren zum Tragen. Außerdem wurde Windows 95 in besonderer Weise auf den Pentium zugeschnitten und bietet dem Anwender dadurch noch mehr Performance-Gewinn. Zugleich bedeutet 32-Bit ein verbessertes Multitaskingverhalten sowie eine bessere Ausnutzung von OLE 2.0.

❑ Ein weiterer wichtiger Auftrag, wenn nicht der wichtigste: Die Kompatibilität zu vorhandenen DOS- und Windows-Applikationen zu wahren. Das heißt, Windows 95 besitzt schon eine Menge verfügbarer Applikationen, die auf Windows 95 schneller und stabiler laufen. Ein Teil von Windows 95 enthält somit noch 16-Bit-Code, um diese Kompatibilität zu erhalten. Kritiker sagen, Windows 95 sei ein Zwitter und kein richtiges 32-Bit-Betriebssystem. Tatsache ist, daß 16-Bit-Windows-Applikationen unter Windows 95 schneller laufen, weil sie auf eine Vielzahl von 32-Bit-Treibern zugreifen.

32-Bit-Applikationen

Ein wichtiger Vorteil ist aber nach wie vor der Einsatz von 32-Bit-Applikationen, die Windows 95 erst richtig ausnutzen. Bei 32-Bit-Anwendungen erhält der Anwender noch mehr Performance, echtes Multitasking, aber auch Stabilität und Sicherheit. Stürzt eine Appliaktion ab, reißt sie nicht das ganze System mit. Sie kann vom Anwender beendet und neu geladen werden. Dadurch werden andere Anwendungen von Windows 95 nicht in Mitleidenschaft gezogen.

Wann sind die ersten 32-Bit-Applikationen erhältlich, werden Sie fragen? Ein Betriebssystem steht und fällt mit den vorhandenen Applikationen. Dies hat Microsoft mit Windows 3.x vorexerziert. Microsoft arbeitet parallel schon an den 32-Bit-Varianten des Office-Pakets. Aber auch andere Entwickler und namhafte Softwarehäuser werkeln schon an Windows 95-kompatiblen Programmen. Es wird an 32-Bit-Versionen für Windows 95 nicht mangeln.

32-Bit-Programme sind zudem für den Programmierer einfacher zu entwickeln, da Windows 95 nicht mehr auf das Segmentmodell zurückgreift, wie es alte 16-Bit-Windows-Programme tun mußten, weil sie DOS als Unterbau benötigten. Windows bedient sich nun eines 32-Bit-Speicher-

116

modells, das die Speicherverwaltung wesentlich einfacher gestaltet. Zudem ist die 32-Bit-Programmierschnittstelle kompatibel zu Windows NT. Entwickler können nun schneller Applikationen für beide Plattformen planen.

Überblick

Für den Anwender ergeben sich folgende wichtige Neuerungen:

❑ Kompatibilität zu DOS und Windows

❑ Kompatibilität zur Hardware

❑ Bessere Leistung als Windows 3.x

❑ Stabilität und Robustheit

❑ Leichte Installation

❑ Neue Oberfläche

❑ Plug and Play

❑ Lange Dateinamen

❑ Netzwerkintegration für verschiedene Umgebungen

❑ Verwaltung der Konfigurationsdateien

❑ Benutzerprofile

❑ Sicherheitsverwaltung

❑ preemptives Multitasking

❑ Flexiblere Speicherverwaltung

❑ 32-Bit-Applikationen

❑ Mobile Computing

❑ Besseres Druckerspooling

❑ Schnellere Multimedia-Komponenten

❑ Umfangreiche Informationstools

❑ Neue Hilfefunktion mit Assistenten

❑ Rückgriff auf die alte Windows 3.x-Oberfläche

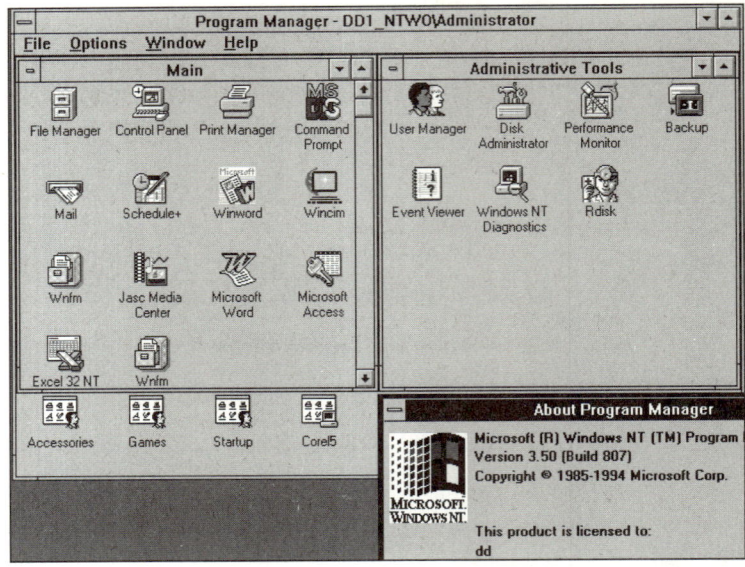

Abb. 5.2: *Die Oberfläche von NT 3.5 mit identischer Oberfläche zu Windows 3.x*

Windows NT 3.5x oder Windows 95?

Sehr oft kommt auch die berechtigte Frage auf: Was ist mit Windows NT? Wer hat es? Wer will es? Wer braucht es? Die neue Version Windows NT 3.5 stellt neben OS/2 vielleicht zur Zeit eine Alternative zur Windowsversion 3.x dar, solange Windows 95 noch nicht erhältlich ist. Die Hardwareanforderungen sind nicht mehr so hoch wie bei der Vorgängerversion 3.1. Auch die Performance kann sich sehen lassen. Auf einem Rechner mit 16 MByte RAM sind vorhandene 16-Bit-Windows-Versionen annähernd genauso schnell wie unter Windows 3.x.

Außerdem gibt es schon die ersten NT-Versionen von Excel 5 und WinWord 6. Microsoft hat Windows NT aber etwas anders positioniert als Windows 95. Zusätzlich bietet Windows NT mehr Funktionen in puncto Sicherheit und Stabilität.

Windows 95 bedient in erster Linie die große Masse an einfachen Applikationen, wie sie im Home- oder Business-Bereich anzutreffen sind. Dazu zählen zum Beispiel die Applikationen des Office-Pakets, also Text-

118

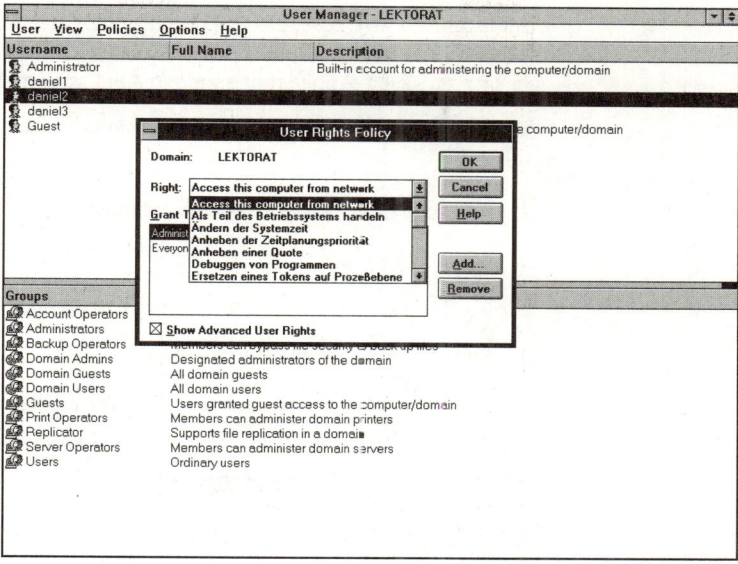

Abb. 5.3: *Die Benutzerverwaltung von Windows NT*

verarbeitung und Tabellenkalkulation. Auch im Bereich Mobile Computing ist ein einfaches Betriebssystem mit niedrigen Hardwareanforderungen gefragt, wo NT nur als schwerfälliger Dinosaurier auftreten könnte.

Windows NT hingegen stellt ein High-End-Betriebssystem dar, das für komplexere und rechenintensivere Applikationen oder Lösungen vorgesehen ist, wie sie in der Industrie vorzufinden sind. Hierzu zählen zum Beispiel CAD-Anwendungen oder aber Anwendungen, die sehr stark auf Sicherheit bedacht sind.

NT wird in zwei Versionen ausgeliefert. Die Workstationversion und die Serverversion. Beide Versionen besitzen schon umfangreiche Netzwerkfunktionen, wobei die Serverversion schon administrative Aufgaben übernehmen kann. Überhaupt besitzen beide NT-Versionen hervorragende Tools für die Benutzerverwaltung und Kontenpflege in Netzwerken.

Wichtig zu erwähnen wäre auch die Portabilität von NT auf verschiedene Plattformen. Damit kann dieses Betriebssystem nicht nur auf Intelprozessoren, sondern auch auf anderen Rechnerarchitekturen gefahren werden. Dies ist für Windows 95 nicht vorgesehen. Zusätzlich bietet NT die Möglichkeit, DOS- und 16-Bit-Windows-Applikationen in getrennten Adreßräumen laufen zu lassen. Dies verlangsamt allerdings die Applika-

119

tionen zugunsten größerer Sicherheit. Dieses Feature fehlt auch bei Windows 95. 16-Bit-Applikationen müssen sich bei Windows 95 im Gegensatz zu 32-Bit-Applikationen einen Adeßraum teilen.

Die Unterschiede zwischen NT und Windows 95 seien hier kurz aufgelistet:

❑ Portabilität auf andere Rechnerarchitekturen

❑ C2-Sicherheitslevel

❑ 16-Bit-Applikationen laufen optional in eigenem Adreßraum

❑ Erweiterte Netzwerkfunktionen

❑ Symmetrisches Multiprocessing (Einsatz mehrerer Prozessoren unter einem Betriebssystem)

❑ Oberfläche wie unter Windows 3.x

Sie werden allerdings sehr bald merken, daß Windows 95 sehr stark an Windows NT angelehnt ist. Der nächste Schritt von Windows NT 3.5 geht in Richtung Powerbetriebssystem (Cairo) mit derselben objektorientierten Oberfläche, wie sie Windows 95 schon besitzt. Allerdings werden Sie dann vermutlich Hardwareanforderungen benötigen, wie sie vielleicht in zwei Jahren Standard sein werden, nämlich 32 MByte RAM und GByte-Festplatten.

Die Unterschiede zur alten Oberfläche

Die Unterschiede zur alten Oberfläche sind schon so umfangreich, daß Sie das neue Windows 95 nicht wiedererkennen, wenn Sie es zum ersten mal starten. Die Einführung von Windows 3.0 vor vier Jahren war damals für die PC-Welt eine Revolution, die dann Ausmaße annahm, die Microsoft sich damals nicht hat träumen lassen. Microsoft hatte eine Oberfläche für den PC auf DOS-Basis geschaffen, die nicht nur gut aussah, sondern auch technische Neuerungen mit sich brachte. So zum Beispiel die Überwindung der Speichergrenze von DOS als Unterbau. Andere Anbieter belächelten die neue Oberfläche, waren doch komfortable Oberflächen schon beim Macintosh und Unixsystemen selbstverständlich.

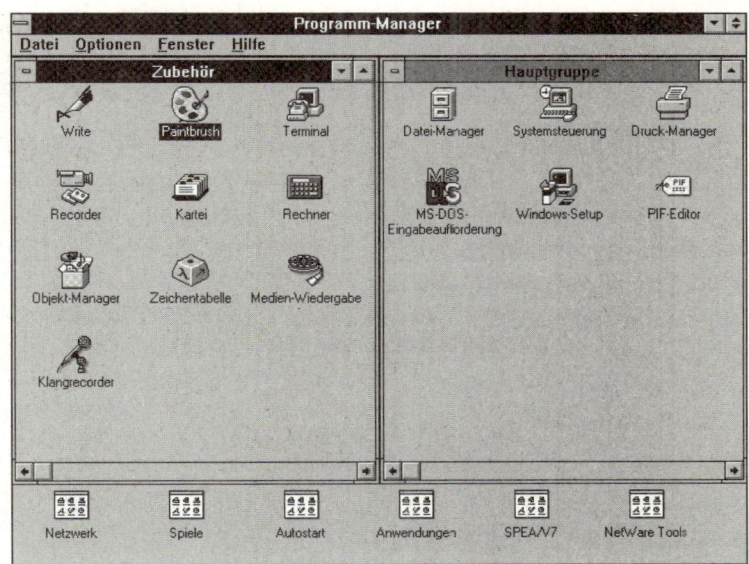

Abb. 5.4: *Die Oberfläche vom gewohnten Windows 3.1*

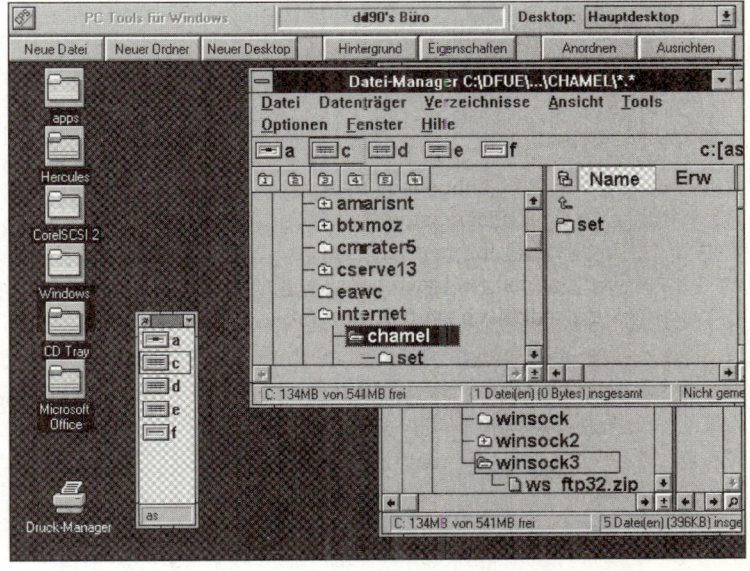

Abb. 5.5: *Windows 3.1 mit dem Zusatz der PC Tools für Windows 2.0*

Abb. 5.6: *Die erste Begegnung mit Windows 95*

Ein modernes Betriebssystem kommt heute nicht mehr ohne Benutzer-oberfläche aus. DOS-Anhänger bevorzugen zwar nach wie vor die Kommandozeileneingabe, doch ein Großteil der Anwender hat im Laufe der Entwicklung von Windows 3.0 bis zu Windows für Workgroups 3.11 gelernt, mit der Oberfläche zu arbeiten. Mit der Zeit entwickelten sich eine Menge Tools für Windows, die die Oberfläche erweitern und ver-bessern konnten. Mit PC Tools für Windows 2.0 zum Beispiel können die Anwender einen ersten Vorgeschmack auf Windows 95 bekommen. Hier kommt die rechte Maustaste zum Einsatz, und Sie besitzen einen Desktop mit Objekten. Alle nötigen Operationen können per Drag and Drop durch-geführt werden. Sicherlich ist dies ein Zeichen dafür, daß die eigentliche Oberfläche veraltet ist und Drittanbieter die fehlenden Funktionen ge-schaffen haben.

Für die meisten Umsteiger wird es ein kleiner Umgewöhnungsprozeß sein, für den Einsteiger wird es um so leichter, mit Windows 95 in die Computer-welt einzutauchen. Der Umgang mit der neuen Oberfläche ist wesentlich schneller erlernbar als unter Windows 3.x. Auch hinterher können be-stimmte Funktionen wesentlich schneller ausgeführt werden, weil der Anwender diese sofort greifbar hat. Unter Windows 3.x sind viele Funk-tionen erst erreichbar, wenn mehrere Fenster geöffnet worden sind. Spä-testens hier kapituliert jeder Einsteiger, weil er den Überblick verliert. Dann der ständige Doppelklick, der dem Erstanwender jede Menge Feingefühl abverlangt und Funktionen ausführt, die er eigentlich gar nicht beabsichtigt. Microsoft versuchte, alle Fehler und Mißstände der alten Oberfläche herauszufiltern, um Sie dann in ein neues Oberflächendesign einfließen zu lassen. Der Grund für die umfangreichen Änderungen sind aber nicht nur ein schöneres Aussehen, sondern in erster Linie praktischer und einfacher Umgang mit einer teilweise selbsterklärenden Oberfläche, mit deren Hilfe der Anwender zu schnellen Ergebnissen kommt.

Die neue Oberfläche - Ziele und Designstudien

Mit Windows 95 kommen die folgenden Neuerungen auf Sie zu, die vor allem Änderungen für bestimmte Arbeitstechniken bedeuten. Dies sind:

❑ Dokumentorientiertes Arbeiten

❑ Vereinheitlichte Kontrolle und Konfiguration des Systems

❑ Vereinheitlichtes Aussehen der Oberfläche

❑ Optische Verbesserungen

Dokumentorientiertes Arbeiten

Erste "Philosophie" der Oberfläche von Windows 95 ist das sogenannte Dokumentorientierte Arbeiten. Ein Großteil der Arbeit mit dem Computer widmet sich dem Erstellen und Verwalten von Dokumenten. Dies kann mit einer Textverarbeitung oder Tabellenkalkulation geschehen oder mit anderen Applikationen, die als Ergebnis eine Datendatei als Dokument auf Ihrem Rechner ablegen. Die Dokumentverwaltung unter Windows 3.x verlangt vom Anwender allerdings immer noch ein bestimmtes Ordnungs-schema, das ihm von der Oberfläche und von dem Betriebssystem DOS aufgezwungen wird. Das heißt, neben dem eigentlich Dokument muß sich der Anwender immer noch mit

❑ Dateien,

❑ Verzeichnissen,

❑ Laufwerken

❑ und unterschiedlichen Programmen

123

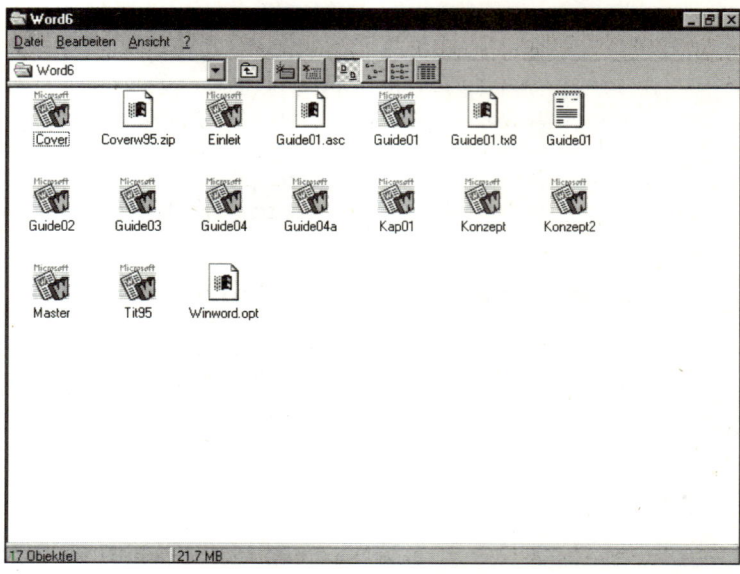

Abb. 5.7: *Der Ordner mit den Textdokumenten dieses Buches*

herumschlagen. Die Konzentration auf die eigentliche Arbeit, sein Dokument, wird vernachlässigt. Häufig kommt es vor, daß Einsteiger den Unterschied zwischen einer Datei und einem Verzeichnis oder sogar die unterschiedliche Funktion einer Datei und seines zugehörigen Programms nicht verstehen.

Windows 95 führt den Anwender weg von der starren Dateistruktur hin zum übergeordneten Dokument, das der Anwender in Ordnern anlegen und verwalten kann. Um die Verbindung zwischen Dokument und dazugehörigem Programm soll sich nicht mehr der Anwender, sondern das Betriebssystem kümmern. Unter Windows 3.x gab es für diese Technik schon die ersten Ansätze, doch sind die Verknüpfung Dokument/Programm noch nicht automatisiert genug.

Dank der OLE-Technologie können schon unter Windows 3.x sogenannte Verbund- oder Mischdokumente erstellt werden. Das heißt, in einem Dokument können mehrere Dokumente unterschiedlicher Herkunft integriert sein. Da Windows 95 die Drag and Drop-Technik jetzt noch durchgängiger unterstützt, ist es noch einfacher, mit der Maus Dokumente in andere Dokumente zu ziehen.

Windows 95 als Ihr Büro

Ein wichtiger Aspekt der neuen Oberflächenstruktur betrifft die Funktionsweise des Computers. Windows 95 verkörpert nicht nur Ihren Rechner, sondern in erster Linie Ihr privates oder berufliches Büro mit allen seinen Elementen, dazu gehören:

 Ihr PC als Arbeitsplatz

 Die Netzwerkfunktionen

 Natürlich ein Papierkorb

 Kontakt nach draußen über FAX, E-Mail etc.

Dies sind die ersten Elemente, die Sie beim Start von Windows 95 sehen. Eine aufgeräumte Oberfläche, die sehr übersichtlich aussieht. Alle wichtigen Funktionen des Bürobetriebs wickeln Sie über Windows 95 ab. Der PC ist also nicht mehr nur ein Gerät mit Speichermöglichkeiten, die Technik wird mehr in den Hintergrund gerückt. Der PC soll in erster Linie Ergebnisse liefern.

 Einen weiteren Schritt dorthin bilden die Objektsymbole. Sie sollen dem Anwender sofort visualisieren, was für eine Funktion sich hinter dem Symbol verbirgt. Gleiches gilt für Dokument- und Ordnersymbole, die wie eine Aktenablage oder wie ein Aktenschrank behandelt werden können. Damit das Prinzip des Büros auch Fuß faßt, wird der Anwender mit einem virtuellen Desktop konfrontiert, auf dem die physische Existenz eines Objekts durch aussagekräftige Symbole angezeigt wird. Dies ist auch schon bei Windows 3.x der Fall. Wo das Objekt nun in Wirklichkeit auf der Festplatte abgespeichert ist, soll den Anwender nur sekundär interessieren. Wichtig ist, daß er mit der neuen Oberfläche sein eigenes Ablagesystem für Dokumente einrichten kann. Auch die Applikation selbst und ihr Systemverzeichnis spielen eine untergeordnete Rolle.

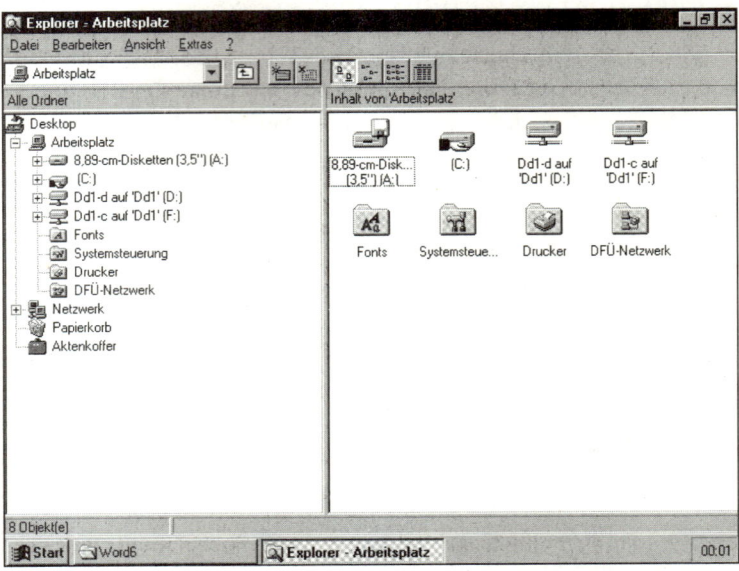

Abb. 5.8: Die Struktur von Windows 95 wird am besten im Explorer deutlich

Die Anwendung soll nun über das Dokument geöffnet werden und nicht umgekehrt. Später wird die neue Symbolverwaltung in Zusammenhang mit den Ordnern noch näher erläutert.

Windows 95 besitzt zudem auch eine neue Hierarchieordnung. DOS-Anwender bezeichnen das Hauptverzeichnis Ihrer Festplatte C:\ als höchste Ebene. Unter Windows 95 bildet sozusagen der Desktop die höchste Ebene oder den Büroraum, der alle wichtigen Elemente eines Büros enthält. Darunter bilden dann der PC, die Netzwerkfunktionen, der Papierkorb und schließlich die Kommunikationstools die nächste Ebene. Der PC enthält wiederum die Ebenen aller zugehörigen Peripheriegeräte, wie Drukker und Laufwerke. Erst dann kommt die Ebene der Ordner oder Verzeichnisse mit darin befindlichen Dateien. Für einen Einsteiger eine durchaus logische Struktur. Für einen Umsteiger von Windows 3.x auf Windows 95 heißt dies umdenken. Das soll Sie aber nicht abschrecken. Diese Struktur hat es in sich, und Sie werden bald feststellen, was für Vorteile sie mit sich bringt.

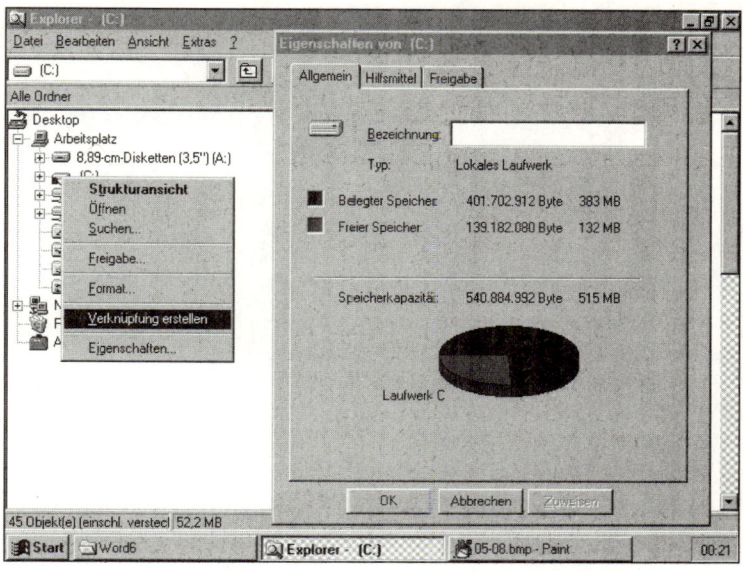

Abb. 5.9: *Die rechte Maustaste mit gewaltiger Funktion*

Explorer - Supermanager

Ein weiterer und wichtiger Kritikpunkt an Windows 3.x ist seine Vielfalt an Managern, die zu allem Überfluß auch noch ein unterschiedliches Aussehen haben. Windows 95 hat zur Vereinfachung alle verfügbaren Manager zusammengefaßt. Damit erhält der Anwender bessere und vor allem übersichtliche Kontrollfunktionen. Die Unterscheidung zwischen Datei-, Programm-, Druck- oder Task-Manager fällt jetzt weg.

Zentrales Element ist nun die Explore-Funktion. Sie bildet eine Schnittstelle zur Verwaltung und Konfiguration aller Objekte auf dem Desktop. Der Explorer bildet sozusagen die Allround-Oberfläche und hat in etwa, wenn Sie Abbildung 5.8 betrachten, Ähnlichkeit mit dem alten Datei-Manager von Windows 3.x. Explore heißt erforschen, und so haben Sie alle erdenklichen Objekte Ihres Büros in einem Überblick. Das heißt, nicht nur Laufwerke, sondern auch installierte Drucker und angeschlossene Netzwerklaufwerk

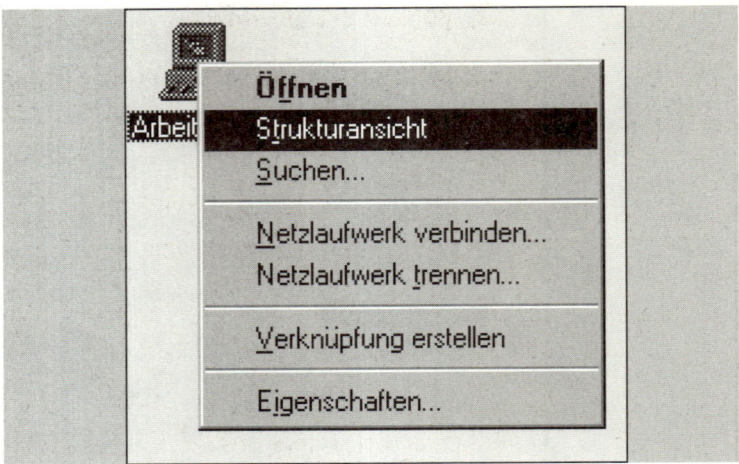

Abb. 5.10: *Ein typisches Popup-Menü per rechter Maustaste*

Der Clou des Ganzen ist nun folgender: Sie wählen über den Explorer das Objekt aus, daß Sie konfigurieren oder manipulieren wollen. Das kann das Kopieren von Dateien bedeuten, aber auch die Konfiguration eines Druckers oder die Pflege eines Laufwerks. Haben Sie ein Objekt markiert, kommt der große Einsatz der rechten Maustaste. Unter Windows 3.x hatte Sie keine Funktion, dafür ist unter Windows 95 ein Auskommen ohne sie nicht mehr möglich. Mit der rechten Maustaste öffnen Sie sogenannte Popup-Menüs. Sie enthalten die unterschiedlichen Befehle zur Manipulation eines Objektes. Der große Vorteil: Der Explorer ist somit über jedes Objekt auf dem Desktop erreichbar, denn er wird auch über die rechte Maustaste gestartet. Leider heißt er in der deutschen Übersetzung „Struktur-betrachter". Dank seiner Hilfe entfällt das lästige Öffnen von mehreren Dialogboxen. Klicken Sie ein beliebiges Objekt mit der rechten Maustaste an, werden Sie immer in dem Popup-Menü den Befehl für den Zugang zum Explorer finden. Fast jedes Objekt besitzt diese vorher erwähnte Schnittstelle zum Explorer. Sie haben also über den Explorer folgende Vorteile:

❑   Ein Manager für alles

❑   Die Funktion der rechten Maustaste

❑   Jedes Objekt kann „explort" werden

❑   Konfiguration von jeder Stelle des Systems aus

❑   Einheitliches, konsistentes Aussehen

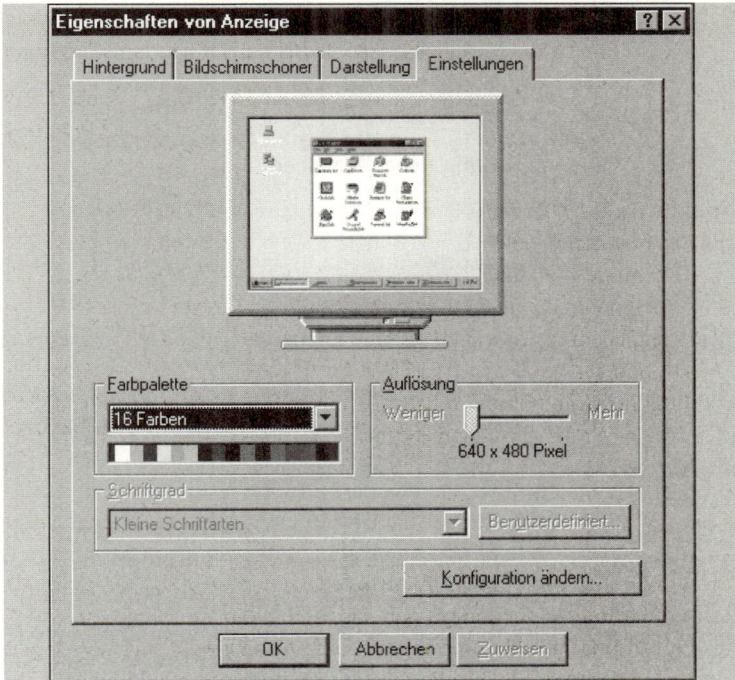

Abb. 5.11: *Ein typisches Eigenschaftsfenster zur Einstellung eines Objektes*

Anfangs wurde die fehlende Einheitlichkeit der Kontrollfunktionen von Windows 3.x angesprochen und damit das Durchhangeln über mehrere geöffnete Dialogboxen. Zur Einstellung des Druckers zum Beispiel haben Sie unter Windows 3.x verschiedene Zugangsmöglichkeiten mit einem jedesmal anderen Aussehen. Für einen Einsteiger ist diese Verfahrensweise nicht gerade eingängig und mißverständlich.

Über die Explore-Funktion gelangen Sie mit einem Mausklick zu der Druckerkonfiguration. Da Sie unterschiedliche Druckermodelle installieren können, sind unter Windows die installierten Drucker in einem Ordner zusammengefaßt. Dies trifft auch für die Systemsteuerung zu, die Ihnen als Windows-Kenner geläufig sein muß. In ihr sind nochmals die wichtigsten Objekte zur Konfiguration erfaßt.

Für die Konfiguration eines Objekts öffnet Windows 95 ein einheitliches Konfigurations- oder auch Eigenschaftsfenster. In diesem Fenster finden Sie, wie in einer Akte, mehrere Register vor. Jedes Register öffnet wiederum eine andere Dialogbox mit Einstellungsmöglichkeiten für das jeweilige Objekt. Im Gegensatz zu Windows 3.x haben Sie immer nur eine

129

Dialogbox und nicht mehrere, sich überlagernde Fenster. Über die Register-karte erkennen Sie genau, wo Sie sich gerade befinden. Die Register er-setzen praktisch den Dialogfensterwald von Windows 3.x. Die Vorteile sind hier wieder:

❑ Einheitliches Aussehen

❑ Besserer Überblick dank der Registerfunktion

❑ Visuelle Angaben für Einstellungen

Die Task-Leiste als Fenster-Manager und Programm-Manager

Wie Sie jetzt vielleicht schon gemerkt haben, zielt das neue Design der Oberfläche von Windows 95 auch auf eine bessere Fensterverwaltung ab. Für ein Betriebssystem, das sich auch selber „Fenster" nennt, sollte die Renovierung der Fensterverwaltung an oberster Stelle stehen. Micro-soft hat hier die Lücken und Schwächen seines Vorgängers erkannt und eine Neuerung eingebaut, die vor allem Einsteigern entgegenkommt.

Windows 3.x wird mit zunehmend geöffneten Fenstern immer unüber-sichtlicher, Einsteiger wissen bald nicht mehr, auf welcher Ebene Sie sich befinden, geschweige denn, welche Fenster noch geöffnet sind. Fenster gehen somit praktisch „verloren". Auch auf Symbolgröße verkleinerte Programme können von Fenstern verdeckt werden. Der Anwender hat also keinen konkreten Überblick darüber, welche Programme zur Zeit lau-fen und unnötig Ressourcen verbrauchen.

Windows 95 hat dafür auf der Bildschirmoberfläche eine Task-Leiste ein-gebaut, die immer am unteren Bildschirmrand sichtbar ist. Sie enthält einen Startbutton und alle zur Zeit laufenden Programme. Natürlich kann auch diese Task-Leiste den Anforderungen des Anwenders angepaßt wer-den. Sie kann auch ganz ausgeschaltet werden, ansonsten bleibt sie sicht-bar. Das heißt, Sie haben jederzeit einen Zugriff auf laufende Programme und wissen genau, welche Programme Sie gestartet haben.

Die Verkleinerung eines Programms auf Symbolgröße entspricht dem Aussehen eines laufenden Programms. So kann keine Verwechslung mit Symbolen oder Objekten auf dem Desktop entstehen. Ein laufendes Pro-gramm, aber auch ein geöffneter Ordner, egal ob sie auf Symbolgröße verkleinert sind oder auf dem Vollbildmodus laufen, werden immer in der Task-Leiste repräsentiert.

Abb. 5.12: Die Task-Leiste mit dem Explorer das wichtigste Steuerelement

Die Task-Leiste erleichtert nebenbei das Wechseln zwischen mehreren laufenden Programmen oder geöffneten Ordnern. Sie haben also folgende Vorteile:

❑   Task-Leiste ist immer sichtbar

❑   Überblick über alle geöffneten Fenster und Programme

❑   Programmwechsel oder Taskswitching mit einem Mausklick

Sind keine Programme gestartet oder Ordner geöffnet, ist die Task-Leiste leer. Das einzige, was Ihnen auffällt, ist ein Startbutton. Hinter ihm verbergen sich eingerichtete Programme und Programmgruppen. Er ersetzt den Programm-Manager von Windows 3.x.

Hinter diesem Startbutton stecken einige wichtige Überlegungen von Microsoft. Bei einer Standardinstallation ist der Startbutton das einzige, was der Anwender sieht. Was liegt näher, als zuerst diesen Startbutton zu drücken. Ein wichtiger Aspekt auch für Einsteiger, die zum ersten Mal mit der Oberfläche arbeiten. Setzen Sie mal einen Windows-Einsteiger ohne Vorkenntnisse vor einen PC, und er soll ohne Hilfe mit Datei- und Programm-Manager zurechtkommen. Sicherlich sind visuelle Symbole eine erste Hilfe, aber sie sind in Windows 3.x nicht konsequent umgesetzt. Spätestens wenn er vor lauter Fenstern sein Windows nicht mehr sieht, muß er kapitulieren.

Für Microsoft war es daher wichtig zu wissen, wie der Anwender auf eine bestimmte Oberfläche reagiert und was er zuerst macht, um sich zurechtzufinden. Viele Aktionen unter Windows 95, die durch visuelle Elemente oder Symbole ausgelöst oder gestartet werden, führen den Anwender wiederum zu visuellen Elementen, die sich selbst erklären. Durch logisch erscheinende Reaktionen des Betriebssystems kann sich auch ein Einsteiger zurechtfinden.

Was verbirgt sich nun genau hinter dem Startbutton? Für den Einsteiger ist dies der erste Schritt, denn etwas anderes kennt er noch nicht. Wenn Sie mit der Maus den Startbutton anklicken, macht sich auch schon die nächste Neuerung bemerkbar. Viele Funktionen unter Windows 95 werden nur noch mit einem einfachen Mausklick ausgeführt.

131

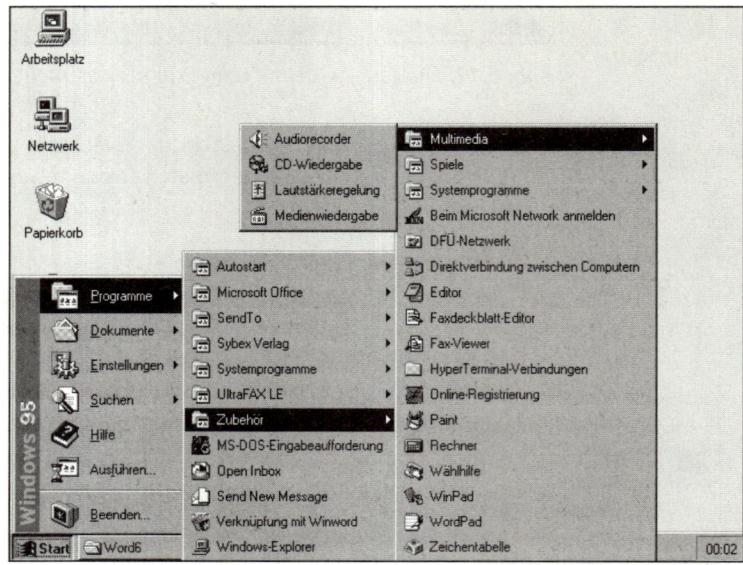

Abb. 5.13: *Der Inhalt des Starbuttons mit Programmen und Programm-gruppen*

Der Doppelklick ist zwar nicht gestorben, aber er hat nicht mehr die Be-deutung, die er unter Windows 3.x hat. Für Einsteiger ist der doppelte Mausklick ein Handicap. Unter Windows 3.x führte ein nicht richtig aus-geführter Doppelklick zu keinem Ergebnis. Der Einsteiger hat das Gefühl, etwas falsch gemacht zu haben oder denkt, hinter dem ange-klickten Symbol stehe keine Funktion.

Das erste Menü, das der Startbutton enthält, sind die wichtigsten und elementarsten Befehle, mit denen jeder Anwender arbeiten muß. In der Standardeinstellung finden Sie zunächt die Befehle:

❑ PROGRAMME: Es enthält zunächst alle Programme und Tools, die mit Windows 95 mitgeliefert werden. Hier findet auch der Windows-Umsteiger seine bekannten Programmgruppen, wie Zubehör oder die Befehle der Hauptgruppe. Installieren Sie neue Anwendungen, die zumeist eigene Programmgruppen erstellen, finden Sie diese spä-ter auch unter dem Startbutton und dem Befehl PROGRAMME.

❑ DOKUMENTE: Ein weiterer Schritt zur Dokumentverwaltung. Windows 95 merkt sich die zuletzt geöffneten Dokumente. Das heißt, über diesen Befehl starten Sie einfach programmübergreifend Ihre Doku-mente, die Sie in letzter Zeit erstellt und bearbeitet haben.

132

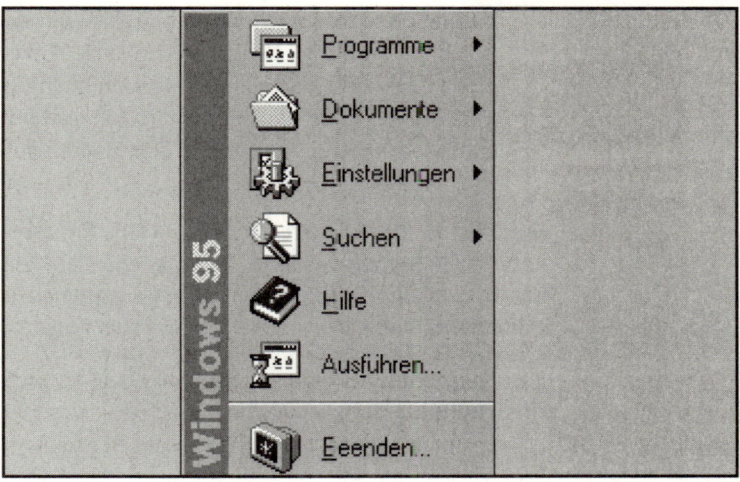

Abb. 5.14: *Der Programm-Manager einmal anders*

❑ EINSTELLUNGEN: Hier hinter verbirgt sich nichts anderes als die Systemsteuerung von Windows, praktisch das Konfigurationszentrum.

❑ SUCHEN: Eine ausgeklügelte Suchfunktion, die Ihnen das Auffinden von Dateien, aber auch von angeschlossenen Computern innerhalb eines Netzwerkes erlaubt.

❑ HILFE: Zu Windows 95 gehört eine sehr umfangreiche Hilfefunktion, die im Vergleich zu Windows 3.x sehr stark überarbeitet wurde. Viele Assistenten nehmen Ihnen Funktionen und das Auffinden von Befehlen ab.

❑ AUSFÜHREN: Dieser Befehl ist auch schon unter Windows 3.x vorhanden, eine eigene Programmstarterfunktion, die Ihnen be-stimmte ausführbare Programme heraussucht.

❑ BEENDEN: Da Sie natürlich nicht, wie unter DOS, den Rechner am Systemprompt einfach ausschalten können, benötigen Sie einen Befehl zum Beenden von Windows 95. Der Experte nennt dies auch Herunterfahren des Systems. Den Rechner einfach auszuschalten ist nicht unbedingt schädlich für Windows 95, doch werden bei einem ordnungsgemäßen Herunterfahren des Systems alle Einstellungen, die Sie vorgenommen haben, gespeichert. Dies gilt auch für geöffnete Fenster und deren Anordnung. Das heißt, beim nächsten Start

133

finden Sie Ihr Büro in dem gleichen Zustand wieder, wie Sie es verlassen haben. Es sei denn, Sie haben neugierige Mitarbeiter oder Kinder, die in Ihrem Computer rumschnüffeln. Dagegen hilft nur ein Mittel. Da Sie sich bei jedem Start von Windows 95 beim System anmelden müssen, können Sie den Zugang zu Ihrem Rechner mit einem Paßwort schützen.

Natürlich kann der Startbutton an Ihre Bedürfnisse angepaßt werden. Bestimmte Programme, die Sie häufig verwenden, können Sie in den Starbutton einbauen, oder Sie legen diese Programme auf Ihrem Desktop ab. Damit wären wir auch schon beim nächsten Thema.

Ordner und Verknüpfungen (Shortcuts)

Diese beiden Elemente sind für die Arbeit mit Windows 95 von immenser Wichtigkeit und stellen zentrale Bestandteile der Oberfläche von Windows 95 dar. Direkt zur Erklärung:

 Ordner erkennen Sie auf dem Desktop an ihrem Aktenordneraussehen. Für DOSianer haben sie die gleiche Bedeutung wie Verzeichnisse. Doch dies stimmt nur zum Teil, denn Ordner haben unter Windows 95 ein etwas anderes „Selbstverständnis". Sie dienen natürlich in erster Linie als Behälter oder eben Ordner, in denen sich Objekte sammeln lassen. In ihm können wiederum Ordner enthalten sein, die Dateien, aber zum Beispiel auch Laufwerkssymbole enthalten können. Auch die Systemsteuerung enthält mehrere Ordner zur Konfiguration des Systems.

Der Vorteil der Ordner ist, daß sie ein einheitliches Aussehen haben und auf die gleiche Art und Weise bearbeitet werden können. Als Windows 3.x-Anwender könnten Sie jetzt sagen, daß es innerhalb des Programm-Managers auch schon Ordner gibt. Doch diese Gruppen oder Ordner sind lediglich als Gruppendateien mit der Endung *.GRP abgespeichert. Fehlt diese Datei, ist die Gruppe mit ihren Symbolen weg. Die Programme sind zwar noch existent, aber ihr Verweis auf Symbol und Gruppenfenster fehlt.

Ein weiterer Vorteil der Ordner ist der, daß sie auch wirklich existent sind. Die Oberfläche spiegelt also genau die Einteilung Ihrer Festplatte wieder. Hinter einem Ordner oder einem Dateisymbol steckt also auch wirklich ein Verzeichnis oder eine Datei und kein Verweis. Das heißt, wenn Sie einen Ordner entfernen, löschen Sie damit auch gleichzeitig dessen Inhalt. Unter Windows 3.x ist es für einen Einsteiger nicht ersichtlich oder transparent, was beim Löschen eines Icons oder Symbols eigentlich passiert. Unter Windows 95 bieten die Ordner deshalb ein klareres Konzept.

134

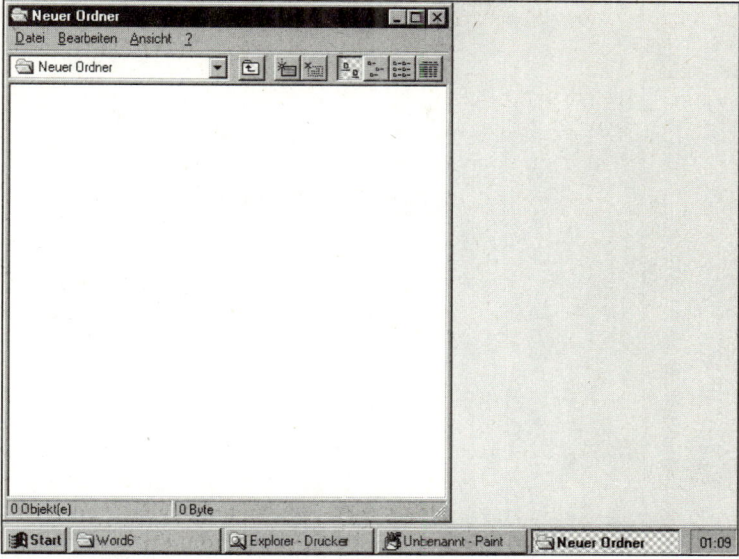

Abb. 5.15: *Standardordner unter Windows 95 mit seinen Elementen*

Durch die im folgenden Absatz erklärten Verknüpfungen oder Shortcuts wird dieses Konzept weiter unterstützt.

Shortcuts oder Dateiverknüpfungen sind nur Verweise oder Zeiger auf einen existierenden Ordner oder eine Datei, also auf ein Objekt. Hinter ihnen stecken im Unterschied zu den „echten" Symbolen lediglich Informationsdateien mit der Endung *.LNK. Shortcuts erkennen Sie an ihrem Pfeil im Symbol. Sie erleichtern die Organisation und Verwaltung von Objekten erheblich.

Mit Hilfe der Shortcuts können Sie bestimmte oder notwendige Dokumente in einem Ordner zu einem bestimmten Projekt zusammenstellen. Der eigentliche Speicherort oder der Verweis auf die Ursprungsdatei wird von der Shortcutdatei verwaltet. Sie übergehen mit den Shortcuts sozusagen Ihr eigentliches Dateisystem und bauen Ihr eigenes Ordnungssystem auf. Da diesem System keine Grenzen gesetzt sind, können Sie mit Hilfe der Shortcuts Ihr Büro praktisch an andere Abteilungen angleichen oder zum Beispiel ein komplettes Ablagesystem auf Ihrem Rechner simulieren.

Praktisch nach einem Baukastenprinzip richten Sie Ihr Büro ein und entfernen ebenso leicht eine Struktur, wenn Sie eine neue Aufgabe bekommen oder ein neues Projekt betreuen.

135

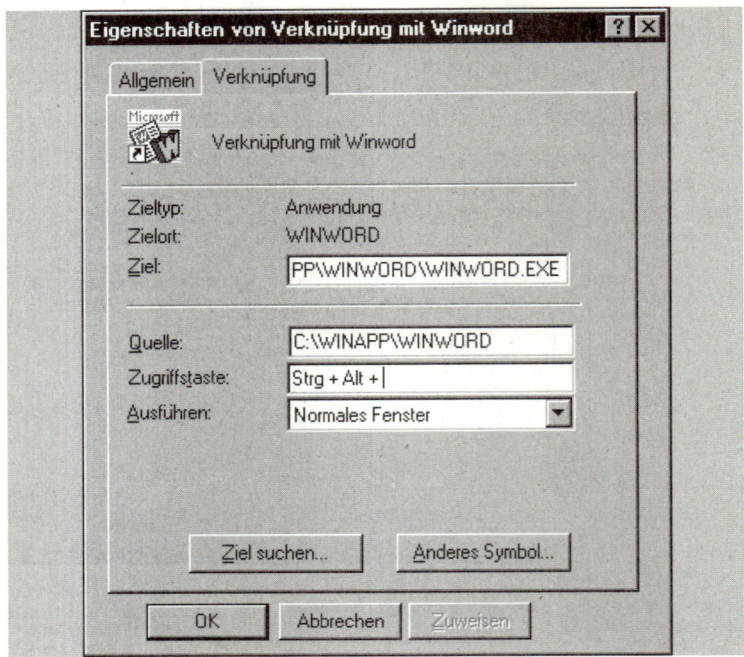

Abb. 5.16: *Eigenschaften des Shortcuts WinWord. Hier sehen Sie die Verknüpfung zur eigentlichen Programmdatei WINWORD .EXE.*

Ein wichtiger Hinweis: Da die Verknüpfungen lediglich einen Verweis darstellen, arbeiten Sie also nicht mit Kopien eines Symbols, sondern mit seinem Verweis. Sie haben ja jetzt gelernt, das hinter jedem „richtigen" Symbol auch wirklich eine Datei steckt. Der Verweis spart erstens Speicherplatz, und zweitens können Sie jeden Verweis ohne weiteres löschen, ohne Angst haben zu müssen, daß Sie nun eine Datei löschen. Alle Symbole mit Pfeil können also sorglos entfernt werden. Bei der Symbolverwaltung herscht also auch ein klares Konzept, bei dem nichts falsch gemacht werden kann.

Beide Elemente, Ordner wie auch Shortcuts, können lange Dateinamen aufweisen. Dies gilt natürlich für alle Objekte. Auf den ersten Eindruck ein kleines Detail, aber für die Dokumentverwaltung eine wichtige Neuerung.

 Ordner und Dateien können wesentlich genauer spezifiziert werden. So erkennen Sie bei exakteren Dateinamen sofort den Dateiinhalt.

136

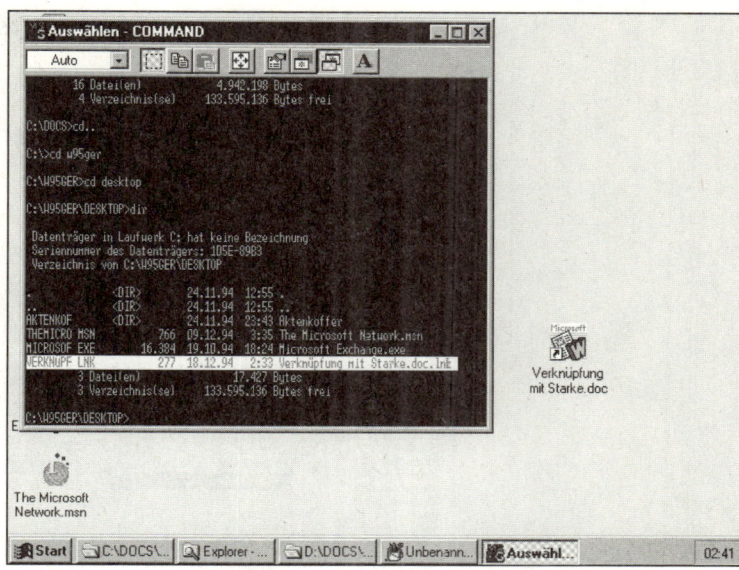

Abb. 5.17: *Die Verknüpfung zu einem Dokument auf dem Desktop und die Verknüpfung in der DOS-Box als *.LNK-Datei*

Viel Kosmetik

Nebenbei gibt es auf dem Desktop noch jede Menge Kleinigkeiten zu entdecken, die das Aussehen der Oberfläche abrunden und dem Anwender einen leichteren Umgang mit der Oberfläche bieten sollen. Diese Änderungen sind oft versteckt und kommen doch erst in der Summe zum Tragen.

So wurde der 3-D-Effekt bei vielen Elementen verbessert. Ein Trick des Oberflächendesigners, der Ihnen auch schon bei Windows 3.x durch unterschiedliche Farbtöne einen Pushbutton vorgetäuscht hat. Wenn Sie einen Pushbutton anklicken, verändert sich programmtechnisch nur seine Farbgestaltung. Der Anwender aber bekommt gleichzeitig das Gefühl, wirklich einen Knopf zu drücken. Aber auch Eingabefelder oder Eingabezeilen erhalten durch 3-D-Effekte Vertiefungen.

137

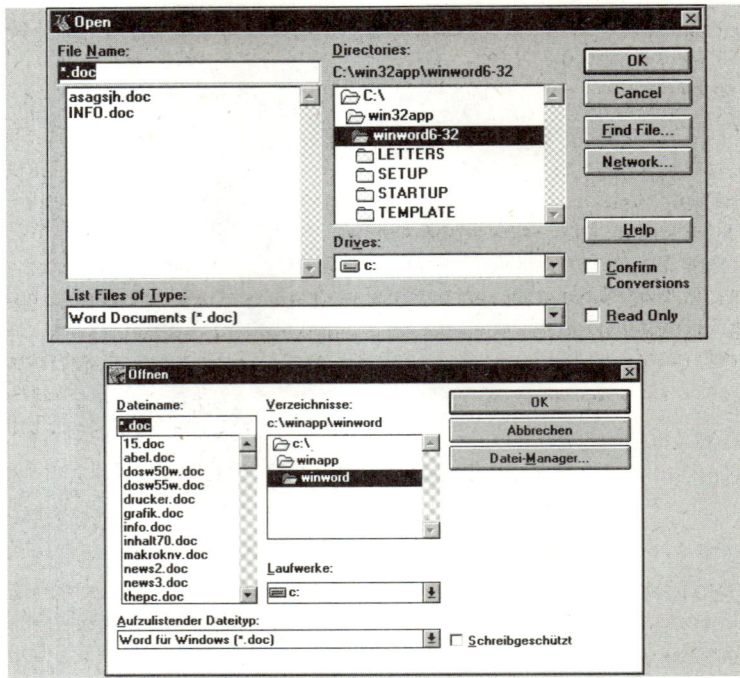

Abb. 5.18: *Dialogbox von Word für Windows 6.0, darunter die von Word für Windows 2.0*

Diese Ansätze sind in den neuen Applikationen Word für Windows 6 oder Excel 5 schon durchgesetzt worden, wie Sie vielleicht in Abbildung 5.18 erkennen können. Das sogenannte Look and Feel soll durch Windows 95 mehr auf eine einheitliche Linie gebracht werden. Das heißt, identische Dialogboxen und Fenster für alle Bereiche. Einige wichtige kosmetische Änderungen sollen hier kurz erwähnt werden:

❑ Wie schon gesagt arbeitet Windows 95 sehr stark mit selbsterklärenden Symbolen. Aber auch visuelle Vergleiche sollen dem Anwender das Leben erleichtern. Diese finden Sie oft bei den Eigenschaftsfenstern. Das Fenster ist einfach strukturiert, Legenden erklären die farbliche Aufteilung der Grafik.

❑ Unter Windows 95 lassen sich einige Bildschirmelemente proportional vergrößern oder verkleinern. Sie erhalten dadurch noch mehr Einstellungsmöglichkeiten und können die Darstellung des Desktops an Bildschirmgröße und Auflösung nachhaltig anpassen. Dies betrifft

138

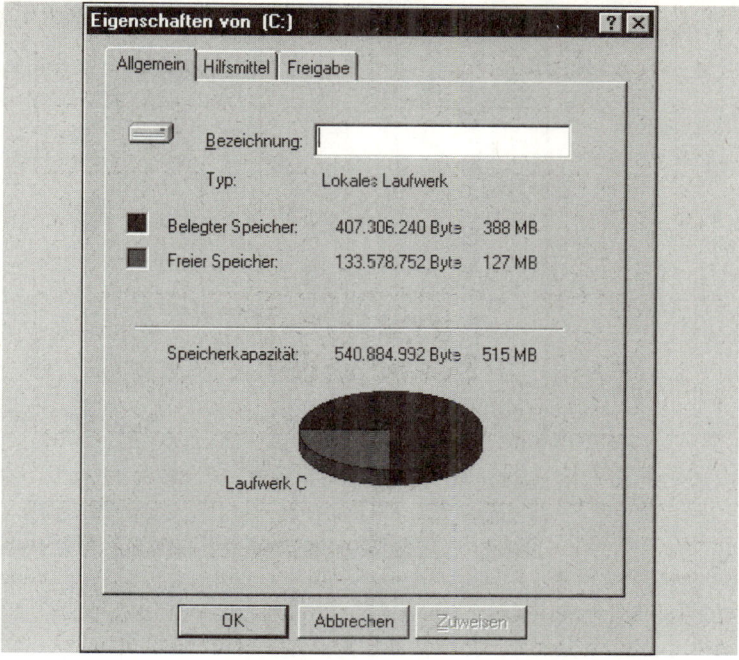

Abb. 5.19: *Visuelle Darstellung des verbleibenden Festplattenplatzes*

auch die Schriftart und -größe von Menü- und Befehlstexten. Sind Ihnen etwa auch die Bildlaufleisten zu klein, skalieren Sie sie auf ein angemessenes Maß.

❏ Wie Ihnen vielleicht schon aufgefallen ist, besitzen sämtliche alten Windows-Applikationen unter Windows 95 ein anderes Aussehen. Dies fällt in erster Linie bei geöffneten Menüs auf. Auch sie besitzen jetzt einen 3-D-Effekt. Auch das Popup-Menü, das mit der rechten Maustaste geöffnet wird, hat das gleiche Aussehen.

❏ Neue Elemente finden Sie auch in jedem Ordner. Alle Ordner besitzen Symbolleisten sowie Statusfenster und auch Spaltentitel. In den Symbolleisten finden Sie die wichtigsten Befehle. Die Spaltentitel dienen zur Ordnung der Darstellung. Per Mausklick kann die Anzeige der Objekte sortiert werden.

139

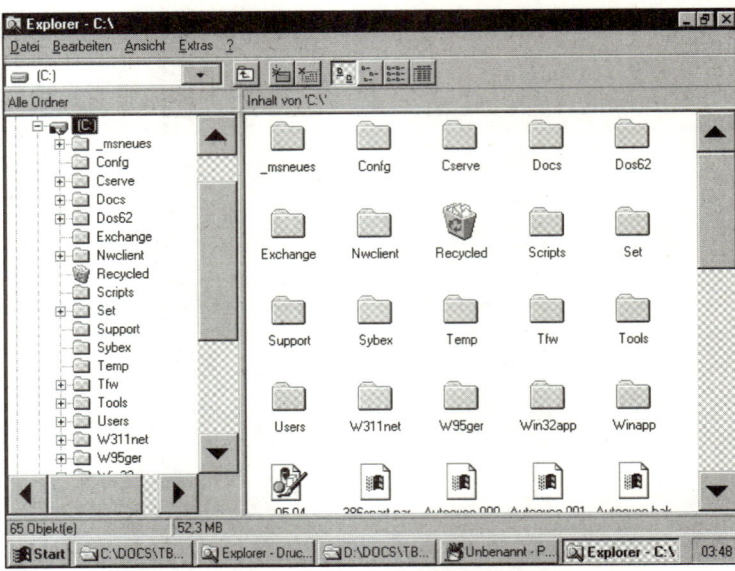

Abb. 5.20: *Explorer mit vergrößerten Laufleisten*

Abb. 5.21: *Darstellung der Menüs unter Windows 95*

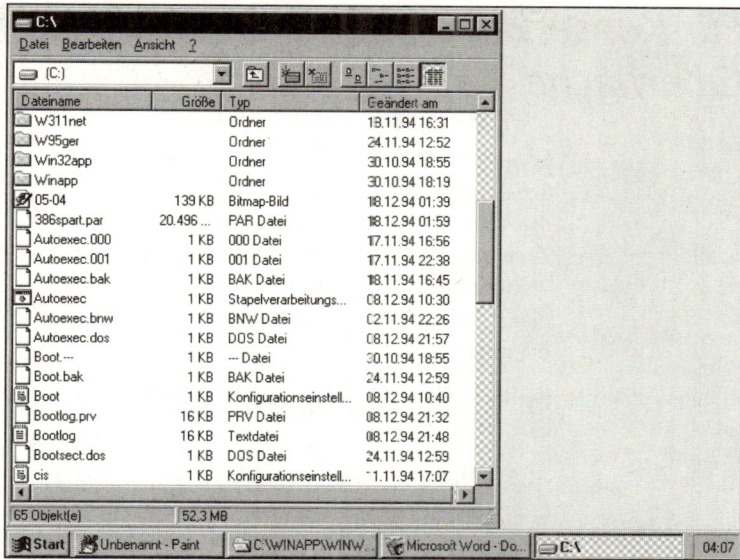

Abb. 5.22: *Neue Elemente und Kontrollen in den Ordnern*

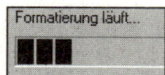

❑   Neu ist auch die Fortschrittsanzeige. Sie visualisiert Ihnen, wie weit
    ein Vorgang fortgeschritten ist. Vor allem beim Formatieren von
    Disketten oder beim Kopieren von Dateien eine ganz nützli
    che Funktion.

❑   Bei Multimediaanwendungen sehr beliebt. Schieberegler, wie sie bei
    technischen Geräten vorzufinden sind. Werte lassen sich somit kom-
    fortabel über die Maus einstellen.

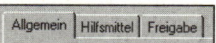

❑   Register wurden schon erwähnt. Sie sind nun als Standard etabliert
    und ersetzen das Öffnen mehrerer Dialogfenster, um be-stimmte
    Einstellungen vornehmen zu können. Der Anwender hat erstens ei-
    nen Gesamtüberblick über alle verfügbaren Funktionen, und zwei-
    tens bleibt immer nur eine Seite geöffnet.

141

Für Konservative: neues Betriebssystem, alte Oberfläche

Sicherlich bedeutet der Umstieg auf die neue Oberfläche für viele Windows 3.x Anwender eine Umstellung. Windows 95 enthält aber immer noch die Versionen des Datei- und Programm-Managers von Windows 3.x. Zwar in einem etwas anderem Gewand, aber Anwender, die auf ihre gewohnte Datei- oder Programmverwaltung nicht verzichten wollen, können auf sie zurückgreifen. Dafür müssen sie dann allerdings auf die objektorientierte Oberfläche verzichten.

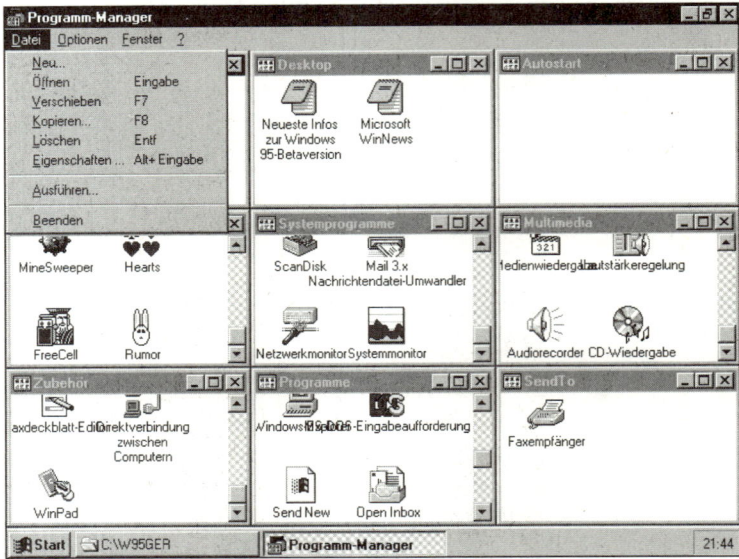

Abb. 5.23: *Der gewohnte Programm-Manager von Windows 3.x unter Windows 95*

Auch alternative Desktopoberflächen laufen unter Windows 95, obwohl dies sicherlich nicht Sinn der Sache ist. Es soll lediglich zeigen, wie kompatibel Windows 95 ist und daß Sie jede Menge Spielraum und Gestaltungsmöglichkeiten haben, um Windows 95 Ihrem Anforderungsprofil anzupassen.

Für einen Umsteiger ist es jedoch ratsam, mit der neuen Oberfläche von Windows 95 zu arbeiten, da erst dann die Vorteile der objektorientierten Oberfläche zum Tragen kommen. Windows 95 erlaubt Ihnen durch Objekte die Gestaltung eines eigenen Desktops nach einem Baukastenprinzip. Die Anordnung von Objekten bestimmen Sie selber.

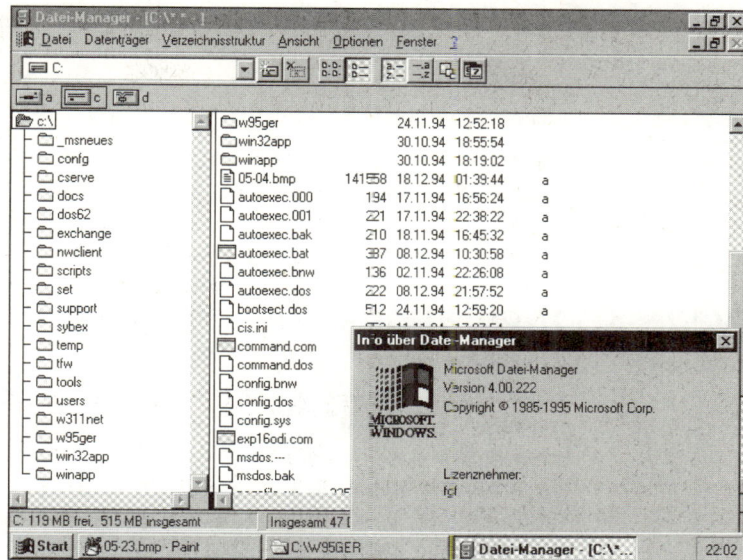

Abb. 5.24: Der Datei-Manager von Windows 3.x mit neuem Design

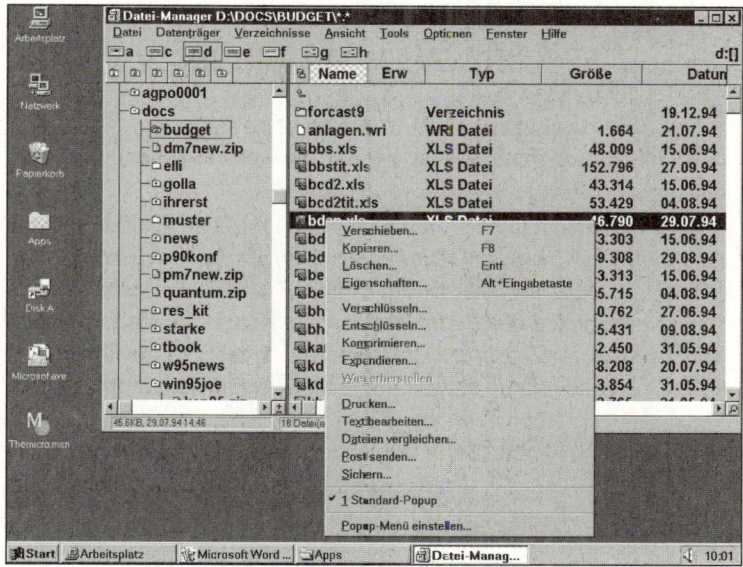

Abb. 5.25: Auch eine Variante. Der Datei-Manager von PC Tools für
Windows 2. Er unterstützt schon die rechte Maustaste.

Das heißt, die Anzahl, Position und Funktion von Objekten kann an die Arbeitssituation angepaßt und mit dem jeweiligen Benutzernamen verbunden werden. Ihre Desktopeinstellungen werden mit Ihrem Benutzernamen gespeichert.

Außerdem arbeiten Sie mit reinen 32-Bit-Komponenten, die Ihnen bei der Arbeit mit einer grafischen Oberfläche eine bessere Performance bieten.

Neue Konfigurationsmöglichkeiten

Nicht nur einfache Verwaltung, sondern auch einfache Konfiguration des Systems ist eines der obersten Ziele von Microsoft, das in Windows 95 verwirklicht werden soll. In den ersten Touren sind die unterschiedlichsten Konfigurationsmöglichkeiten schon angerissen worden. Auch die schon oft erwähnte Funktion der rechten Maustaste ist zentraler Bestandteil der einfachen Konfigurationsmöglichkeiten von Windows 95.

Dabei sind die Einstellungsmöglichkeiten des Systems auch wieder über verschiedene Wege zugänglich. Im Startmenü befindet sich ein Befehl EINSTELLUNGEN, der Ihnen die Untergruppen für:

❑ Systemsteuerung

❑ Startmenü

❑ Drucker

❑ Task-Leiste

anzeigt. Dies sind die Zugangsmöglichkeiten für den Einsteiger. Der fortgeschrittene Anwender wird alle Einstellungen über die rechte Maustaste direkt am Objekt vornehmen. Die Dialogboxen und Funktionen für bestimmte Systemeinstellungen sehen hinterher gleich aus. Das heißt, Windows 95 bietet verschiedene Zugangsmöglichkeiten oder Schnittstellen zu den Systemeinstellungen. Genauso wie die Explorerfunktion über fast jedes Objekt erreichbar ist.

In der Systemsteuerung finden Sie alle wichtigen Systemkomponenten in einem Ordner. Wählen Sie zum Beispiel das Icon Datum/Uhrzeit zum Einstellen der Systemzeit, öffnet sich die Dialogbox zur Konfiguration von Zeit und Datum sowie zur Auswahl der richtigen Zeitzone.

Für einen Einsteiger ist diese Funktion natürlich einfacher zu finden. Genauso erreichen Sie aber die gleichen Einstellungsmöglichkeiten, indem Sie einfach in der Task-Leiste einen rechten Mausklick auf die digitale Uhranzeige ausüben. In einem Popup-Menü finden Sie dann den Befehl

DATUM/UHRZEIT ANPASSEN. Die Dialogbox für die Eigenschaften von Datum und Uhrzeit bleibt die gleiche.

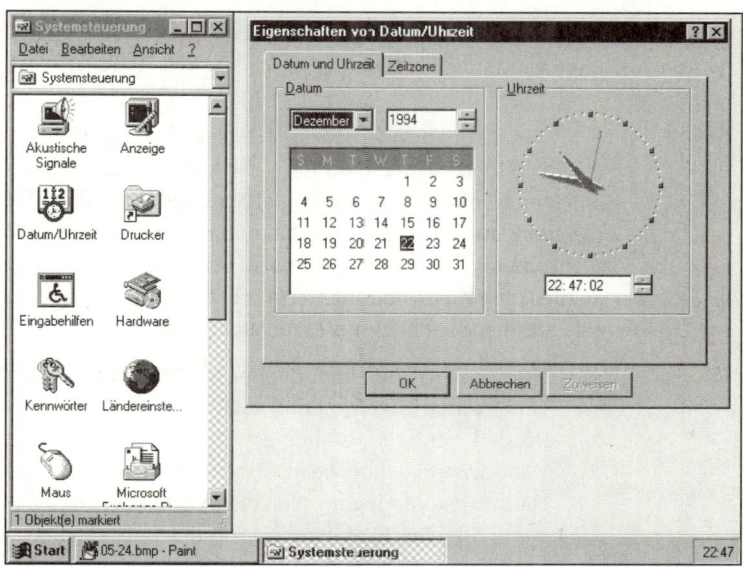

Abb. 5.26: *Die Uhr einstellen über die Systemsteuerung ...*

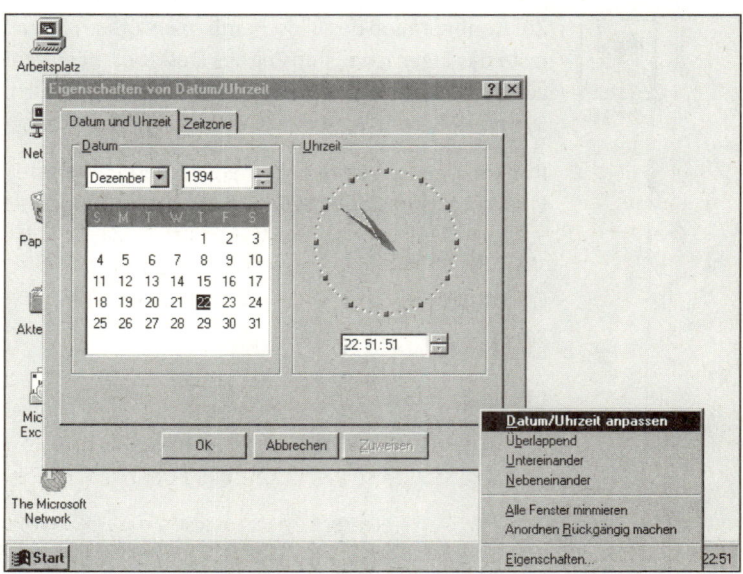

Abb. 5.27: *... oder einfacher per rechter Maustaste*

145

Bildschirmtreiber einstellen

Durch die neuen Konfigurationsmöglichkeiten werden die Änderungen von wichtigen Einstellungen stark vereinfacht und auch für den Einsteiger transparent gehalten. So gehören zum Beispiel auch die Bildschirmtreibereinstellungen zu den wichtigen Parametern, die für eine richtige Bildschirmwiedergabe verantwortlich sind.

Hier hat sich Microsoft auch einiges einfallen lassen, um die Einbindung von Treibern, deren Auflösung sowie die Abstimmung auf einen be-stimmten Monitorhersteller möglichst einfach zu halten. Bei der heutigen Vielzahl an Grafikkartenherstellern und vor allem Modellen schien hier eine Lösung von Nöten. Windows 95 bietet, wie sein Vorgänger Windows 3.x, eine Vielzahl von integrierten Bildschirmtreibern an, die der Anwender bequem aus einer Liste auswählen kann.

Normalerweise werden bei der Installation von Windows 95 installierte Grafikkarten abgefragt und auch erkannt. Anschließend bindet Windows 95 den richtigen Treiber ein. Wechseln Sie die Garfikkarte, meckert Windows 95 schon beim ersten Start und meldet eine neu installierte Hardwarekomponente. Nur klappt dies nicht immer, vor allem dann nicht, wenn Sie eine Exotenkarte in Ihrem Rechner haben, die Windows 95 nicht kennt. Aber hier wird der Plug and Play-Standard hoffentlich Abhilfe schaffen und die Hardwarehersteller zur Produktion von Plug and Play-Karten ermuntert.

 Zur Konfiguration des Bildschirmtreibers öffnen Sie mit der rechten Maustaste das Eigenschaftsfenster des Desktops. Hier genügt ein Klick mitten auf den freien Desktop. Alternativ können Sie auch den Weg über die Systemsteuerung gehen und auf das Symbol ANZEIGE klicken.

In dem Eigenschaftsfenster wählen Sie das Register EINSTELLUNGEN. Das Eigenschaftsfenster bietet Möglichkeiten zur Veränderung von:

❑ Farbpalette

❑ Auflösung

❑ Grafikkarte

❑ Bildschirm

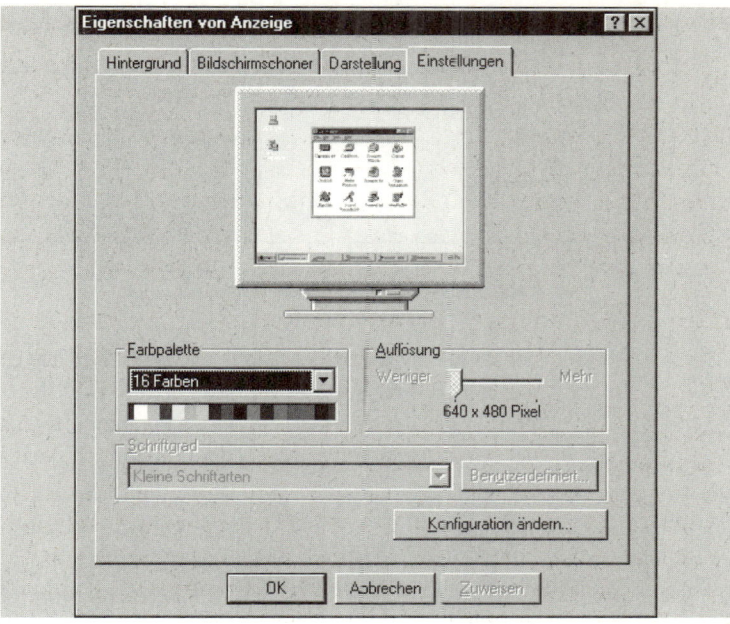

Abb. 5.28: *Die Bildschirmeinstellungen*

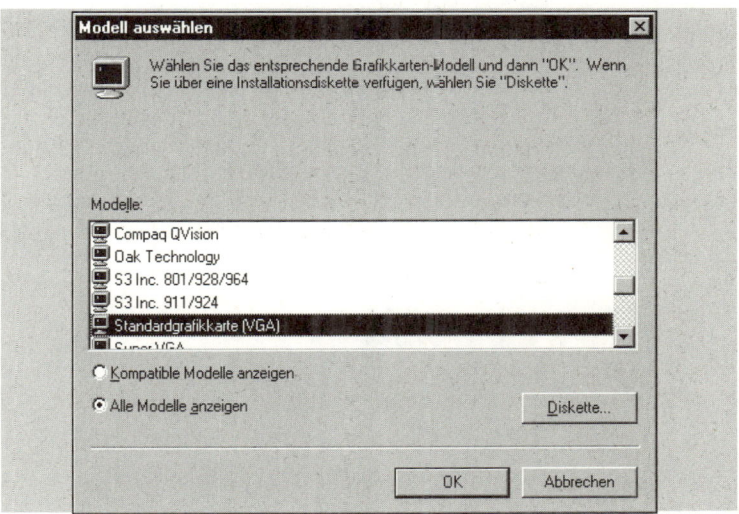

Abb. 5.29: *Auswahl der Grafikkarte*

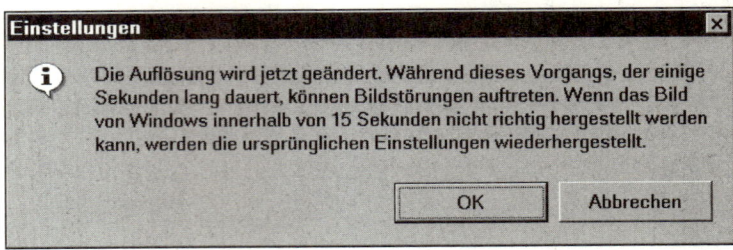

Abb. 5.30: Testen der Bildschirmauflösung

Der Vorteil des Eigenschaftsfensters ist der, daß alle Einstellungen erstmal ausprobiert oder getestet werden können. Dies tun Sie mit Hilfe des Befehls ZUWEISEN. Das heißt, die neuen Eigenschaften des Objekts Desktop werden ihm ersteinmal zugeordnet, aber noch nicht abge-speichert.

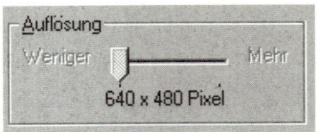

Bei der Bildschirmauflösung zum Beispiel, die Sie mit einem Regler einstellen können, schaltet Windows 95 zur Kontrolle für einen bestimmten Zeitraum auf die ausgewählte Auflösung. Auflös-ungen, die von der Grafikkarte nicht unterstützt werden, stehen gleichzeitig auch nicht zur Auswahl. Wenn Windows 95 die Auflösung darstellen kann, muß der Test lediglich bestätigt werden. Anschließend werden die Einstellungen gespeichert, wenn Sie das Eigenschaftsfenster mit OK verlassen. Erst jetzt veranlaßt Sie Windows 95, das System neu zu starten, damit die neuen Einstellungen auch gelten.

Kapitel 6:
Was ist mit meinen DOS- und Windows-Anwendungen?

Der wichtigste Aspekt und sicherlich ein Garant für den Erfolg von Windows 95 ist die Abwärtskompatibilität zu vorhandenen DOS- und Windowsapplikationen. Zusätzlich dient Windows 95 als Plattform für zukünftige 32-Bit-Windows-Applikationen.

DOS-Oldtimer

Obwohl Windows 95 ein eigenes Betriebssystem ist und ohne DOS auskommt, werden Windows 95 Einsteiger eine kleine DOS-Schule nicht vermeiden können, wenn sie DOS-Programme unter Windows 95 aufrufen wollen. Sie können unter Windows 95 DOS-Programme auf zwei verschiedene Arten fahren:

❑ Sie öffnen eine virtuelle DOS-Maschine über die Oberfläche von Windows 95. Hier haben Sie wiederum mehrere Möglichkeiten.

  ❑ Direktes Anklicken eines DOS-Programms über einen Ordner

  ❑ Öffnen der DOS-Box vor Windows 95 und dann die Befehlseingabe hinter dem DOS-Prompt

  ❑ Öffnen des Startbuttons und des Befehls Ausführen mit Angabe des ausführbaren DOS-Programms

❑ Sie starten Windows 95 von einer bootfähigen Diskette aus. Dabei wird die Oberfläche nicht geladen. Oder Sie drücken beim Start von Windows 95 die Funktionstaste F8 . Dies entspricht einem Clean-Boot, wie ihn DOS-User von MS-DOS 6 her kennen.

Starten unter der Oberfläche von Windows 95

Die einfachste Art ist der Start einer DOS-Anwendung direkt aus der Oberfläche heraus. Mit den meisten DOS-Applikationen gibt es dabei keine Probleme. DOS-Anwendungen allerdings - und dies gilt für einige DOS-Spiele - die Expanded-Memory benötigen und einen entsprechenden Speichermanager benötigen, sollten unter Windows 95 nur geladen werden, wenn Windows 95 über die zweite Variante hochgefahren wird.

149

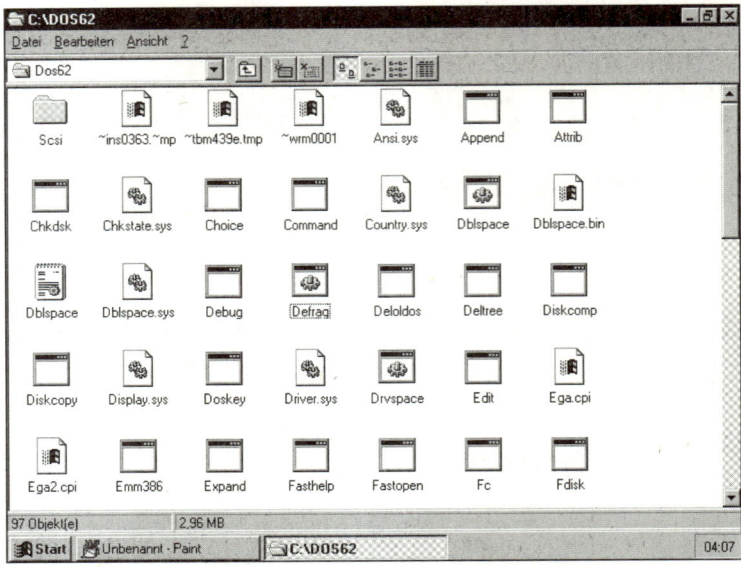

Abb. 6.1: *Der Inhalt des DOS 6-Verzeichnisses mit allen seinen Dienst-programmen*

Wenn Sie eine DOS-Anwendung anklicken, erkennt Windows 95 automatisch, daß es sich um ein ausführbares Programm handelt. Dies gilt im übrigen auch für Batch-Dateien. Batch-Dateien und ausführbare DOS-Programme, also *.EXE- und auch *.COM-Dateien erkennen, Sie in den Ordnern von Windows 95 als kleine Symbole, die eine DOS-Box darstellen, in der sich ein Zahnrad befindet. Das Zahnrad verrät schon, daß Sie mit diesem Icon etwas in Bewegung setzten, sprich ein Programm ausführen können.

Ziehen Sie allerdings eine Batch-Datei auf Ihren Desktop, verändert sich das Programmsymbol in das bekannte MS-DOS-Logo. Darunter wird Ihnen die Verknüpfung zu der jeweiligen Batch-Datei angezeigt.

Alternativ können Sie ein DOS-Programm auch über den Startbutton ausführen. Wie die Vorgängerversion Windows 3.x bietet auch Windows 95 eine allgemeine Dialogbox zum Ausführen von Programmen gleich welcher Art an.

Zum Glück benötigen Sie nicht mehr die ominösen PIF-Dateien, wie sie unter Windows 3.x Verwendung fanden. Windows 95 bearbeitet Ihre DOS-Anwendungen im Hintergrund, und Sie müssen sich nicht um bestimmte Einstellungen bemühen.

150

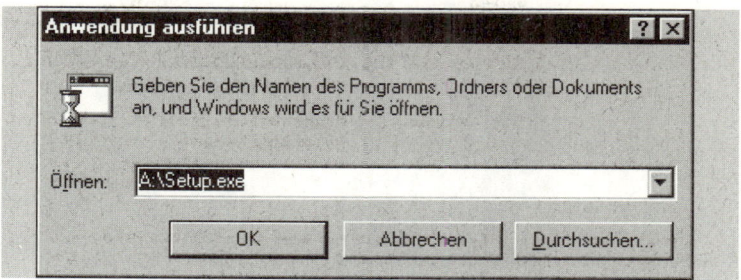

Abb. 6.2: *Starten eines Programms über den* Ausführen-*Befehl des Startbuttons*

Starten innerhalb der DOS-Box

Möchten Sie jedoch DOS-Programme mit bestimmten Parametern und Schaltern starten, benötigen Sie den Command-Prompt, also eine Eingabezeile, wie Sie es von DOS her gewöhnt sind. Die DOS-Box gibt es auch schon unter Windows 3.x. Doch ist diese Box nicht besonders komfortabel, und sie muß immer noch mit dem Befehl EXIT geschlossen werden. Unter Windows 95 wird die DOS-Box mit einem Mausklick beendet. Die DOS-Box öffnen Sie mit einem Befehl aus dem Startbutton. In der Gruppe PROGRAMME finden Sie das MS-DOS-Logo zum Öffnen der DOS-Box.

Abb. 6.3: *Startbefehl für die DOS-Box*

151

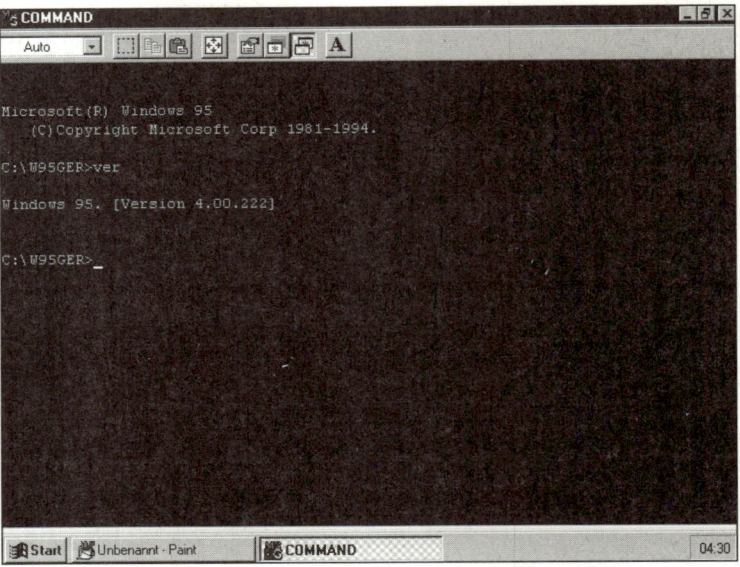

Abb. 6.4: Die DOS-Box in vergrößerter Ansicht

Die DOS-Box bietet einige Vorteile gegenüber der alten BOX des Vorgängers Windows 3.x. In der Abbildung 6.4 sehen Sie zum Beispiel die Toolbar der DOS-Box. Sie ermöglicht die schnelle Bearbeitung und Konfiguration des DOS-Fensters.

 Die Toolbar beinhaltet Funktionen, die direkt per Mausklick ausführbar sind.

 Sie haben direkten Zugriff auf den Inhalt der DOS-Box und können ihn markieren, kopieren und einfügen.

 Mit einem Mausklick gelangen Sie in den Vollbildmodus der DOS-Box. Mit Hilfe der Tastenkombination [Alt][←] schalten Sie ebenfalls zwischen beiden Modi um.

 Ebenfalls mit einem Mausklick öffnen Sie jetzt das Eigenschaftsfenster oder die Systemeinstellungen der DOS-Box.

 Zum Wechseln der Programmmodi können Sie schnell die Eigenschaften der DOS-Anwendung per Mausklick ändern. So können Sie bestimmen, ob eine DOS-Anwendung exklusiv im Vordergrund oder im Hintergrund laufen soll.

 Hinter diesem Symbol verbirgt sich die Fonteinstellung der DOS-Box. Hier bestimmen Sie die verfügbaren Schriftarten sowie den Schriftgrad.

152

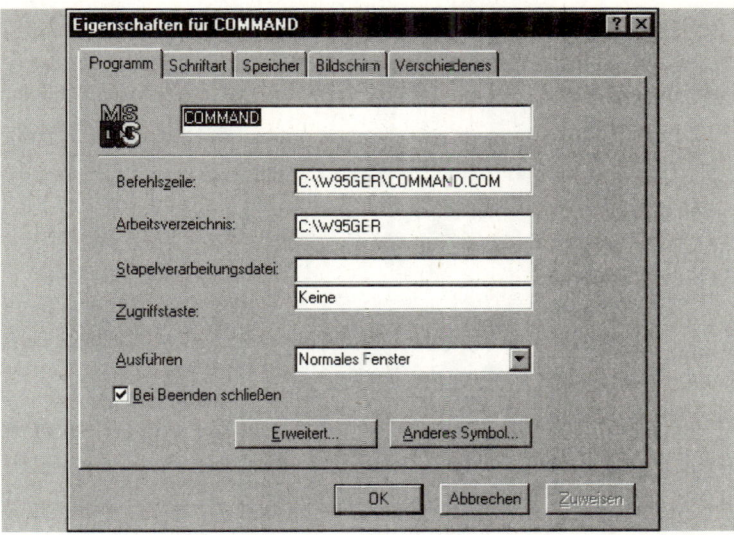

Abb. 6.5: *Die Systemeinstellungen der DOS-Box*

Windows 95 ohne Oberfläche starten

Das Starten von Windows 95 ohne seine Oberfläche stellt nur die Ausnahme dar und ist denjenigen vorbehalten, die eine solche DOS-Anwendung fahren wollen, die in der virtuellen DOS-Maschine nicht lauffähig ist. Um den Command-Prompt zu verwenden, drücken Sie beim Bootvorgang von Windows 95, unmittelbar nachdem der Text "Starten Windows 95" auf dem Bildschirm erscheint, die Taste F8. Windows 95 wird dann ohne Oberfläche geladen. Der Rechner befindet sich im Real Mode, und keiner der 32-Bit Protected Mode Treiber von Windows 95 wurde geladen.

Den gleichen Effekt erreichen Sie, wenn Sie Windows 95 von einer Diskette aus booten. Die einzigen Treiber, die geladen werden, sind die, die Sie in der Datei CONFIG.SYS definiert haben.

Kritiker werden jetzt bestimmt sagen: Aha, Windows 95 also doch noch mit einem DOS-Unterbau! Sie werden enttäuscht sein. Wenn Sie den VER-Befehl eingeben, kommt keine DOS 7 MELDUNG. Es meldet sich ein WINDOWS 95 MIT DER VERSION 4.00.

153

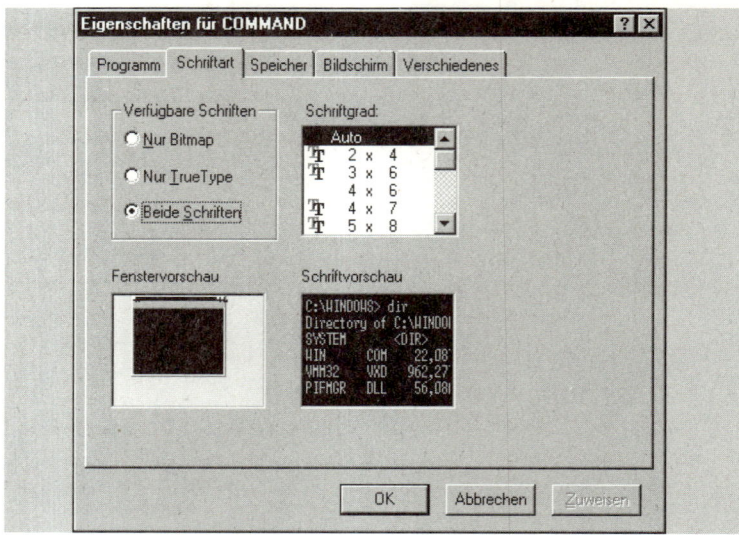

Abb. 6.6: *Einstellungen für die Schriftart in der DOS-Box*

Vorteile der Windows 95-DOS-Box gegenüber der von Windows 3.x

Die virtuelle DOS-Maschine bedient sich eigentlich immer noch der gleichen Technik, wie sie unter Windows 3.x Verwendung findet. Beim Start einer DOS-Applikation wird diese DOS-Maschine von Windows 95 erstellt und der Befehl COMMAND.COM geladen. Entweder wird das Programm dann ausgeführt, oder Sie erhalten einen Command-Prompt, der auf Ihre Eingabe wartet. Dabei wird für jede DOS-Applikation eine neue DOS-Maschine erstellt.

Beim Start von Windows 95 ohne Oberfläche wird nicht mit virtuellen DOS-Maschinen gearbeitet. Da Sie aber mehrere DOS-Applikationen parallel starten können, werden sie wie Windowsapplikationen in das Multitaskingverhalten von Windows 95 integriert. Für virtuelle DOS-Maschinen ergeben sich durch Windows 95 folgende Vorteile:

❑ Die 32-Bit Protected Mode-Treiber von Windows 95, die zum Beispiel für die Steuerung der Festplatte, der Maus oder des CD-ROM-Laufwerks verantwortlich sind, belegen nicht den konventionellen Speicher. So verbleibt genügend Speicherplatz für DOS-Applikationen.

❑ Durch das neue Speichermanagement versorgt Windows 95 jede virtuelle DOS-Maschine mit jeweils 1 MByte Expanded und Extented Memory.

❑ DOS-Applikationen, die Probleme verursachen, können ohne weiteres beendet werden, ohne dabei gleichzeitig das ganze System zu beeinflussen. Die DOS-Applikation oder die virtuelle DOS-Maschine wird dann einfach abgetötet.

❑ Die Umgebung jeder geladenen DOS-Sitzung kann beliebig verändert und angepaßt werden.

❑ DOS-Anwendungen, die nur im einfachen VGA-Modus arbeiten, können nun auch in Fenstergröße laufen. Dies ist bei Windows 3.x nicht der Fall.

❑ Die Möglichkeit, den Rechner auch im sogenannten Real Mode laufen zu lassen, so daß auch kritische DOS-Programme lauffähig bleiben.

Durch die überarbeitete Speicherverwaltung von Windows 95 kann jede virtuelle DOS-Maschine besser kontrolliert werden. Da viele DOS-Applikationen direkt auf die Hardware zugreifen, verursachen diese Programme Komplikationen, wenn Sie unter Windows 3.x aufgerufen werden. Darunter fallen zum Beispiel Festplattendefragmentierer oder andere Diagnosetools. Sie kollidieren mit Windows 3.x -Funktionen.

Unter Windows 95 kann die virtuelle DOS-Maschine besser mit DOS-Applikationen umgehen, die oft auf Hardewarekomponenten zugreifen. Windows 95 schützt sich selber vor unerlaubten Reaktionen einer kritischen DOS-Anwendung und weist ihr somit die Schranken.

Neue Befehle für die DOS-Box

Da Sie unter Windows 95 nun nicht mehr der Dateinamensbegrenzung unterliegen und Dokumente sowie Ordner mit mehr als acht Zeichen benennen können, ergeben sich damit auch einige Änderungen bezüglich der DOS-Box. Denn die langen Dateinamen erscheinen nicht nur auf dem Desktop, sondern auch in der DOS-Box.

Alle bekannten DOS-Befehle, wie DIR, XCOPY, COPY und RENAME, können mit langen Dateinamen umgehen. Auch der DIR-Befehl zeigt lange Dateinamen an. In Abbildung 6.7 sehen einen neuen Ordner und ein Textdokument mit langen Bezeichnungen. Zwar sieht man in der linken Bildschirmhälfte die gewohnte Anzeige von DOS, aber in der rechten Hälfte wird die exakte Dateibezeichnung wiedergegeben.

155

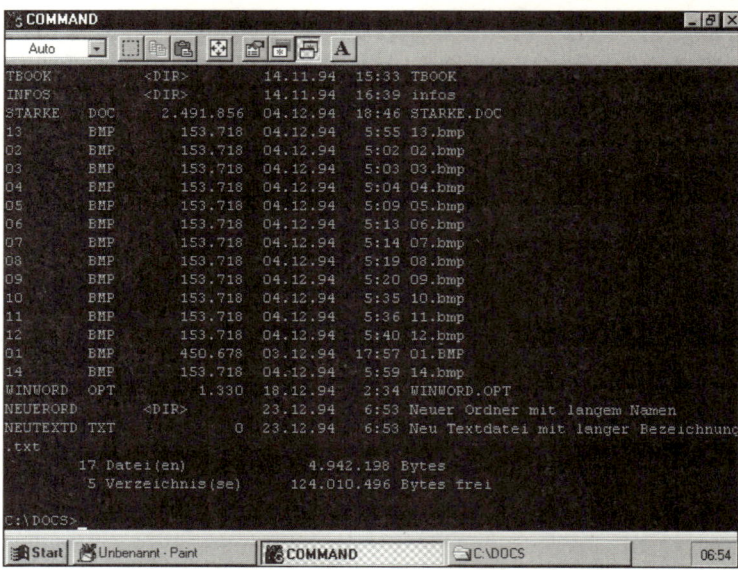

Abb. 6.7: *Nach Eingabe des DIR-Befehls werden auch Dateien und Ordner mit langen Bezeichnungen angezeigt*

Neu ist der Befehl START. Er erlaubt es, jede Applikation über den Commandprompt zu starten. Dabei kann der Start einer Applikation mit einem Dokument verbunden werden. Oder Sie öffnen einfach ein Dokument mit der Eingabe:

```
START Texte.doc
```

Standard-16-Bit-Windows-Anwendungen

Mit ca. 70 Millionen verkauften Windows 3.x-Lizenzen ist Windows wohl ohne Frage die größte Computerplattform, für die es mehrere Tausend Windows-Anwendungen gibt. Ein Windows 95, auf dem alte, sprich 16-Bit-Anwendungen, nicht lauffähig sind, wären der Ruin von Microsoft. Viele Anwender stehen in der Erwartung, wenn sie denn auf Windows 95 updaten, daß alle ihre zur Zeit angeschafften Applikationen auch unter Windows 95 ihren Dienst tun. Die Industrie würde nicht von heute auf morgen ihre eingekauften Windows-Applikationen gegen neue 32-Bit-Versionen austauschen.

Microsoft weiß ganz genau, daß sie ihr Klientel nicht im Stich lassen kann. Deswegen wird mit Windows 95 auf jeden Fall die Abwärtskompatibilität

156

für 16-Bit-Windows-Applikationen gewahrt. Aber nicht nur das. Der Anwender soll natürlich auch Vorteile und Verbesserungen von einem System erwarten können.

Das erste, was Ihnen auffallen wird, wenn Sie ein Word für Windows 6 unter Windows 95 starten, ist die Geschwindigkeit. Alle Windows-Anwendungen erfahren einen gewissen Performanceschub, der natürlich auch von der Hardware abhängig ist. Wenn Sie aber einen Vergleich anstellen, zwischen Windows 3.x und Windows 95 auf der gleichen Maschine, wird Ihnen der Unterschied schon auffallen.

Etwas zur Hardwarevoraussetzung

Auf einem 486er mit 8 MByte RAM und einem schnellen Bussystem, wie PCI oder VLB, läßt sich mit Windows 95 sehr gut arbeiten. Diese Konfiguration ist mittlerweile Standard. Auch wenn behauptet wird, das System würde sich schon mit 4 MByte zufrieden geben - das behauptet IBM von ihrem neuen Versuch OS/2 Warp ebenfalls - so stimmt das zwar, aber es macht keinen Spaß, mit einer solchen Minimalkonfiguration zu arbeiten. Lassen Sie mal Windows 3.x auf einem Rechner mit 4 MByte RAM laufen, dann wissen Sie, daß man seinem Rechner nicht genug RAM spendieren kann. Der Prozessor spielt dabei gar nicht so eine große Rolle. Windows 95 wird sich auch auf einem 386er wohlfühlen. Empfehlenswert ist eine RAM-Austattung zwischen 8, 12 oder besser 16 MByte.

Nicht nur in der Performance, sondern auch in der Ausnutzung der Hardware weist Windows 95 viele Verbesserungen auf. Windows 95 besitzt unter anderem folgende Hardwarevoraussetzungen (Minimalkonfiguration):

❑ Mindestens einen 386er Prozessor (empfehlenswert 486/DX2 66 MHz oder höher)

❑ 4 - 8 MByte RAM

❑ 200 - 500 MByte Festplatte

❑ Maus

❑ Schnelle Grafikkarte

❑ SVGA Monitor

Optional, also nicht unbedingt ein Muß, aber für den vollen Funktionsumfang von Windows 95 doch zu empfehlen:

❑ PCI-Bus zur Unterstützung von Plug and Play

❑ Soundkarte mit Boxen für Multimediafunktionen

157

❑ CD-ROM-Laufwerk für Multimedia-Anwendungen

❑ 9600 oder 14400 Baud Modem oder direkt eine 28800 „Bitschleuder"
für die Unterstützung von FAX, Mail und Online-Diensten, wie
CompuServe oder Microsoft Network sowie Internet

 Eine Pentium-Maschine ist die ideale Hardwarelösung, da der
Pentium in Zusammenarbeit mit Microsoft auf Windows 95
zugeschnitten ist. Dies zeigt sich vor allem auch in dem Plug
and Play-Standard.

Windows-Programme verwenden wie gewohnt

Für den Anwender ändert sich im Umgang oder der Installation von
Windowsanwendungen rein gar nichts. Sicherlich ist Ihnen in den vorherigen Kapiteln dieses Buches schon aufgefallen, daß alle An-wendungen
doch ein etwas anderes Aussehen haben.

Die erste Unterscheidung betrifft zum Beispiel die normale Titelleiste, in
der Sie nun andere Symbole für die Fenstersteuerung finden. In Abbildung 6.8 sehen Sie einmal Excel 5 unter Windows 95 und darunter die
Erscheinungsweise von Excel 5 unter dem gewohnten Windows 3.x.

Alle Fenster, und dies betrifft auch einfache applikationsunabhängige
Dialogfenster, enthalten die gleichen Steuerelemente, wie es unter
Windows 3.x auch schon der Fall gewesen ist.

 Die Icons zum Minimieren, Maximieren und Schließen einer Anwendung
haben nun ein anderes Aussehen und sind einheitlich gestaltet sowie
übersichtlicher in der Titelleiste angeordnet. Sie visualisieren für den Anwender die genaue Funktion.

 Das Icon zum Öffnen des Kontrollmenüs nimmt die Gestalt des Programm-
Icons an.

 Separate Dokumentfenster besitzen wie auch unter Windows 3.x ein eigenes Kontrollmenü zum Öffnen und Schließen.

Das Kontrollmenü und auch alle anderen Menüs, die Sie in einer Windo-
wsapplikation öffnen können, bieten Ihnen jetzt einen 3D-Look. Aber
auch andere Elemente, wie zum Beispiel Checkboxen, Optionsbuttons
und Auswahllisten, besitzen ein einheitlicheres und homogeneress Aussehen. Das heißt, daß Windowsanwendungen mehr mit dem Aussehen des
Betriebssystemoberfläche verschmelzen. Für den Anwender bietet das
neue Design eine noch einheitlichere Arbeitsumgebung. Windows 3.0
war der Anfang für eine Oberfläche, in der sich der Anwender relativ
schnell zurecht finden und ein schnelles Einarbeiten in gleich aussehende

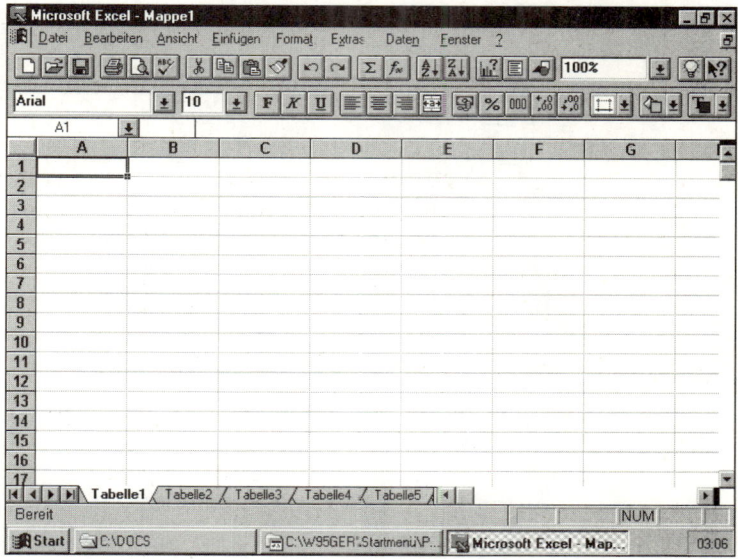

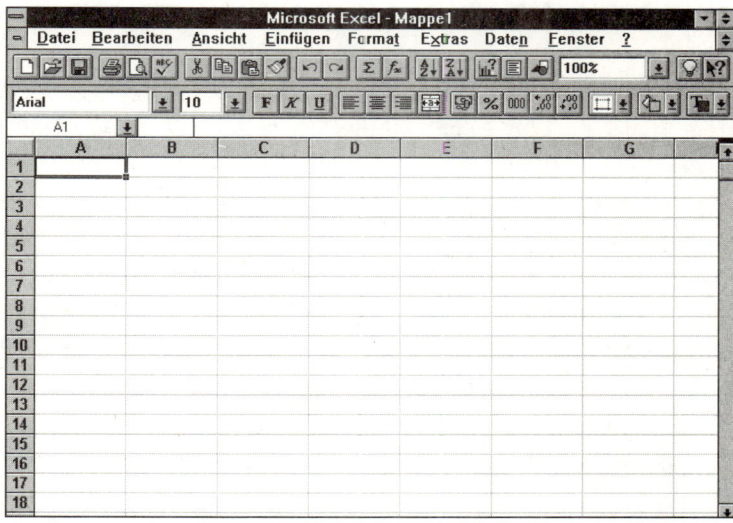

Abb. 6.8: *Excel 5 unter Windows 95 und unter Windows 3.x*

Anwendungen ermöglichen so lte. Mit Windows 3.1 wurde das
Oberflächendesign nur marginal verändert. Windows 95 versucht nun,
die Verschmelzung von Betriebssystem und Anwendung konsequent um-
zusetzen. Dies kann auch als weiterer Schritt in Richtung auf ein dokumentorientiertes Arbeiten verstanden werden.

159

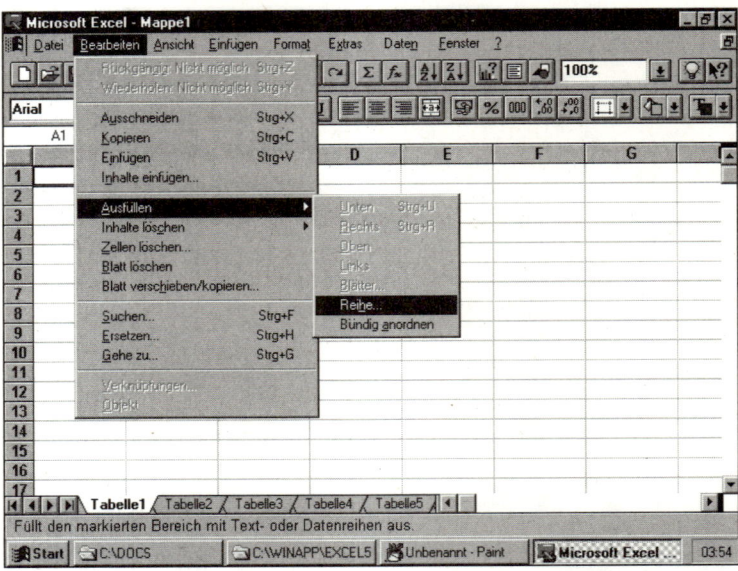

Abb. 6.9: *Excel 5-Menü mit sich automatisch öffnenden Untermenüs*

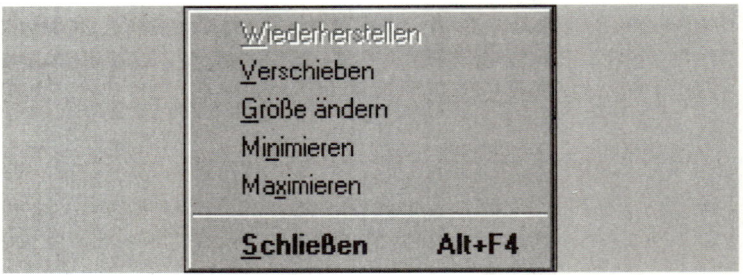

Abb. 6.10: *Das Kontrollmenü im 3-D-Look von Windows 95*

Ein wichtiger Aspekt, der in den Abbildungen nicht so deutlich hervorkommt, ist die neue Mausführung oder -steuerung innerhalb vorhandener Windows-Applikationen. Eingangs wurde schon erwähnt, daß der Doppelklick mit der linken Maustaste nicht mehr so oft Verwendung findet wie unter Windows 3.x. Zum besseren Bedienen einer Anwendung mit Ihren Befehlsmenüs und Fenstern wurde der Doppelklick auf einen einfachen Klick reduziert. Zum Öffnen eines Menüs reicht nun ein Klick mit der linken Maustaste. Ist ein Menü ersteinmal geöffnet, fällt die Maustaste zur Auswahl eines Befehls innerhalb des Menüs ganz weg. Sie fahren lediglich mit dem Mauszeiger über die gewünschten Befehlsflächen, wobei sich Untermenüs automatisch öffnen, und starten einen Befehl dann mit einem einfachen linken Mausklick.

Das bedeutet, daß Sie für die Steuerung von Fenstern und die Bedienung von Funktionen wesentlich weniger Aktionen durchführen müssen, um zu dem gewünschten Ergebnis zu kommen.

> **TIP** Um die Kompatibilität zu wahren, existieren unter Windows 95 immer noch einige * INI-Dateien. Sie werden von einigen Windows-applikationen benötigt. So legen die Office-applikationen Excel oder Winword immer noch ihre eigenen INI-Dateien an. Andere Applikationen verwenden nach wie vor die allgemeinen INI-Dateien, wie SYSTEM.INI und WIN.INI, die aber nur den 16-Bit-Applikationen vorbehalten sind. Ansonsten werden alle Konfigurationen in einer zentralen Datenbank gespeichert.

Windows-Programme installieren

Windows 95 unterstützt auch 16-Bit-Applikationen, wie Windows-Terminalprogramme, oder aber auch den CompuServe-Information-Manager WinCim. Vielleicht sind dies Programme, die Sie schon lange verwenden und bei einem Update auf Windows 95 automatisch in die neue Oberfläche eingebunden werden. Sicherlich wollen Sie auch neue Windows-Programme unter Windows 95 installieren, die aber noch als 16-Bit Anwendung angeboten werden.

Der Installationsvorgang für Windows-Anwendungen bleibt derselbe wie unter Windows 3.x. Lediglich die Installationsdialogboxen werden das Design von Windows 95 besitzen. Die meisten Installationsroutinen bedienen sich mit der Weile eines standardisierten SETUP-Programms. Über den Startbutton und den Befehl Ausführen kann jedes Installationsprogramm bequem ausgeführt werden.

Alternativ bietet Windows 95 die Installation von neuen Applikationen über die Systemsteuerung an. Mit Hilfe des Befehls Software gelangen Sie in ein Eigenschaftsfenster, über das Sie Applikationen installieren oder sogar deinstallieren können. Über das Windows SETUP können Sie auch nachträglich einzelne Windows 95-Komponenten installieren. Hier finden Sie auch den Befehl zur Erstellung einer Startdiskette.

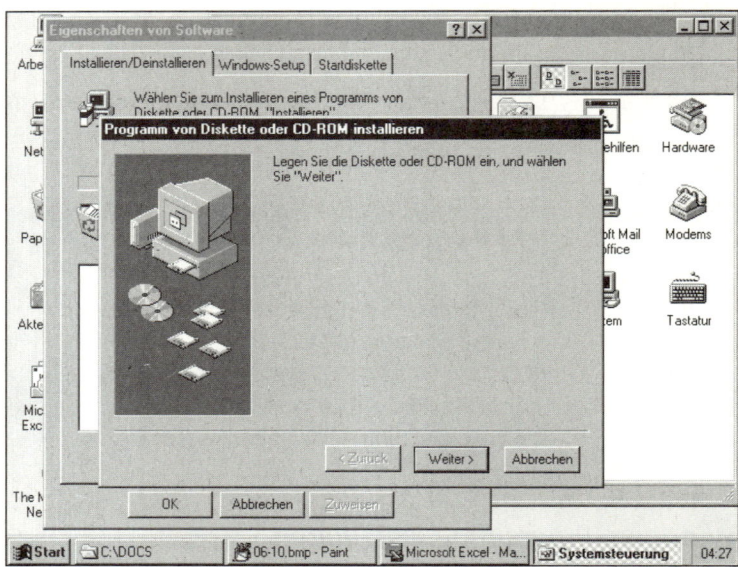

Abb. 6.11: *Anwendung installieren über die Systemsteuerung*

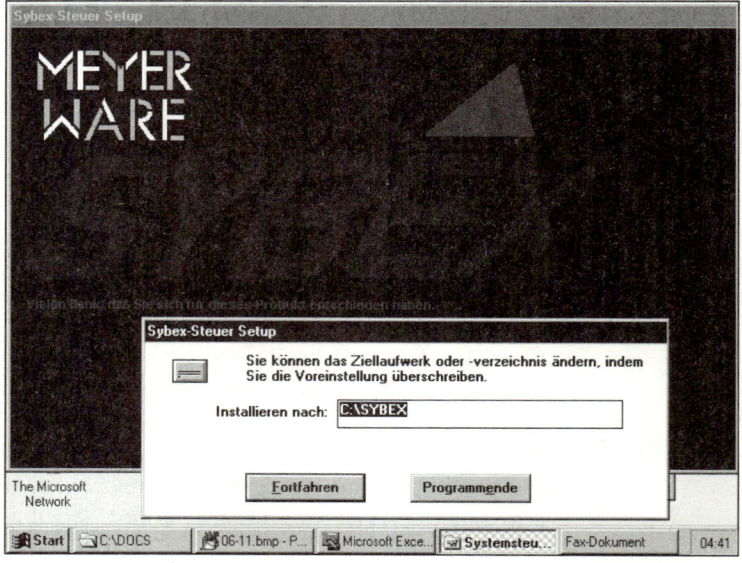

Abb. 6.12: *Installation der SYBEX-Steuer 95 unter Windows 95*

Verbesserungen für Windows-Applikationen unter Windows 95

Die Vorteile für 16-Bit-Windows-Applikationen lassen sich durch folgende Neuerungen zusammenfassen:

❑ Stabilität

❑ 16-Bit-Subsystem inklusive preemptivem Multitasking

❑ Flexiblere Speicherverwaltung

❑ Zugriff auf 32-Bit-API-Funktionen

Für 16-Bit-Windows-Applikationen steht ein 16-Bit-Subsystem zur Verfügung, das in Windows 95 wie eine 32-Bit-Applikation behandelt wird. Jedes aufgerufene Programm wird dabei als separates Programm angesehen. Allerdings müssen sich diese Programme im Gegensatz zu reinen 32-Bit-Anwendungen einen bestimmten Adreßraum teilen, der von dem 16-Bit-Subsystem kontrolliert wird.

Trotzdem kann die altbekannte Schutzverletzung eines Programms, wie wir Sie ja nun alle von Windows 3.x her kennen, das Gesamtsystem nicht zum Absturz bringen. Unter Windows 3.x friert der Rechner dagegen mit einer gnadenlosen Regelmäßigkeit ein. Nichts geht mehr. Unter Windows 95 starten Sie die Anwendung einfach neu.

Unter Windows 95 haben 16-Bit-Applikationen deshalb auch ein anderes Multitaskingverhalten. Dies wird auch als preemptives Multitasking bezeichnet, im Gegensatz zu Windows 3.x, das ein nonpreemptives Multitasking vorweist. Jetzt steuert das Betriebssystem, also Windows 95, die Zuteilung von Prozessorressourcen und nicht wie unter Windows 3.x die Applikation, die im Vordergrund steht. Dies führt zu einer besseren Ressourcenauslastung für alle gestarteten Programme, und Sie können als Anwender ohne Verzögerung zwischen mehreren Applikationen wechseln sowie parallel Programmfunktionen ausführen lassen.

Durch eine bessere und flexiblere Speicherverwaltung wird der vorhandene Speicher effektiver genutzt und das wichtigste, er wird von Windows 95 wieder freigegeben. Unter Windows 3.x kann es Ihnen passieren, daß Sie eine Fehlermeldung bekommen, es sei nicht genügend Speicher vorhanden, obwohl Sie vielleicht 16 MByte RAM besitzen. Eine Fehlermeldung, die man bei solch einer Speicherkapazität eigentlich nicht erwartet.

Dies hat nun ein Ende, da Windows 95 den in Anspruch genommenen Speicher einer beendeten Applikation wieder freigibt. Normalerweise wird diese Funktion aber von Windows 3.x-Programmen nicht unterstützt, da ihr Programmcode nicht dafür ausgelegt ist.

163

Auch wenn die neue Speicherverwaltung nun durch alte 16-Bit-Windows-anwendungen eingeschränkt wird, da erst 32-Bit-Anwendungen alle Vorteile ausschöpfen, kann Windows 95 dennoch den Speicher wieder freigeben, indem alle 16-Bit-Applikationen beendet werden.

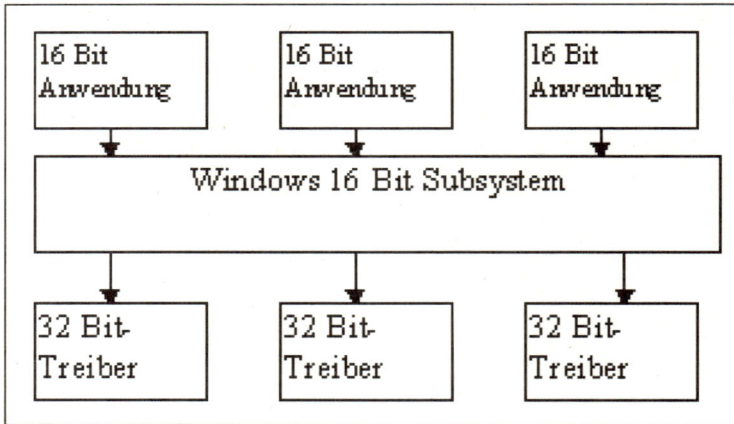

Abb. 6.13: *Das 16-Bit Subsystem in Windows 95*

Sobald die letzte Anwendung geschlossen wird, gibt das 16-Bit-Subsystem den Speicher frei.

Für 16-Bit-Windows-Programme kommt der größte Performanceschub allerdings erst durch den Zugriff des Subsystems auf 32-Bit-Funktionen des Gesamtsystems. Windows 95 hält als eigenständiges Betriebssystem für jedes Programm alle benötigten Serviceroutinen zur Verfügung. Diese auch als API-Funktionen bezeichneten Aufgaben werden von jedem Programm in Anspruch genommen, wenn unter Windows beispielsweise eine Dialogbox geöffnet, Daten auf die Festplatte geschrieben oder ein Dokument gedruckt werden soll. Alle diese Aufgaben sollen ja nicht von der Anwendung selbst sondern von einem Betriebssystem erledigt werden, dafür ist es ja nun da.

Das heißt, ein 16-Bit-Excel 5 oder ein 16-Bit-WinWord 6 verwendet bei einem Druckauftrag einen 32-Bit-Druckertreiber. Dieser führt den Druckauftrag nicht nur schneller aus, sondern er erlaubt es Ihnen auch, ohne Verzögerung direkt mit Ihrer Anwendung weiterzuarbeiten, weil der Druckauftrag im Hintergrund besser verwaltet wird als unter Windows 3.x.

Ein Teil der Betriebssystemaufgaben ist allerdings im 16-Bit-Code gehalten, um die Kompatibilität zu vorhandenen Windows-Applikationen zu wahren. Es handelt sich dabei um einen Teil der GDI-Funktionen, die für die Grafikausgabe bzw. für die Fensterverwaltung unter Windows 95 verantwortlich sind. Windows 95 ist also tatsächlich eine Mixtur aus 16-und 32-Bit-Code, was aber nicht darauf schließen läßt, daß Windows 95 kein 32-Bit-Betriebssystem ist. Dafür bietet Windows 95 als Unterbau für Ihre Windows-Anwendungen zum Beispiel 32-Bit-CD-ROM-Treiber oder auch 32-Bit-Netzwerktreiber. Kurzum, viele Ein- und Ausgabefunktionen sind 32 Bit und lassen Ihre Windows-Anwendungen wesentlich schneller starten und auch schließen.

32-Bitter

Zur Zeit, als dieses Buch geschrieben wurde, gab es schon die ersten Beta-Versionen von Excel und WinWord als 32-Bit-Variante. Das heißt, wenn Windows 95 erscheint, kann man schon mit den ersten echten 32-Bittern von Microsoft rechnen. Welche Vorteile bringen die 32-Bit-Varianten gegenüber den 16-Bit-Applikationen?

❑ Performance: In erster Linie Geschwindigkeit und zwar eine höhere Geschwindigkeit als 16-Bit-Applikationen sie aufweisen können. Das heißt, je nach Programm und Verwendung kann eine reine 32-Bit-Applikation bis um das zweifache schneller sein als die herkömmlichen Windows-Applikationen.

Es ist also auch stark davon abhängig, welche Aufgaben Ihre Windows-Software erledigen soll. Die Bearbeitung von kleinen Dokumenten wird die 32-Bit-Technologie kaum ausnutzen, und Sie werden keinen Unterschied merken. Höchstens beim Aufruf einer 32-Bit-Applikation werden Sie merken, daß diese schneller in den Speicher geladen wird. Nein, den Vorteil bemerken Sie erst bei der Verwendung von komplexen Dokumenten, wie beispielsweise aufwendigen Tabellen, langen Textdateien mit integrierten Grafiken oder Datenbankanwendungen mit unterschiedlichen Abfragen.

Schließlich sei noch die Verwendung von OLE und DDE erwähnt. Gemeint ist der Datenaustausch zwischen mehreren Applikationen, der auch unter Windows 3.x schon möglich ist und zu den Hauptbenefits von Windows gehört. Hier greift Windows 95 schon auf das neue 32-Bit-Design von OLE 2.01 zu.

❑ Stabilität: Jede 32-Bit-Applikation läuft dank der 32-Bit-Speicherverwaltung in einem separaten Adreßraum ab. Das Programm bekommt also einen Speicherraum zugeteilt, der von anderen parallel laufenden Programmen nicht beansprucht werden kann. So kann es nicht zu Speicherverletzungen kommen, weil eine Speicherüberlappung im Vorfeld abgefangen wird.

Verursacht ein Programm trotzdem Probleme und friert ein, so wird es einfach über den Taskmanager aus dem Speicherbereich entfernt. Das Gesamtsystem beleibt weiterhin stabil, und Sie können weiterarbeiten, ohne den Rechner neu starten zu müssen. Für geplagte Windows 3.x-Anwender sicherlich eine Erleichterung und schon lange gewünscht.

❑ Preemptives Multitasking: Unter Windows 3.x noch nicht realisiert, da hier das veraltete Betriebssystem DOS als Unterbau nur ein nonpreemptives Multitasking zuläßt. Man kann zwar mehrere Programme nebeneinander verwenden, doch steuert unter Windows 3.x die Anwendung, die im Vordergrund läuft, das Multitaskingverhalten. Unter Umständen reißt eine Applikation dann die restlichen Prozessorressourcen an sich, und eine andere Applikation im Hintergrund bleibt stehen.

Unter Windows 95 wird die Abarbeitung von mehreren Programmen durch das Betriebssystem gesteuert und hier nutzen speziell 32-Bit Programme die neuen Multitaskingfähigkeiten von Windows 95. Benötigt ein Programm bestimmte Betriebssystemressourcen, die aber momentan von einem anderen Programm verwendet werden, so wartet das Programm so lange, bis die Ressourcen freigegeben werden oder fährt mit anderen Aufgaben fort. Sie können also parallel eine Datei drucken, eine Diskette formatieren und andere Funktionen ausführen. Sicherlich ist dies auch unter Windows 3.x möglich, nur bietet Windows 95 ein flexibleres und sicheres Multitasking, das keine Verzögerungen verursacht und einen reibungslosen Wechsel zwischen allen gestarteten Programmen ermöglicht.

❑ Multithreading: Ein Wort zur Erklärung, obwohl es dafür keine hundertprozentig richtige Definition gibt, soll hier deshalb eine stark vereinfachte Erklärung wiedergegeben werden. Unter Windows 95 werden laufende Programme in der Fachsprache als PROZESSE bezeichnet. Ein Prozeß definiert sich aus mehreren wichtigen Eigenschaften, die ihn erst als Prozeß kennzeichnen:

❑ Bei einem Prozeß handelt es sich um ein ausführbares *.EXE-Programm.

❑ Der Prozeß greift auf Ressourcen zurück, die ihm das Betriebssystem zur Verfügung stellt.

❑ Jeder Prozeß läuft in einem eigenen geschützten Speicherraum ab.

❑ Ein Prozeß läßt sich in Untereinheiten aufteilen, die THREAD genannt werden. Es handelt sich dabei um die kleinstes ausführbare Einheit. Das heißt ein Prozeß kann aus mehreren Threads bestehen.

Ein Programm kann also, wenn es multithreadingfähig ist, aus mehreren ausführbaren Einheiten bestehen, oder um es vereinfacht darzustellen, aus mehreren Unterprogrammen. Zwischen Programm und Unterprogrammen findet dabei eine intensve Kommunikation statt.

Windows 95 managt nun als Betriebssystem alle laufenden Threads von jedem gestarteten Prozeß oder Programm und kann somit die Prozessorressourcen besser ausnutzen, weil es mit kleineren Einheiten zu tun hat. Je kleiner das Teilprogramm ist, desto flexibler läßt es sich von Windows 95 handhaben.

Multitasking bedeutet eigentlich nichts anderes als allen gestarteten Applikationen nach einem Zeitverfahren nacheinander bestimmte Prozessorressourcen zuzuweisen. Nur geschieht dies so schnell, daß Sie den Eindruck gewinnen, die Programme liefen gleichzeitig. Echtes Multitasking ist nur auf einem Rechner gewährt, der auch mehrere Prozessoren besitzt.

Unter Windows 3.x muß der Prozessor zwischen ganzen Programmen wechseln. Da Windows 95 nun bei 32-Bit-Applikationen mit Threads arbeitet, kann der Prozessor wesentlich schneller zwischen Threads wechseln. Ihre Programme laufen schneller und ohne Zeitverzögerung.

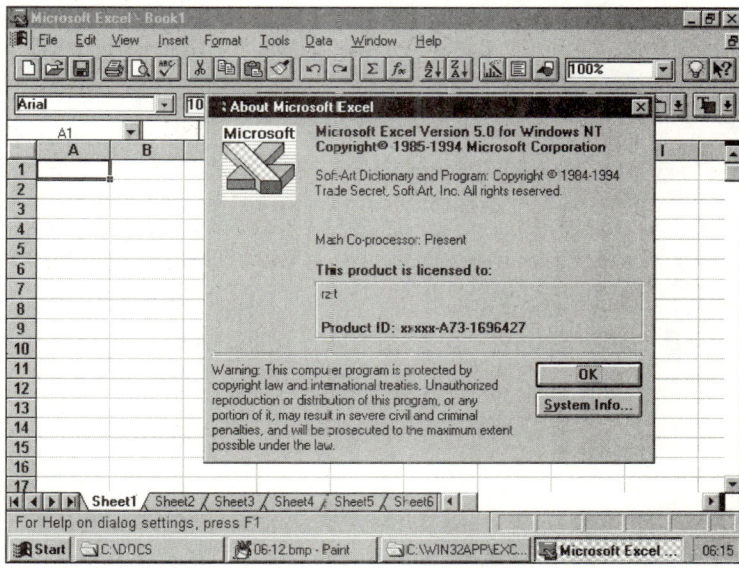

Abb. 6.14: *Excel 5 für NT unter Windows 95*

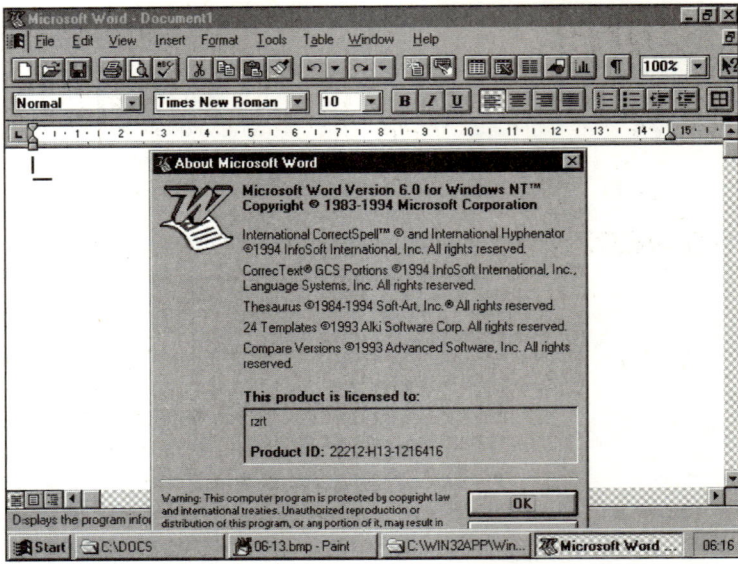

Abb. 6.15: *WinWord 6 für NT unter Windows 95*

Kapitel 7:
Plug and Play und Windows 95

Problematik durch viele Hersteller

Der Hardwaremarkt hat sich in den letzten Jahren förmlich überschlagen. Jedes Jahr drängen immer mehr neue Technologien und Industriestandards auf den Markt. Zusatzprodukte für den PC boomen wie noch nie, auch wegen des drastischen Preisverfalls. Beim Preisverfall einiger Peripheriegeräte kommt kein Anwender mehr mit, und bei manchen Produkten werden nur noch Tagespreise angegeben. Viele Geräte und Zubehör sind leistungsfähiger geworden, weil grafisch orientierte Betriebssysteme der Hardware einiges abverlangen. Hier ist Microsoft mit der Einführung von Windows auch nicht ganz unschuldig. Grafikkartenhersteller haben ihre Produkte gerade auf Windows abgestimmt. So tummeln sich eine Vielzahl an sogenannten Windows-Beschleunigerkarten auf dem Markt, welche versuchenm immer noch ein Quäntchen mehr Leistung aus Windows herauszuquetschen.

Bei der Vielfalt an Produkten, wie beispielsweise Grafik-, Soundkarten oder auch CD-ROM, Laufwerken tauchen sehr häufig Kompatibilitäts- und Konfigurationsprobleme auf.

Das bekannte Horrorszenario: Sie haben sich eine neue Soundkarte gekauft. Direkt nach dem ersten Versuch funktioniert die Karte nicht mit den vorgegebenen Werkseinstellungen bezüglich IRQ- I/O-Adresse, weil diese Einstellungen schon von einer installierten Netzwerkkarte besetzt sind. Sie fangen also an Jumpereinstellungen auszuprobieren und verschiedene Slots Ihres PC zu testen. Die Karte läuft einfach nicht. Sie schmeißen die Netzwerkkarte raus, um zu testen, ob die Soundkarte überhaupt läuft. Jetzt funktioniert sie, doch dafür läßt sich Ihr CD-ROM-Laufwerk nicht mehr ansprechen. Irgend etwas beißt sich schon wieder. Sie nehmen den ersten Schnaps und stellen fest, daß Sie schon drei Stunden verplempert haben. Na gut, Netzwerkkarte wieder rein, aber diesmal mit anderen Konfigurationen. Es klappt. Netzwerkkarte läuft, Sound kommt auch, nur das CD-ROM-Laufwerk entpuppt sich jetzt als überflüssige Anschaffung. Es läuft nämlich immer noch nicht. Sie sind bereits beim dritten Schnaps aus der Flasche. Sie beginnen nun, den Kontroller des CD-ROM-Laufwerks näher zu untersuchen. Sie finden 15 Jumper ohne Bezeichnung. Die Beschreibung ist nicht auffindbar, und in aller Hektik beginnen Sie mit dem wahlweisen Ausprobieren aller Jumperkonfigurationen. Sie sitzen jetzt schon den ganzen Nachmittag an Ihrem Rechner, haben Ihre Freundin schon dreimal angeschrieen und haben mit der Zeit einige Sehschwächen ...

Man könnte die Geschichte beliebig fortspinnen, aber es gibt wirklich ganze Abteilungen, die Tage damit verbringen, einen Netzwerkdrucker zum Laufen zu bringen. Der Hardwareindustrie sind solche Probleme bekannt, und deshalb hat ein Konsortium von bestimmten Soft- und Hardware-Herstellern den Plug and Play-Standard ins Leben gerufen, um unterschiedliche Peripheriegeräte unter ein Dach zu bringen. Damit der Plug and Play-Standard auch realisiert werden kann, benötigt man ein entsprechendes Betriebssystem. Windows 95 wird das erste Betriebssystem sein, das diese Technik unterstützt.

Der neue Industriestandard Plug and Play

Die neue Plug and Play-Architektur soll dem Computer einen bestimmten Grad an Intelligenz verleihen, der es ihm ermöglichen soll, Installations- und Konfigurationsaufgaben selbsttätig zu erledigen, ohne daß der Anwender eingreifen muß.

Kurzum, der Anwender installiert eine neue Karte ohne Probleme. Die Karte wird von dem Betriebssystem automatisch erkannt und installiert. Über ein ausgereiftes Plug and Play-System kann der Anwender sogar neue Geräte dazuschalten oder aber auch wieder abhängen während der Rechner läuft. Das System muß nicht neu gestartet werden, sondern stellt sich auf das neue Gerät ein und findet die optimale Konfiguration heraus. Der Anwender muß also keine Jumper setzen oder Konfigurationen ausprobieren, sondern kann sofort loslegen.

Böse Zungen machen immer noch Witze über den Standard, weil die Hardwareindustrie die Plug and Play-Architektur noch nicht in viele Produkte integriert hat. So heißt es nicht Plug and Play, sondern „Plug and Pray oder Pay". Doch Sie werden sich wundern. Es gibt schon die ersten Plug and Play-Netzwerkkarten, auch verschiedene PCMCIA-Karten sind erhältlich, und NEC bringt den ersten Plug and Play-Monitor auf den Markt. Die Plug and Play-Architektur besteht aus drei wichtigen Komponenten:

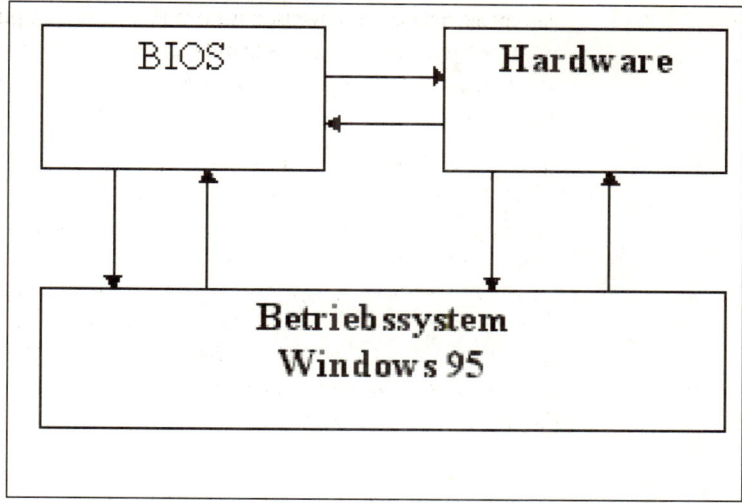

Abb. 7.1: *Plug and Play-Komponenten*

❏ PLUG AND PLAY-BETRIEBSSYSTEM, das die Verwaltung aller Peripheriegeräte übernimmt, das heißt die nötigen Treiber lädt und auf Änderungen der Hardware-Umgebung reagiert.

❏ PLUG AND PLAY-BIOS, das mit den unterschiedlichen Hardwarekomponenten innerhalb des PC kommunizieren kann.

❏ PLUG AND PLAY-HARDWARE, die sich selbst einstellen und ihre
Hardwareanforderungen dem Betriebssystem mitteilen kann.

Die genaue Plug and Play-Spezifikation wurde 1993 von Microsoft, INTEL
und anderen Firmen festgelegt und bezog sich zuerst auf das Bussystem.
Heute existieren weitere Bestimmungen bezüglich SCSI- und IDE-Schnitt-
stellen, Druckern, seriellen Anschlüssen, PCMCIA, PCI und anderen
Schnittstellen. Auch das Plug and Play-BIOS wurde überarbeitet. Wichtig
ist natürlich die Abwärtskompatibilität des Plug and Play-Standards zur
vorhandenen Hardware-Basis. Windows 95 versucht, hier eine Brücke zu
schlagen, so daß die herkömmlichen Peripheriegeräte, die den Plug and
Play-Standard noch nicht unterstützen, sich mit dem neuen Standard aber
auch vertragen.

Aber auch in einem Nicht Plug and Play-System versucht Windows 95
dem Anwender bei Gerätekonflikten zu helfen. Hier stehen Ihnen auch
schon eine Reihe von Software-Assistenten zur Verfügung, die die Installation und Konfiguration neuer Hardware-Geräte genau überwachen.
Später, wenn Sie nur noch Plug and Play-Geräte verwenden, brauchen
Sie sich nicht mehr darum zu kümmern.

171

Ein weiterer Vorteil der Plug and Play-Architektur betrifft die dynamische Anpassung von tragbaren Computern an unterschiedliche Umgebungen. Gerade für das sogenannte Mobile Computing kann es von großem Vorteil sein, sich automatisch an eine Docking-Station oder an ein Netzwerk zu hängen, ohne großartige Vorkehrungen treffen zu müssen, und das bei laufendem Computer.

Die dynamische Anpassung erfolgt nach dem Plug and Play-Standard in fünf Schritten:

❏ Hardware-Erkennung durch das Betriebssystem, das heißt feststellen, welche Geräte installiert sind.

❏ Definition der Hardwareanforderungen eines Gerätes.

❏ Analyse der momentanen Systemkonfiguration und Überprüfung von Gerätekonflikten bei unterschiedlichen Interrupts und Adressen.

❏ Laden des benötigten Treibers.

❏ Erneutes Abgleichen der Systemkonfiguration.

Mit jedem neu installierten oder entfernten Gerät wird dieser Prozeß einfach wiederholt. Das BIOS des Rechners benötigt natürlich ein Minimum an Informationen über die Hardware-Umgebung, sonst kann das Betriebssystem selbst nicht geladen werden. Die Feineinstellung übernimmt dann das Plug and Play-Betriebssystem.

Das Betriebssystem übernimmt dann beim Bootvorgang die weitere Hardwarediagnose. Das heißt, jedes installierte Gerät wird überprüft und auf seine Einstellungen hin abgefragt. Vor der Konfiguration werden die alten Systemeinstellungen mit denen des neuen Geräts überprüft, verglichen und gegebenenfalls angepaßt.

Stellt das Betriebssystem fest, daß zwei Hardwarekomponenten auf ein und die dieselben Ressourcen zugreifen, beispielsweise eine Ein- und Ausgabeadresse, so müssen die Hardwarekomponenten in der Lage sein, dem Betriebssystem alternative Adressen zu nennen, mit denen sie ebenfalls arbeiten können. Dies wäre dann bei Plug and Play-Karten der Fall, die keine Jumpereinstellungen mehr benötigen. Das Betriebssystem teilt dann jedem Gerät eine passende Adresse zu und speichert diese Einstellung dann in einer Datenbank. Nach diesem Prinzip arbeitet auch Windows 95.

Der Wechsel von Hardwarekomponenten während das Betriebssystem läuft, verlangt eine rege Kommunikation zwischen Gerät und dem Betriebssystem. Es muß das neue Gerät erkennen und sofort konfigurieren. Gleiches gilt übrigens für Applikationen, die auf bestimmte Peripheriegeräte angewiesen sind, wie zum Beispiel Terminalprogramme und Modems.

Plug and Play-Elemente in Windows 95

Auch wenn Sie Windows 95 auf einem alten System, also einem Rechner ohne Plug and Play-Architektur und Zusatzgeräten, installieren, werden Sie schon in den Genuß der Plug and Play-Elemente von Windows 95 kommen. Dies beginnt bei der Installation mit einer ausgiebigen Hardwareabfrage. Unter Windows für Workgroups oder Windows NT findet während der Installation ebenfalls eine Analyse der Hardware statt. Richtig erkannt wird vorerst nur eine installierte Netzwerkkarte. Hier weisen Windows NT und Windows für Workgroups auch eine AUTODETECT-Funktion auf. Mit ihrer Hilfe wird in den meisten Fällen die richtige Karte und deren Konfiguration eingestellt, also genaue Interuptnummer und Ein-/Ausgabeadresse.

Die Vorteile

Windows 95 geht sogar noch einen Schritt weiter und erkennt fast alle eingerichteten Geräte, wie etwa:

❑ Grafikkartentyp

❑ CD-ROM-Laufwerk

❑ Soundkarten

❑ angeschlossene Modems

Zur Zeit ist es aber noch so, daß installierte Geräte Windows 95 die genaue Konfiguration vorschreiben und nicht umgekehrt, weil viele Zusatzkarten immer noch über die Hardware, also Jumpereinstellungen etc., eingestellt werden. Eine reine Plug and Play-Karte läßt sich programmieren, und dies übernimmt in Zukunft das Betriebssystem.

173

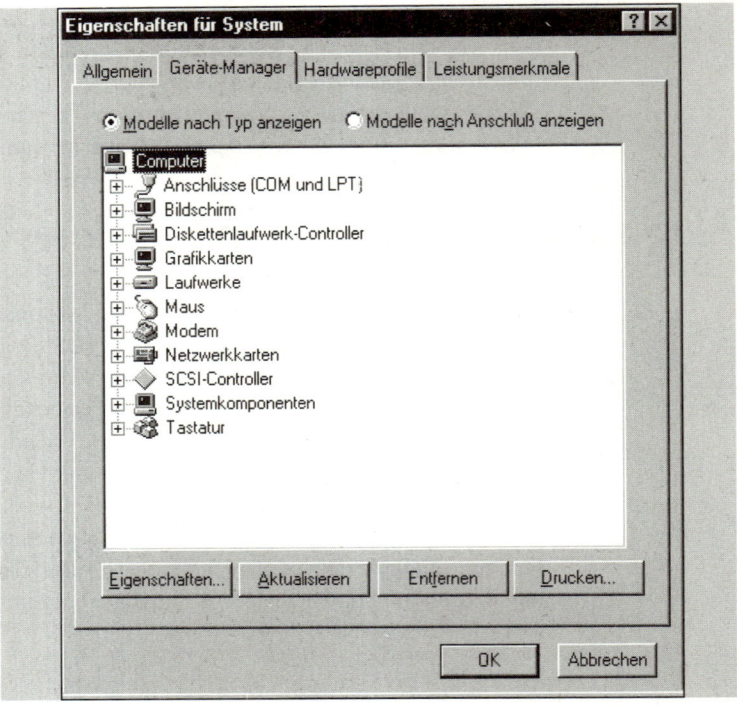

Abb. 7.2: *Der Geräte-Manager von Windows 95*

Windows 95 stellt allerdings eine sehr genaue Hardwarediagnose mit allen Einstellungen an und macht Sie als Anwender auf Gerätekonflikte aufmerksam.

Der Device- oder Geräte-Manager von Windows 95

Zentrales Steuerungsorgan für alle Hardwarekomponenten ist der Geräte- oder Device-Manager. Sie erreichen ihn über das Arbeitsplatzicon und dessen Eigenschaftsfenster, das Sie bequem über die rechte Maustaste öffnen. Alternativ bietet die Systemsteuerung die Funktion SYSTEM, über die Sie das Eigenschaftsfenster ebenfalls öffnen können.

Der Device-Manager listet wie in einer Verzeichnisstruktur alle internen Geräte Ihres Rechners auf. Darunter fallen:

❑ Anschlüsse

❑ Bildschirm

174

- ❏ Diskettenlaufwerke
- ❏ Grafikkarten
- ❏ Laufwerke
- ❏ Maus
- ❏ Modem
- ❏ Netzwerkkarten
- ❏ Festplattenkontroller
- ❏ Systemkomponenten (damit sind alle wichtigen Einheiten des Motherboards gemeint)
- ❏ Tastatur

Alle Einträge weisen wiederum ein Pluszeichen auf. Klicken Sie das Pluszeichen an, verzweigt der Baum und listet alle installierten Typen des installierten Geräts auf.

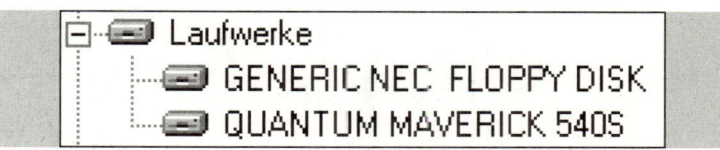

Abb. 7.3: *Vorhandene Laufwerke. NEC-Diskettenlaufwerk und SCSI-Festplatte von Quantum mit der Typbezeichnung MAVERICK.*

Für jedes installierte Gerät kann wiederum ein Eigenschaftsfenster geöffnet werden, das Ihnen allgemeine Informationen über den Gerätetyp aber auch installierte Treiber wiedergibt und, was viel wichtiger ist, Angaben über verwendete Ressourcen macht. Je nach Gerät bekommen Sie dann Informationen über den Speicherbereich, den das Gerät zur Zeit belegt, sowie zur Interruptnummer und eine Auswahl möglicher Ein-/Ausgabeadressen, die vom Gerät verwendet werden können, ohne das es Konflikte gibt. Alle dies Einstellungen werden von Windows 95 bei der Installation erkannt und dann zentral gespeichert

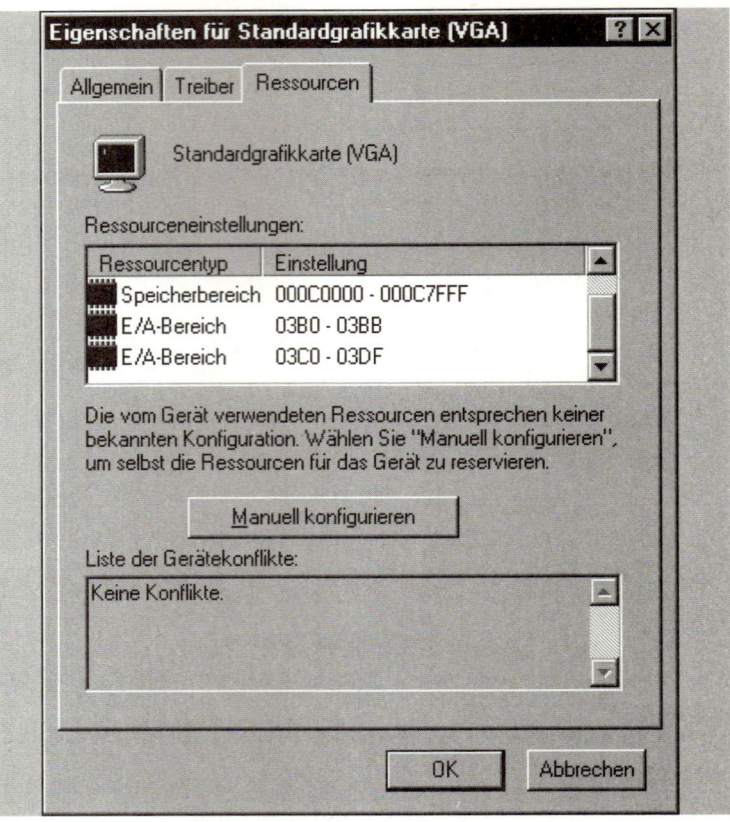

Abb. 7.4: *Ressourcenangaben über eine VGA-Grafikkarte*

In Abbildung 7.4 sehen Sie beispielsweise, daß die Grafikkarte bei diesen Einstellungen kein Konflikte mit anderen Geräten verursacht. Viele Einstellungen sind jedoch fest definiert und können nachträglich nicht geändert werden. Die Veränderungen wichtiger Einstellungen können nämlich das System zum Stillstand bringen.

Wichtig wird der Gerätemanager dann, wenn Sie nachträglich Geräte anschließen, einbauen oder austauschen. Beim Tausch der Grafikkarte merkt Windows 95 während des Bootvorgangs sofort, daß ein Peripheriegerät ausgetauscht worden ist und, daß die Einstellungen in der zentralen Datenbank, der sogenannten REGISTRY, nicht übereinstimmen.

Hatten Sie zum Beispiel vorher eine Grafikkarte mit einem Tseng 4000 Chip in Ihrem Rechner und tauschen sie nun gegen eine Karte, auf der sich ein S3 Chip befindet, merkt Windows 95 sofort, daß es mit dem alten Treiber und seiner Konfiguration nicht arbeiten kann. Windows 95 schlägt dann nach der Hardwareabfrage ein kompatibles Grafikkartenmodell vor und installiert nach Ihrer Bestätigung den richtigen Treiber.

Assistent für Hardwarefragen

Bequemer ist allerdings der Hardware-Assistent von Windows 95. Über die Systemsteuerung und die Funktion HARDWARE steht er zu Ihren Diensten. Der Vorteil des Assistenten ist der, daß er Ihnen eine Menge Fragen bezüglich Installation und Konfiguration abnimmt. Denn die Fragen stellt er, und zwar an das System. Sie müssen noch nicht einmal ein Gerät definieren, sondern veranlassen den Assistenten festzustellen, welche neuen Hardwarekomponenten überhaupt dazugekommen sind.

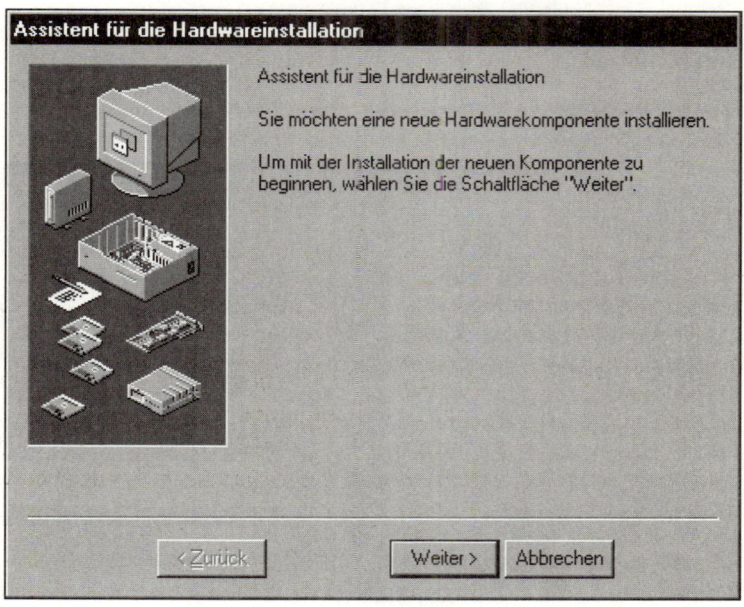

Abb. 7.5: *Eingangsfenster des Hardwareassistenten*

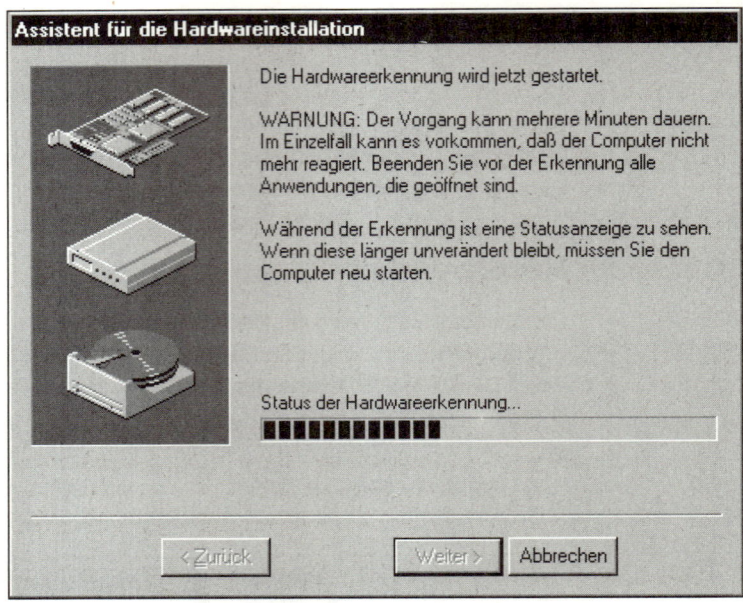

Abb. 7.6: *Status der Hardwareerkennung, die unter Umständen mehrere Minuten dauern kann*

Abb. 7.7: *Windows 95 hat ein neues Gerät erkannt und bindet es automatisch in das System ein*

Nachdem der Vorgang der Hardwareerkennung beendet ist, können Sie sich alle Änderungen im Detail anzeigen lassen. Windows 95 zeigt Ihnen auch Hardwarekomponenten, die entfernt worden sind.

Die Integration geschieht also fast vollautomatisch. Anschließend installiert oder entfernt Windows 95 bestimmte Treiber und fordert Sie gegebenenfalls zum Einlegen der benötigten Installationsdiskette oder der Windows 95-CD-ROM auf. Anschließend muß das System je nach Umstand neu gestartet werden.

Stand der Dinge

Wenn in Zukunft Plug and Play-Karten immer mehr Anklang finden, und es scheint, daß sich dieser Standard durchsetzt, was die ständig wachsenden Zahlen von angebotenen Plug and Play-Produkten vermuten läßt, wird dieser Standard durch Windows 95 sehr gut ergänzt. Es bleibt dann abzuwarten, wie sich Anbieter anderer Softwareprodukte verhalten und eventuell auch auf den Plug and Play-Zug aufspringen. Zur Zeit ist Windows 95 das einzige Betriebssystem mit Plug and Play-Funktionen. Windows NT wird sicherlich in der nächsten Version nachziehen.

Zur Zeit muß sich der Anwender deshalb noch mit einer halbherzigen Lösung zufriedengeben, bis der Markt eine Vielzahl von Plug and Play Geräten anbietet und der Standard ausgereift ist.

In einem reinen Plug and Play-System kann Windows 95 dann seine Fähigkeiten voll ausspielen und bietet dem Anwender eine größere Hardwarekompatibilität als es jetzt der Fall ist. Für den Anwender bedeutet das in erster Linie weniger Ärger und weniger Inanspruchnahme bestimmter Wartungsdienste. Für die Industrie bedeutet dies auch weniger Kosten.

Kapitel 8:
Hilfe von allen Seiten

Aufgrund der Erfahrungen, die Microsoft in ihren Usabiltiy-Labors gesammelt hat, wurde das Hilfesystem von Windows gründlich überarbeitet und mit sehr leistungsstarken Funktionen versehen.

Zuerst einmal fällt auf, daß auch das Hilfesystem zentralisiert worden ist. Zwar existieren immer noch unterschiedliche Hilfedateien für separate Windows 95-Module, doch erfolgt der Zugriff über ein und dieselbe Schnittstelle.

Neue Oberfläche

Das neue Design der Hilfefunktion erinnert mehr an ein Referenzhandbuch, das in mehrere Kapitel unterteilt ist, und welche per Mausklick geöffnet werden können. Sicherlich ist die Kritik berechtigt, wenn Sie sagen, daß es eigentlich eine Zumutung ist, längere Fließtexte am Bildschirm lesen zu müssen. Das sollen und müssen Sie auch nicht. Die Hilfetexte und die Überschriften sind jetzt wesentlich kürzer gefaßt.

In Schritt-für-Schritt-Anleitungen, die übersichtlich wirken, werden Ihnen bestimmte Funktionen erklärt. Kommen Sie trotzdem einmal nicht weiter, können Sie auf integrierte Hilfeassistenten zurückgreifen, die per Mausklick aktiviert werden. Zusätzlich verzweigt das Hilfefenster auf Wunsch zu Tips oder umfangreicheren Informationen.

Der Hilfetext wird also stärker gegliedert. So können Sie selbst über die Informationstiefe entscheiden, und der eigentliche Hilfetext wirkt nicht mehr so überladen.

Inhaltsverzeichnis, Such- und Indexfunktion

Wenn Sie die Hilfefunktion über das Startmenü öffnen, bietet sich Ihnen ein Dialogfenster mit drei Registern. Diese haben folgende Aufgaben:

❑ Inhalt gibt Ihnen das Inhaltsverzeichnis der Hilfe wieder. Die Darstellungsform gleicht mehreren Buchkapiteln, die, wenn sie geöffnet sind, wie ein aufgeschlagenes Buch aussehen. Je nach Umfang verzweigt ein Kapitel in weitere Unterkapitel, bis die eigentliche Hilfeseite dargestellt wird.

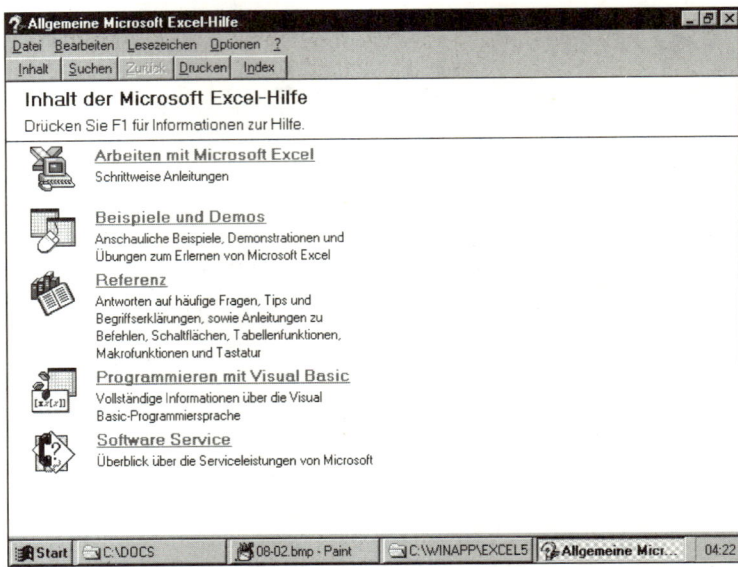

Abb. 8.1: Alte Hilfefunktion unter Windows 95

Abb. 8.2: Neue Hilfefunktion in Buchform

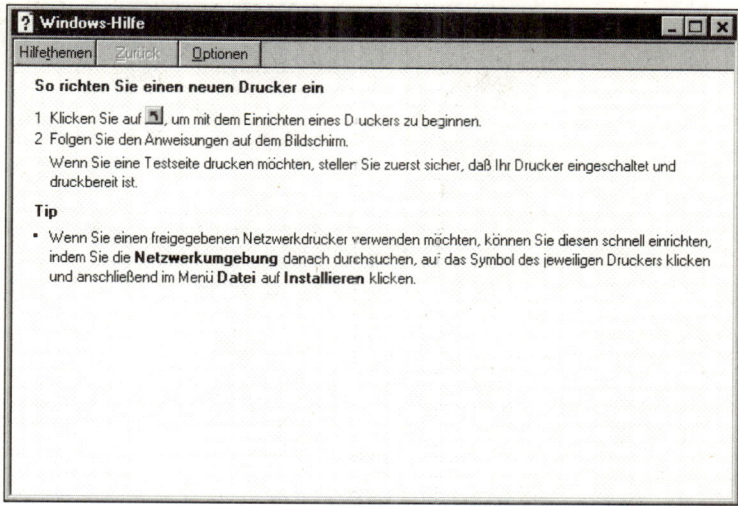

Abb. 8.3: *Eine typische Hilfeseite*

❑ INDEX erlaubt die alphabetische Suche nach bestimmten Funktionen anhand von Begriffen. In einer Eingabezeile wird der betreffende Indexeintrag eingegeben. Je mehr Buchstaben eingegeben werden, desto differenzierter fällt das Suchergebnis aus. So grenzen Sie den Suchbegriff weiter ein. Mit einem Klick auf den gefundenen Eintrag wird dann die entsprechende Hilfeseite geladen.

❑ SUCHEN erlaubt hingegen das Auffinden eines Themas oder Begriffs über den Indexeintrag hinaus. In einem Fenster werden Ihnen, wie bei der Indexfunktion, die gefundenen Wörter alphabetisch angezeigt. Darüber hinaus zeigt die Suchfunktion zu einem gefundenen Begriff bestimmte Themen an, die Sie dann weiter eingrenzen können, bis Sie das gewünschte Thema gefunden haben. Geben Sie zum Beispiel das Wort Drucker ein, zeigt Ihnen das Hilfefenster eine Auswahl an Themen, die mit der Druckfunktion oder Druckern allgemein zu tun haben. Anschließend markieren Sie das gewünschte Thema und wechseln zu der dazugehörigen Hilfeseite.

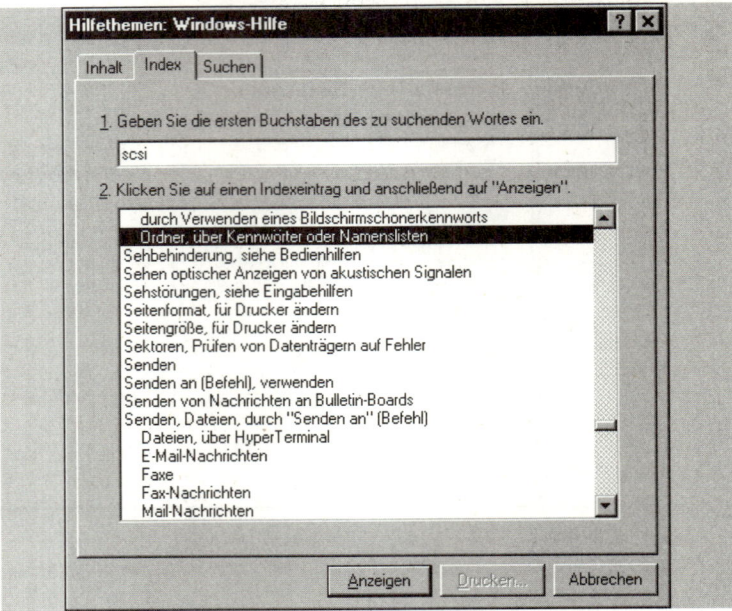

Abb. 8.4: *Die Indexfunktion*

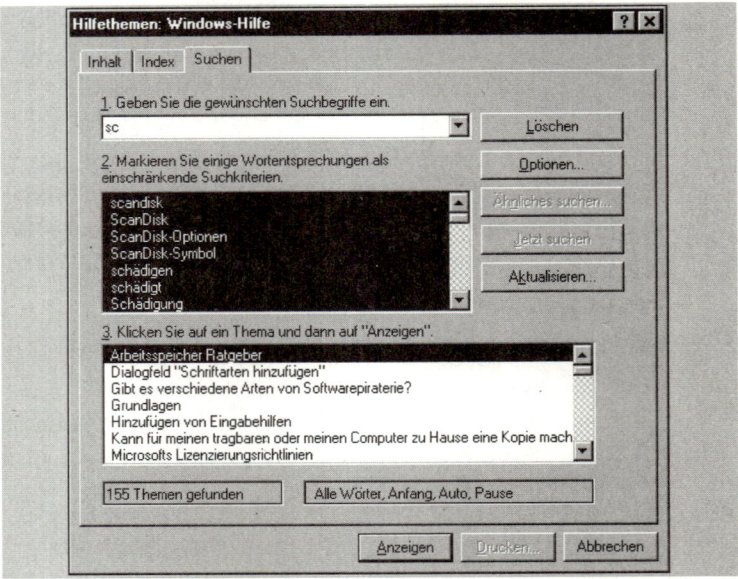

Abb. 8.5: *Die Suchfunktion*

184

Integrierte Assistenten in der Hilfe

In Abbildung 8.3 sehen Sie eine Hilfeseite mit einem integrierten Button innerhalb der Schritt-für-Schritt-Anleitung. Mit einem einfachen Klick auf diesen Button öffnen Sie dann einen Assistenten, der die erklärte Funktion ausführt und Sie zum Ziel bringt.

Popup-Hilfen

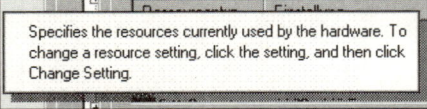

Nebenbei werden Sie vielleicht bemerkt haben, daß viele Buttons durch kleine Popup-Hilfefenster erklärt werden. Sie werden auch Bubbles genannt und sind schon in vielen Windows-Anwendungen integriert. Windows 95 besitzt sie jetzt auch. Sie brauchen nur mit der Maus auf ein Symbol zu zeigen, und schon öffnet sich die kleine Hilfe.

Auch die rechte Maustaste öffnet in Dialogboxen kleine Hilfefenster, in den verschiedene Elemente einer Dialogbox erklärt werden.

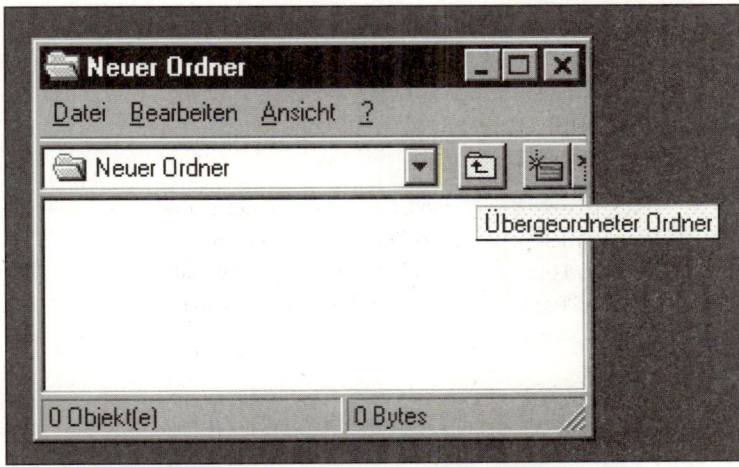

Abb. 8.6: Bubbles in einem Ordner

Kapitel 9:
Windows 95 und seine
Netzwerkfunktionen

Windows für Workgroups 3.1 und die Version 3.11 sind die ersten Windows-Versionen mit integrierten Netzwerkfunktionen gewesen. Windows NT 3.1 folgte mit mehreren Netzwerkclients, der Unterstützung von unterschiedlichen Protokollen und einer umfangreichen Benutzerverwaltung. Es liegt wohl auf der Hand, daß Windows 95 auch mit Netzwerkfunktionen ausgestattet sein muß, die universal fast alle Netzwerktopologien unterstützen können, angefangen von kleinen Peer-to-Peer-Netzen bishin zu LAN-Netzen mit mehreren hundert vernetzten PC.

Bedingungen des Marktes

In Anbetracht der Tatsache, daß in den USA ca. 50 bis 60 Prozent aller installierten PCs an ein Netzwerk angeschlossen sind, in Deutschland vielleicht 10 Prozent, ist es fast schon zwingend, ein Betriebssystem mit umfangreichen Netzwerkfunktionen auszustatten. Das heißt:

❑ Umfangreiche Treiber für Netzwerkkarten

❑ Auswahl an unterschiedlichen Protokollstandards für jede Netzwerktechnologie

❑ Clientfunktionen zur Anbindung an verschiedene Netzwerke

Die Zahlen für die Vernetzung von PCs werden 1995 in die Höhe schnellen. Viele Unternehmen werden Netzwerke installieren oder ausbauen. Aber auch im Home-Bereich stehen vielleicht schon mehr als ein PC, die einfach über eine Peer-to-Peer-Vernetzung verbunden werden.

Marktführer für Netzwerkbetriebssysteme ist immer noch Novell mit einem Marktanteil von über 60 Prozent. Das heißt, daß eine Windows 95-Maschine sich auch ohne Probleme in eine Novell NetWare 3.x- oder 4.x-Umgebung integrieren lassen muß. Für Windows 95 bedeutet das, eine möglichst problemlose Anbindung an schon bestehende Netzwerke zu schaffen. Aber auch auf UNIX-Basis (TCP/IP) laufende Netzwerke sollen von Windows 95 unterstützt werden. Dazu kommt die Forderung, es dem Anwender so leicht wie möglich zu machen, sich in einer

Netzwerkumgebung zu orientieren. Eine erste Hilfe bietet hier die neue Oberfläche von Windows 95, die alle Netzwerkelemente gleich aussehen läßt, egal in welcher Netzwerktopologie sich der Anwender bewegt. Aber auch Installation und Konfiguration der einzelnen Netzwerkfunktionen sollen so einfach wie möglich gehalten werden. Wie bei vielen anderen Komponenten von Windows 95 wurde auch hier die Steuerung der Netzwerkfunktionen zentralisiert.

Netzwerkfeatures unter Windows 95

Windows 95 bietet folgende Netzwerkfunktionen und Features:

❑ UNTERSTÜTZUNG VON PLUG AND PLAY-NETZWERKKARTEN sowie die Unterstützung von PCMCIA-Netzwerkkarten für Notebooks.

❑ DIREKTER ZUGRIFF AUF VERBUNDENE NETZWERKLAUFWERKE über die neue Oberfläche. Über das Icon MEIN ARBEITSPLATZ und über das Icon NETZWERK werden Ihnen sofort alle vorhandenen Netzwerkressourcen zur Verfügung gestellt, also Netzwerklaufwerke und auch Netzdrucker.

❑ BEREITSTELLUNG MEHRERER NETZWERKPROTOKOLLE. Windows 95 verwendet standardmäßig das Protokoll IPX/SPX, um direkt die Anbindung an Novell Netzwerke zu gewährleisten. Nebenbei können Sie das Microsofteigene Protokoll NetBEUI für Arbeitsgruppen unter Windows verwenden sowie das Protokoll TCP/IP für den Internet-Zugang.

❑ EINRICHTUNG VON BENUTZERKONTEN für die Verwendung von verschiedenen Netzwerken mit eigenem Paßwortschutz. Ein Netzwerkadministrator kann praktisch auf einem Server ein Benutzerkonto für Windows 95-Clients einrichten.

❑ INTEGRIERTE NETZWERKTOOLS, die es auch im Ansatz schon unter Windows für Workgroups gibt. So zum Beispiel die Funktion des Netzwerkmonitors, der zur Verwaltung von Peer-to-Peer-Netzwerken dient.

❑ BESCHLEUNIGUNG DER NETZWERKOPERATIONEN durch 32-Bit-Netzwerktreiber. Unter Windows für Workgroups 3.x belasten die zusätzlich eingebundenen Netzwerktreiber den herkömmlichen Speicher des Rechners. Dieser Nachteil gehört nun der Vergangenheit an. Die Protected-Mode-Treiber entlasten den herkömmlichen Speicherbereich und sorgen durch die neue Speicherverwaltung für mehr Sicherheit und Stabilität.

188

❑ RAS (REMOTE ACCESS SERVICE) FUNKTION, das heißt Fernverbindung zu einem Netzwerk über Modemverbindungen. Windows 95 stellt für die Verbindung zu einem RAS-Server die nötigen Verbindungs-protokolle zur Verfügung.

Wenn Sie Windows 95 starten, öffnet sich als erstes je nach Konfi-guration ein Dialogfenster zum Anmelden beim Microsoft Netzwerk. Das ist vielleicht etwas irreführend, aber Sie melden sich zuerst mit einem Benutzernamen bei Ihrer Maschine an. Dieser kann optional auch mit einem Paßwort versehen werden.

Bei der Anmeldung an ein Netzwerk, wie zum Beispiel einem Windows 3.5 NT- oder Novell-Server, muß der Name des Servers mitangegeben werden. In den beiden nachfolgenden Abbildungen erkennen Sie den Unterschied der Dialogboxen.

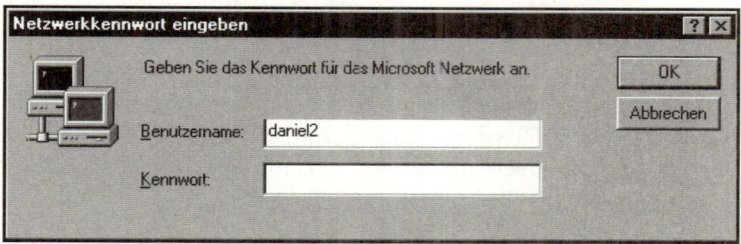

Abb. 9.1: *Anmelden bei Windows 95*

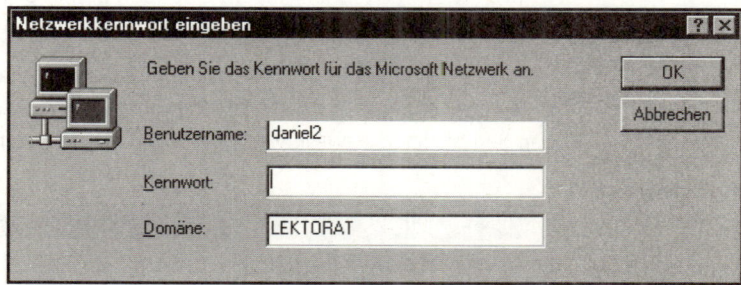

Abb. 9.2: *Anmeldung an einen Windows NT 3.5 Server mit dem Namen LEKTORAT.*

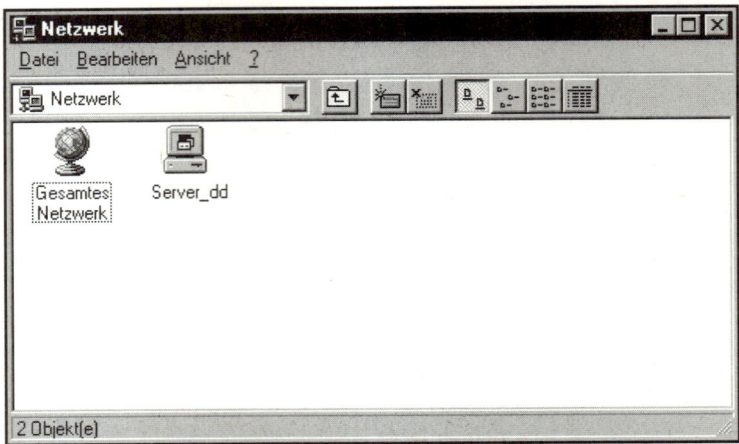

Abb. 9.3: *Inhalt von* NETZWERK *mit verbundenem Server*

Nach dem Start von Windows finden Sie auf Ihrem Desktop ein Icon mit der Bezeichnung NETZWERK. Hinter ihm verbirgt sich die Steuerung der Netzwerkfunktionen von Windows 95. Hier finden Sie angeschlossene Arbeitsgruppen eines Peer-to-Peer Netzes oder stellen neue Verbindungen zu weiteren Netzwerken her.

Klicken Sie mit der rechten Maustaste auf das Netzwerkicon, öffnen Sie wieder ein Popup-Menü, in dem Sie mehrere Befehle für die Ausführung von Netzwerkfunktionen finden. Über den Befehl STRUKTURANSICHT gelangen Sie zu der Explorer-Funktion.

Über eine Suchfunktion können Sie zum Beispiel vorhandene Netzwerkserver oder angeschlossene Netzwerkclients finden und anschließend über den Befehl NETZLAUFWERK VERBINDEN... ein Netzlaufwerk anschließen.

Abb. 9.4: *Suche nach einem Computer*

190

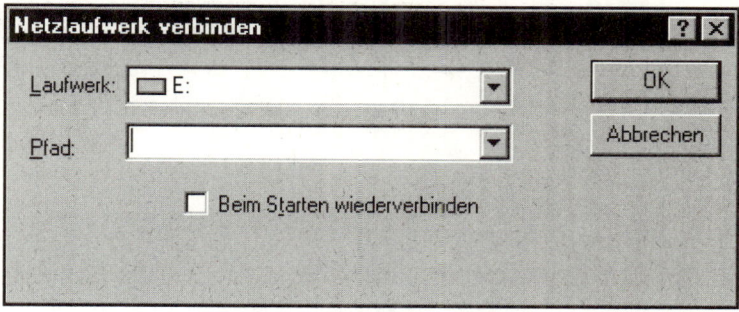

Abb. 9.5: *Laufwerk E: soll als Netzlaufwerk verbunden werden*

Ein verbundenes Netzlaufwerk oder einen angeschlossenen Netzdrucker erkennen Sie sofort an seinem Icon oder Symbol auf dem Desktop. Wenn Sie das Icon ARBEITSPLATZ öffnen, werden Ihnen alle vorhandenen Laufwerke und auch Netzlaufwerk angezeigt. Die Netzlaufwerke werden wie ganz normale Laufwerke angesprochen und erhalten genau das gleiche Design wie alle übrigen Desktop-Elemente von Windows 95.

 Netzlaufwerksymbol. Ein normales Laufwerkicon mit einer angezeigten Kabel-Verbindung.

 Auch ein angeschlossener Netzdrucker läßt sich leicht von einem lokalen Drucker durch das Netzkabel unterscheiden.

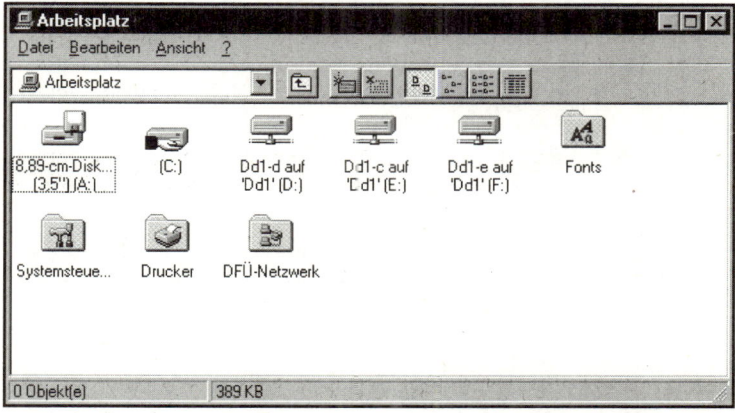

Abb. 9.6: *Hier sehen Sie drei angeschlossene Netzlaufwerke mit ihrer genauen Bezeichnung*

191

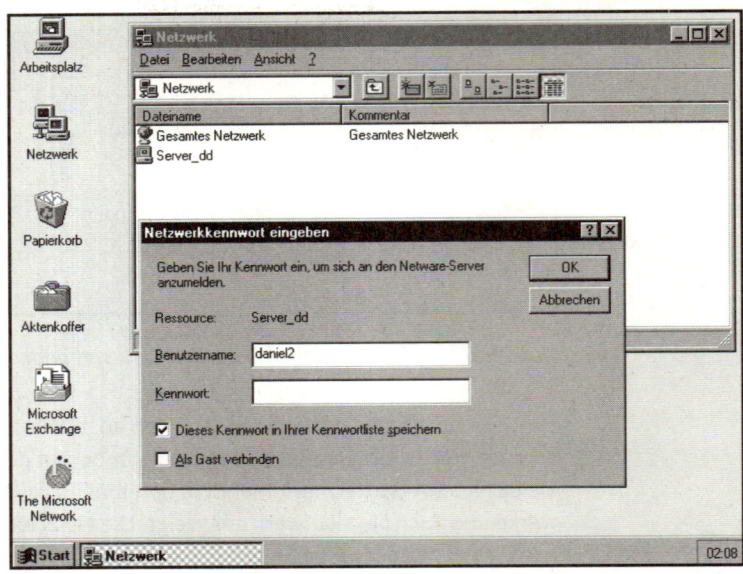

Abb. 9.7: *Anmeldung bei einem NetWare 4.x-Server*

Die Anmeldung an einen Server, beispielsweise an einen Novell Server, geschieht per Mausklick. Für fast alle Anwenderschichten wird somit der eigentliche Anmeldevorgang vereinfacht und übersichtlich gehalten.

Über die Netzwerkfunktion werden innerhalb des Ordners, wie in Abbildung 9.7 zu sehen ist, alle zur Zeit bestehenden Netzwerkverbindungen angezeigt. Ein Klick mit der rechten Maustaste auf das Serversymbol öffnet ein Popup-Menü mit mehreren Befehlen für die Novell-Anbindung.

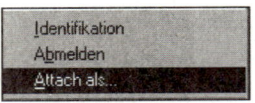

Mit dem Befehl ATTACH ALS... melden Sie sich beim Server, in diesem Fall mit dem Namen SERVER_DD, an. Voraussetzung ist allerdings, daß der Administrator für Sie ein Konto auf dem Server eingerichtet hat. Das heißt, daß Ihr Benutzername und Ihr Paßwort stimmen muß, ansonsten wird der Zugriff auf den Server verweigert. Über ABMELDEN wird die Verbindung getrennt. Mit Hilfe des Befehls IDENTIFIKATION bekommen Sie Informationen über die Verbindung zu dem Server, also Ihren Benutzernamen und die Bezeichnung des Servers.

192

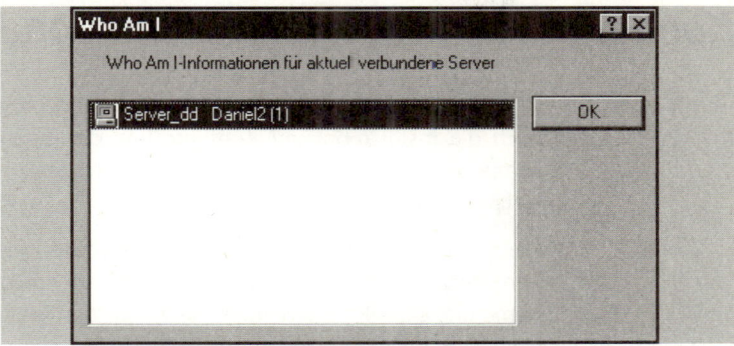

Abb. 9.8: *Wer bin ich im Netzwerk? Identifikationsfunktion von Windows 95.*

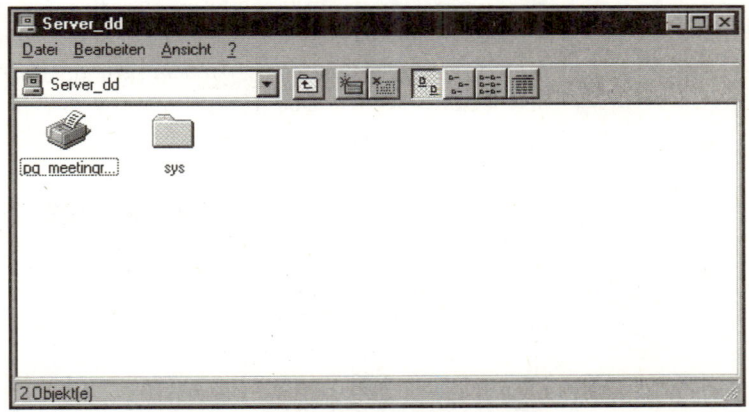

Abb. 9.9: *Zugriff auf das Novell Server Laufwerk SYS und eine eingerichtete Druckerwarteschlange*

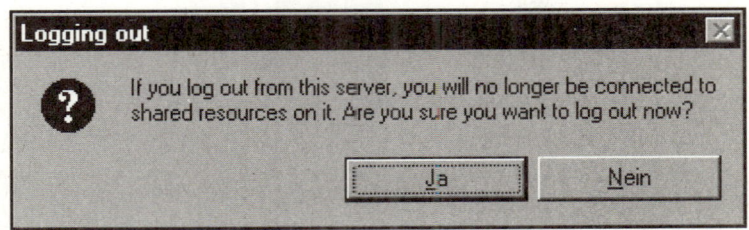

Abb. 9.10: *Abmelden vom Server mit Bestätigung*

Konfiguration der Netzwerkfunktionen

Nicht nur die Verwaltung der Netzwerkfunktionen ist wichtig, sondern auch die Installation und Konfiguration der eigentlichen Netzwerkkomponenten. Sie stehen eigentlich an erster Stelle, wenn Sie in einem Netzwerk arbeiten wollen.

Hierzu zählt die Installation einer Netzwerkkarte, die Auswahl der richtigen Netzwerkclientfunktionen und deren Protokolle, damit eine Kommunikation Ihres Rechners mit einem bestimmten Netzwerk überhaupt möglich ist.

Das Eigenschaftsfenster öffnen Sie über einen Klick mit der rechten Maustaste auf das Netzwerkicon auf Ihrem Desktop. In dem Popup-Menü wählen Sie den Befehl EIGENSCHAFTEN... Sie bemerken auch hier wieder die Zusammenfassung aller wichtigen Funktionen über ein Symbol. Das Eigenschaftsfenster zeigt Ihnen alle zur Zeit installierten Netzwerkkomponenten an. Zur Veränderung markieren Sie einen Eintrag, wählen den Befehl EIGENSCHAFTEN. Über HINZUFÜGEN erweitern Sie die Verfügbarkeit bestimmter Netzwerkfunktionen.

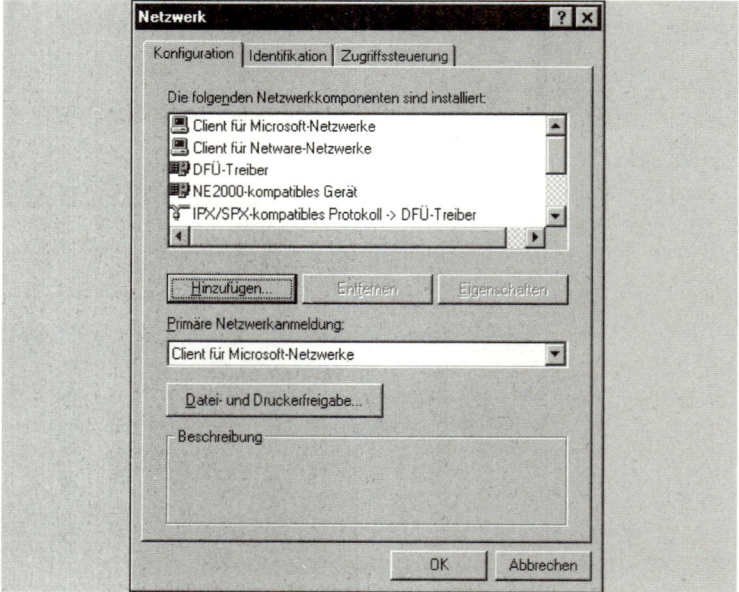

Abb. 9.11: Das Eigenschaftsfenster der Netzwerkfunktionen

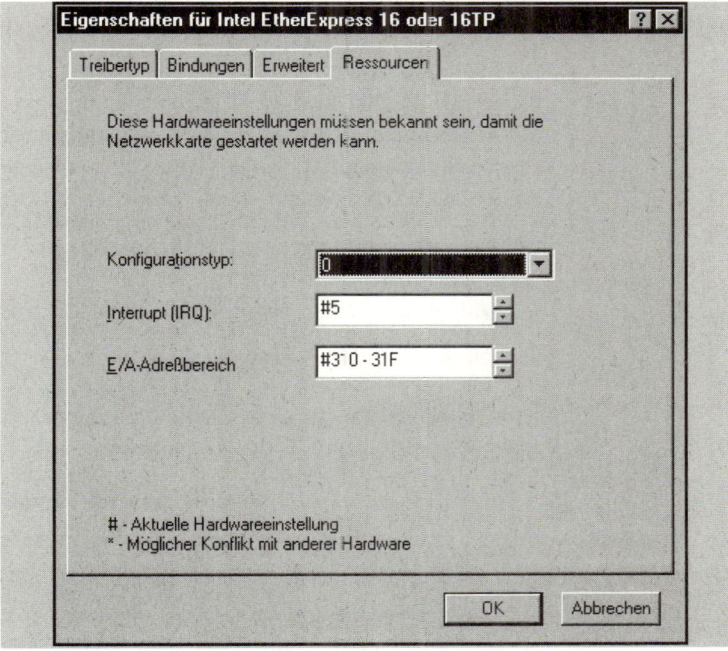

Abb. 9.12: Einstellungen einer Netzwerkkarte

Netzwerkkarten

Bei der Installation von Windows 95 werden installierte Netzwerkkarten automatisch erkannt und eingebunden. Bei einer nachträglichen Installation sollten Sie einfach den Hardware-Assistenten aufrufen und alle nötigen Einstellungen von ihm vornehmen lassen.

Zur Konfiguration markieren Sie Ihre installierte Netzwerkkarte und wählen den Befehl EIGENSCHAFTEN. In dem Eigenschaftsfenster für Netzwerkkarten finden Sie vier Register für folgende Einstellungen:

❑   Verwendeter TREIBERTYP von Windows 95

❑   BINDUNGEN. Die von der Karte verwendeten Protokolle

❑   ERWEITERT. Detaillierte Einstellungen der Karte

❑   RESSOURCEN. Verwendeter Interrupt und E/A-Adreßbereich

195

Clientfunktionen

Die Clientfunktionen werden benötigt, damit Windows 95 mit Hilfe der Protokolle mit dem jeweiligen Netzwerk kommunizieren kann. Hier kam es Microsoft vor allem darauf an, eine möglichst große Vielfalt an Clientfunktionen zur Verfügung zu stellen, damit eine möglichst große Kompatibilität zur vorhandenen Netzwerkwelten gegeben ist.

Windows 95 bietet folgende Clientfunktionen an :

Hersteller	Clientfunktion
Banyan	Banyan Vines (Version 5.52)
FTP Software, Inc.	FTP Software NFS-Client
Microsoft	Client für NetWare
	Client für Microsoft Netzwerke
Novell	Novell NetWare (Workstation Shell 3.x)
	Novell NetWare (Workstation Shell 4.x)
SunSelect	SunSelect PC-NFS (Version 5.0)

Tab. 9.1: Die Clientfunktionen in Windows 95

Protokolle - ohne sie läuft nichts

Netzwerkprotokolle dienen in erster Linie zur Festlegung, wie Computer in einem Netzwerk miteinander kommunizieren. Für die Kommunikation müssen die vernetzten Rechner dasselbe Protokoll verwenden, sonst kommt keine Verbindung zustande.

 Bei der Auswahl der zu installierenden Protokolle sollten Sie sich aber erst darüber Gedanken machen, für welche Art Netzwerk Sie Protokolle benötigen. Hier ist zunächst wichtig, wieviele Rechner Sie vernetzen und welche Software Sie auf dem Netzwerk laufen lassen möchten.

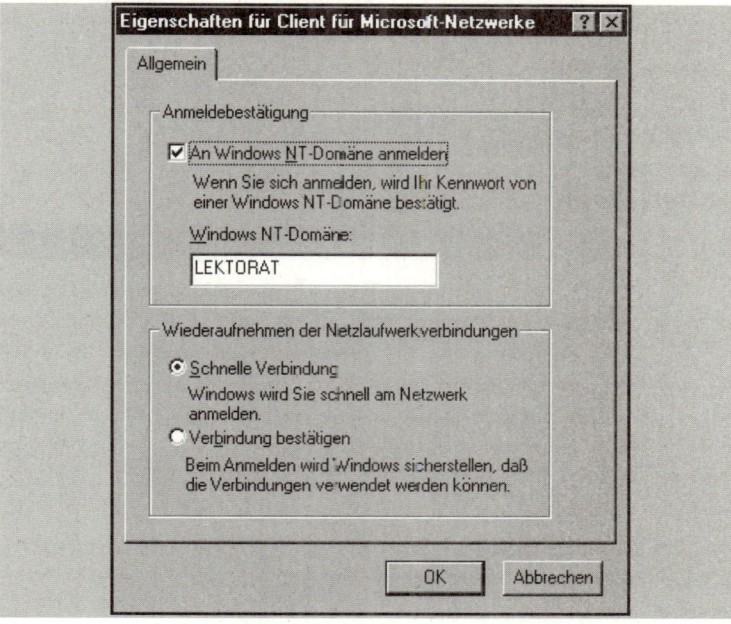

Abb. 9.13: Veränderung der Clientfunktion für Microsoft Network. Hier soll sich der Rechner automatisch an einen NT Server anmelden.

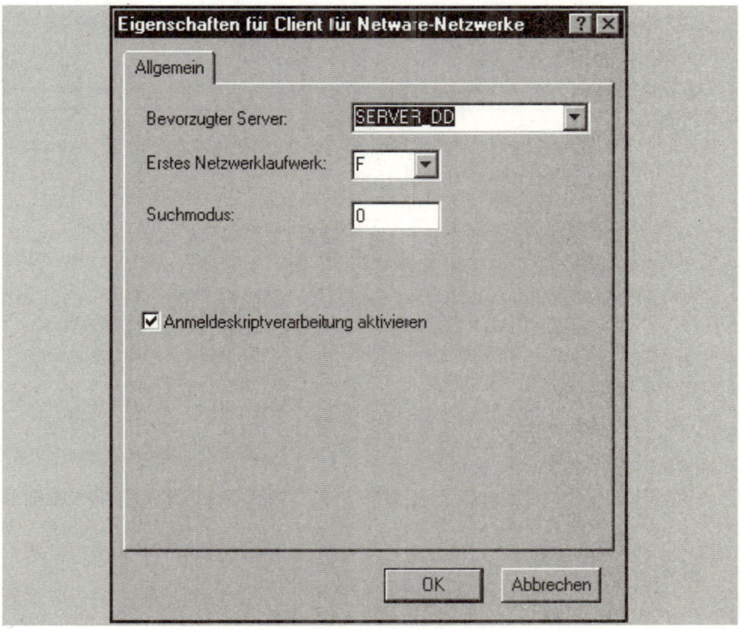

Abb. 9.14: Clienteigenschaften für NetWare-Netzwerke

197

Wenn Sie ein kleines eigenständiges Netzwerk installieren möchten, also ohne einen Server, sollten Sie das Microsoft-eigene Protokoll NetBEUI verwenden. Für die Peer-to-Peer-Vernetzung reicht dieses Protokoll aus. Für größere Netze oder für Windows 95-Workstations in Novell-Netzen greifen Sie auf andere Protokolle zurück.

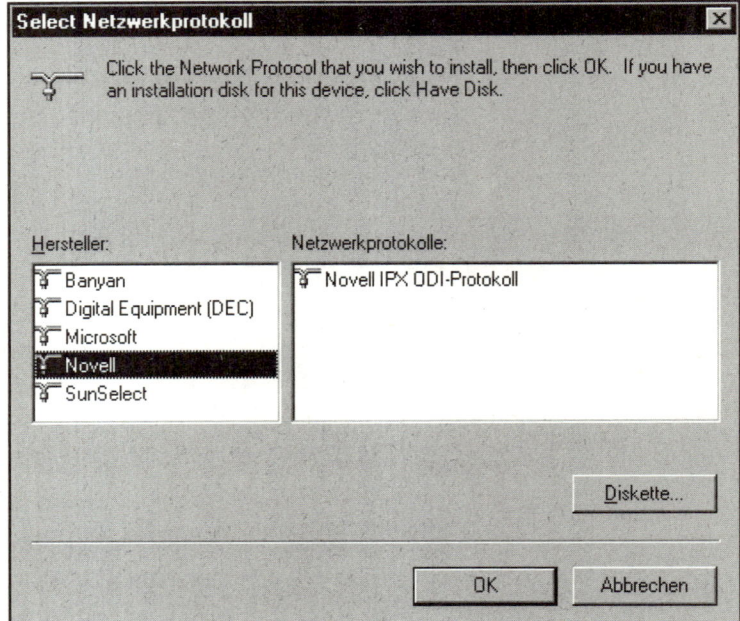

Abb. 9.15: *Auswahl des Netzwerkprotokolls über die Netzwerkeigen-schaften*

Windows 95 bietet folgende Protokolle an :

Hersteller	Protokoll
ACOTEC GmbH Berlin	ACOTEC CAPI 20 Protocol
Banyan	Banyan VINES-Ethernet-Protokoll
	Banyan VINES-Token-Ring-Protokoll
Digital Equipment	Pathworks Ethernet (Version 4.1 und 5.0A)
	Pathworks Token-Ring (Version 4.1 und 5.0A)

Hersteller	Protokoll
IBM	Vorhandenes IBM-DLC-Protokoll
Microsoft	IPX/SPX kompatibles Protokoll
	Microsoft DLC
	Microsoft NetBEUI
	TCP/IP
Novell	Novell IPX ODI-Protokoll
SunSoft	PC-NFS-Protokoll

Tab. 9.2: Die Netzwerk-Protokolle in Windows 95

Netzwerkdienste

Um die unterschiedlichen Protokolle und Clientfunktionen zu bedienen und zu verwalten, sind in Windows 95 mehrere Netzwerkdienste von einigen Herstellern schon integriert. Hierzu zählen Tools für die einfachsten Netzwerkaufgaben, wie Datei- und Druckersharing, aber auch Funktionen für die Remote Access Services.

Windows 95 bietet folgende Netzwerkdienste an:

Hersteller	Dienste
Arcada Software	Netzwerksicherungsdienst
Cheyenne Software	ARCserve Agent
Hewlett Packard	HP JetAdmin
	HP JetAdmin (NetWare-Unterstützung)
Microsoft	Datei- und Druckerfreigabe für MS-Netze
	Datei- und Druckerfreigabe für Novell Netze

Tab. 9.3: Die Netzwerkdienste in Windows 95

199

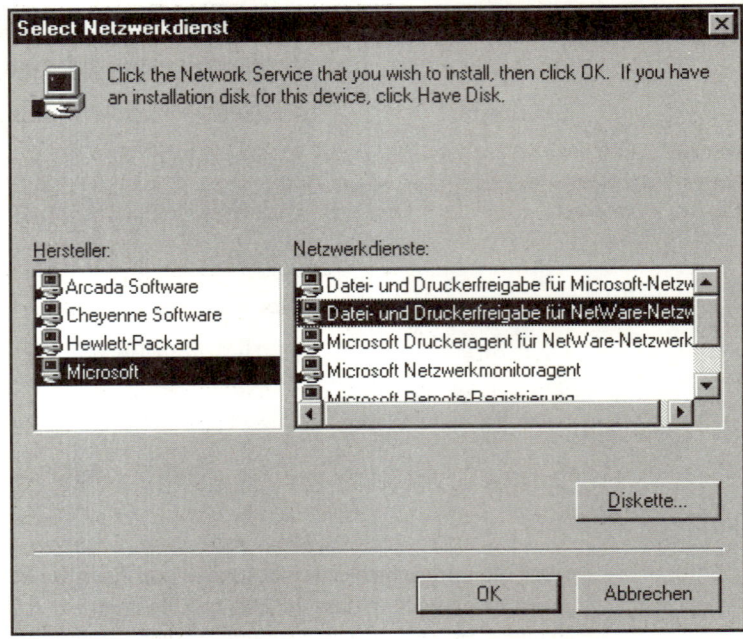

Abb. 9.16: *Die Netzwerkdienste*

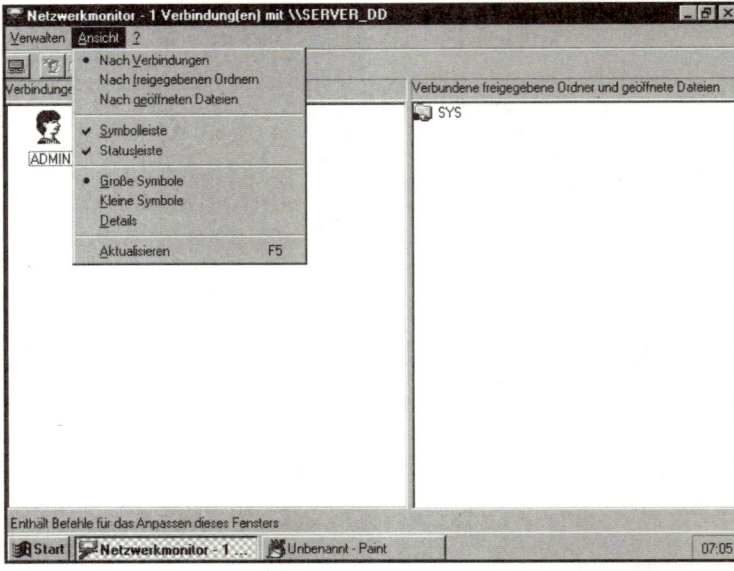

Abb. 9.17: *Der Netzwerkmonitor zur Verwaltung von Netzwerkverbindungen und Freigaben*

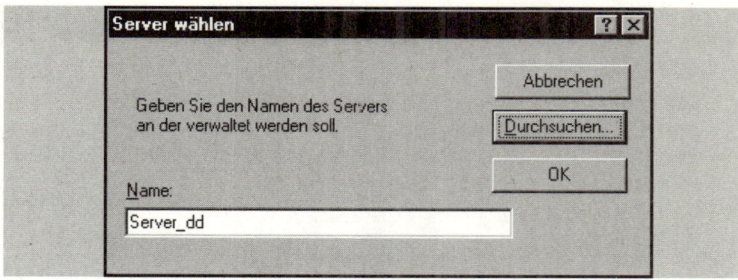

Abb. 9.18: *Auswahl des Servers, der über Windows 95 verwaltet werden soll*

Auf alle Netzwerkdienste kann hier nicht eingegangen werden, doch interessant sind beispielsweise die Microsoft-Netzwerkdienste bezüglich der Datei- und Druckerfreigabe in Novell NetWare-Netzen. Mit ihrer Hilfe verleihen Sie einer Windows 95-Workstation die Eigenschaften eines NetWare-Servers. Das heißt, Sie erhalten Zugriff auf die Datei- und Druckerfreigabe des Servers.

Gesichert wird der Zugriff über die Definition von Zugriffsberechtigungen. Wenn Sie sich als Netzwerk-Administrator auf der Windows 95-Maschine einloggen, können Sie für alle Netzwerkteilnehmer Verzeichnisse auf dem Novell Server freigeben oder Druckerwarteschlangen verwalten. Mit Hilfe des Netzwerkmonitors und des Policyeditors können Sie somit ei-

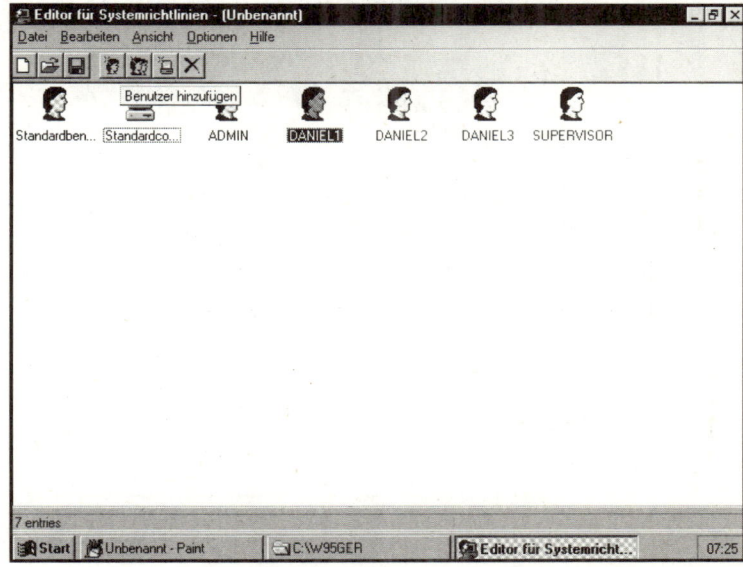

Abb. 9.19: *Der Policyeditor zur Verwaltung von Netzwerkteilnehmern*

201

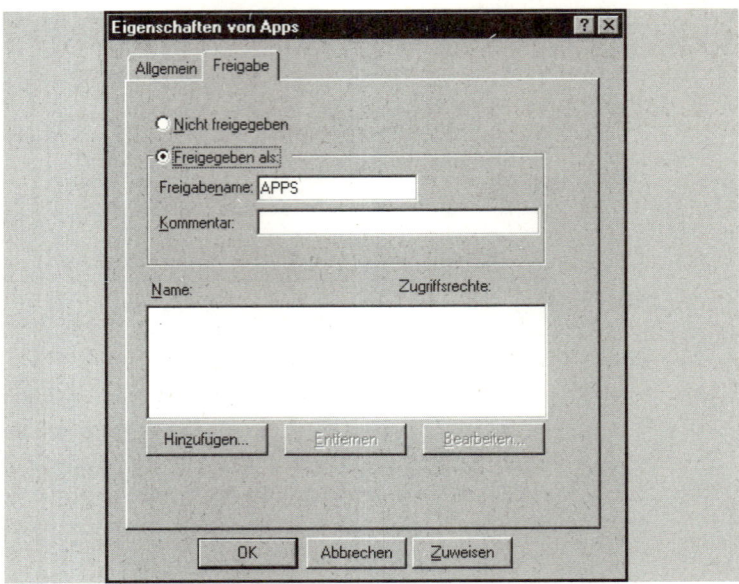

Abb. 9.20: *Freigabe eines Ordners auf dem Novell Server*

nen kompletten Novell Server von einer Workstation aus leiten. Der Netzwerkmonitor zeigt Ihnen alle Verbindungen, sowie freigegebene Verzeichnisse an. Mit Hilfe des Policyeditors haben Sie eine umfangreiche Benutzerverwaltung zur Hand, über die Sie jedem Netzwerkteilnehmer bestimmte Zugriffsrechte einräumen können.

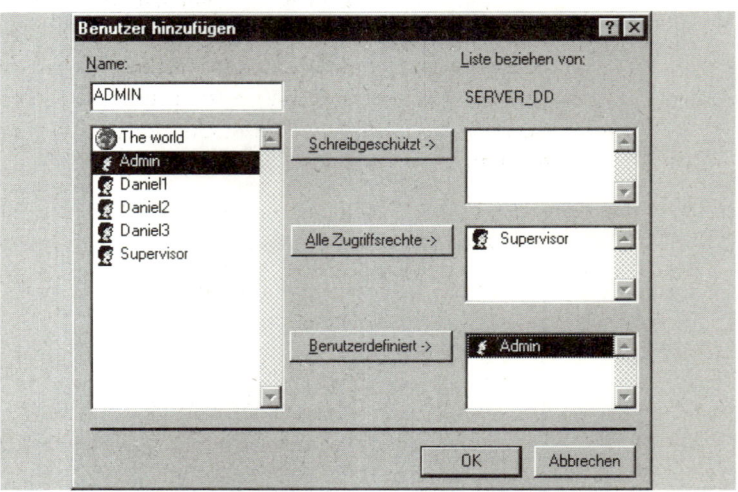

Abb. 9.21: *Verteilung von Zugriffsrechten für ein Netzlaufwerk*

202

Kapitel 10: Kommunikation unter Windows 95

„Wir amüsieren uns zu Tode". So lautete der Buchtitel des bekannten amerikanischen Kritikers Neil Postman. Das Buch erschien 1985. Zehn Jahre später paßt auch der Spruch: „Wir informieren uns zu Tode!" In Anbetracht der Informationsfülle, die sich über die Menschheit ergießt, ist dieser Ausspruch nicht abwegig. Auch Windows 95 ist Information oder besser gesagt Kommunikation total.

„Information at your fingertips" oder per Mausklick ist immer noch die Vision des Bill Gates, und sie wird in Windows 95 auch zum Tragen kommen. Verbindungen weltweit zu schaffen, ist das Motto der großen Telekommunikationsgesellschaften für die 90er Jahre. So hat Microsoft auch mit einigen Gesellschaften, auch mit der deutschen Telekom, Verträge abgeschlossen, um den viel zitierten Informationhighway Wirklichkeit werden zu lassen. Das Jahr 1995 wird insofern ein heißes Jahr, da sich viele Onlinedienste wie COMPUSERVE oder AMERICA ONLINE und andere ein harten Wettkampf liefern werden. Auch Microsoft schickt einen eigenen Onlinedienst ins Rennen. Hier wird sich vermutlich der billigere Anbieter durchsetzen.

Microsoft hat Windows 95 deswegen von vornherein mit vielen Kommunikationstools ausgestattet, die hier kurz vorgestellt werden sollen. Das besondere an den integrierten Kommunikationselementen ist ihre besondere Einbettung in die Oberfläche von Windows 95. Viele Funktionen sind vereinheitlicht worden und werden zentral über Microsoft Exchange gesteuert. Microsoft Exchange ist sozusagen der Nachfolger von MS-Mail. Für die totale Kommunikation stehen Ihnen folgende neue Eigenschaften zur Verfügung:

❏ Microsoft Exchange als zentrale Leitstelle für Ihre elektronische Post. Dazu gehören:

  ❏ Universelles Adreßbuch für Mail via CompuServe, Internet oder Microsoft Network

  ❏ FAX-Funktionen, inklusive FAX-Editor und FAX-Viewer. Es handelt sich dabei um die gleichen Funktionen, die auch schon in Windows für Workgroups 3.x enthalten sind.

  ❏ E-Mails

203

❑ MOBILE COMPUTING. Hier speziell die Briefcasefunktion.

❑ HYPERTERMINAL als integriertes Terminalprogramm. Ein normales Terminalprogramm für die Verbindung von zwei Rechnern via Modem.

❑ MICROSOFT WÄHLHILFE für an Modems angeschlossene Telefongeräte.

❑ Die Funktion MICROSOFT DFÜ-NETZWERK mit den Anbindungsmöglichkeiten an Internet oder an andere DFÜ-Server. Hier zu zählen:

  ❑ NetWare Connect

  ❑ PPP

  ❑ SLIP

  ❑ RAS-Serverfunktionen Windows für Workgroups oder NT

❑ Der eigene Onlinedienst von Microsoft mit Onlineregistrierung.

Die meisten Funktionen basieren auf der 32-Bit-Kommunikationsarchitektur von Windows 95, auch TAPI genannt. Das heißt, daß serielle Schnittstellen aber auch ISDN-Karten über 32-Bit-Treiber angesprochen werden können. Hardwareanbieter für Modems oder ISDN-Karten können somit ihre eigenen Treiber in die Kommunikationsstruktur von Windows 95 einbauen.

Um die Kommunikationsmöglichkeiten von Windows 95 auch zu nutzen, kommen Sie um die Anschaffung eines Modems nicht herum. Ein 14400-Baud-Modem bekommen Sie jedoch schon als externes Gerät für unter 200 DM. Über den Plug and Play-Standard ist die Installation von Zusatzgeräten, wie zum Beispiel Modems, kein Problem. Schon bei der Installation von Windows 95 werden die seriellen Schnittstellen abgefragt. Ein angeschlossenes Modem wird von Windows 95 erkannt, und die benötigten Treiber werden automatisch installiert.

Microsoft Exchange als Informationszentrum

Windows 95 besitzt standardmäßig die Clientfunktion von Microsoft Exchange, dem Nachfolger von MS Mail, um später eine Anbindung an den Microsoft Exchange Server zu garantieren. Dieses Mammutprodukt von Microsoft steckt zwar noch in den Kinderschuhen stellt aber sicherlich eine Konkurrenz zu Lotus Notes dar. Primäre Aufgabe von Microsoft Exchange ist die Verwaltung von E-Mails und FAXe. Sicherlich werden Sie sich noch an das Postoffice von Windows für Workgroups erinnern.

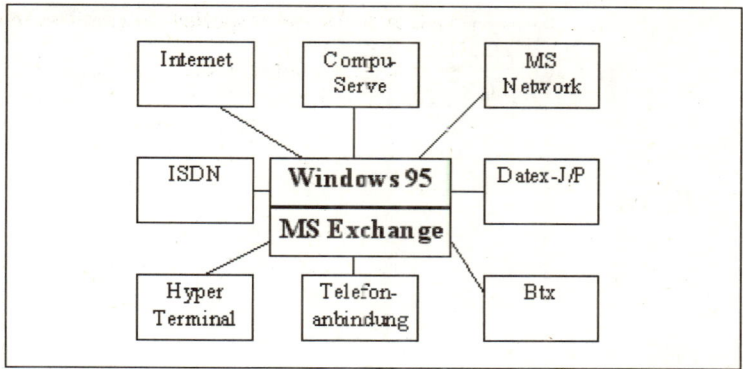

Abb. 10.1: *Kommunikationsstruktur unter Windows 95*

In Microsoft Exchange ist die Postofficefunktion schon integriert, nur mit einem anderen Aussehen. Unter Windows für Workgroups gibt es auch schon den Zusatz CompuServe Mail. Das heißt, Sie können von MS-Mail aus E-Mails oder FAXE erstellen, innerhalb einer Arbeitsgruppe versenden oder über eine Schnittstelle an einen CompuServe- oder Internetteilnehmer schicken. In Windows 95 ist diese Mail-Funktion schon integriert, und es wird alles über den Exchange Ordner abgewickelt, der wie jeder andere Ordner in Windows 95 das gleiche Aussehen hat. Zusätzlich können Sie natürlich auch über Microsoft Network E-Mails verschicken.

Über die OLE-Funktion können Sie per Drag and Drop Ihre E-Mails oder FAXE mit Zusatzinformationen versehen, das heißt Abbildungen, Grafiken oder Wave-Dateien mit gesprochenen Anweisungen anhängen. Ein zusätzlicher FAX-Editor ermöglicht Ihnen die Gestaltung von FAX-Deckblättern mit Ihrer persönlichen Note. Der FAX-Viewer liest auch FAXE mit integrierten Zeichnungen ein.

Der Microsoft Exchangeclient Ordner hat ein wenig Ähnlichkeit mit der Dialogbox von MS Mail. Weil aber Windows 95 nun objektorientiert arbeitet, wird jede Nachricht bzw. jede gesendete oder empfangene Post als Objekt behandelt, die Sie auch als solche behandeln können. Mit der Maus sortieren Sie Ihre Post und legen sie in vorgesehene Postkörbe oder Vorlagen ab. Hier kommt wieder der Bürogedanke der Oberfläche auf.

205

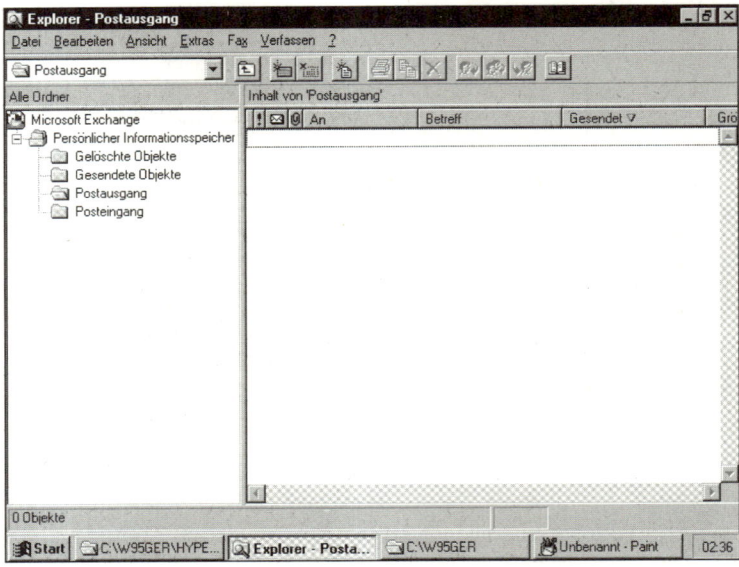

Abb. 10.2: *MS-Exchange als Infocenter*

Innerhalb von Microsoft Exchange greifen Sie auf ein Adreßbuch zu, das unabhängig vom Informationsdienst alle Ihre Adressen enthält. Bei der Installation von Windows 95 werden automatisch schon existierende Adreßbücher, wie zum Beispiel die von CompuServe, mit in das allgemeine Adreßbuch übernommen. Sie können somit leichter E-Mails adressieren, ohne auf einen bestimmten Informationsdienst und seine Abwicklungsart von E-Mails Rücksicht nehmen zu müssen.

Abb. 10.3: *Die verfügbaren Informationsdienste zur Ergänzung des Adreßbuchs*

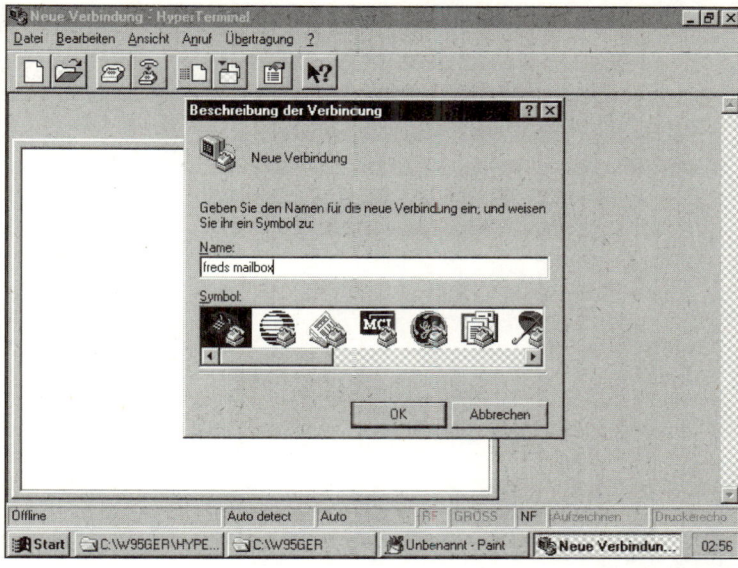

Abb. 10.4: Neuer Terminalersatz - Hyperterminal von Windows 95

Hyperterminal

Hyperterminal bildet den Ersatz des schon in Windows 3.x vorhandenen Terminalprogramms. War die Oberfläche von Terminal in Windows 3.x doch sehr stiefmütterlich, so erwartet Sie jetzt eine wesentlich freundlichere Oberfläche. Für jede gewünschte Verbindung oder Sitzung können Sie jetzt einen eigenen Eintrag festlegen. Für ein Terminalprogramm bleibt die Ausstattung eher spartanisch, aber wer keine großen Ansprüche stellt, für den ist Hyperterminal ausreichend. Hyperterminal besitzt folgende Leistungsmerkmale:

❑ Terminalemulationen ANSI, TTY, VT100 und VT52

❑ Unterstützung der Protokolle Xmodem, Ymodem, Ymodem-G, Zmodem und Kermit

❑ Unterschiedliche Einstellungen für mehrere Verbindungen oder Sitzungen

❑ Unterstützung der CALLING CARD-Funktion. Sie wird zur Zeit jedoch nur von einer amerikanischen Telefongesellschaft angeboten.

207

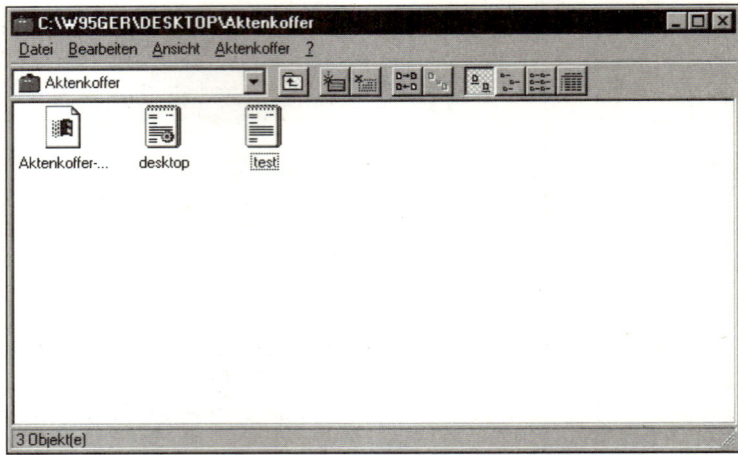

Abb. 10.5: *Inhalt des Aktenkoffers*

Briefcasefunktion für Mobile Computing

Notebooks und Laptops werden immer populärer, denn sie ermöglichen ein Arbeiten an unterschiedlichen Orten. Das mobile Büro ist immer und überall einsatzbereit. In den USA sind an die 20 Millionen tragbare PC im Einsatz. Windows 95 ist für den mobilen PC das ideale Betriebssystem. Nicht nur wegen seiner relativ geringen Hardwareanforderungen, nein es stellt auch einige wichtige Funktionen bereit, die das Mobile Computing unterstützen. Angefangen von der Plug and Play-Architektur, die auch die für Notebooks prädestinierten PC Cards (PCMCIA) unterstützt, über Kommunikationstools für den mobilen Einsatz, bishin zur Briefcasefunktion, bietet Windows 95 noch viele andere Features.

Viele Notebook-Anwender besitzen parallel einen richtigen Desktop-Rechner. Das Notebook kommt nur zum Einsatz, wenn das Büro verlassen wird und die Arbeit woanders fortgesetzt wird. Mitunter ergibt sich das Problem, ein und dasselbe Dokument auf zwei verschiedenen Rechner zu besitzen.

Für dieses Problem bietet Windows 95 die Briefcasefunktion, die nichts anderes macht, als die unterschiedlichen Dokumente anzugleichen oder zu synchronisieren. Hierfür finden Sie auf Ihrem Desktop das Aktenkoffersymbol. Wie Sie in Abbildung 10.5 sehen können, handelt es sich dabei auch um einen Windows 95-Ordner. Wenn Sie nun ein Dokument erstellt haben, kopieren Sie es einfach per Drag and Drop in den Aktenkof-

208

fer. Verlassen Sie das Büro, kopieren Sie den Aktenkoffer einfach auf eine Diskette oder direkt auf Ihr Notebook und nehmen Ihr Dokument mit. Das eigentliche Originaldokument befindet sich auf Ihrem Desktop-Rechner.

Solange Sie unterwegs sind, editieren Sie Ihr Dokument sozusagen aus dem Koffer. Der Briefcaseordner fungiert dabei wie ein normaler Ordner, aus dem Sie Ihre Dokumente öffnen und bearbeiten. Dabei veraltet Ihr Originaldokument natürlich auf dem Desktop-Rechner, da es ja nicht mehr aktuell ist.

Kehren Sie in das Büro zurück, daten Sie Ihr Originaldokument mit Hilfe der Briefcase-Funktion ab. Hierfür müssen Sie das Dokument nicht auf Ihren Desktop-Rechner kopieren oder gar den gesamten Aktenkoffer oder Briefcaseordner. Statt dessen öffnen Sie Ihren Aktenkoffer auf der Diskette oder auf Ihrem mit dem PC verbundenen Notebook. Mittels des Befehls AKTUALISIEREN vergleicht die Briefcasefunktion die Dokumente in Ihrem Aktenkoffer mit denen auf Ihrem Desktop-Rechner und paßt sie an.

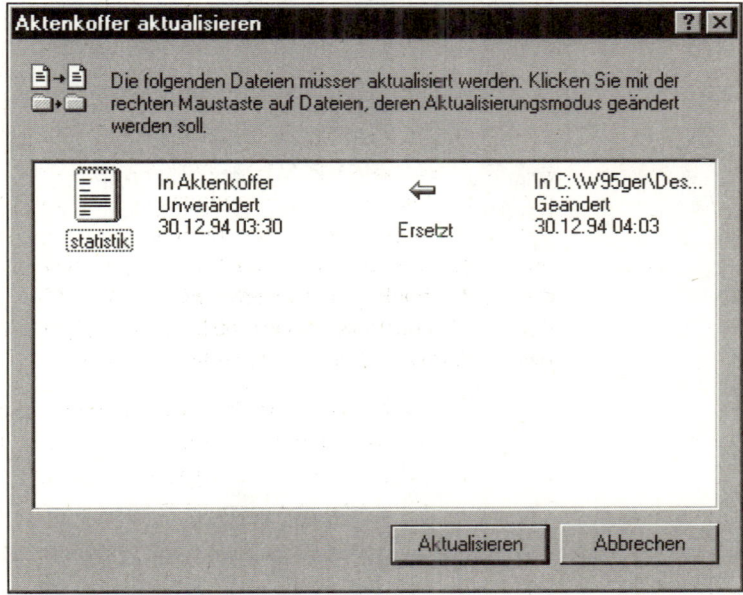

Abb. 10.6: *Synchronisation eines Dokuments*

Zugang zum Internet

DFÜ-Netzwerk

Kein anderes Thema erlebt zur Zeit einen solchen Boom wie das Internet. Auf den amerikanischen Computerbuch-Bestsellerlisten machen von 20 Titeln allein 10 Titel Internetbücher aus. IBM versucht, mit einem integrierten Internet-Zugang sein OS/2 3 Warp loszuwerden. Aber sich nur wegen den paar Tools direkt ein OS/2 auf die Festplatte zu kopieren, ist Verschwendung von Speicherplatz, denn auch Windows 95 bietet die Voraussetzungen für einen Internet-Zugang zwar ohne Providerknoten, aber dafür kommt Microsoft direkt mit einem eigenen Netz, das vermutlich Schnittstellen zu CompuServe und zum Internet enthalten wird.

Das Internet besteht schon seit fast 30 Jahren. Ursprünglich ein Produkt des amerikanischen Verteidigungsministeriums, mutierte es zu einem unübersichtlichen Netzgiganten mit einer schier unerschöpflichen Informationsquelle zu allen erdenklichen Themen, die angeblich monatlich um ca. 10 bis 20% wächst. Damit Sie in den Genuß des weltweit größten Netzes kommen, benötigen Sie:

❑ Modem

❑ Zugang zu einem Internetprovider bzw. einen PPP- oder SLIP-Account

❑ Einrichtung des Protokolls TCP/IP sowie den DFÜ-Serverzugang PPP oder SLIP

Windows 95 enthält schon das 32-Bit-TCP/IP-Protokoll, das als Internetstandard alle Rechnerwelten verbinden kann und von Ihnen nur noch eingebunden werden muß.

Für die Benutzung der verschiedenen Internetservices, wie Usenet, Telnet und anderen Diensten, existieren eine Menge Shareware-Programme mit komfortablen Windows-Oberflächen, die das Blättern oder Browsen im Internet wesentlich erleichtern. NCSA MOSAIC oder GOPHER sind zum Beispiel solche Oberflächen, die relativ einfach erhältlich sind und aus CompuServe runtergeladen werden können. Auch Windows 95 wird über das Zusatzprodukt MS Plus! mit eigenen Internetutilities ausgestattet. So enthält MS Plus! eine Lizenz des World Wibe Web Browser NCSA Mosaic. Das Programm ist an die Oberfläche von Windows 95 angepaßt und läßt sich sehr einfach bedienen.

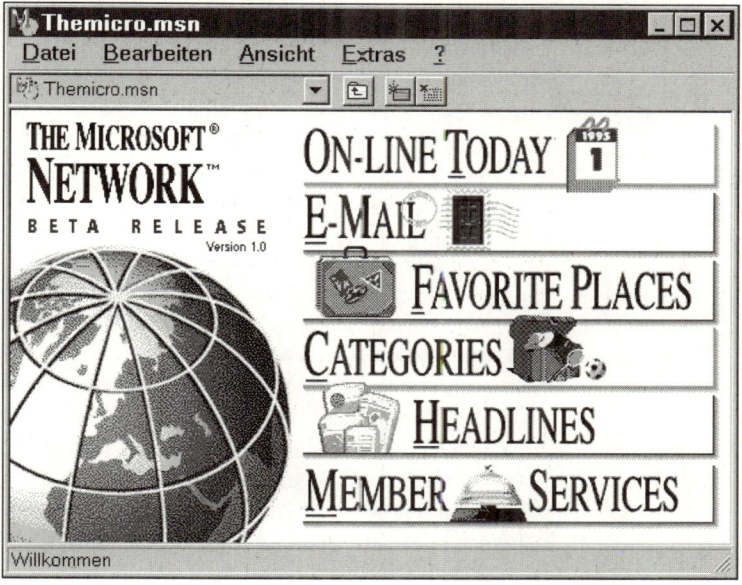

Abb. 10.7: *Der Eröffnungsordner des Microsoft Network*

Microsoft Network

Mit Microsoft Network möchte Bill Gates wie CompuServe unter die kommerziellen Online-Anbieter gehen. Ziel ist es dabei, in etwa die gleichen Leistungen wie CompuServe anzubieten, also Kommunikationsmöglichkeiten mit allen anderen Teilnehmern, Austausch von Erfahrungen in Diskussionsforen, Dateibibliotheken, die Treiber oder die neusten Informationen enthalten, und natürlich auch Zugänge zu anderen Onlinediensten oder Netzen.

Windows 95 enthält für den Zugang zum Network eine Online-Registrierungsfunktion, die Sie automatisch zum Mitglied macht. Die deutsche Betaversion von Windows 95 enthält schon bis zu zehn Zugangsnummern für Deutschland, die auf die wichtigsten Städte verteilt sind. Darüber hinaus werden schon an die 40 Länder unterstützt.

Der Vorteil des Microsoft Network liegt in seiner starken Einbettung in das Betriebssystem und der neuen Oberfläche von Windows 95. Der gesamte Onlinedienst ist in Ordnern aufgebaut. Das heißt, Sie navigieren durch das Netz, wie Sie es normalerweise in den Ordnern von Windows

211

95 tun. Dies unterscheidet das MS Netzwerk im wesentlichen von den anderen Online-Anbietern. Zusätzlich können Sie aufgrund der Multitaskingfähigkeiten von Windows 95 mehrere Funktionen des Dienstes auf einmal bedienen. Das bedeutet, Sie laden Dateien runter, lesen Nachrichten oder verschicken E-Mails gleichzeitig. Letztendlich können Sie den Onlinedienst auf Ihre Bedürfnisse maßschneidern und in eigenen Ordnern die gewünschten Informationsquellen zusammenstellen. Da alle Nachrichtenforen als Icon dargestellt werden, lassen sie sich auch wie Objekte behandeln.

Natürlich wird Microsoft auch den technischen Support für ihre Produkte über den Onlinedienst abwickeln. Später können Sie sicherlich auch Softwareprodukte bestellen. Auch Drittanbieter werden die Gelegenheit haben, ihre Informations- und Serviceleistungen über das Microsoft Netzwerk anzubieten. Bis dahin muß sich Microsoft allerdings noch Gedanken über die Gebührenstruktur seines Netzwerkes machen. Um den Einstieg möglichst attraktiv zu halten, wird Microsoft die monatlichen Nutzungsgebühren wohl unter denen von CompuServe ansiedeln müssen. CompuServe hat aber auch schon Preissenkungen angekündigt. Man kann also gespannt sein.

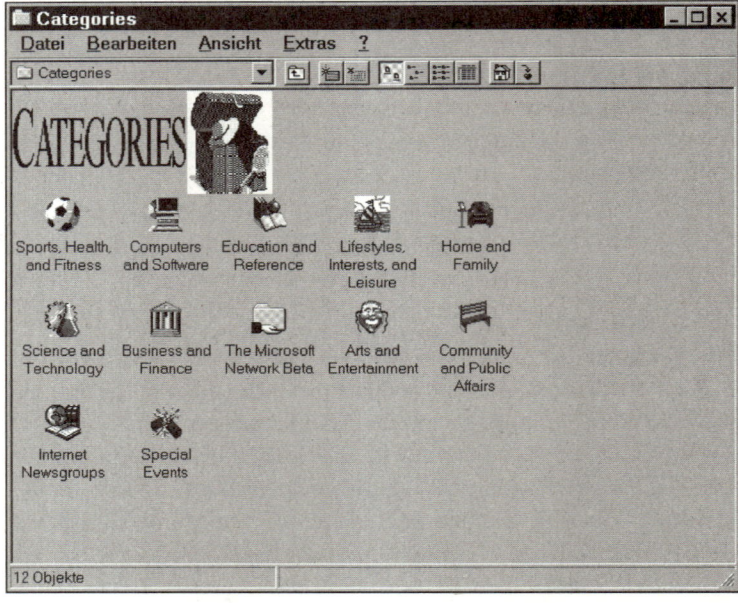

Abb. 10.8: *Angebot der unterschiedlichen Themenbereiche*

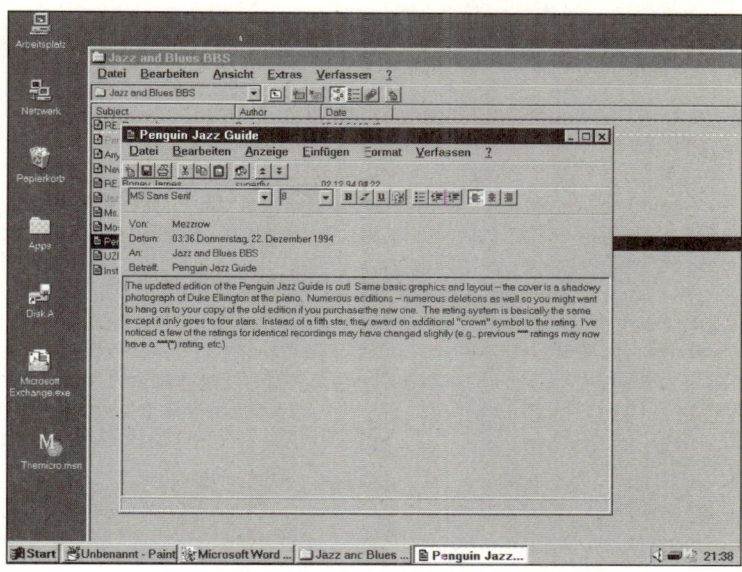

Abb. 10.9: Nachricht im Blues- und Jazzforum

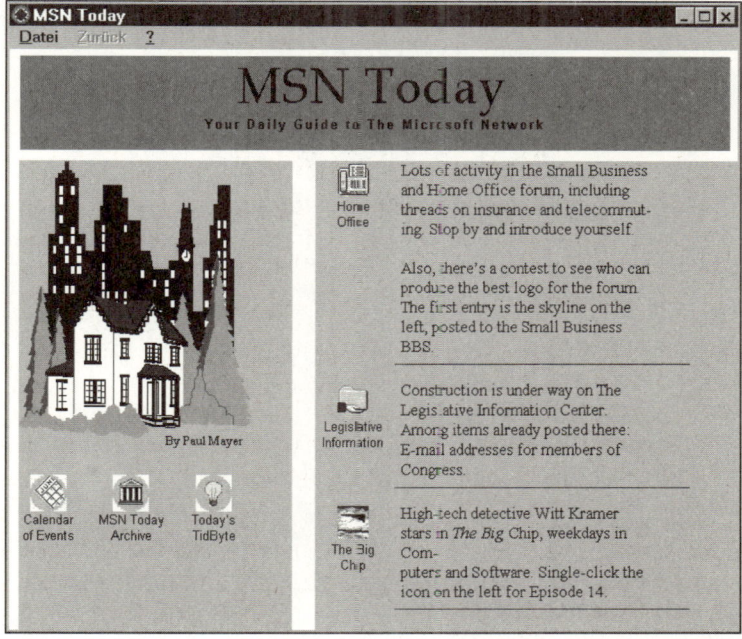

Abb. 10.10: Online-Zeitschrift im Microsoft Network

Kapitel 11: Windows 95 Tools und Zusatzprogramme

Windows 95 wartet wie MS-DOS in seinen besten Zeiten mit einer Reihe von Dienstprogrammen und Tools auf. Da Windows ein eigenständiges Betriebssystem darstellt, gehört es einfach zum Standard dementsprechende Hilfsprogramme zur Verfügung zu stellen. Windows 3.x hat sein DOS mit diversen Dienstprogrammen, wie zum Beispiel kleine Programme für die Festplattenpflege.

Umsteiger werden sich sicherlich fragen: Gibt es ein CHKDSK oder Scan-Disk unter Windows 95? Was ist mit meinem Festplattendefragmentierer DEFRAG? Kann ich auf ein Backup-Programm zurückgreifen. Was ist mit meinem Festplattenverdoppler DR VESPACE? Im Windows 95-Verzeichnis befindet sich ein Unterverzeichnis COMMAND, das eine ganze Reihe von MS-DOS Tools bereit hält. Hier finden Sie Befehle von ATTRIB.EXE bis XCOPY.EXE.

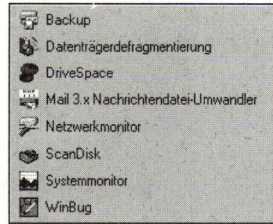

Aber auch im Startbutton finden Sie unter der Programmgruppe SYSTEMPROGRAMME alte DOS-Verwandte wieder. Hier finden Sie Programme wie SCANDISK, DRIVESPACE, den Festplatten-defragmentierer DEFRAG und auch ein Backup-Programm. Es handelt sich dabei aber um waschechte Windows 95-Programme mit einer richtigen Win-dowsoberfläche. In der Gruppe ZUBEHÖR finden Sie dann die bekannten Programm wie PAINTBRUSH, EDI-TOR, einige Spiele, die auch schon in Windows 3.x integriert sind und eine Gruppe MULTIMEDIA. Hier finden Sie den CD-Player, Audiorecorder, Lautstärkeregelung und die Medienwiedergabe. Entfernt wurden der Karteikasten, Macrorecorder, das Schreibprogramm WRITE und die Uhr.

Wirklich neu sind zum Beispiel:

❑ WINPAD, der neue Allroundkalender

❑ WORDPAD als Ersatz für Write

❑ FONTMANAGER für die Schriftverwaltung

❑ EINGABEHILFEN FÜR BEHINDERTE

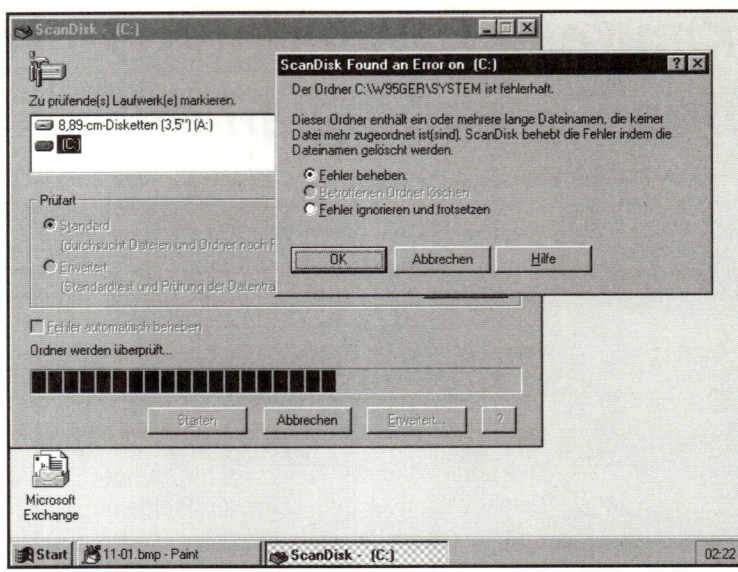

Abb. 11.1: *ScanDisk hat einen Fehler gefunden*

CHKDSK einmal als Windows-Programm

DOS-User kennen ScanDisk von MS-DOS 6.2 her, aber nicht als Windows-Programm. Microsoft hat SCANDISK jetzt voll in Windows 95 integriert und läuft ohne Probleme unter der neuen Windowsoberfläche.

Aufgabe von SCANDISK ist weiterhin die Überprüfung eines Datenträgers auf Fehler und Unregelmäßigkeiten. So findet ScanDisk verlorengegangene Dateifragmente oder querverbundene Dateien. Über eine ganze Reihe von Schaltern und Parametern können Sie den Untersuchungsvorgang Ihrer Datenträger einstellen.

Sie können ScanDisk zum Beispiel veranlassen, Fehler automatisch beheben zu lassen. Querverbundene Dateien können entweder gelöscht oder kopiert werden. Verloren gegangene Dateifragmente können in neue Dateien konvertiert werden. Schließlich erstellt ScanDisk auf Wunsch einen Bericht über die Datenträgeranalyse. Das Programm steht also dem DOS-Programm ScanDisk in nichts nach. Das gilt übrigens in Windows 95 auch für das Defragmentierprogramm DEFRAG.

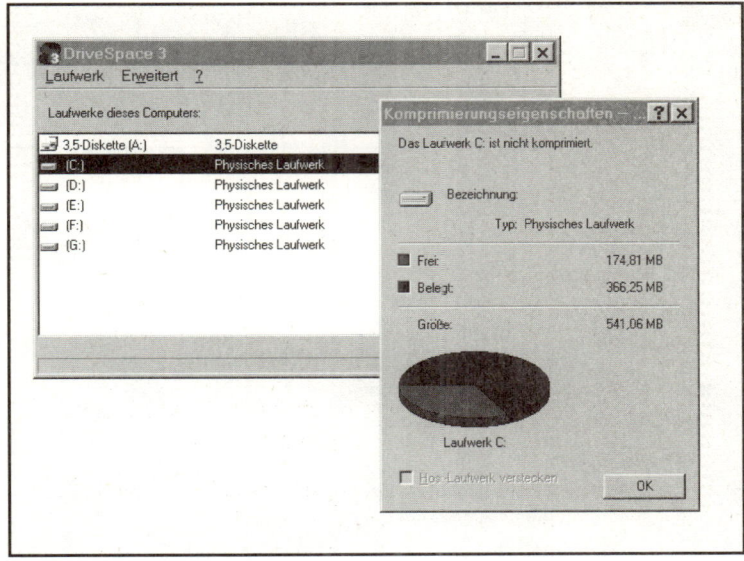

Abb. 11.2: *DriveSpace unter Windows 95*

DriveSpace für verdoppelte Festplatten

Für einen DOS-Umsteiger ist der Aspekt Festplattenverdoppelung sicherlich wichtig, vor allem dann, wenn Sie mit unter DOS erstellten DRIVESPACE- (früher unter der Bezeichnung DoubleSpace bekannt) Laufwerken arbeiten und diese natürlich unter Windows 95 weiterverwenden wollen. Ihre verdoppelten Laufwerke sind mit Windows 95 kompatibel und können auch unter Windows 95 ihren Einsatz finden.

 Nur ein persönlicher Rat. Verdoppelte Laufwerke, egal mit welcher Software Sie arbeiten, sind immer eine heikle Sache. Die gesamte Datenlesbarkeit dieser Laufwerke ist von einem Treiber oder mehreren Komponenten abhängig. Fällt dieser aus, sind Ihre Daten nicht mehr lesbar oder verfügbar. Kompletter Datenverlust kann die Folge sein. In Anbetracht der niedrigen Festplattenpreise ist die Anschaffung einer größeren oder sogar zweiten Festplatte ratsamer.

217

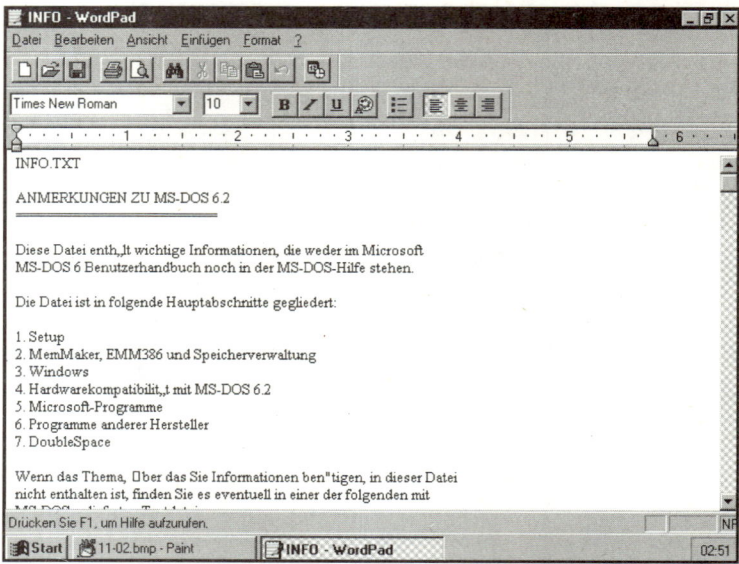

Abb. 11.3: *WordPad als abgespecktes Word für Windows 6*

WordPad als Ersatz für Write

Das mit Windows 3.x ausgelieferte Write hat unter Windows 95 ausgedient. Es wird unter Windows 95 von dem neuen Zusatzprogramm Word-Pad ersetzt. Der Clou an WordPad ist, daß es Word für Windows 6 Dokumente laden und auch weiterverarbeiten kann. Sie besitzen unter Windows 95 also schon über ein leistungsfähiges Textverarbeitungsprogramm, das zwar Word für Windows 6 nicht das Wasser reichen kann, aber für einen einfachen Brief genügt WordPad auf jeden Fall.

In Abbildung 11.3 erkennen Sie die Ähnlichkeit des Programms zu Word für Windows 6. Es besitzt annähernd die gleichen Symbol- und Statusleisten. Auch das Lineal scheint von Word für Windows 6 abgeguckt zu sein. WordPad enthält für die einfachsten Textverarbeitungsaufgaben Befehle für die Formatierung von Zeichen, Absätzen und Tabulatoren. Neben einer Seitenansicht lassen sich auch Objekte in den Text einfügen. Unterstützt werden neben dem WinWord 6-Format das Rich-Text-Format oder reiner ASCII-Text.

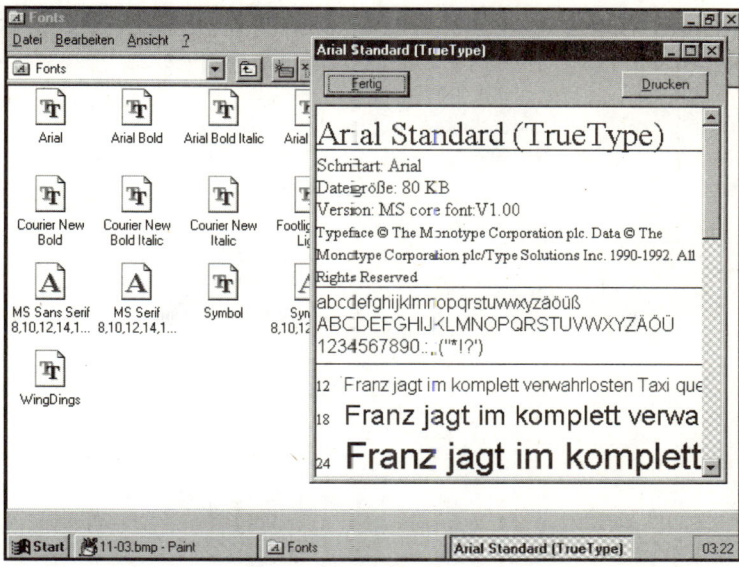

Abb. 11.4: *Der Fontmanager unter Windows 95*

Fontmanager für die Schriftverwaltung

Der Fontmanager ist unter Windows 95 in einem eigenen Ordner untergebracht. Sie finden ihn im Symbol ARBEITSPLATZ neben dem Druckerordner und der Systemsteuerung. Jede installierte Schriftart wird als separates Icon dargestellt. Hier finden Sie neben den von Windows 95
mitgelieferten True-Type-Schriften auch nachträglich installierte Schriften im True-Type-Format.

Jede Schriftart oder jedes Icon kann angeklickt werden. Daraufhin öffnet
sich ein Fenster, das Ihnen nähere Informationen zu einer Schrift anzeigt.
Darunter finden Sie einen Beispie text, der Schriftbild und -grad wiedergibt. Beides kann auch als Testblatt ausgedruckt werden.

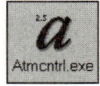

Für die Installation von anderen Schrifter verwenden Sie am besten einen Schriftenmanager wie den Adobe Type Manager ATM. Er läßt sich
problemlos unter Windows 95 installieren und verwaltet zusätzlich benötigte Schriften, die nicht dem True-Type-Format entsprechen.

219

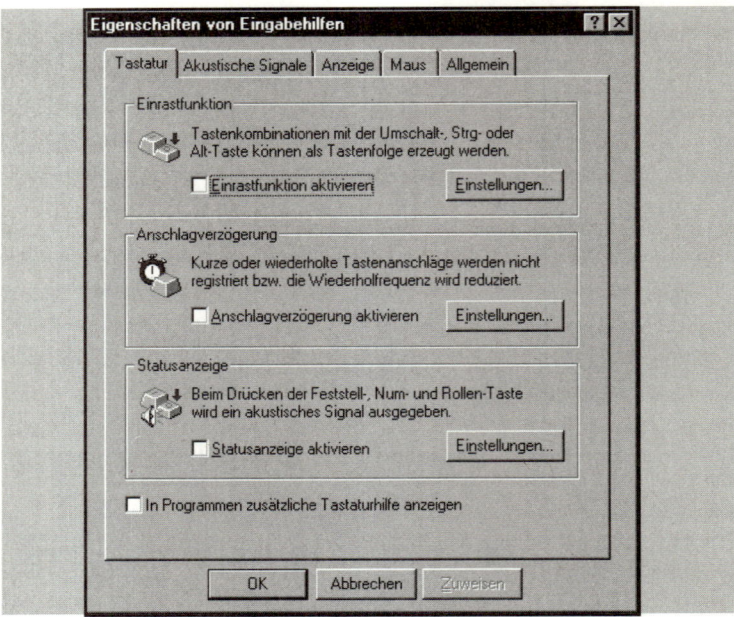

Abb. 11.5: *Optionen für die Eingabehilfen für Behinderte*

Eingabehilfen für Behinderte

Eingabehilfen

Für körperlich behinderte Anwender hat Microsoft einige Funktionen eingebaut, die den Umgang mit Oberfläche von Windows 95 erleichtern sollen. Sie finden die Einstellungen für körperlich Behinderte in der Systemsteuerung.

❑ So können für die Bedienung der Tastatur zum Beispiel Einrastfunktionen oder Anschlagsverzögerungen eingestellt werden.

❑ Für Sehbehinderte gibt es besondere Kontrastanzeigen. Farb- und Schriftarten können für eine bessere Lesbarkeit der Oberfläche angepaßt werden.

❑ Akustische Warn- und Systemhinweise können über mehrere Einstelloptionen auch visuell angezeigt werden.

❑ Die Bedienung der Maus kann durch die Tasten des Ziffernblocks komplett ersetzt werden.

❑ Zusätzlich unterstützt Windows 95 auch externe Eingabehilfen.

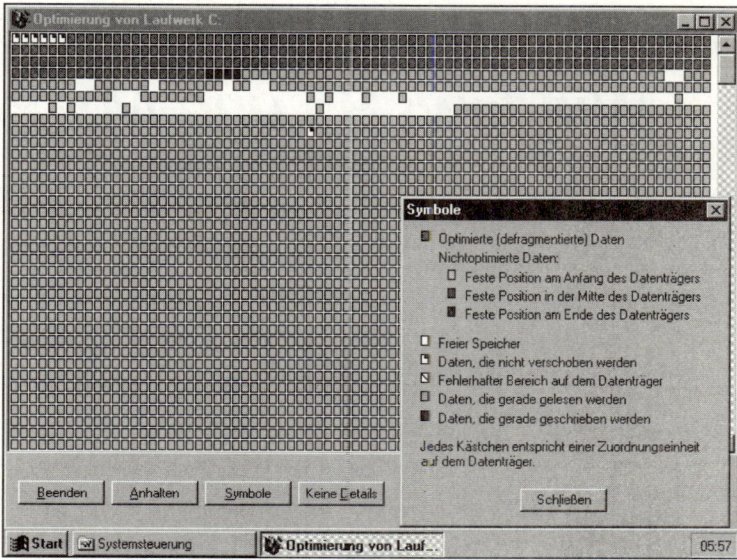

Abb. 11.6: Defrag unter Windows 95

Festplattenpflege

Für die Festplattenpflege bietet Windows 95 das unter DOS bekannte DEFRAG an, nur diesmal als Windows-Variante. Über verschiedene Optionen, die Sie über Menüs erreichen, können Sie den Festplattendefragmentierer einstellen.

Das Programm bietet eine ähnliche Oberfläche wie die Defragmentiertools Compress oder Speedisk der PC Tools und Norton Utilities, die es auch schon in einer Windowsvariante gibt. In einer grafische Darstellung wird der Optimierungsprozeß angezeigt. Dabei werden optimierte oder nicht optimierte Dateien farblich unterschieden. Sie können dann genau verfolgen, wie das Programm Ihre Festplatte reorganisiert.

In einer Statusanzeige sehen Sie, wie weit das Programm Ihre Festplatte defragmentiert hat. Zusätzlich erklärt Ihnen eine einblendbare Symbollegende die Bedeutung der unterschiedlichen Farben.

Teil 3:
Windows 95 und MS-Plus!

Kapitel 12: Installation von Microsoft Plus!

Die Installation von Microsoft Plus! erfolgt relativ einfach über ein komfortables Setup-Programm. Sie rufen das Setup-Programm unter Windows 95 auf und folgen einfach den Anweisungen der Installationsroutine. Beachten Sie bitte, daß Microsoft Plus! bei einer Komplettinstallation bis zu 25 MByte an Festplattenkapazität beansprucht, da viele Grafiken im BMP-Format installiert werden und die animierten Cursor ebenfalls relativ große Dateien aufweisen. Planen Sie also genügend Speicherkapazität ein.

Hardwarevoraussetzungen

Microsoft Plus! erfordert mindestens einen 486er PC mit 8 MByte Arbeitsspeicher sowie eine möglichst schnelle Grafikkarte, die mehr als 256 Farben zur Verfügung stellt. Damit Sie das Paket schließlich voll ausschöpfen können, sollten Sie auch über eine Soundkarte verfügen.

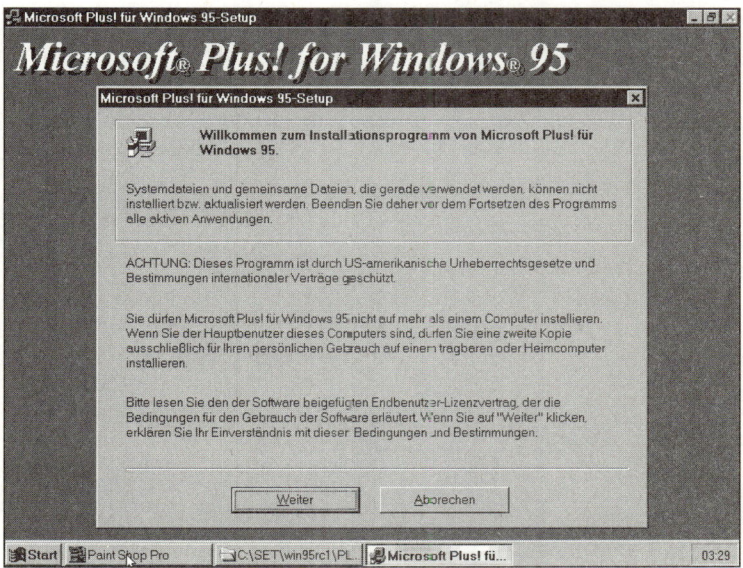

Abb. 12.1: Begrüßungsbildschirm der Installation für Microsoft Plus!

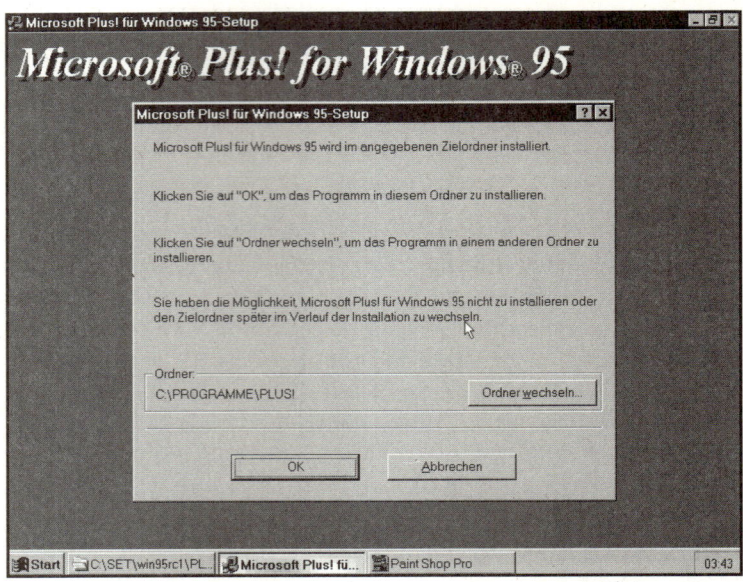

Abb. 12.2: *Bestimmung des Zielordners*

Nach einigen Routineabfragen schlägt das Installationsprogramm einen Zielordner vor, in den alle Dateien des Plus!-Packs kopiert werden sollen. Da Windows 95 ja jetzt Datei- und Ordnernamen unterstützt, die länger als acht Zeichen sein dürfen, können Sie nun einen beliebig langen Ordnernamen bestimmen. Dieser Ordnernamen kann auch Leerzeichen enthalten. Standardmäßig wird Microsoft Plus! im Ordner \Programme\Plus installiert. Möchten Sie allerdings einen anderen Ordner vorsehen, klicken Sie einfach den Button ORDNER WECHSELN an.

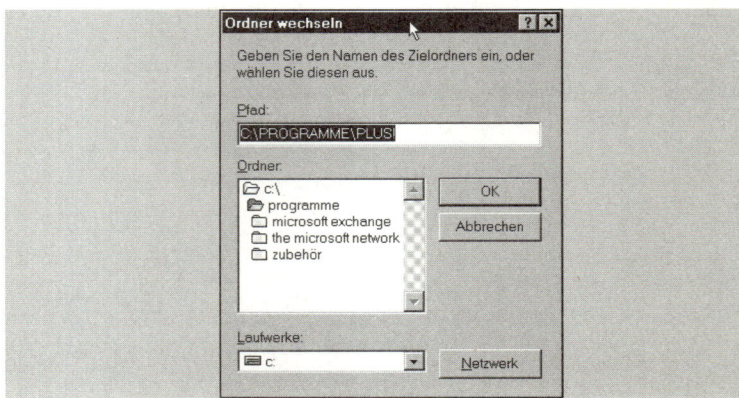

Abb. 12.3: *Ordner wechseln*

224

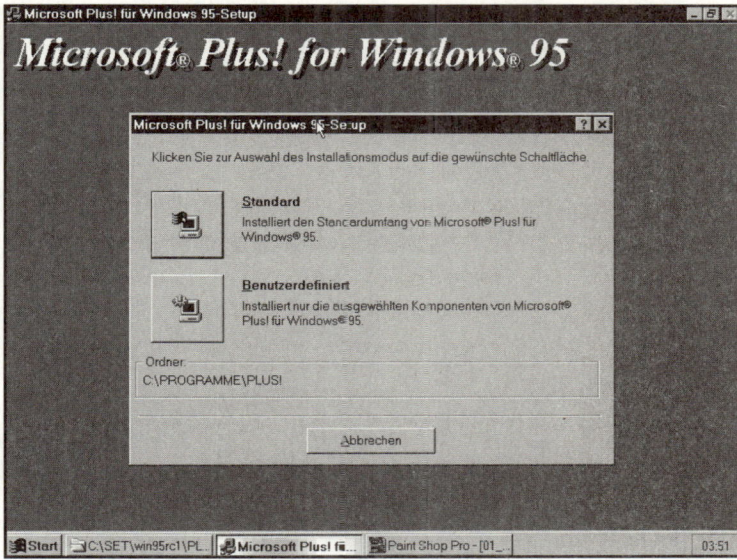

Abb. 12.4: *Standard oder Benutzerdefiniert installieren?*

Anschließend durchsucht das Installationsprogramm Ihre Festplatte nach schon vorhandenen Bestandteilen von Microsoft Plus!. Sie können über das Installationsprogramm bestimmte Teile des Pakets wieder deinstallieren, aber auch wieder hinzufügen.

Die nächste Abfrage bezieht sich auf die Installationsart. Sie können wählen zwischen der Standard- oder einer benutzerdefinierten Installation, bei der Sie alle Einzelkomponenten des Pakets auswählen können. Die benutzerdefinierte Installation hat den Vorteil, daß Sie genau kontrollieren können, wieviel Speicherplatz jede einzelne Komponente auf Ihrer Festplatte belegt und ob Sie gegebenenfalls einige Optionen aussparen können.

Die benutzerdefinierte Installation zeigt Ihnen ein übersichtliches Dialogfenster, das alle Bestandteile des Pakets in einem Auswahlfenster auflistet. Über Optionskästchen können Sie Bestandteile von der Installation ausklammern, indem Sie mit der Maustaste die Option ausschalten. Rechts sehen Sie jeweils in einem separaten Abschnitt einen Beschreibungstext.

225

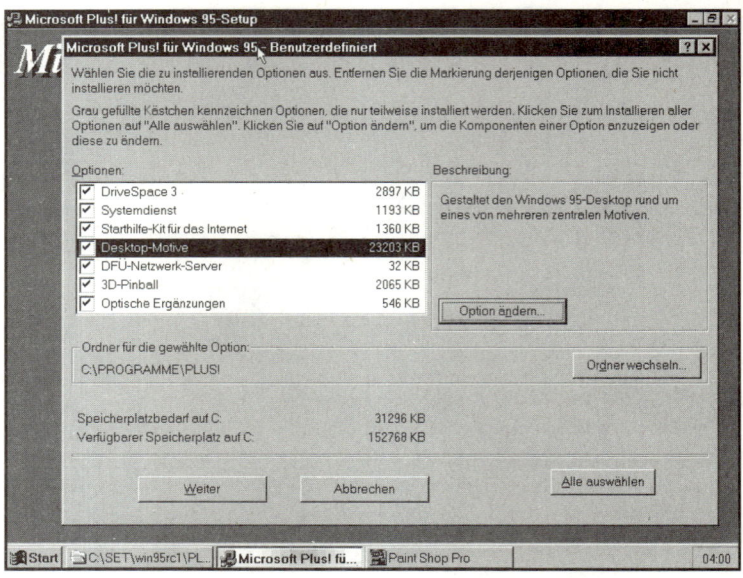

Abb. 12.5: *Auswahl der Einzelkomponenten von Microsoft Plus!*

Microsoft Plus! bietet insgesamt sieben Einzeloptionen an:

❑   DriveSpace 3

❑   Systemdienste

❑   Starthilfe-Kit für das Internet

❑   Desktop-Motive

❑   DFÜ-Netzwerk-Server

❑   3D-Pinball

❑   Optische Ergänzungen

Für jede Einzeloption kann wieder ein Dialogfenster für weitere Unter-
optionen geöffnet werden. Sie haben dann die Möglichkeit, zum Beispiel
bei den Desktopmotiven jedes einzelne Bild, das mitgeliefert wird, bei der
Installation auszusparen, wenn es Ihnen unnötig erscheint. Haben Sie alle
Optionen ausgewählt, klicken Sie auf die Schaltfläche OK und starten
den eigentlichen Installationsvorgang. Die Installation dauert maximal fünf
Minuten und wird Ihnen grafisch angezeigt.

226

Abb. 12.6: *Auswahlfenster für die Desktop-Motive. Hier das Motiv Leonardo da Vinci.*

Danach wird schon das Auswahlfenster für die Desktop-Motive eingeblendet. Sie können hier schon mal eine Vorwahl treffen, wie Ihr Bildschirm nach dem Neustart von Windows 95 aussehen soll. In einem Auswahlfenster können Sie unter mehreren Desktopmotiven auswählen und sie direkt in einem Vorschaufenster begutachten. Ihr altes Schema sollten Sie vor der neuen Auswahl unter einem Namen Ihrer Wahl abspeichern, da ansonsten alle vorherigen Desktopeinstellungen verloren gehen. Bestätigen Sie anschließend die Auswahl mit OK. Die Installation wird dann fortgesetzt.

Nach erfolgreicher Installation meldet sich das Setup-Programm noch einmal und fordert Sie auf, Windows 95 neu zu starten, damit alle Änderungen der Systemdateien eingelesen werden können. Bestätigen Sie nun den Neustart. Microsoft Plus! ist damit installiert.

227

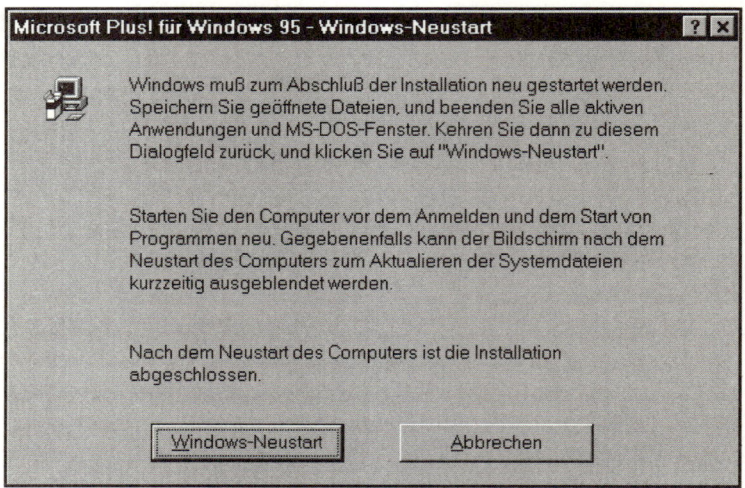

Abb. 12.7: *Windows-Neustart, um die Systemdateien für Microsoft Plus!*
zu aktualisieren

Kapitel 13: DriveSpace 3

Festplattenverdoppler - eine kurze Erklärung

Sie kennen sicherlich den Festplattenverdoppler DoubleSpace, den Microsoft schon mit MS-DOS 6 ausgeliefert hat. Damals hatte es einen Rechtsstreit bezüglich des Namens gegeben. Microsoft mußte sein Produkt DoubleSpace in DriveSpace umbenennen. DoubleSpace oder DriveSpace war und ist immer noch ein recht komfortabler Fest-plattenverdoppler, der auch mit Windows 3.x schon zusammengearbeitet hat. Microsoft muß natürlich seine Klientel auch unter Windows 95 weiter unterstützen. So ist der Festplattenverdoppler DriveSpace auch in Windows 95 integriert. Umsteiger von DOS/Windows auf Windows 95 können also ohne Sorge Ihre bisherigen verdoppelten Festplatten oder Festplattenbereiche übernehmen.

Für diejenigen, die mit dem Begriff Festplattenverdoppler nichts anfangen können, sei hier eine kurze Erklärung gegeben. Festplattenverdoppler speichern Daten praktisch komprimiert. Es gibt zwar Komprimierungsprogramme, mit deren Hilfe große Dateien auf ein vernünftiges Maß verkleinert werden können, um sie zum Beispiel auf eine Diskette kopieren zu können, die Daten sind aber eingefroren. Das heißt, wenn Sie sie benutzen wollen, müssen die Daten erst entkomprimiert oder ausgepackt werden. Festplattenverdoppler dagegen komprimieren und entkomprimieren die Daten in einem Vorgang und zwar so schnell, daß es keine Verzögerung gibt. Der Komprimierungsvorgang findet praktisch im Hintergrund statt, Sie merken davon gar nichts.

Gesteuert wird der Festplattenverdoppler meist von einem Treiber, der die Komprimierung verwaltet und die Daten in einem komprimierten Format abspeichert. Festplattenverdoppler bedienen sich hierbei bestimmter Komprimierungsalgorithmen, die sich wiederholende Zeichenketten abkürzen und verschlüsseln. Sie können auf diese Weise ganze Festplatten oder nur bestimmte Festplattenbereiche komprimieren. Im zweiten Fall wird meistens ein zweites virtuelles Laufwerk eingerichtet, das in Wirklichkeit einer riesigen Komprimierungsdatei entspricht. Diese Komprimierungsdatei befindet sich dann auf Ihrer eigentlichen Festplatte und simuliert ein zweites Laufwerk mit komprimierten Daten. Im ersten Fall werden die gesamten Daten der Festplatte komprimiert und in einer Komprimierungsdatei gespeichert. Dieses Laufwerk behält dann seinen Laufwerksbuchstaben.

In welchem Maße die Daten komprimiert werden, hängt immer von der Dateiart ab. Programmdateien können meist nicht mehr komprimiert werden. Textdateien oder sogar Grafiken lassen sich sehr stark komprimieren.

Ein gewisses Risiko birgt die Festplattenverdoppelung. Der Treiber, der für die Verdoppelung verantwortlich ist, komprimiert und speichert die Daten in einem bestimmten Format ab, das von DOS oder Windows 95 auf die herkömmliche Art und Weise nicht gelesen werden kann. Fällt der Treiber aus, haben Sie auch keinen Zugriff mehr auf die Daten. Unter DOS und Windows 95 gehört der Treiber zu den Systemdateien und wird gleichzeitig mit den Betriebssystemdateien geladen. So kann ein Fehlverhalten des Treibers ausgeschlossen werden.

DriveSpace 3 als Ergänzung

Mit Microsoft Plus! erhalten Sie zu DriveSpace eine Ergänzung. DriveSpace besitzt, wie der Name schon sagt, den Vorteil einer besseren Komprimierungsrate. DriveSpace verdoppelt Ihre Festplatte im günstigsten Fall im Verhältnis 1:2. Bei DriveSpace 3 liegt das Komprimierungsverhältnis bei 1:3. Diese Werte sind aber nur Zielwerte, denn die Komprimierungsrate hängt, wie schon erwähnt, immer von den zu komprimierenden Daten ab.

Eine Vorwarnung

Um bestimmte Risiken auszuschließen, sollte die Komprimierung einer Festplatte oder bestimmter Bereiche vorher geplant sein. Hier kann Ihnen Windows 95 zum Glück die Entscheidung abnehmen.

 Sie sollten niemals die gesamte Festplatte verdoppeln lassen. Behalten Sie immer einen Teil Ihrer Festplatte im herkömmlichen Format. So haben Sie die Gewißheit, den Rechner noch booten zu können, wenn der Treiber einmal ausfällt oder die komprimierte Festplatte aus irgendwelchen Gründen nicht mehr ansprechbar ist. Vor allem Textdateien oder Daten, von denen Sie keine Kopien haben, sollten Sie vor dem Komprimierungsvorgang sichern und auf eine Diskette kopieren. Programme können immer wieder neu installiert werden, Textdateien oder mühselig aufgebaute Datenbanken nicht.

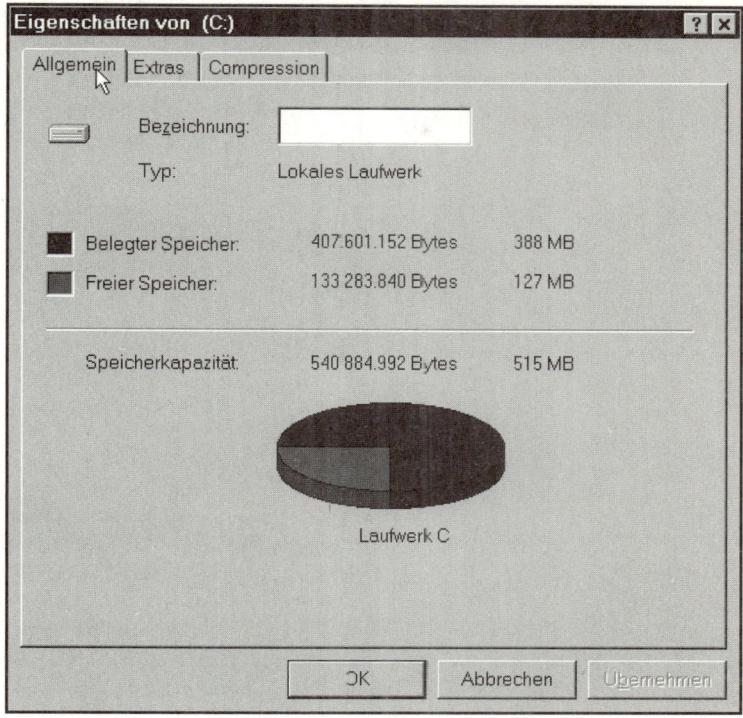

Abb. 13.1: *Das Eigenschaftsfenster für Laufwerk C:*

DriveSpace 3 aufrufen

DriveSpace 3 wird bei der Installation von Microsoft Plus! automatisch eingerichtet. Der Treiber wird automatisch beim Start von Windows 95 mitgeladen. Dabei spielt es keine Rolle, ob Sie Drive Space3 benutzen wollen oder nicht.

Um DriveSpace aufzurufen, öffnen Sie einfach Ihren Rechner mit einem Doppelklick auf das Symbol für ARBEITSPLATZ. Hier wählen Sie nun ein Laufwerk aus, das Sie komprimieren möchten. Öffnen Sie jetzt mit der rechten Maustaste das Popup-Menü und wählen den Befehl EIGENSCHAFTEN. In dem Eigenschaftsfenster fir den Sie drei Register für unterschiedliche Funktionen der Laufwerksverwaltung.

231

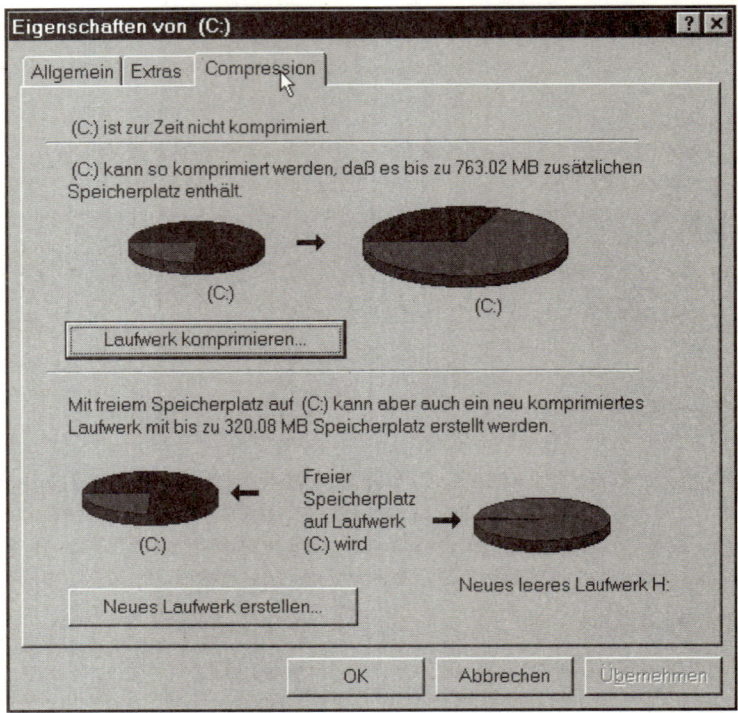

Abb. 13.2: *Das Register* COMPRESSION

Das Register ALLGEMEIN stellt Informationen bezüglich des Laufwerks zur
Verfügung. Das Register EXTRAS beinhaltet Befehle für die Festplattenpflege. Das dritte Register führt Sie zu den Befehlen für DriveSpace 3.

Das Dialogfenster gibt Ihnen zuerst die Information, daß Ihr Laufwerk
noch nicht komprimiert worden ist. Gleichzeitig macht DriveSpace 3 zwei
Vorschläge für die Komprimierungsart und rechnet sofort aus, wieviel
Festplattenkapazität vorhanden ist und wieviel davon für die Komprimierung verwendet werden kann. Die grafische Darstellung gibt Ihnen einen Überblick über den verbleibenden Festplattenplatz.

DriveSpace 3 schlägt zwei Komprimierungsarten oder Laufwerks-
verwaltungen vor:

❑ Komprimierung der gesamten Festplatte

❑ Anhängen eines neuen komprimierten Laufwerks mit neuem Laufwerksbuchstaben

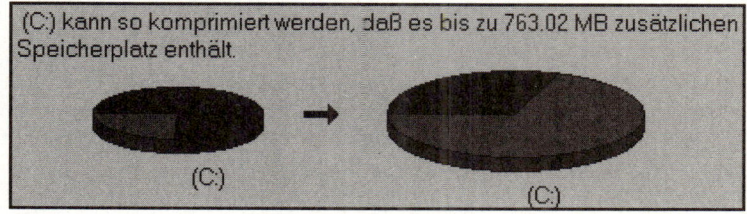

Abb. 13.3: *Komprimierung der gesamten Platte*

In diesem Beispiel wird eine 540 MByte Platte verwendet, auf der etwas mehr als 400 MByte belegt sind. 140 MByte sind also noch frei. Bei einer Komplettkomprimierung rechnet DriveSpace 3 eine Erweiterung von zusätzlich 760 MByte aus. Die Festplatte hätte dann eine Kapazität von 540 MByte plus 760 MByte, also 1,3 GByte. Bei der zweiten Variante wird nicht die gesamte Festplatte komprimiert, sondern nur ein bestimmter Teil. Deswegen fällt die hinterher verbleibende Gesamtkapazität etwas niedriger aus. In unserem Beispiel wollen wir ein neues Laufwerk erstellen.

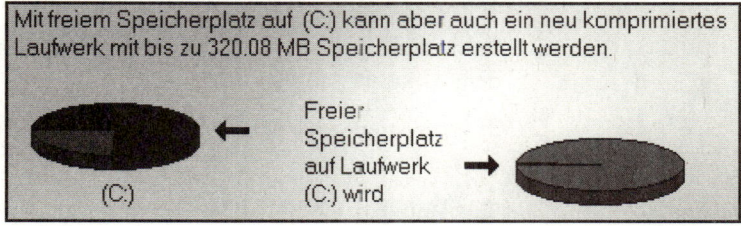

Abb. 13.4: *Anhängen eines neuen komprimierten Laufwerks*

DriveSpace 3 errechnet im zweiten Fall ein neues Laufwerk mit einer Kapazität von 320 MByte. Die Festplatte hätte dann eine Kapazität von 540 MByte plus 320 MByte, also fast 860 MByte. Diese Werte können aber unterschiedlich ausfallen, je nachdem, wie Ihre Festplatte belegt ist und wieviel Speicher noch frei ist. Der komprimierte Bereich der Festplatte kann dann unterschiedlich groß sein und die Menge der komprimierten Daten kann dann entweder kleiner oder größer ausfallen.

233

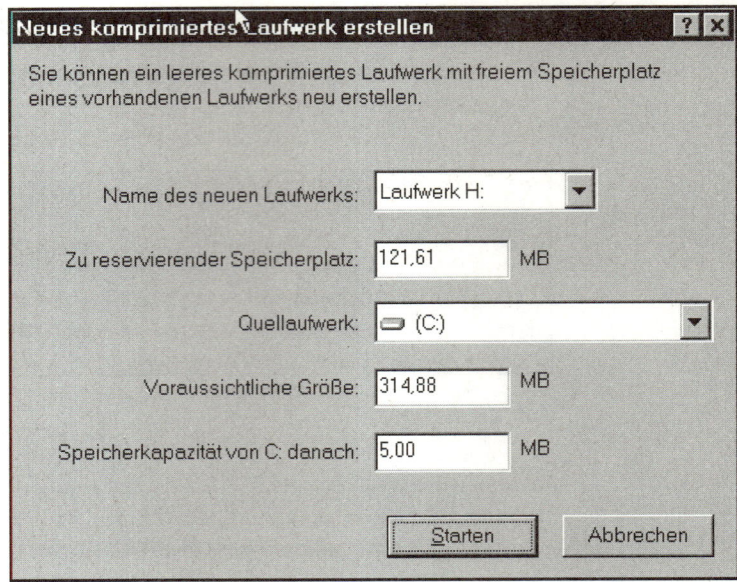

Abb. 13.5: *Angaben zu einem neuen komprimierten Laufwerk*

Um die Komprimierung zu starten, klicken Sie jetzt auf den Button NEUES LAUFWERK ERSTELLEN. Sie erhalten dann ein neues Dialogfenster mit konkreten Angaben zu dem neuen Laufwerk. Hier haben Sie auch die Möglichkeit, die Größe des Laufwerks zu bestimmen. Die Angaben seien hier kurz erklärt:

❑ **Name des neuen Laufwerks** gibt den Laufwerksbuchstaben an, mit dem es nachher angesprochen wird.

❑ **Zu reservierender Speicher** gibt die Größe an, die das neue Laufwerk auf der Festplatte als virtuelles Laufwerk benötigt.

❑ **Quellaufwerk** bezeichnet das Ursprungslaufwerk

❑ **Voraussichtliche Größe** gibt die Zielgröße des neuen Laufwerks nach der Komprimierung an.

❑ **Speicherkapazität von C: danach** gibt den verbleibenden freien Speicher an.

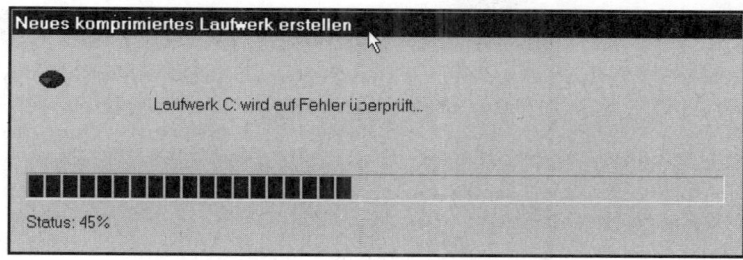

Abb. 13.6: *Laufwerk wird auf Fehler überprüft*

Mit diesem Dialogfenster haben Sie nun ein komfortables Instrument,
um die Eigenschaften des neuen Laufwerks zu verändern. Möchten Sie
zum Beispiel auf Ihrem Ursprungslaufwerk C: mehr freien Speicherplatz
reservieren als von DriveSpace vorgeschlagen wird, ändern Sie in der Ein-
gabe-zeile SPEICHERKAPAZITÄT VON C einfach die MByte-Größe. DriveSpace
errechnet dann sofort alle übrigen Werte wie Größe des komprimierten
Laufwerks und den zu reservierenden Speicherplatz.

Haben Sie die richtigen Werte gefunden, starten Sie den Komprimierungsvorgang mit einem Klick auf den Button STARTEN. DriveSpace
untersucht dann die Platte nach Fehlern. Findet DriveSpace einige Fehler
auf der Festplatte, wird automatisch das Festplattenpflegeprogramm
ScanDisk gestartet und behebt alle Störungen automatisch.

Anschließend erstellt DriveSpace eine komprimierte Datenträgerdatei auf
Ihrer Festplatte. Diese Datei trägt den Namen DRVSPACE.001 und ist mit
den Dateiattributen SCHREIBGESCHÜTZT und VERSTECKT versehen. Diese
Datei verkörpert nun Ihr neues komprimiertes Laufwerk.

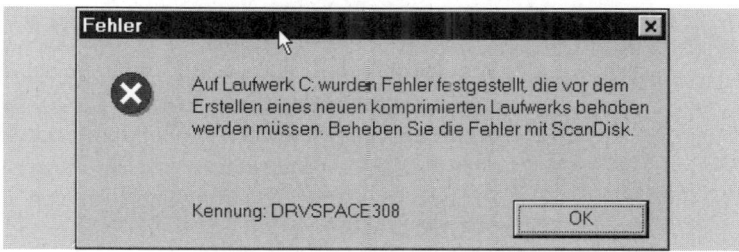

Abb. 13.7: *DriveSpace wurde wegen eines Fehlers unterbrochen*

235

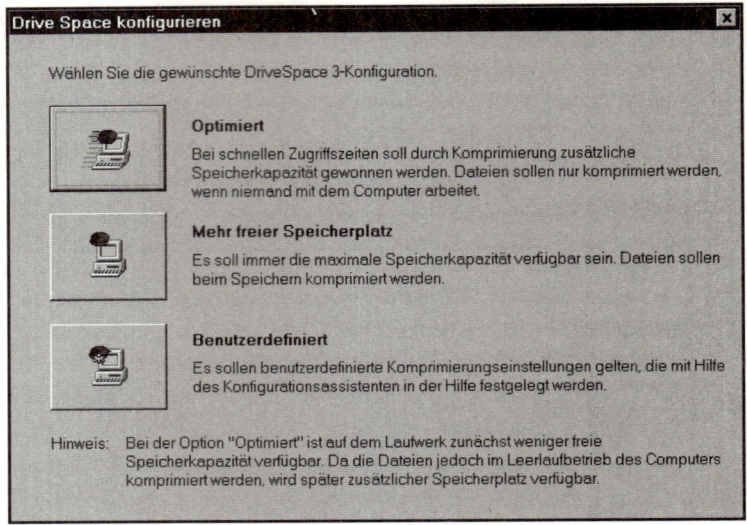

Abb. 13.8: *Auswahl an Konfigurationsarten für DriveSpace 3*

Anschließend blendet sich automatisch eine Dialogbox für die Konfigurationsarten von DriveSpace ein. Zur Auswahl stehen drei Konfigurationsarten, die jeweils als Standardeinstellung verwendet werden können.

❑ **Optimiert** bedeutet als Einstellung weniger Komprimierung, aber dafür eine höhere Performance und Geschwindigkeit. Die Daten werden zum Beispiel nur dann komprimiert, wenn der Rechner nicht verwendet wird.

❑ **Mehr Speicherplatz** komprimiert Ihre Daten direkt und stellt immer die maximale Speicherkapazität zur Verfügung.

❑ **Benutzerdefiniert** stellt Ihnen umfangreiche Konfigurationseinstellungen zur Verfügung, mit deren Hilfe Sie das gesamte komprimierte Laufwerk feintunen können, um höchste Speicherkapazität aber auch Geschwindigkeit zu erzielen. Diese Variante erfordert allerdings ein bißchen Erfahrung und sollte vom Einsteiger nicht verwendet werden.

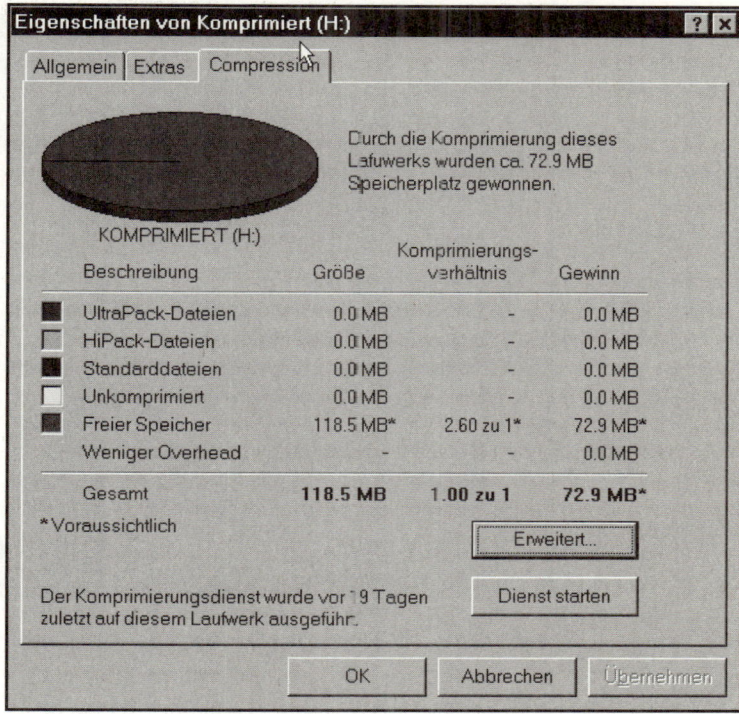

Abb. 13.9: *Eigenschaftsfenster eines komprimierten Laufwerks*

Für Anfänger und Einsteiger empfiehlt sich daher eher die zweite Variante, um möglichst viel Speicherplatz zu gewinnen. Schließlich wird Windows 95 neu gebootet, damit das neue Laufwerk auch geladen wird.

Laufwerk verwalten und konfigurieren

Zur Konfiguration eines Laufwerks verfahren Sie wie bei herkömmlichen Laufwerken auch. Mit der rechten Maustaste öffnen Sie das Eigenschaftsfenster eines Objekts. In diesem Fall wählen Sie das Laufwerks-Icon des komprimierten Laufwerks. In der Auswahl der Register klicken Sie auf COMPRESSION. Das Eigenschaftsfenster zeigt Ihnen dann jede Menge Informationen bezüglich des Komprimierungsverhältnisses an.

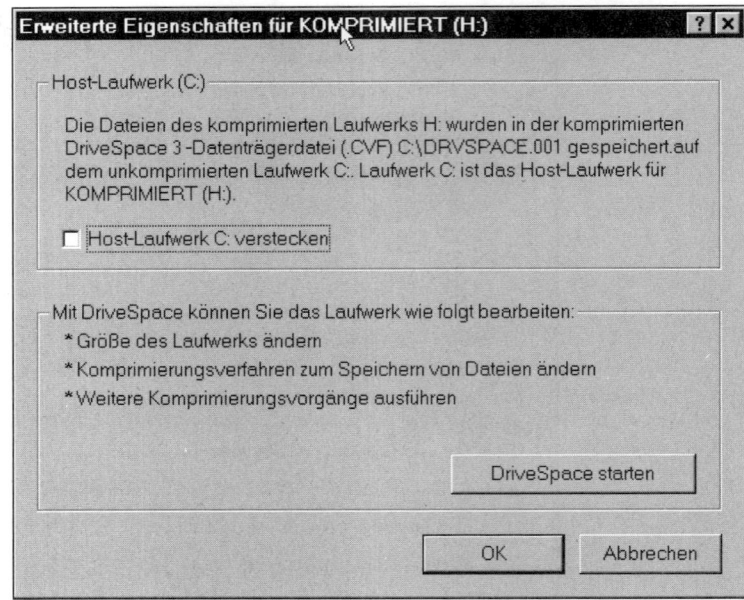

Abb. 13.10: *Die erweiterten Eigenschaften des komprimierten Laufwerks*

In dieser Dialogbox werden Größe des Laufwerks und der tatsächliche Gewinn, der sich dann in einem Komprimierungsverhältnis ausdrückt, gegenübergestellt. In diesem Beispiel wird ein Komprimierungsverhältnis von 2,6 : 1 angezeigt. Also nicht ganz das angestrebte Verhältnis von 3 : 1.

Für weitere Konfigurationen stehen Ihnen die Optionen ERWEITERT und DIENST STARTEN zur Verfügung. Beide Funktionen werden in den nächsten Abschnitten erklärt.

Erweiterte Eigenschaften

Über die Funktion ERWEITERTE EIGENSCHAFTEN können Sie das Verwaltungsprogramm von DriveSpace starten. Es bietet Ihnen Funktionen und Befehle, um zum Beispiel die Größe eines Laufwerks zu ändern, andere Komprimierungsverfahren einzustellen oder andere Komprimierungsvorgänge auszuführen. Zusätzlich bietet diese Dialogbox die Option, Ihr Ursprungslaufwerk zu verstecken. Diese Option ist nur dann nötig, wenn Sie Ihre gesamte Festplatte komprimiert haben. Es bleibt nämlich immer

einer kleiner, unkomprimierter Bereich der Festplatte übrig, auf dem sich
die Systemdateien zum Start des Rechners befinden. Sie dürfen nicht im
komprimierten Zustand sein, da sonst auch nicht der Treiber für DriveSpace
geladen werden kann. Dieses Laufwerk wird natürlich immer angezeigt,
ist für Sie aber nicht brauchbar, da auf ihm kaum noch freier Speicher
vorhanden ist. Für diesen Fall kann das Laufwerk einfach versteckt werden.

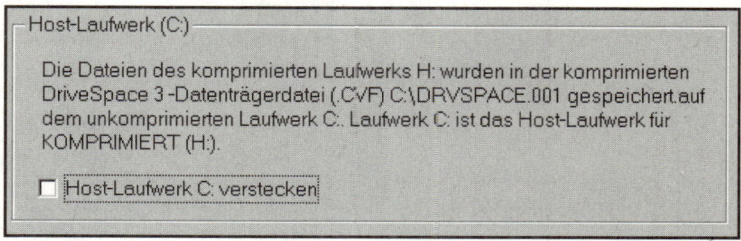

Abb. 13.11: *Option, um das Bootlaufwerk C: zu verstecken*

Das Verwaltungsprogramm von DriveSpace starten Sie einfach mit einem Klick auf den Button DRIVESPACE STARTEN. Sie erhalten dann einen
Ordner mit allen Laufwerken, die Sie komprimieren können oder die schon
komprimiert worden sind. Wie Sie erkennen können, gilt dies auch für
Diskettenlaufwerke. Sie können also auch Disketten komprimieren.

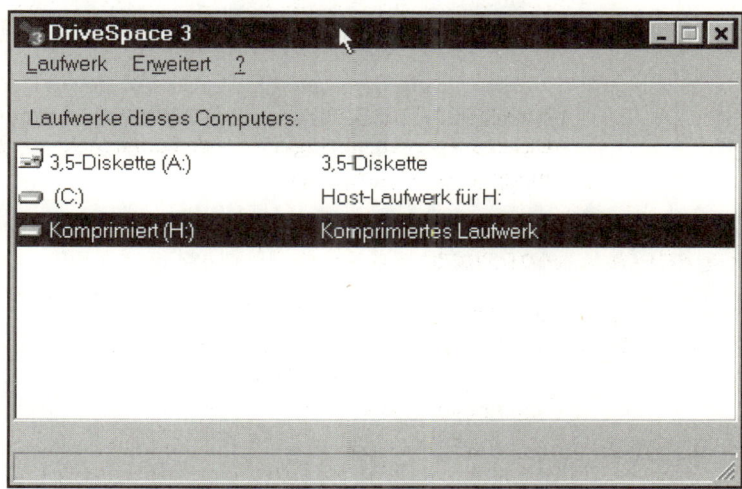

Abb. 13.12: *DriveSpace-Verwaltungsprogramm*

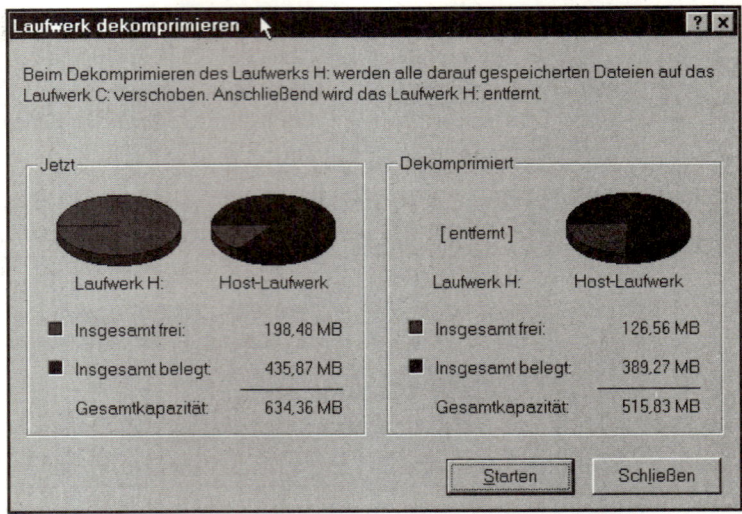

Abb. 13.13: *Komprimierung rückgängig machen*

Das Verwaltungsprogramm ist sehr komplex und bietet viele Befehle für die Komprimierung aber auch Dekomprimierung von Laufwerken. Sie können also komprimierte Laufwerke wieder in den Urzustand zurückversetzen.

Laufwerke dekomprimieren

Wählen Sie aus dem Menü LAUFWERK den Befehl DEKOMPRIMIEREN, und starten Sie anschließend den Vorgang über den Befehl STARTEN. Das Laufwerk wird dann mit seinen Daten in das für DOS und Windows 95 lesbare Dateiformat zurückkonvertiert.

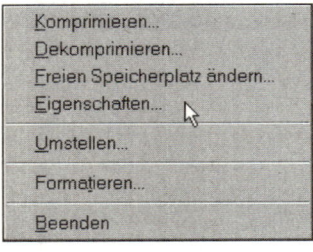

Weitere wichtige Befehle des Menüs LAUFWERK betreffen die Veränderung der Größe eines Laufwerks, die Anzeige von Laufwerkseigenschaften sowie Befehle für das Umstellen von Laufwerksbuchstaben und einen Formatbefehl.

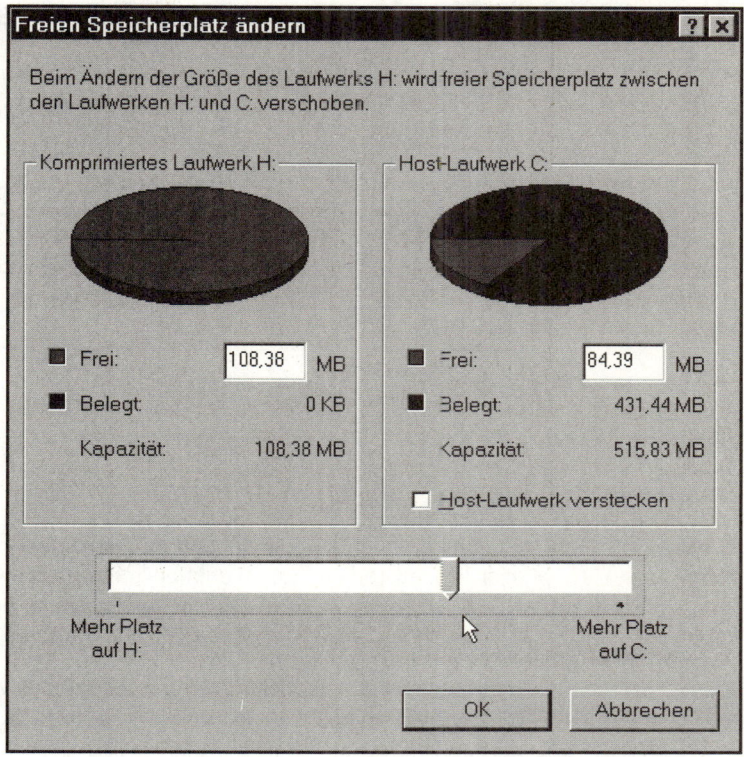

Abb. 13.14: Eigenschaftsfenster zur Veränderung der Laufwerksgröße

Laufwerksgröße ändern

Sehr komfortabel gestaltet sich der Befehl, mit dessen Hilfe Sie die Größe eines DriveSpace-Laufwerkes regeln können. Regeln ist das richtige Wort, denn Sie können die Größe mit der Maus ändern, indem Sie den abgebildeten Regler entweder nach rechts oder links verschieben.

Bootlaufwerk C: und das komprimierte Laufwerk werden gegenübergestellt. Jede Veränderung des Größenverhältnisses mit Hilfe des Reglers wird sofort grafisch angezeigt. Gleichzeitig ändern sich auch die Werte in den Eingabezeilen für den freien Speicher. Sie können das Ganze nämlich auch mit festen Werten ändern, indem Sie einfach für ein Laufwerk neue Werte für den freien Speicher eingeben.

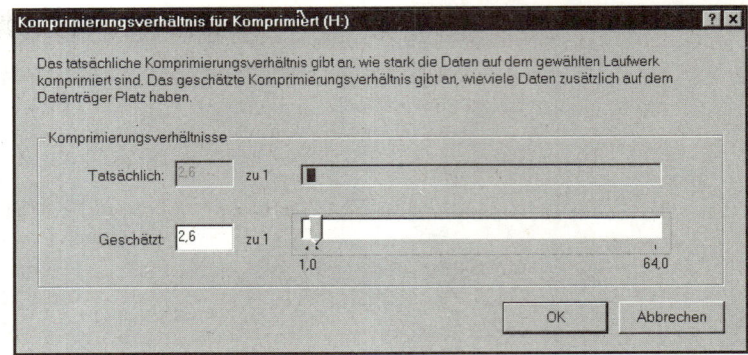

Abb. 13.15: *Komprimierungsverhältnis ändern*

Erweiterte Befehle des Verwaltungsprogramms

Das zweite Menü enthält Befehle für das Laden und Entladen von komprimierten Laufwerken. Diese Funktion kommt zum Beispiel bei komprimierten Disketten zum Tragen. Wenn Sie eine komprimierte Diskette einlegen, wird diese erstmal von DriveSpace geladen oder angemeldet.

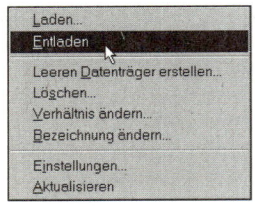

Weitere Befehle beziehen sich auf das Löschen von komprimierten Laufwerken. In diesem Fall wird das gesamte Laufwerk samt Inhalt gelöscht und abgemeldet. Seien Sie also vorsichtig mit diesem Befehl!

Genauso wie Sie Laufwerksbezeichnungen für herkömmliche Laufwerke vergeben, können auch komprimierte Laufwerke von Ihnen mit Hilfe des Befehls BEZEICHNUNG ÄNDERN benannt werden.

Komprimierungsverhältnis ändern

Interessant ist natürlich der Befehl VERHÄLTNIS ÄNDERN, den Sie auch im Menü LAUFWERK finden. Auch hier erhalten Sie einen Regler zur Veränderung des geschätzten Komprimierungsverhältnisses. Darüber sehen Sie eine grafische Anzeige für das tatsächliche Komprimierungsverhältnis. Je nach Dateiart und Belegung des komprimierten Laufwerks kann dieser Wert über dem Verhältnis 2,6 zu 1 liegen. Textdateien oder Grafiken, die sich gut komprimieren lassen, ergeben dann oft einen Wert von 7,0 zu 1.

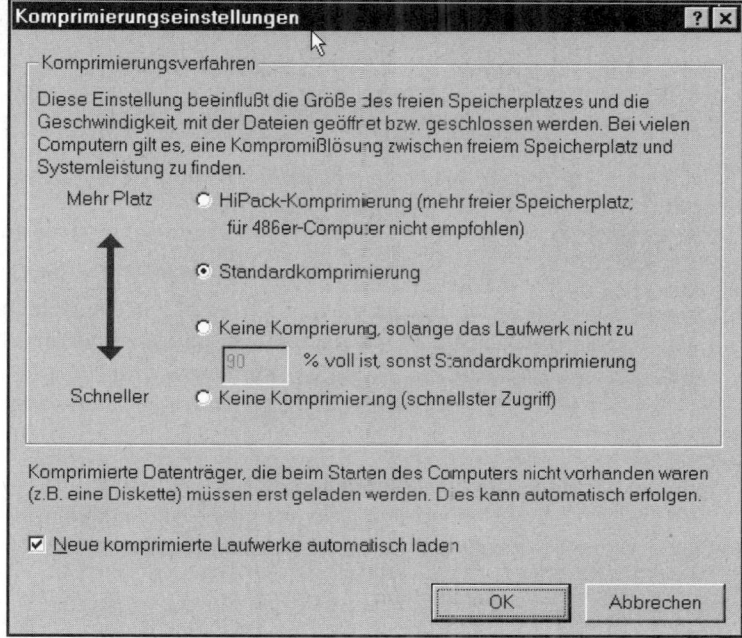

Abb. 13.16: *Auswahl des Komprimierungsverfahrens*

Wenn Sie das geschätzte Komprimierungsverhältnis anpassen wollen, so stellen Sie mit dem Regler nur Wunschwerte ein. Ob diese dann auch tatsächlich erreicht werden, hängt wieder von den Daten ab, die Sie auf dem Laufwerk ablegen.

Die Veränderung des Komprimierungsverhältnisses führt einen Neustart des Rechners mit sich. Windows 95 wird dann in einem besonderen Modus gestartet, die Daten werden neu berechnet und komprimiert. Sie müssen aber immer in Kauf nehmen, daß ein höheres Komprimierungsverhältnis immer mit Geschwindigkeitsverlust verbunden ist.

Komprimierungseinstellungen

Um diesem Dilemma entgegenzuwirken, können Sie über das Menü ERWEITERT den Befehl EINSTELLUNGEN aufrufen. Hier können Sie nun zwischen vier Komprimierungsverfahren auswählen. Dabei gilt es abzuwägen, welches für Sie eher in Frage kommt.

243

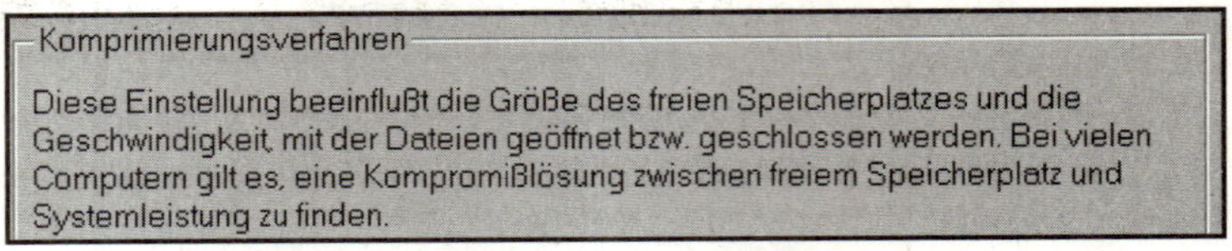

```
┌─ Komprimierungsverfahren ────────────────────────────────────┐
│                                                               │
│  Diese Einstellung beeinflußt die Größe des freien Speicherplatzes und die │
│  Geschwindigkeit, mit der Dateien geöffnet bzw. geschlossen werden. Bei vielen │
│  Computern gilt es, eine Kompromißlösung zwischen freiem Speicherplatz und │
│  Systemleistung zu finden.                                    │
│                                                               │
└───────────────────────────────────────────────────────────────┘
```

Abb. 13.17: *Kompromißsuche - Mehr Speicherplatz oder mehr Geschwindigkeit*

Bevorzugen Sie eine höhere Komprimierungsrate, die einem größeren Speicherplatz gleichkommt oder eine höhere Ausführungsgeschwindigkeit des Computers mit weniger Speicherplatz? Die Einstellungen gehen bis-hin zur Ausschaltung der Kompressionsfunktion, damit der schnellste Zugriff gewährleistet ist. Folgende Kompressionsverfahren werden ange-boten:

❑ **HiPack-Komprimierung**
Komprimierungsart, die eher einen Pentiumrechner erfordert, dafür aber die höchste Komprimierungsrate erreicht.

❑ **Standardkomprimierung**
Komprimierungsart für jeden Rechnertyp. Sie sollten dieses Verfah-ren wählen, wenn Sie einen 486er Rechner besitzen.

❑ **Keine Komprimierung, solange das Laufwerk nicht zu X % voll ist**

Dieses Komprimierungsverfahren erscheint ganz sinnvoll, wenn Sie eigentlich keine Komprimierung bevorzugen, aber in Notfällen, wenn viele Daten anfallen und Ihre Plattenkapazität erschöpft ist, doch auf eine Komprimierung der Daten angewiesen sind.

❑ **Keine Komprimierung**
Schaltet die Komprimierung vorübergehend aus.

Ein zusätzliches Komprimierungsverfahren nennt sich UltraPack. Dieses Verfahren wird im nächsten Abschnitt kurz angesprochen. Alle Kom-primierungsverfahren basieren dabei auf unterschiedlichen Berechnungs-methoden, die natürlich mit erhöter Komprimierung immer zeit-auf-wendiger werden und deshalb ein Computersystem verlangsamen können, wenn auf die komprimierten Daten zugegriffen wird.

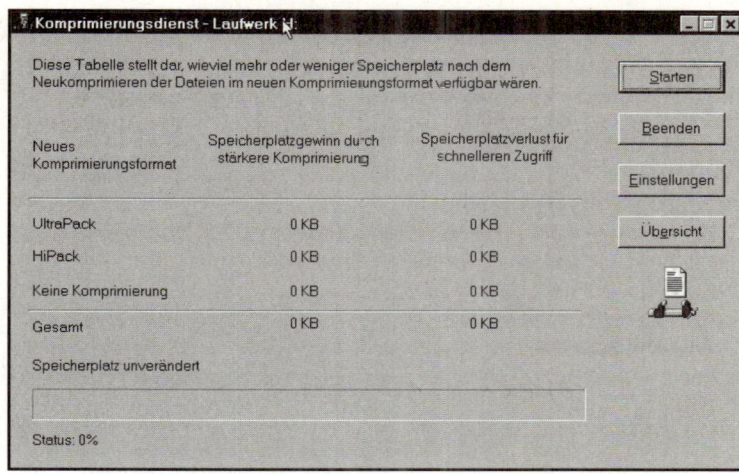

Abb. 13.18: *Der Komprimierungsdienst für Laufwerk H: wird gestartet*

Komprimierungsdienst

Zu den eher fortgeschrittenen Funktionen zählt der Komprimierungsdienst. Mit seiner Hilfe kann ein vormals komprimiertes Laufwerk wiederholt komprimiert werden, wobei hier bestimmte Einstellungen vorgenommen werden können.

Wann ist es sinnvoll, ein Laufwerk zu rekomprimieren? Den Komprimierungsdienst sollten Sie dann einsetzen, wenn Sie den Eindruck haben,
daß sich das System zu sehr verlangsamt hat. In diesem Fall sollten Sie
eine niedrigere Komprimierungsrate wählen. Der Komprimierungsdienst
stellt Ihnen hierfür einige Optionen zur Verfügung, mit denen Sie die
Komprimierungsverfahren auf bestimmte Dateien beschränken können.

Auf der anderen Seite kann die Komprimierungsrate erhöht werden, wenn
Sie wirklich das gesamte System ausschöpfen und im wahrsten Sinne des
Wortes jedes Quäntchen Speicherplatz aus Ihrem komprimierten Laufwerk herausquetschen wollen. Dies sollten Sie zum Beispiel auch überlegen, wenn Sie völlig neue Daten auf Ihrem Laufwerk gespeichert haben,
die sich sehr gut komprimieren lassen

245

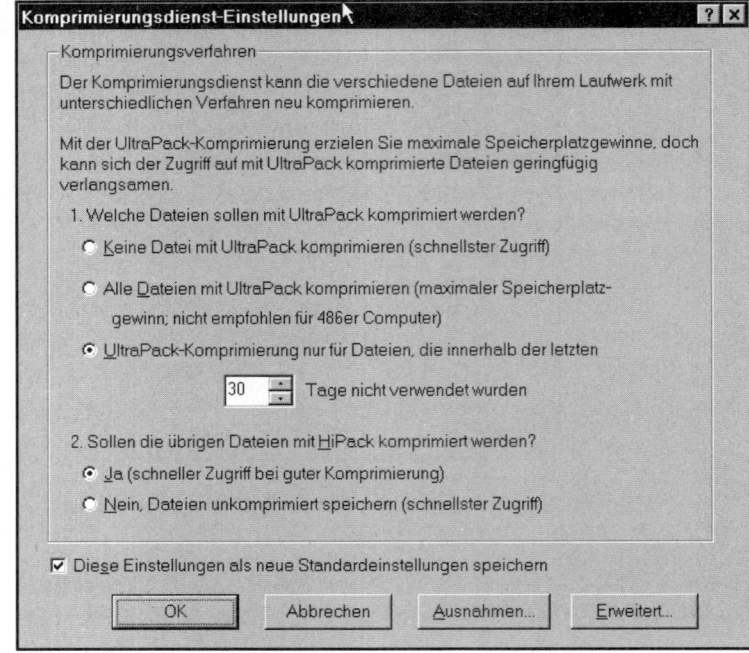

Abb. 13.19: *Komprimierungsdienst mit seinen Optionen*

Sie starten den Komprimierungsdienst über das Eigenschaftsfenster des komprimierten Laufwerks. In einer weiteren Dialogbox erhalten Sie ein Informationsfenster, über welches Sie zu den Einstellungen des Komprimierungsdienstes gelangen.

Hier haben Sie nun die Auswahl zwischen dem Hi- oder UltraPack-Verfahren. Für das UltraPack-Verfahren stehen die folgenden Optionen zur Verfügung:

❑ **Keine Dateien mit UltraPack komprimieren**
   Für den Rechner bedeutet das den schnellsten Zugriff.

❑ **Alle Dateien mit UltraPack komprimieren**
   Mit dieser Einstellung erzielen Sie wohl die höchste Komprimierungsrate. Sie erfordert aber auf der anderen Seite eine erhöhte Rechenleistung.

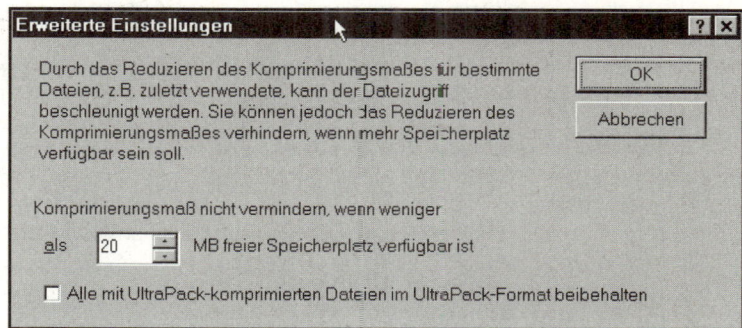

Abb. 13.20: *Einstellung des Mindestmaßes für eine reduzierte Kompri- mierung*

❑ **UltraPack-Komprimierung nur für bestimmte Dateien, die innerhalb der letzten X Tage nicht verwendet wurden.**
Hier haben Sie nun die Möglichkeit, Komprimierungsverfahren zu mischen, um die beste Performance für Ihren Rechner zu erhalten.

Für das HiPack-Verfahren können Sie zwischen den Optionen EIN- und AUSSCHALTEN wählen. Alle Einstellungen können dann schließlich als Stan- dardeinstellungen gespeichert werden.

Über die Option ERWEITERTE EINSTELLUNGEN, die Sie über die Schaltfläche ERWEITERT erreichen, haben Sie schließlich die Möglichkeit, das Kompri- mierungsverfahren nicht auf bestimmte Dateien abzustimmen, sondern auf eine bestimmte freie Speicherplatzgröße. Droht also das komprimier- te Laufwerk immer voller zu werden, wird der Vorteil des erhöhten Datei- zugriffs begrenzt, indem das Komprimierungsmaß nicht mehr vermindert wird, sobald eine bestimmte freie Speicherkapazität unterschritten wird. DriveSpace 3 versucht dann also zwischen den Größen beste Komprimie- rung und schnellster Dateizugriff den günstigsten Wert zu finden. Ihr System wird dann praktisch ausbalanciert.

Haben Sie nun alle Einstellungen vorgenommen, klicken Sie im Dialog- fenster des Komprimierungsdienstes auf die Schaltfläche STARTEN. Ihr kom- primiertes Laufwerk wird daraufhin erneut komprimiert. Anschließend starten Sie den Komprimierungsdienst erneut und kontrollieren durch die Systeminformationen den Speicherplatzgewinn.

Diskette komprimieren

Zum Schluß sei noch kurz das Komprimieren von Disketten erwähnt. Führen Sie folgende Schritte durch:

1. Öffnen Sie mit einem Klick der rechten Maustaste das Eigenschaftsfenster Ihrer Festplatte.

2. Wählen Sie aus den Registern die Funktion COMPRESSION.

3. Starten Sie DriveSpace 3.

4. Markieren Sie in der Liste der vorhandenen Laufwerke Ihr Diskettenlaufwerk.

5. Legen Sie eine leere, formatierte Diskette ein, und starten Sie über das Menü LAUFWERK den Befehl KOMPRIMIEREN.

Wie Sie aus der Abbildung erkennen können, kann eine 1,44-MByte-Diskette auf 2,3 MByte komprimiert werden.

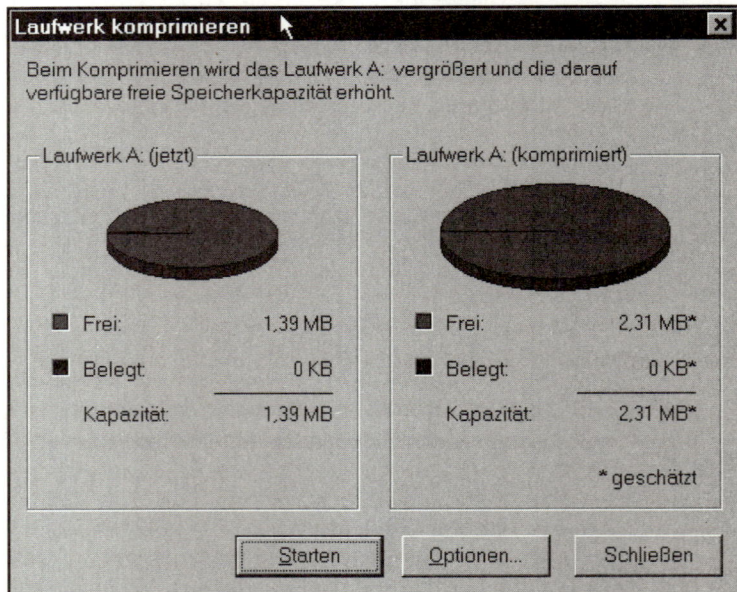

Abb. 13.21: Komprimieren einer Diskette

Kapitel 14: Systemdienst

Funktion des Systemdienstes

Sie kennen sicherlich Zeitschaltuhren, die während Ihrer Abwesenheit in Ihrer Wohnung ein Elektrogerät einschalten. Anschaulicher kann man die Funktion des Systemdienstes nicht erklären. Er kann bestimmte Programme zu bestimmten Zeiten aufrufen, die dann im Hintergrund laufen. Sie brauchen sich dann darum nicht mehr zu kümmern.

Zusätzlich kann der Systemdienst auch als „Wecker" genutzt werden. So können Sie Programme Ihrer Wahl einbinden - zum Beispiel eine Adreßverwaltung, einen Terminplaner oder ein anderes Programm, das Sie an etwas erinnern soll.

Microsoft hat standardmäßig schon einige Programme in den Systemdienst integriert. Es handelt sich dabei nur um Programme zur Systempflege, die zu einem bestimmten Zeitpunkt und in einem regelmäßigen Abstand gestartet werden und dann im Hintergrund laufen. Da Windows 95 sich noch stärker als Windows 3.x als Multitasking-System versteht, können viele Routinen im Hintergrund ablaufen, ohne daß diese Ihre tägliche Arbeit am Computer beeinträchtigen.

So hat Microsoft folgende Dienste schon integriert:

❑ **Speicherplatzbenachrichtigung**
Überprüft den verbleibenden Speicherplatz Ihrer Festplatte und gibt eine entsprechende Meldung aus. Die Ausführungszeit ist stündlich 15 Minuten nach der vollen Stunde.

❑ **ScanDisk (Standardprüfung)**
Überprüft Ihre Festplatte auf Fehler. Die Ausführungszeit ist täglich um 10:00 Uhr.

❑ **Defragmentierung**
Startet das Defragmentierungsprogramm zur Optimierung Ihrer Festplatte. Die Ausführungszeit ist auf täglich 14:00 Uhr eingestellt.

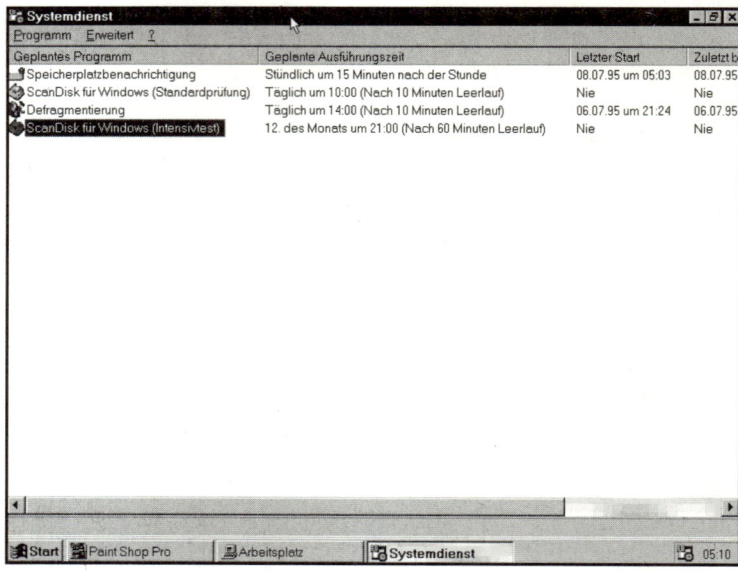

Abb. 14.1: *Der Hauptordner der Systemdienste*

❑ **ScanDisk (Intensivtest)**

Der Intensivtest von ScanDisk wird monatlich gestartet und zwar an jedem 12. des Monats um 21:00 Uhr.

Sie sehen also, daß Sie die Startzeit für ein Programm sehr exakt einstellen können. Wie der Systemdienst verwaltet und konfiguriert wird, erfahren Sie in den nächsten Abschnitten.

Zuvor sei noch erwähnt, daß der Systemdienst automatisch bei der Installation von Microsoft Plus! eingerichtet wird. Er wird jedesmal beim Start von Windows 95 mit aufgerufen und nistet sich als System-Icon in der Taskleiste ein. Von hier aus rufen Sie ihn auch auf, um eventuell neue Programme hinzuzufügen oder die schon vorinstallierten Programme neu einzustellen oder sogar zu entfernen. Ansonsten läuft der Systemdienst im Hintergrund ab und startet irgendwann - wie von „Geisterhand" - seine von ihm verwalteten Programme. Richtig zur Geltung kommt der Systemdienst allerdings erst dann, wenn Sie viel am Rechner arbeiten oder aber den Rechner oft im Leerlauf stehen lassen. In Ihrer Abwesenheit können dann bestimmte Programme ausgeführt werden.

Konfiguration der Programme

Die Konfiguration der integrierten Programme innerhalb des System-dienstes ist relativ einfach. Sie starten den Systemdienst mit einem Doppel-klick auf das Icon innerhalb der Taskleiste Der Systemdienst besteht aus einem einfachen Ordner, in dem alle zur Zeit integrierten Programme aufgelistet werden.

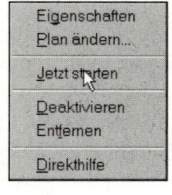

Mit der Maus markieren Sie ein Programm und öffnen dann mit einem rechten Mausklick ein Popup-Menü, das alle Befehle zur Veränderung des Programms bereithält. Alternativ könnten Sie alle Befehle auch über das Menü PROGRAMM erreichen. Sie sollten sich jedoch an die Oberfläche von Windows 95 gewöhnen und die einfache Methode bevorzugen. Sie wählen ein Objekt aus, das Sie verändern möchten und klicken es mit der rechten Maustaste an. Automatisch erhalten Sie alle Objekteigenschaften, die dem Objekt auch zugeordnet sind. Umgekehrt erhalten Sie über das Menü eine Anzahl Befehle, die nicht unbedingt für das Objekt bestimmt sind.

Zur Auswahl stehen Befehle für die Eigenschaften eines Programms. Hier bestimmen Sie den Bezug auf das Programm, das gestartet werden soll. Außerdem wollen Sie ja auch den Plan für die Startzeit des Programms ändern, das Programm gegebenenfalls sogar entfernen oder nur für ei-nen gewissen Zeitraum deaktivieren.

Startzeit ändern

Zur Änderung der Startzeit markieren Sie ein Programm und öffnen mit der rechten Maustaste das Popup-Menü. Anschließend wählen Sie den Befehl PLAN ÄNDERN.

Es öffnet sich ein Dialogfenster, in dem Sie drei Bereiche für unter-schiedliche Optionen vorfinden. Zur Einschränkung der Startzeit bietet sich zuerst die Bestimmung der Intervalle, mit der das Programm gestar-tet werden soll.

Hier haben Sie die Auswahl für einmal, stündlich oder täglich. Natürlich kann sich das Intervall auch auf Wochen und Monate beziehen. Alterna-tiv läßt sich ein Programm beim Start von Windows 95 aufrufen oder wenn sich der Rechner im Leerlauf befindet. Jede Option läßt sich per Mausklick ein- oder ausschalten.

251

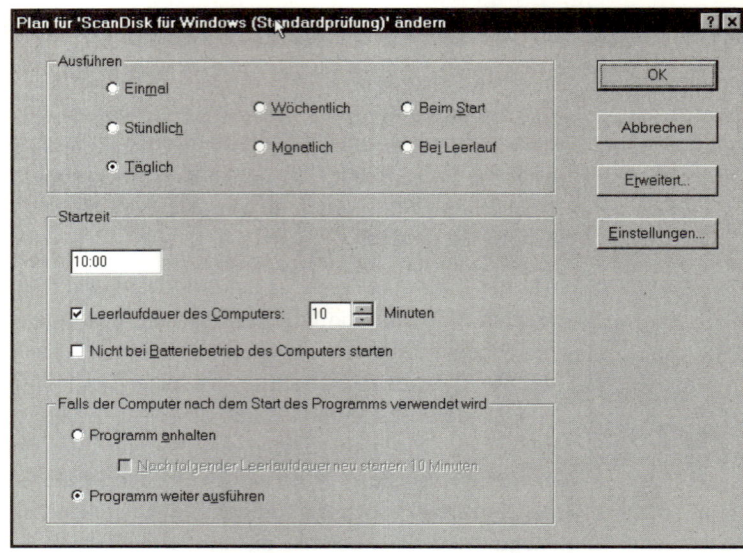

Abb. 14.2: *Änderung der Startzeit*

Beachten Sie bitte, daß sich je nach aktivierter Option im Bereich AB-SCHNITT die Optionen im Bereich STARTZEIT ändern. Haben Sie zum Beispiel bei der Ausführungsart die Option EINMAL aktiviert, so ändert sich der Abschnitt STARTZEIT und bietet Ihnen mehr Konfigurationsmöglichkeiten als die Option BEIM START.

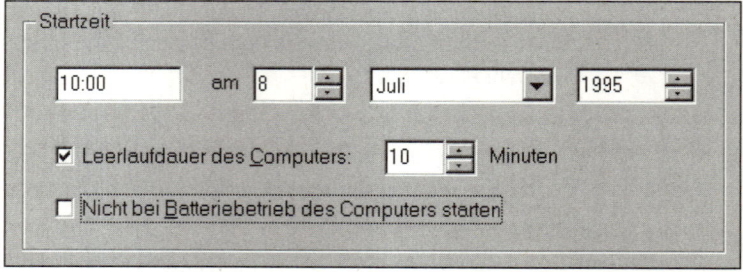

Abb. 14.3: *Exakte Bestimmung der Startzeit für ein Programm*

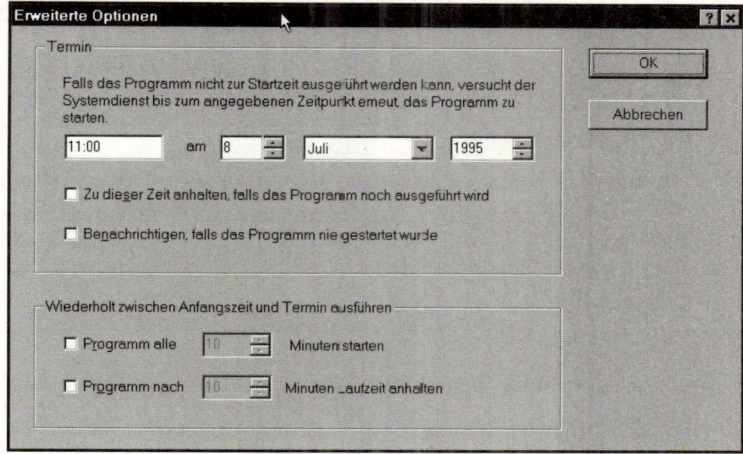

Abb. 14.4: *Die erweiterten Optionen zur Angabe von alternativen Start-zeiten*

Die Option EINMAL erlaubt zum Beispiel die Eingabe eines Startpunktes auf die Sekunde genau, und dies bezogen auf einen bestimmten Tag in einem Kalenderjahr Ihrer Wahl. Für batteriebetriebene oder tragbare Computer läßt sich der Starttermin eines Programms verzögern, um die Ressourcen der Batterien zu schonen.

Im dritten Abschnitt können Sie bestimmen, wie der Systemdienst das Programm einsetzen soll. So kann es Ihre Systemressourcen schonen, ein Programm nur dann zu starten, wenn sich der Rechner im Leerlauf befindet. In diesem Fall schalten Sie die Option PROGRAMM ANHALTEN ein.

Zu guter Letzt ist bei der Planänderung noch eine Sicherung eingebaut, falls das Programm zur angegebenen Zeit nicht ausführbar ist. Für diesen Zweck bietet die Funktion ERWEITERT... eine Dialogbox, in der Sie einen Ausweichtermin festlegen können. Hier können mehrere Optionen aktiviert werden. Für Leute, die ganz sicher gehen wollen, gibt es die Option BENACHRICHTIGUNG, falls das Programm nie gestartet wurde. Sie sehen also, dem Systemdienst soll nichts entgehen, und er wird Sie immer auf dem laufenden halten.

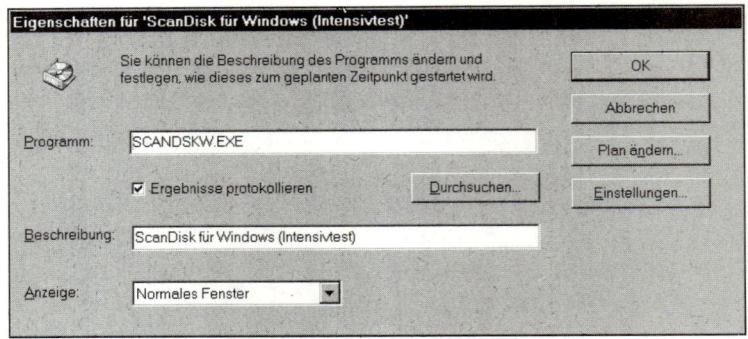

Abb. 14.5: Eigenschaftsfenster für ein integriertes Programm

Programmeigenschaften

Zur Veränderung der Programmeigenschaften markieren Sie in der Liste ein Programm und öffnen mit der rechten Maustaste die Dialogbox für die Programmeigenschaften. Damit der Systemdienst das integrierte Programm auch findet, benötigt er eine Pfadangabe mit der genauen Programmdatei, die später von dem Systemdienst ausgeführt werden soll.

Mit Hilfe des Befehls DURCHSUCHEN können Sie bequem den Pfad auf eine Programmdatei einstellen und ein alternatives Programm auswählen. Wie Sie neue Programme integrieren, erfahren Sie später. Die Ausführung der Programme können Sie protokollieren lassen, um später deren Ergebnisse zu überprüfen. Alle Angaben werden in einer Protokolldatei gespeichert.

Die zweite Eingabezeile dient zur Programmbeschreibung. Jedes Programm erscheint dann in der Liste mit einer Bezeichnung Ihrer Wahl. Haben Sie ein Programm mehrmals in der Liste, kann diese Funktion ganz nützlich sein.

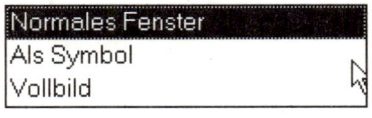

In der dritten Eingabezeile können Sie in einer Listbox die Anzeige und Erscheinungsweise des Programms bestimmen. Wenn Ihnen das Programm zu lästig erscheint, können Sie es direkt als Symbol starten lassen, und es erscheint in der Taskleiste.

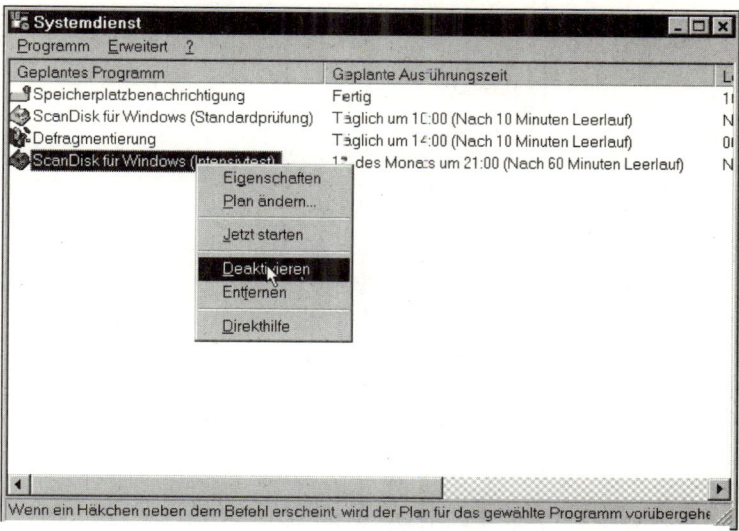

Abb. 14.6: *Ein Programm wird deaktiviert*

Programme deaktivieren oder löschen

Programme können aber auch vorübergehend deaktiviert werden, wenn Sie sie nicht benötigen, oder Sie entfernen sie ganz aus der Liste. Auch hier gehen Sie ganz einfach vor.

1. Sie wählen mit der Maus ein Programm aus.

2. Mit der rechten Maustaste öffnen Sie das Popup-Menü für das ausgewählte Programm.

3. In dem Popup-Menü wählen Sie entweder den Befehl DEAKTIVIEREN, oder Sie wählen den Befehl LÖSCHEN, wenn das Programm endgültig entfernt werden soll.

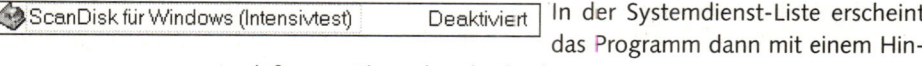 In der Systemdienst-Liste erscheint das Programm dann mit einem Hinweis, daß es vorübergehend stil gelegt ist.

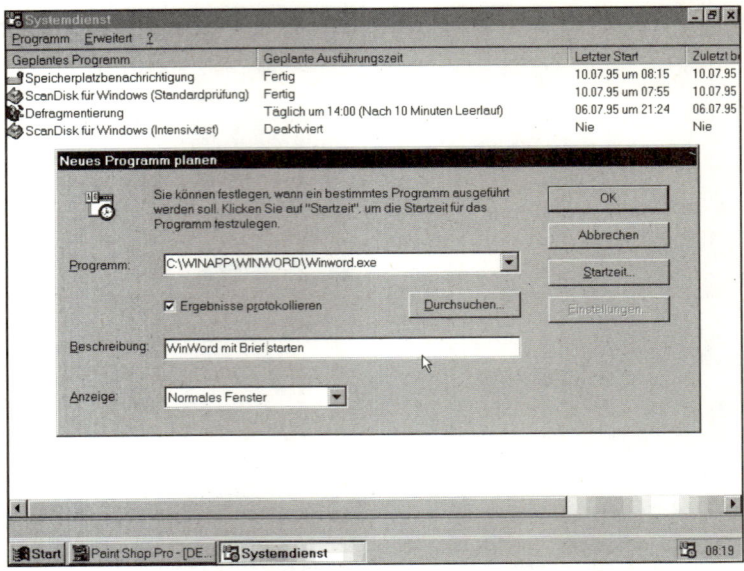

Abb. 14.7: *Hinzufügen eines neuen Programms*

Neues Programm hinzufügen

Schließlich soll an einem Beispiel gezeigt werden, wie Sie dem System-dienst neue Programme hinzufügen, die für Sie automatisch gestartet werden sollen. Vorher sollten Sie sich überlegen, wann und wie oft Ihr Programm gestartet werden soll.

Da sich der Systemdienst sehr dynamisch und flexibel einsetzen läßt, kann er durchaus als Terminkalender oder sogar als Wiedervorlage zweckent-fremdet werden. Sie brauchen nur Ihre Textverarbeitung als ein sich wie-derkehrendes Programm einzubauen, das immer ein und dasselbe Doku-ment lädt. Dieses Dokument können Sie vorher zu einem Terminkalender formatieren. Eine weitere Idee wäre, den Systemdienst als „Geburtstags-erinnerer" einzusetzen. Führen Sie nun folgende Schritte durch, um zum Beispiel WinWord als neues Programm hinzuzufügen:

1. Wählen Sie aus dem Menü PROGRAMM den Befehl NEUES PROGRAMM PLANEN.

2. Über den Befehl DURCHSUCHEN bestimmen Sie das ausführbare Pro-gramm. Bestätigen Sie dann mit OK.

256

Geplantes Programm	Geplante Ausführungszeit	Letzter Start	Zuletzt beendet	Letztes Ergebnis
Speicherplatzbenachri...	Fertig	10.07.95 um 08:15	10.07.95 um 08:15	Normal beendet
ScanDisk für Windows ...	Fertig	10.07.95 um 07:55	10.07.95 um 07:55	Die Prüfung wurde abg...
Defragmentierung	Täglich um 14:00 (Nach 10 Minut...	06.07.95 um 21:24	06.07.95 um 22:51	Fehler: Das Laufwerk w...
ScanDisk für Windows ...	Deaktiviert	Nie	Nie	
WinWord mit Brief start...	Täglich um 08:30	10.07.95 um 08:30	Nie	Wird ausgeführt

Abb. 14.8: *Programmliste mit Eigenschaften*

3. Automatisch öffnet sich das Dialogfenster PLAN ÄNDERN. Als Aus-
    führungszeit aktivieren Sie die Option TÄGLICH. Als Startzeit tragen
    Sie bitte 8:30 ein. Alle anderen Optionen deaktivieren Sie bitte. An-
    schließend bestätigen Sie alle Einstellungen mit OK.

4. Daraufhin wird das Programm WinWord in die Systemdienst-Liste
    eingefügt.

In dieser Liste können Sie nun genau erkennen, mit welchen Eigen-schaften
WinWord gestartet wird. Die einzelnen Spalten geben Auskunft über die
geplanten Ausführungszeiten, aber auch über den letzten Start, Beendi-
gung des Programms sowie Ergebnis. Die Ausführungszeiten lassen sich
nun jederzeit mit der oben beschriebenen Methode verändern. Ein Klick
mit der rechten Maustaste öffnet sofort das Popup-Menü, über welches
Sie die Programmeigenschaften aufrufen können.

Systemdienst allgemein einstellen

Schließlich läßt sich noch der Systemdienst selbst konfigurieren. Mitunter
kann es ganz lästig sein, den Systemdienst ständig resident im Hintergrund laufen zu lassen. Für diesen Fall schalten Sie ihn entweder ganz aus
oder halten ihn an.

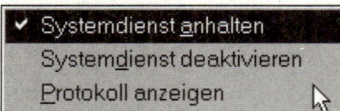

Über das Menü ERWEITERT erhalten Sie zwei Befehle zur
Steuerung des Systemdienstes. Der Befehl SYSTEMDIENST
ANHALTEN fungiert lediglich als Schalter und signalisiert
seine Einstellung mit einem Haken. Soll der Systemdienst
allerdings komplett deaktiviert werden, müssen Sie diesen Vorgang in
einer weiteren Dialogbox bestätigen. Der Systemdienst wird aus dem
Speicher entfernt und auch beim nächsten Hochfahren von Windows 95
nicht mitgeladen.

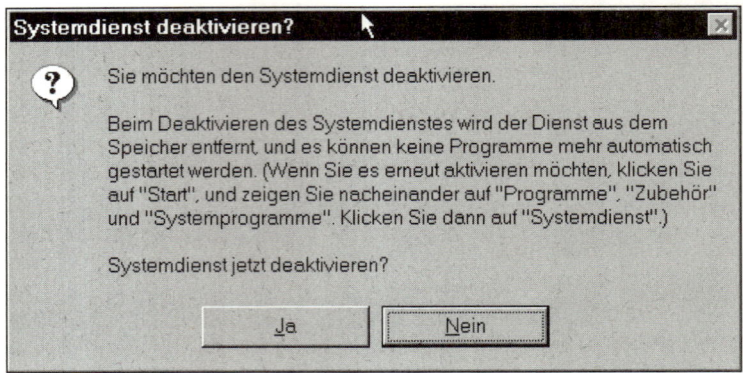

Abb. 14.9: *Der Systemdienst soll heruntergefahren werden*

Kapitel 15:
Internet Jumpstart Kit

Internet - Tor zur Welt per Mausklick - Eine kleine Einführung

Alles redet vom Internet. Selbst bekannte Nachrichtenmagazine wie Spiegel und Focus berichten inzwischen regelmäßig über Internetthemen. Was ist das Internet? Die Beantwortung der Frage könnte zum Magisterarbeitsthema werden. Um es "kurz" und "prägnant" zu erklären: Das Internet ist schon über 30 Jahre alt und hat seinen Ursprung im militärischen Bereich. Das amerikanische Verteidigungsministerium stand in der Phase des kalten Krieges vor dem Problem, wie die Regierungsstellen im Falle eines Atomschlages weiter miteinander kommunizieren könnten.

Es mußte also ein Nachrichtensystem ohne Zentrale geben, die man hätte ausschalten können. Das System mußte auch so konzipiert und angelegt werden, daß wenn Teile zerstört würden, es an anderen Stellen weiter funktioniert, so begannen die Amerikaner ein Kommunikations-system aufzubauen, das aus mehreren, unabhängigen Teilen bestand. Dieses Netz erhielt den Namen ARPANET. Ein Netz mit vielen Knoten und Verzweigungen zwischen Regierungsstellen, militärischen Einrichtungen und anderen administrativen Einrichtungen.

Zwischen diesen Stellen verschickte man elektronische Nachrichten in "Paketform". Jedes Paket wurde natürlich mit einer besonderen Adresse versehen. Wichtig war auf jeden Fall, daß die Nachricht bei der vorgegebenen Adresse auch ankam. Wie die Nachricht ihren Weg nahm, ob auf Umwegen oder nicht, spielte keine Rolle. Sollte ein Teil des Netzes zerstört sein, gingen die Nachrichten auf Umleitungen zum Empfänger.

Mit der Zeit wurde diese Kommunikationsform von immer mehr amerikanischen Universitäten übernommen. Es entstanden Nebennetze, die mit dem militärischen Bereich nichts mehr zu hatten. Man erkannte, wie einfach und schnell der Informationsaustausch über dieses Netz erfolgen konnte. Zudem gab es ja keine Kontrollbehörde, die den Ausbau des Netzes hätte steuern können. Die militärischen Netze wurden irgendwann abgezweigt.

Und noch ein wichtige Eigenschaft katapultierte das Internet nach oben. In diesem Netz verstehen sich unterschiedliche Rechnerwelten und Betriebssysteme miteinander. Es gibt also keine Kompatibilitätsprobleme. Zudem hat man sich auf einen Kommunikationsstandard oder auf ein bestimmtes Übertragungsprotokoll geeinigt. Das sogenannte TCP-Protokoll (Transmission Control Protocol/Internet Protocol) wandelt die gesendeten Daten oder Nachrichten in Pakete um, die am Zielrechner wieder entpackt werden. Das Internetprotokoll IP sorgt für die genaue Adressierung der Pakete. Man spricht deswegen auch oft vom TCP/IP-Protokoll. Jeder Internetteilnehmer erhält deshalb auch eine sogenannte IP- oder Internet-Adresse. Sie ist wie eine Telefonnummer zu verstehen. Unter diesen günstigen Bedingungen verselbständigte sich das Netz immer mehr. Schätzungen gehen zur Zeit von ca. 30 Millionen Teilnehmer aus. Das Netz wächst monatlich um 10-20%.

In den USA arbeiten mit der Weile viele Studenten mit absoluter Selbstverständlichkeit im Internet und sind teilweise auf dieses größte Netz aller Netze angewiesen, um an wichtige Informationen heranzukommen oder Erfahrungen per E-Mail auszutauschen.

Die amerikanische Computerbuchbranche überschüttet den Markt mit einschlägiger Internetliteratur. In Europa findet das Internetfieber zeitversetzt statt. Hier haben die Europäer viel aufzuholen, denn die Amerikaner sind, was die Nutzung des Internet anbetrifft, den Europäern um einiges voraus.

Was macht das Internet so interessant? Zuerst sicherlich die offene und unkontrollierte Struktur. Es gibt niemanden, der bestimmte Richtlinien vorschreibt, an die man sich halten muß. Das System beinhaltet weder soziale noch politische Grenzen. Selbst die exotischste Subkultur kann im Internet ohne Diskriminierung bestehen.

Die Möglichkeit, mit jedem Internetteilnehmer innerhalb von Sekunden Informationen auszutauschen, ist ein weiterer reizvoller Aspekt. Die Nutzung des Internet über die Universitäten ist meist kostenlos. Für Privat-User ist der Zugang mittlerweile auch erschwinglich geworden. Zusätzlich ist es das schier unübersichtliche Informationsangebot, das einem das Gefühl gibt, das gesamte Wissen der Welt per Mausklick zu erreichen.

Jemand, der noch nie im Internet gewesen ist, hat am Anfang sicherlich Verständnisschwierigkeiten. Wenn man ihm dann die technische Funktionsweise zu erklären versucht, erntet man nur großes Erstaunen. Tatsache ist, daß das Internet sich täglich ändert und vergrößert. Ständig werden neue Internet-Server eingerichtet, die bestimmte Informationen abrufbereit halten. Diese sind über sogenannte Hochgeschwindigkeits-

Standleitungen verbunden und ermöglichen erst den sehr hohen Datenverkehr.

Das Internet selbst stellt unterschiedliche Dienste zur Verfügung:

❑ Die **E-Mail-Funktion** ist wohl eine der am häufigst genutzten Dienste zum Austausch von persönlichen Nachrichten.

❑ Das **Usenet** stellt Diskussionsgruppen zur Verfügung, die auch ständig im Fluß sind und sich täglich ändern. Hier finden Sie vom Thema Computer bishin zum Thema Babywindeln alle erdenklichen Interessengemeinschaften.

❑ **Dateitransfer**. Das Internet ist eine riesige Softwaregrube, in der Sie die exotischsten Treiber oder Shareware-Programme runtersaugen können.

❑ **World Wide Web**. Der wohl interessanteste und spannendste Teil des Internets. Das WWW bedarf einiger Erklärung, die im nächsten Abschnitt erfolgen.

WWW als weltweites Hypertextsystem

Das WWW oder W3 kann als Killerapplikation des Internet bezeichnet werden, denn es vereint fast alle Internetfunktionen in einer Oberfläche. Diese Oberflächen werden in der Fachsprache als Web-Browser bezeichnet. Sie "browsen", sprich erforschen also das Internet per Multimediaoberfläche.

Das World Wide Web besitzt eine bestimmte Struktur, und die verrät auch schon der Name. Der Begriff World Wide Web kann auch als "Netz" oder "Spinnennetz" übersetzt werden. Hinter diesem Netz stecken Dokumente der unterschiedlichster Form, die aber alle miteinander verbunden sein können und ein riesiges Netz aus Web-Dokumenten bilden.

Hypertext

Das WWW ist praktisch als weltweites Hypertextsystem zu verstehen, das die unterschiedlichsten Informationen in multimedialer Form bereit hält. Es handelt sich dabei um Hypertext-Dokumente, die durch sogenannte Hyperlinks miteinander verbunden sind. Diese Hyperlinks sind meist farbig unterlegt und können zum Wechsel auf ein anderes Dokument angeklickt werden. Sie können auf diese Weise sehr schnell zu einer beliebigen Stelle innerhalb des Dokuments springen. Die einzelnen Dokumente müssen dabei nicht auf ein und dem selben Rechner liegen. Sie können im Extremfall auch weltweit verstreut sein. Es kommt immer darauf an, auf welche Adresse sich der Hyperlink bezieht. Durch diese Querverbindungen wird das Netz zusammengehalten und gibt dem World Wide Web seine Struktur.

HTML-Format

Erstellt werden diese Dokumente im HTML-Format (Hypertext Markup Language). Eine Art Seitenbeschreibungssprache, die relativ einfach zu lernen und zu bedienen ist. Es gibt im Sharewarebereich schon eine ganze Menge Editoren und Tools, die das Erstellen und Betrachten von HTML-Dokumenten erleichtert.

Jedes Hypertextdokument besitzt als Hauptstruktur eine sogenannte Homepage. Sozusagen ein Haupt- oder Eingangsdokument, von dem aus man in andere Unter-Dokumente springen kann. Auf diese Weise können sehr komfortable WWW-Dokumente zur Verfügung gestellt werden, die Grafiken, Videos aber auch Sound beinhalten können.

Jedes Hypertextdokument besitzt eine Adresse, mit der es lokalisiert werden kann. So lautet die Web-Adresse der Homepage von Microsoft

```
www.microsoft.com
```

Die Homepage besitzt natürlich eine große Anzahl an Unterdokumenten, deren Adressen sich als Untertitel darstellen.

```
www.microsoft.com/unterverzeichnis/unterverzeichnis/
dokument.html
```

So könnte die konkrete Adresse eines besonderen Dokuments lauten. Wenn Sie diese Adresse anwählen, landen Sie nicht zuerst auf dem Ausgangsdokument, sondern direkt auf einem Unterdokument des Web-Servers von Microsoft. Getrennt werden die einzelnen Hierarchien durch einen Slash [/]. HTML-Dokumente erkennen Sie sofort an ihrer Endung *.HTM oder *.HTML.

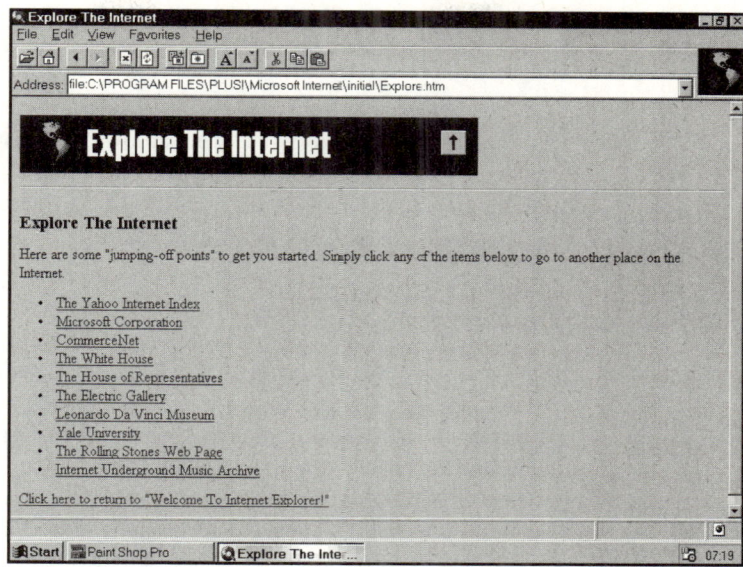

Abb. 15.1: *Die Homepage des WWW-Browsers von Windows 95*

WWW-Browser

Das WWW ist noch gar nicht so a t und erlebte in den letzten Jahren eine immense Popularität. Dies ist aber auch auf die einfache Bedienungsweise zurückzuführen, die die Anwender letztendlich neuen Betriebssystemen und Benutzeroberflächen zu verdanken haben. Sehr viele sogenannte World Wide Web Browser, mit denen die Informationen im WWW gelesen werden, gibt es als Windows-Programme. Die bekanntesten sind wohl Netscape, Air Mosaic und NCSA Mosaic.

Microsoft bietet in seinem PlusPack für Windows 95 ebenfalls einen WWW-Browser an, der in den nächsten Abschnitten beschrieben werden soll. Sie erhalten mit dem JumpStart-Kit einen vollen Zugang in das Internet über den neuen Online-Dienst MS-Network. Alternativ können Sie aber auch über einen Internet-Service-Provider Zugang zum Internet erhalten. Wie Sie nun in das Internet gelangen und welche Voraussetzungen Sie erfüllen müssen, erfahren Sie in den folgenden Absätzen.

Internet-Explorer einrichten

Der Internet-Explorer wird bei der Installation des PlusPacks! mitinstalliert. Automatisch wird dann der Internet Setup Wizard gestartet, der alle Einstellungen für Sie vornimmt. Vorher benötigen Sie aber einige wichtige Informationen, denn der Setup Wizard verlangt von Ihnen einige wichtige Angaben, um den Zugang zu ermöglichen.

Adressierung im Internet

Bevor auf die Vorbedingungen eingegangen werden soll, ein Wort zur Adressierung im Internet. Durch die enorme Teilnehmerzahl und Wachstumsrate verwendet das Internet ein besonderes Adressierungsverfahren, um jeden Rechner im Internet ansprechen zu können. Diese Adressierung wird von bestimmten Rechnern bearbeitet und verwaltet. Eine solche Adresse - auch als IP-Adresse bezeichnet - besteht aus einer 32-Bit-Zahl, die für die Lokalisierung eines Rechners verantwortlich ist. 124.123.444.23 stellt zum Beispiel eine IP-Adresse dar.

Da solche Zahlen nicht leicht zu merken sind, werden Sie wiederum von Rechnern in eine DNS (Domain Name System)-Adresse umgewandelt. DNS-Adressen werden wie IP-Adressen auch durch einen Punkt getrennt.

`gopher.uni-koeln.de`

Gopher steht für einen Rechner im lokalen Netzwerk der Universität Köln. Die Endung de steht für die Domainbezeichnung Deutschland. Domains bezeichnen ein Gebiet für einen Rechnerverbund. Sie sehen also, daß die Adresse von rechts nach links gelesen werden muß, damit der Gopher-Rechner der Uni Köln angewählt werden kann. Für die Domain-Bezeichnung gibt es verschiedene Möglichkeiten. Es kann geographisch, aber auch thematisch geordnete Domains geben.

Abkürzung	Bedeutung
com	kommerzielle Einrichtung
edu	Universitäten
gov	administrative Einrichtungen
mil	militärische Einrichtungen
net	Netzwerk
org	Organisation

Tab. 15.1: Thematische Domains

`www.microsoft.com` ist som t die genaue Adresse des oben genannten WWW-Servers von Microsoft. COM weist diese als Adresse eines kommerziellen Unternehmens aus. `ftp.microsoft.com` wäre demnach die Adresse des Microsoft-FTP-Server, der zum Beispiel jede Menge Software, Up-dates, Treiber und Informationen bereit hält.

Was brauche ich für Informationen? Vorbedingungen und Hardwarevoraussetzungen

An Hardware benötigen Sie auf jeden Fall ein Modem. Mit Hilfe des Modems erstellen Sie nämlich erstmal eine Verbindung zu Ihrem Internetprovider, der als Serviceleistung den Zugang in das Internet ermöglicht. Alternativ können Sie auch über das Microsoft Network (MSN) den Anschluß an das Internet vornehmen. Voraussetzung ist aber, daß Sie sich beim MSN haben registrieren lassen und Mitglied des MSN sind.

Sie erstellen also über das Modem und Ihren Telefonanschluß eine Verbindung zu Ihrem Internetprovider. Dieser hat meistens eine Stand-leitung mit Anschluß an das Internet. Technisch gesehen führt er Sie praktisch auf die "Datenautobahn" oder den "Information-Highway". Dieser besteht aus einem kaum zu überb ickenden Netz von Hochgeschwindigkeitsleitungen.

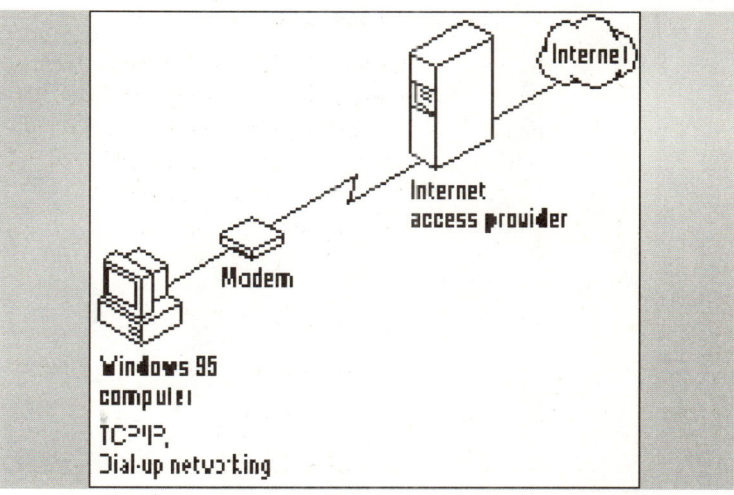

Abb. 15.2: *Schematische Darstellung des Internetzugriffs*

Zusammenfassend brauchen Sie also folgende Punkte für den Internetzugang:

❑ Modem

❑ Zugang zu einem Internetprovider oder einer Mitgliedschaft vom MSN

Zugangsarten

Zwei Zugangsarten sind möglich. Einmal über den neuen Onlinedienst MSN oder über einen privaten Internetprovider. Wenn Sie über das MSN in das Internet gehen wollen, müssen Sie sich, wenn Sie noch nicht Mitglied sind, registrieren lassen.

 Hierfür klicken Sie einfach das MSN-Symbol auf dem Desktop an. Auch hier bedient Sie ein Installationsassistent, der Sie interaktiv Informationen abfragt. So benötigen Sie zum Beispiel den günstigsten Einwählknoten und die Angabe Ihrer Bankverbindung oder Kreditkartennummer. Zusätzlich werden noch Informationen bezüglich Ihres Modems und bestimmte Wahlparameter abgefragt.

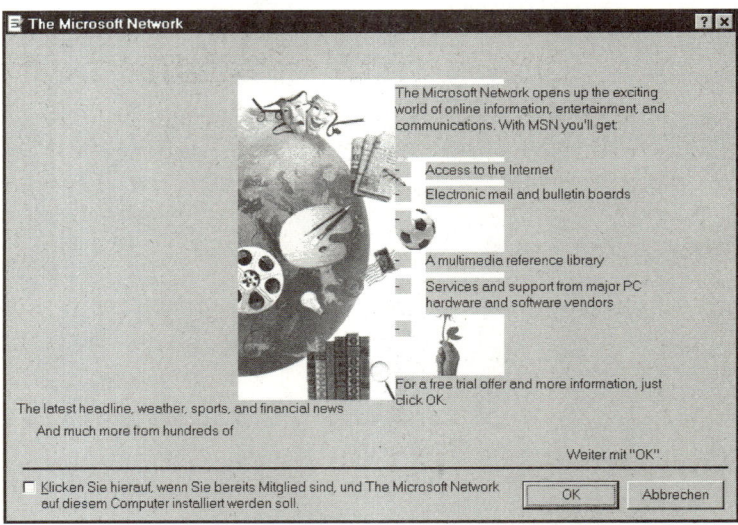

Abb. 15.3: *Beitritt zum MSN*

Alle anderen Einstellungen werden automatisch vom Assistenten eingetragen. Nachdem Sie Online registriert worden sind, besitzen Sie auch ein MSN-Konto, über welches der Zutritt zum MSN, aber auch Ihr Internetzugang verbucht werden.

Zugang über MSN

Beim Aufruf des Internet-Setup-Assistenten werden Sie automatisch über die Zugangsart abgefragt. Hierbei spielt es keine Rolle, ob Sie schon Mitglied des MSN sind oder nicht. Gegebenenfalls werden Sie dazu aufgefordert, sich erstmal Online registrieren zu lassen. Für den Zugang ins Internet über MSN wird Ihre Vorwahlnummer benötigt. Anhand der Vorwahl kann der Setup-Assistent dann für Sie automatisch den nächsten sprich günstigsten Anwahlknoten aussuchen und einstellen.

Mit Hilfe der Einwählknoten wird, ähnlich wie bei der zweiten Variante, eine Verbindung zu einem Internetzugang geschaffen, der Ihnen dann alle Dienste des Internet zur Verfügung stellt. Zuerst wird allerdings eine Verbindung zum MSN hergestellt. Steht die Verbindung, sehen Sie eine weitere Dialogbox, die Ihnen in einer Auswahlliste die jeweils günstigste Nummer anzeigt.

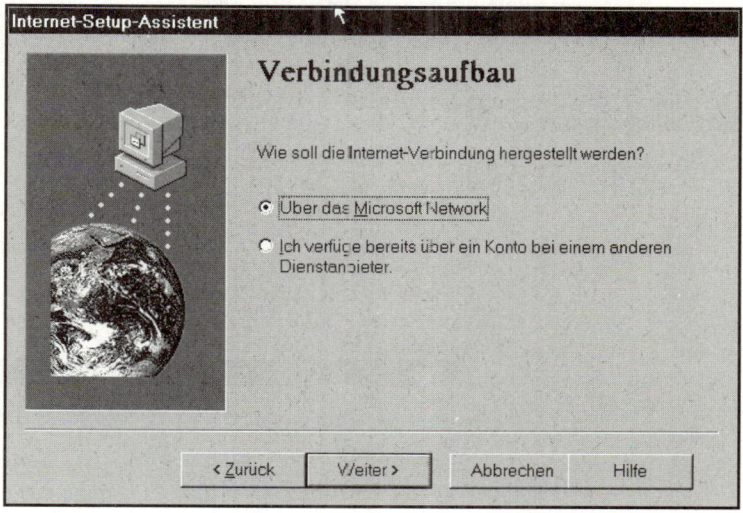

Abb. 15.4: *Verbindungsaufbau ins Internet über das MSN*

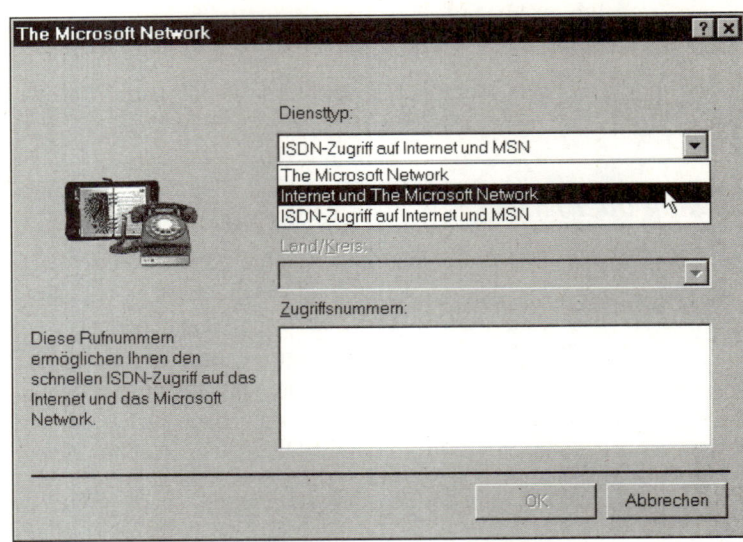

Abb. 15.5: *Dialogbox für die Auswahl des Internetzugangsknotens über MSN*

In der Auswahlbox kann optional der Diensttyp ausgewählt werden, der dann die dementsprechende Zugriffsnummer anzeigt. So erhalten Sie Nummern nur für den Zugang ins MSN, für MSN und Internet zusammen oder sogar einen ISDN-Zugriff auf beide Dienste, der zukünftig ebenfalls angeboten wird. Zur Zeit müssen Sie wohl erst die herkömmliche Zugangsart via Modem benutzen.

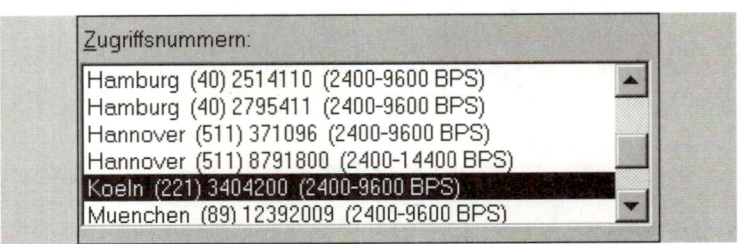

Abb. 15.6: *Auswahlliste an Zugriffsnummern für das MSN*

Zugang über einen Internet-Provider

Anders sieht es bei der zweiten Zugangsart aus. Hier müssen Sie sich zuerst einen Internetprovider oder eine Netzwerkgesellschaft aussuchen. Adressen von Internetzugänger und Konditionen sind in fast allen Internetbüchern oder auch in Computerzeitschriften veröffentlicht. Die Firma MAZ in Hamburg bietet zum Beispiel 45 Einwahlknoten in Deutschland an und dies zu einem sehr günstigen Preis. Schriftlich oder telefonisch lassen Sie sich registrieren und erhalten dann von Ihrem Provider alle nötigen Informationen. Folgende Angaben bekommen Sie von einem Internetprovider:

❑ **Telefonnummer** zur Anwahl des Servers über ein Modem.

❑ **Benutzername** und **Paßwort** für den Zugriff auf das Netz des Providers.

❑ Ihre **Internet- oder IP-Adresse** - bestehend aus der Quadrupel (vier dreistellige Zahlen mit einem Punkt getrennt). Eine Internetadresse könnte lauten: **123.456.789.123**. Diese Adresse vergibt der Provider. Mit dieser Nummer werden Sie praktisch im Internet identifiziert.

❑ Ihre **E-Mail-Adresse**, bestehend aus einem Namen Ihrer Wahl. An diesen Namen wird - durch den Klammeraffen @ getrennt - der Name des Mailservers gehängt. Auch dieser wird vom Provider vorgegeben. Eine E-Mail-Adresse könnte lauten: **Mein_Name-@Rechner. Organisation.Land**.

❑ Die Adresse und der Name des **DNS-Servers** Ihres Providers. Auch diese Adresse vergibt der Provider. Der DNS-Server übersetzt die langen IP-Adreßzahlen in Adreßnamen, weil diese dann einfacher zu verwenden sind.

Wenn Sie diese Informationen parat haben, können Sie mit der Installation des Internet-Explorers beginnen.

Internetzugang automatisch oder manuell einrichten

Inetwiz.exe

Am einfachsten ist sicherlich die automatische Installation über den Internet Setup Wizard. Sie finden das Programm im Installationsverzeichnis des PlusPack!.

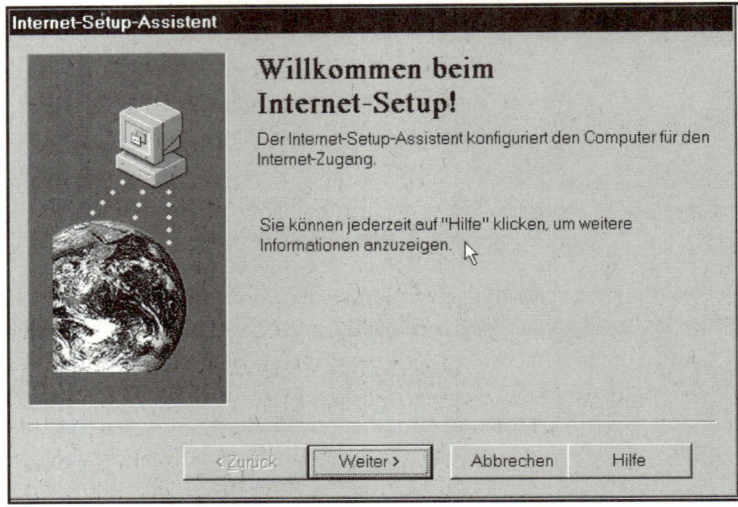

Abb. 15.7: *Der Internet Setup Wizard*

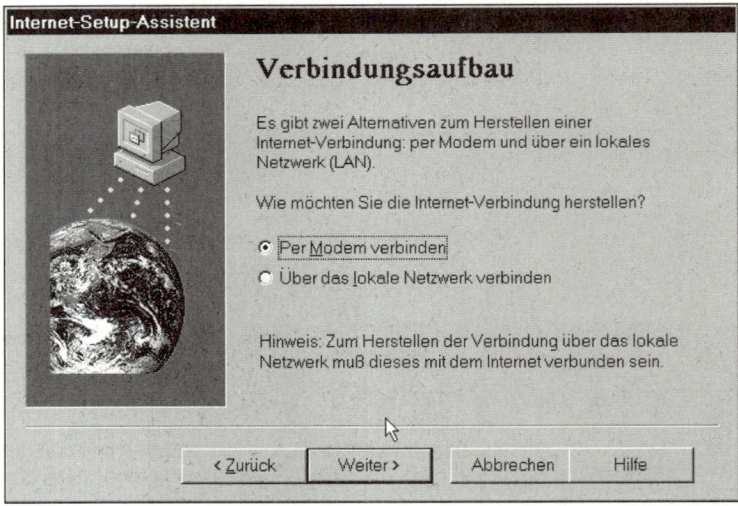

Abb. 15.8: *Wie soll verbunden werden?*

270

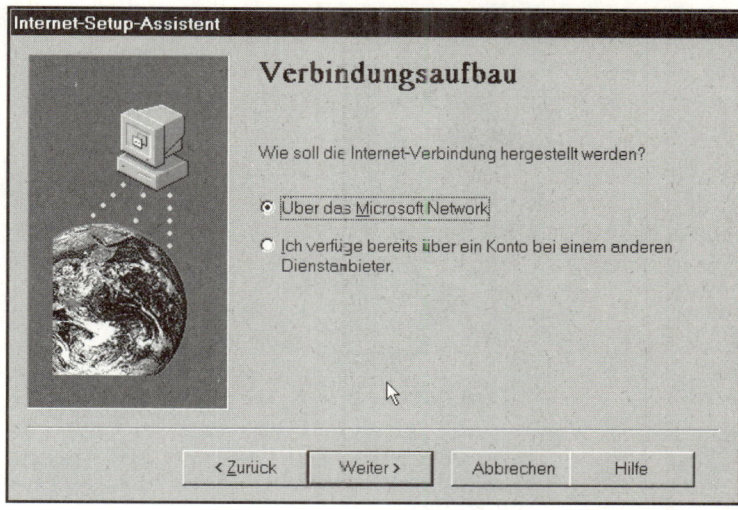

Abb. 15.9: Auswahl der Zugangsart. MSN oder schon vorhandener Internetzugang.

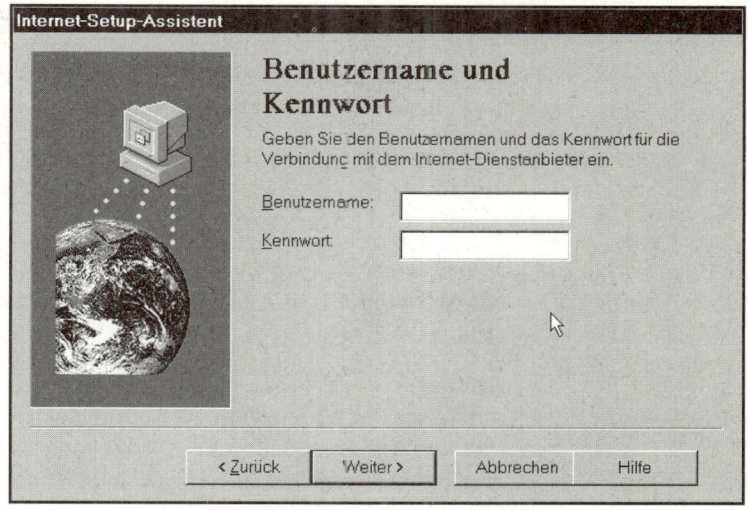

Abb. 15.10: Abfrage von Benutzername und Paßwort

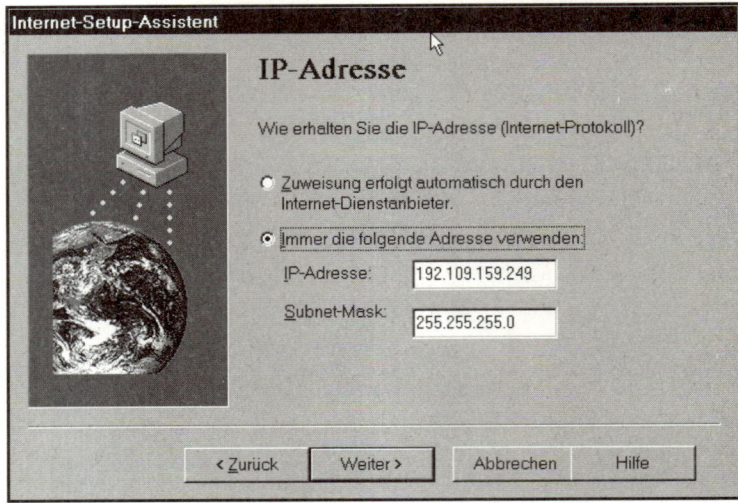

Abb. 15.11: *Eine der wichtigsten Angaben: Ihre Internetadresse*

Nach dem alle Eingaben gemacht worden sind, beendet der Internet Setup Wizard die Installation und Konfiguration. Anschließend müssen Sie Ihren Rechner neu starten, damit die neuen Einstellungen auch geladen werden.

Bei der manuellen Installation des Internet-Explorers müssen vorher folgende Komponenten installiert und konfiguriert werden:

❑ Sie müssen die TCP/IP-Protokolle installieren und einrichten. Diese Protokolle benötigen Sie auf jeden Fall, um im Internet verkehren zu können.

❑ Sie müssen Ihr Modem installieren und einrichten. Windows 95 benötigt die Anmeldung des Modems, sonst kann die Wahlverbindung nicht eingerichtet werden.

❑ Wahlverbindung installieren und einrichten. Die Wahlverbindung bestimmt die Art des Zugangs zu Ihrem Provider über das Modem. Hier wird zwischen SLIP- oder PPP-Zugang unterschieden. Diese Angaben sind vor allem für den privaten Internetzugang sehr wichtig.

Im folgenden wird erklärt, wie Sie die erforderlichen Dinge erledigen. Sie werden merken, wie einfach es ist, unter Windows 95 alle Einstellungen vorzunehmen.

Modem installieren und einrichten

Zuallererst sollten Sie Ihr Modem installieren und einrichten, wenn es nicht schon bei der Installation von Windows 95 erkannt und installiert worden ist. Dann können Sie diesen Schritt übergehen und sich dem Abschnitt über die Installation der TCP/IP-Protokolle widmen. Installieren Sie nachträglich ein neues Modem, muß es Windows 95 als neue Hardwarekomponente mitgeteilt werden.

 Starten Sie hierfür den Hardwareassistenten. Sie finden ihn in dem Ordner der Systemsteuerung. Der Hardwareassistent kann die Hardwarekomponenten automatisch abfragen und installieren, oder Sie wählen die manuelle Variante. In diesem Fall beantworten Sie die Frage: „Soll jetzt neue Hardware gesucht werden?" mit NEIN.

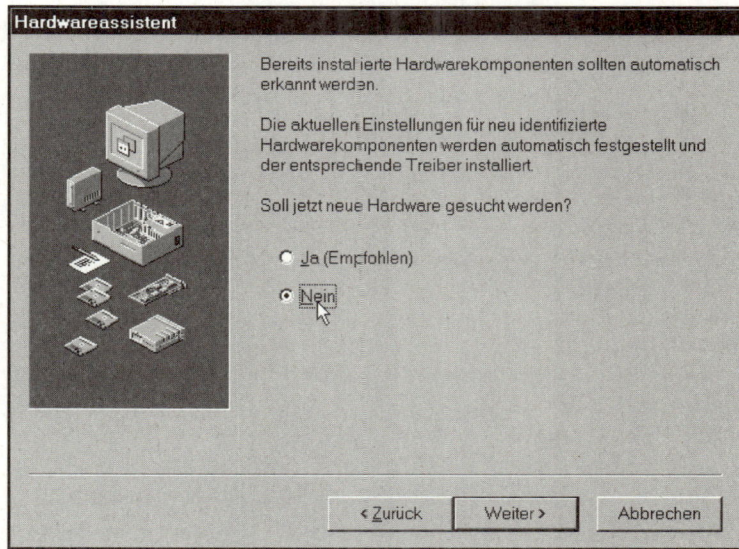

Abb. 15.12:   *Der Hardwareassistent mit der Auswahl für automatische oder manuelle Installation*

273

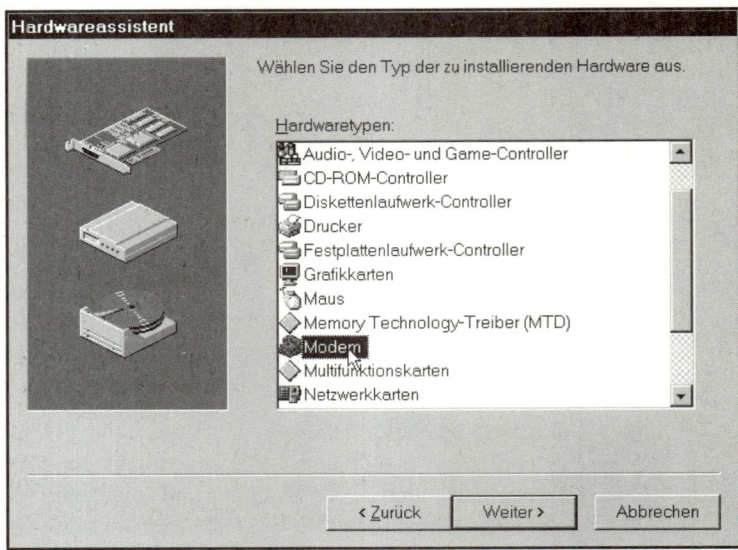

Abb. 15.13: *Auswahl des Hardwaretyps*

In dem nachfolgenden Dialogfenster wählen Sie den entsprechenden Hardwaretyp aus; in diesem Fall ein Modem. Auch hier haben Sie anschließend die Möglichkeit, das Modem durch Windows 95 erkennen zu lassen oder einen speziellen Modemtyp aus einer Auswahlliste zu markieren.

In der Auswahlliste haben Sie die Möglichkeit, zwischen Hersteller und Modemtyp zu wählen. Wenn Ihr Modemtyp nicht aufgeführt wird, wählen Sie am besten die Option STANDARDMODEM und dann die entsprechende Übertragungsrate, die das Modem unterstützen kann.

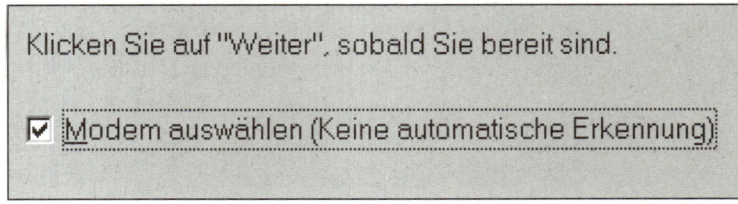

Abb. 15.14: *Keine automatische Erkennung*

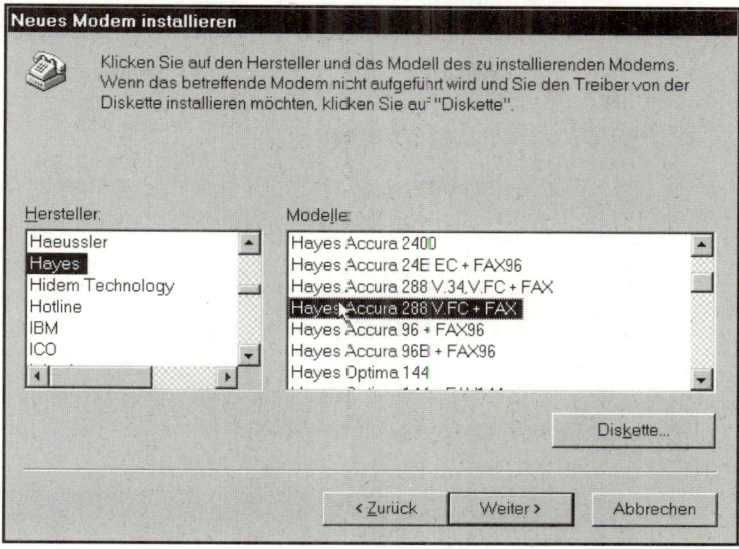

Abb. 15.15: *Modemauswahl*

Letztendlich muß das Modem noch einer Schnittstelle zugewiesen werden. Windows 95 bietet Ihnen automatisch alle erkannten Schnittstellen an. Da Ihre Maus gewöhnlich auf COM1 liegt, sollten Sie Ihr Modem am besten an COM2 anschließen oder, sofern es sich um ein internes Modem handelt, dieses auf die Schnittstelle COM2 konfigurieren. Die genauen Einstellungen erfahren Sie aus dem Begleitheft Ihres Modems.

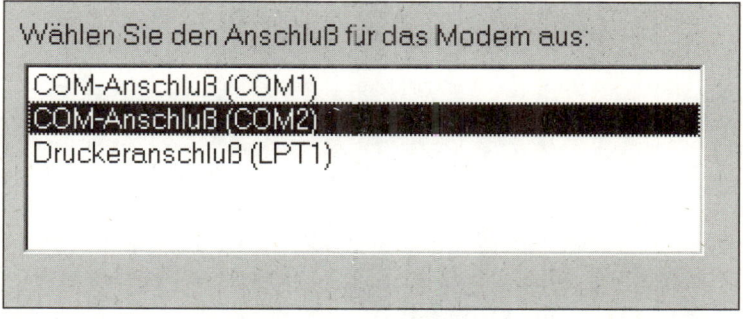

Abb. 15.16: *Auswahl der zur Verfügung stehenden Schnittstellen*

275

So, Ihr Modem ist nun installiert und angemeldet. Als nächstes müssen Sie die notwendigen Protokolle installieren.

TCP/IP-Protokolle installieren

Die Installation der TCP/IP-Protokolle geschieht über die Netzwerkfunktionen von Windows 95. Diese können Sie auf zwei Arten öffnen.

 Auf dem Desktop befindet sich ein Netzwerk-Icon, wenn Sie andere Netzwerkfunktionen von Windows 95 installiert haben. Klicken Sie dieses mit der rechten Maustaste an, öffnet sich das Eigenschaftsfenster der Netzwerkfunktionen. Alternativ finden Sie das gleiche Icon auch in der Systemsteuerung. Mit einem einfachen linken Doppelklick gelangen Sie ebenfalls in das Eigenschaftsfenster.

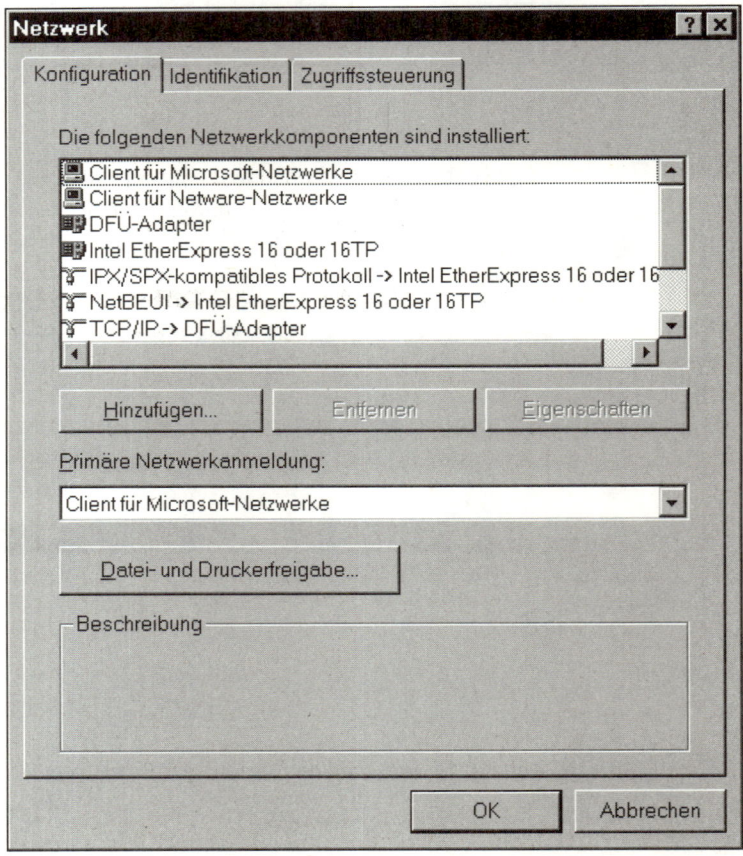

Abb. 15.17: *Eigenschaftsfenster der Netzwerkfunktionen*

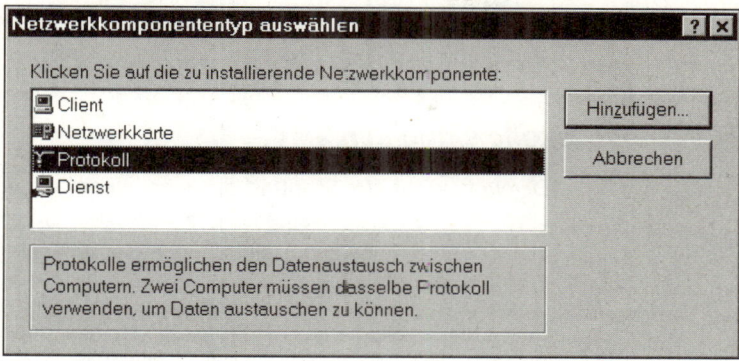

Abb. 15.18: *Hinzufügen eines neuen Netzwerkprotokolls*

1. Klicken Sie nun auf die Schaltfläche HINZUFÜGEN.

2. Wählen Sie als Komponente PROTOKOLL.

3. In einem weiteren Dialogfenster sehen Sie zwei Auswahlfenster. Links wird der Hersteller aufgeführt, und auf der rechten Seite sehen Sie die zur Verfügung stehenden Protokolle. Markieren Sie nun MICRO-SOFT und anschließend die Option TCP/IP.

4. Klicken Sie anschließend auf OK, um die Auswahl zu bestätigen.

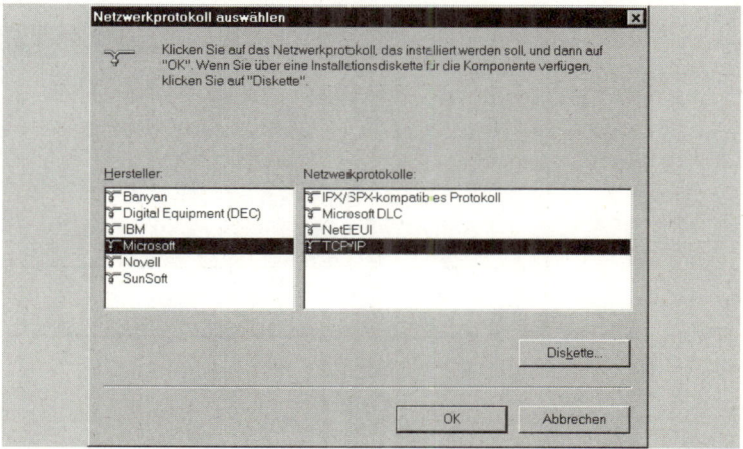

Abb. 15.19: *Auswahl des Microsoft TCP/IP-Protokolls*

Windows 95 wird Sie nun auffordern, bestimmte Installationsdisketten oder die Windows 95-CD-ROM einzulegen, um die benötigten Dateien

277

zu kopieren und einzurichten. Anschließend müssen Sie den Rechner neu starten, damit die Protokolle auch geladen werden.

TCP/IP-Protokolle einrichten

Der wohl wichtigste Schritt ist die genaue Konfiguration der Protokolle. Hier müssen Sie genau vorgehen und die Angaben Ihres Internet-Providers in der Konfiguration genau eintragen. Ansonsten kommt die Verbindung ins Internet nicht zustande.

Zuerst binden Sie die TCP/IP-Protokolle an Ihr Modem oder DFÜ-Adapter. **Dies ist ganz wichtig!** Erst die Anbindung ermöglicht die Verwendung der Protokolle für die Modemübertragung. Öffnen Sie also wieder das Eigenschaftsfenster der Netzwerkfunktionen.

1. Wählen Sie in dem Eigenschaftsfenster die Option DFÜ-ADAPTER, und klicken Sie auf EIGENSCHAFTEN.

2. Sie erhalten dann das Eigenschaftsfenster für Ihren DFÜ-Adapter. Wählen Sie aus dem Register die Option BINDUNGEN.

3. Markieren Sie die Option TCP/IP-DFÜ-ADAPTER, und klicken Sie dann zur Bestätigung auf OK.

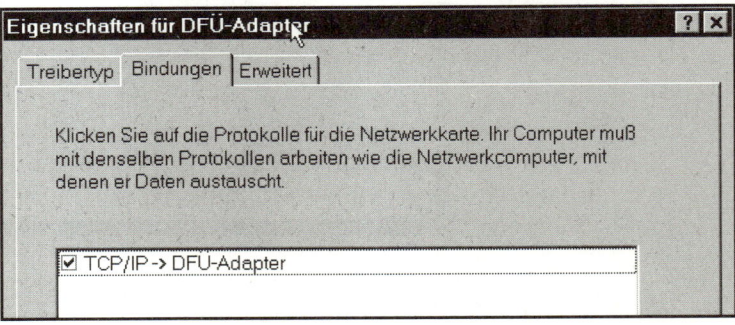

Abb. 15.20: *Einstellung der Bindungen*

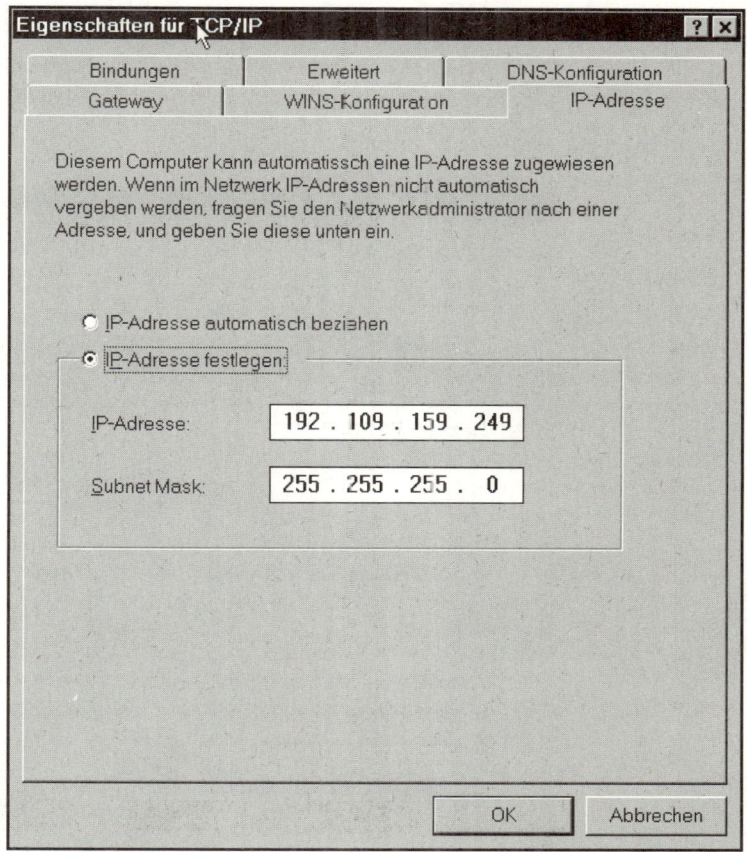

Abb. 15.21: *Das Eigenschaftsfenster der TCP/IP-Protokolle*

Im nächsten Schritt öffnen Sie das Eigenschaftsfenster der TCP/IP-Protokolle, indem Sie im Hauptfenster der Netzwerkfunktion die Option TCP/IP-DFÜ-ADAPTER markieren und auf EIGENSCHAFTEN klicken.

Automatisch wird das Register für die IP-Adresse geöffnet. Eingangs wurde ja von der Internetadresse gesprochen, die Sie von Ihrem Provider erhalten. Diese tragen Sie entsprechend ein. Die Eingabe der Subnet Mask ist wiederum vom Provider abhängig. Außerdem kann die Option IP-ADRESSE AUTOMATISCH BEZIEHEN markiert werden. In diesem Fall wird also keine feste, sondern eine dynamische Internetadresse vergeben. Genaue Angaben erfahren Sie aber von Ihrem Internet-Provider. Ansonsten tragen Sie eine feste Adresse ein. Als nächstes definieren Sie die DNS-Konfiguration, indem Sie deren Register anklicken.

279

1. Klicken Sie auf DNS AKTIVIEREN.

2. Im nächsten Eingabefeld geben Sie den Namen Ihres Host und der Domain an. Auch diese Informationen erhalten Sie von Ihrem Provider.

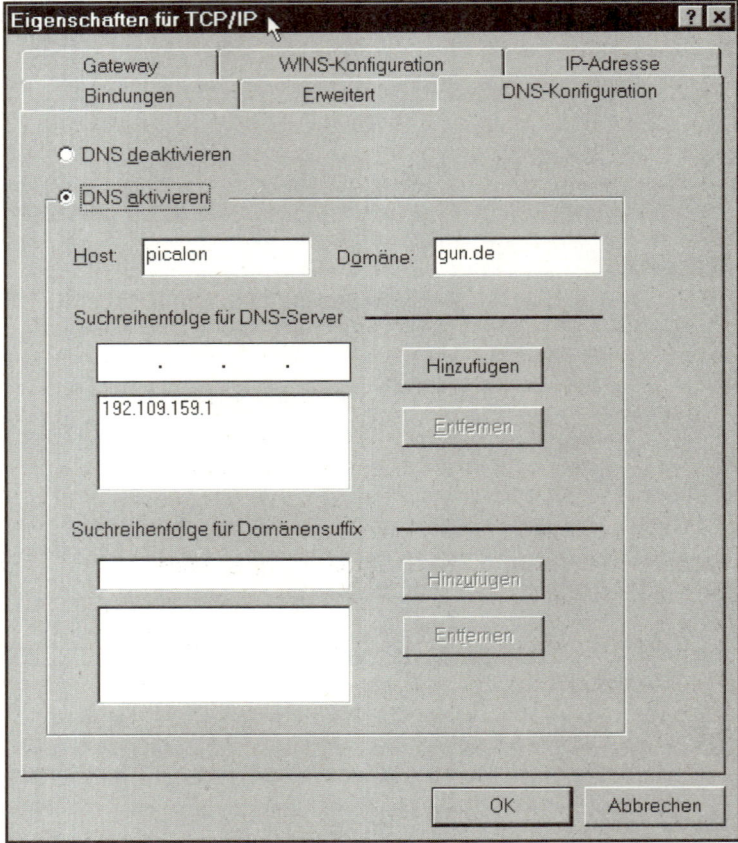

Abb. 15.22: DNS-Konfiguration

3. Geben Sie nun die Internetadresse des DNS-Servers an. Hier können mehrere Serveradressen angegeben werden.

4. Klicken Sie auf BINDUNGEN, und markieren Sie die Option CLIENT FÜR MICROSOFT-NETZWERKE.

5. Anschließend bestätigen Sie alle Einstellungen mit OK. Windows 95 fordert Sie daraufhin auf, den Rechner neu zu starten.

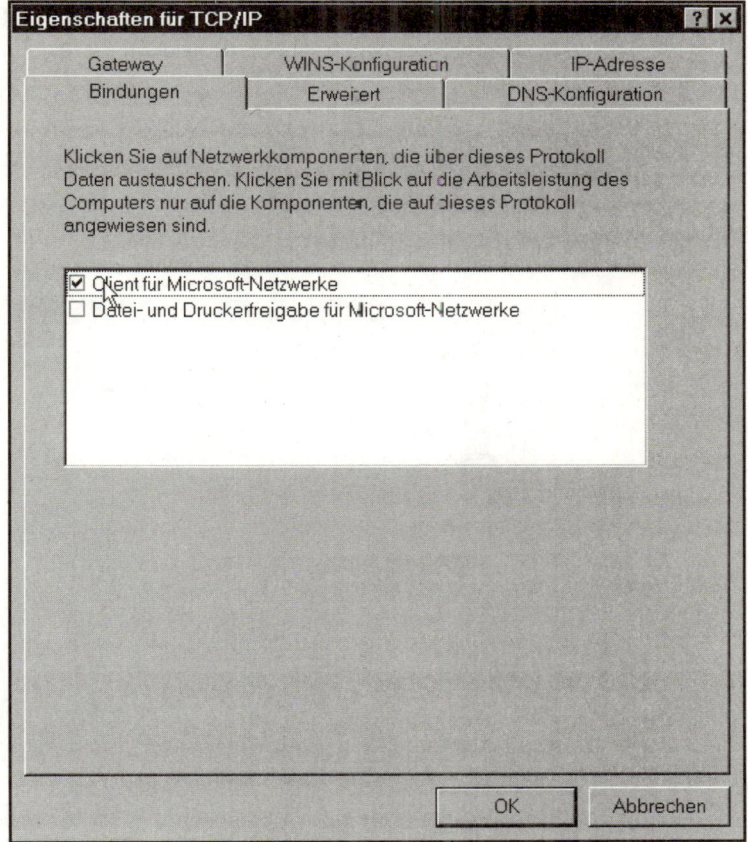

Abb. 15.23: *Bindung einstellen*

Als nächstes müssen Sie sich nun um das Einwählverfahren kümmern, das den exakten Zugang zu Ihrem Internetprovider gewährleistet. Gehen Sie über das MSN in das Internet, brauchen Sie sich darum nicht zu kümmern, da Sie über vordefinierte Knoten eine Verbindung zum MSN und damit zum Internet aufbauen können.

Wählverbindung installieren und einrichten

Die Wählverbindung beinhaltet die genaue Telefonnummer Ihres Providers, damit er überhaupt angewählt werden kann. Zusätzlich müssen Sie noch Einstellungen für Ihr Modem vornehmen sowie den Typ des Internet-Servers bestimmen, den Ihr Provider installiert hat. Hier gibt es zwei Formen. Unterschieden wird in PPP- oder Slip-Verbindungen,

281

wobei beide eine Untergruppe des TCP/IP-Protokolls bilden. Auch diese Angabe wird Ihnen Ihr Internet-Provider mitteilen.

Um eine neue Wählverbindung einzurichten, klicken Sie auf das Arbeitsplatz-Icon und dann auf den Ordner DFÜ-Netz. In diesem Ordner befindet sich ein weiteres Icon zur Einrichtung neuer DFÜ-Verbindungen.

Mit einem Doppelklick öffnen Sie dann die Dialogbox zur Einrichtung eines neuen Zugangs.

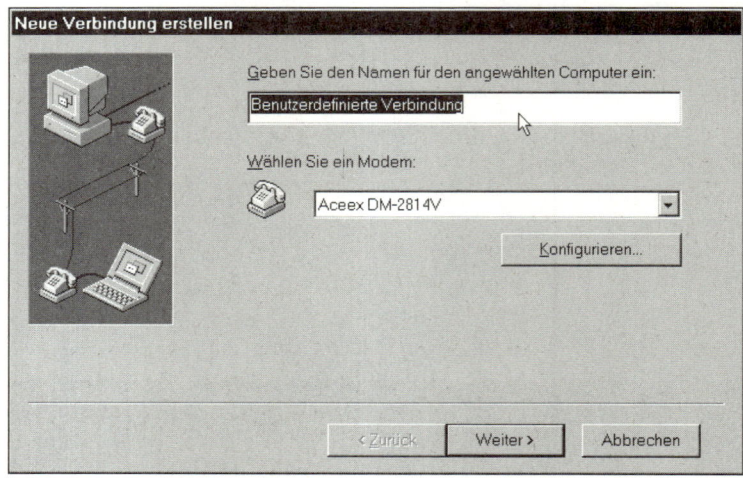

Abb. 15.24: *Eine neue Verbindung soll erstellt werden*

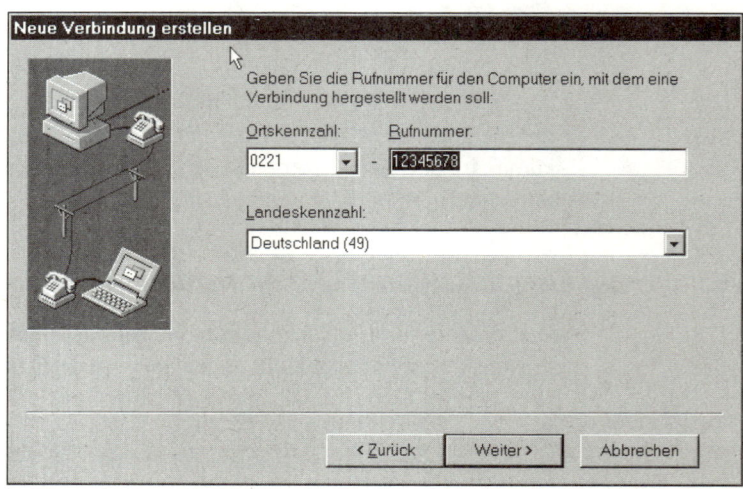

Abb. 15.25: *Zugangsnummer des Providers angeben*

1. Geben Sie für die Verbindung einen beliebigen Namen ein. Klicken Sie dann auf WEITER.

2. Im nächsten Dialogfeld geben Sie die Modemnummer Ihres Providers ein.

3. Klicken Sie dann auf WEITER, und schließen Sie die Einrichtung mit OK ab. Ihre neue Verbindung ist erstellt.

 Zur Konfiguration der neuen Verbindung markieren Sie deren Icon. Mit der rechten Maustaste öffnen Sie dann ein Popup-Menü und wählen den Befehl EIGENSCHAFTEN.

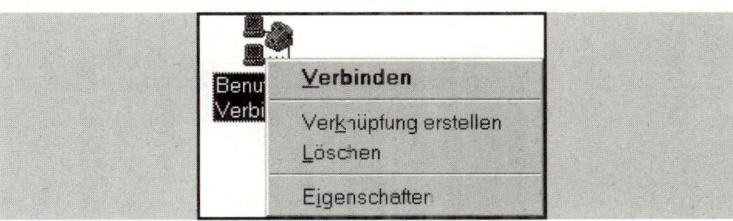

Abb. 15.26: *Popup-Menü der neuen Verbindung*

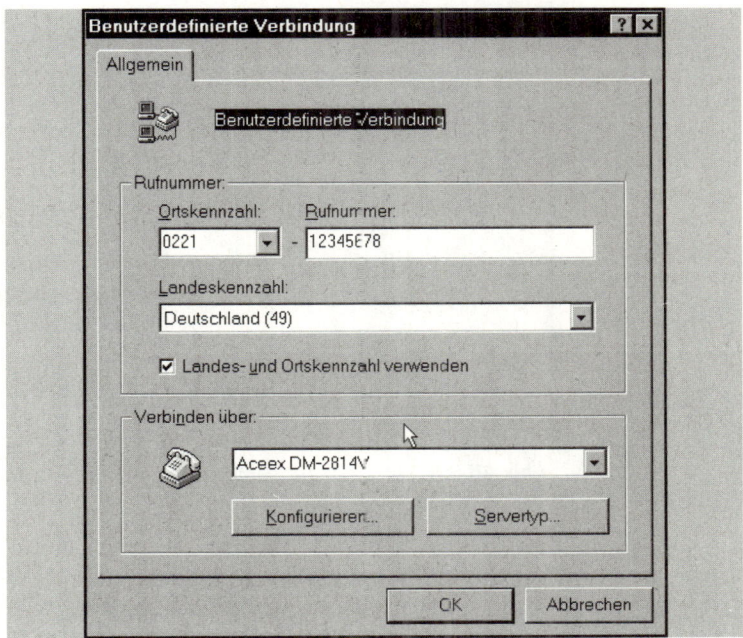

Abb. 15.27: *Eigenschaftsfenster für die neue DFÜ-Verbindung*

283

In dem Eigenschaftsfenster für die neue DFÜ-Verbindung finden Sie zwei wichtige Konfigurationsmöglichkeiten - die für das Modem und den Servertyp.

Klicken Sie auf SERVERTYP, bekommen Sie eine neue Dialogbox mit wichtigen Einstellungen. Zuerst wählen Sie aus einer Auswahlliste den Servertyp aus. Je nach bevorzugtem Provider müssen Sie entweder die Option PPP oder SLIP markieren.

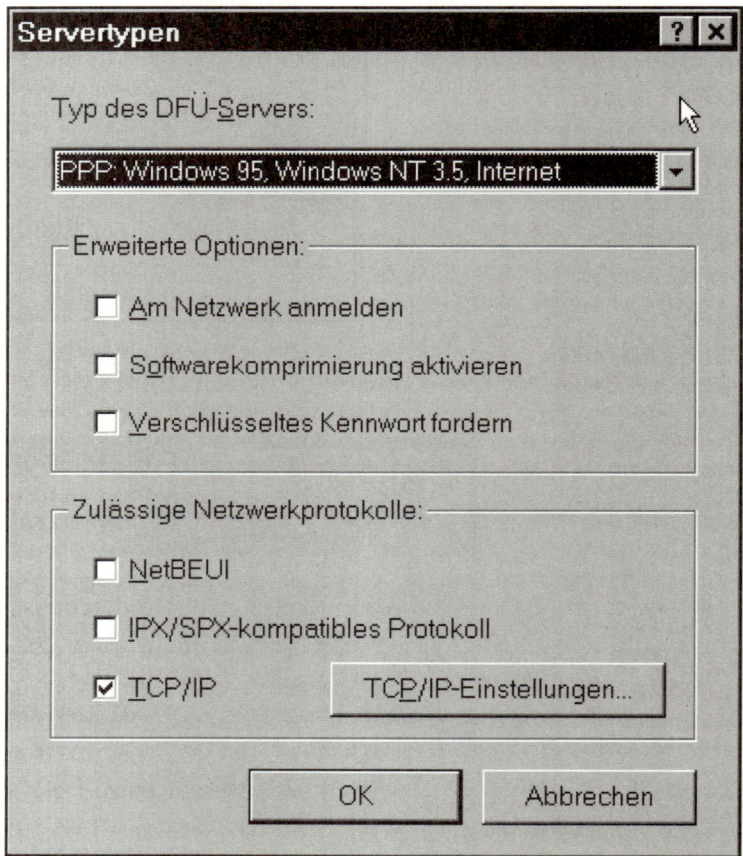

Abb. 15.28: *Servertyp auswählen und erweiterte Optionen einstellen*

Bei den erweiterten Optionen sollten Sie keine Markierungen vornehmen und die Standardeinstellungen so belassen. Bei der Option ZULÄSSIGE NETZWERKPROTOKOLLE markieren Sie bitte nur TCP/IP. Da die TCP/IP-Protokolle schon vorher konfiguriert worden sind, speichern Sie die Einstellungen mit OK ab. Zuletzt kümmern Sie sich noch um die Modemeinstellungen.

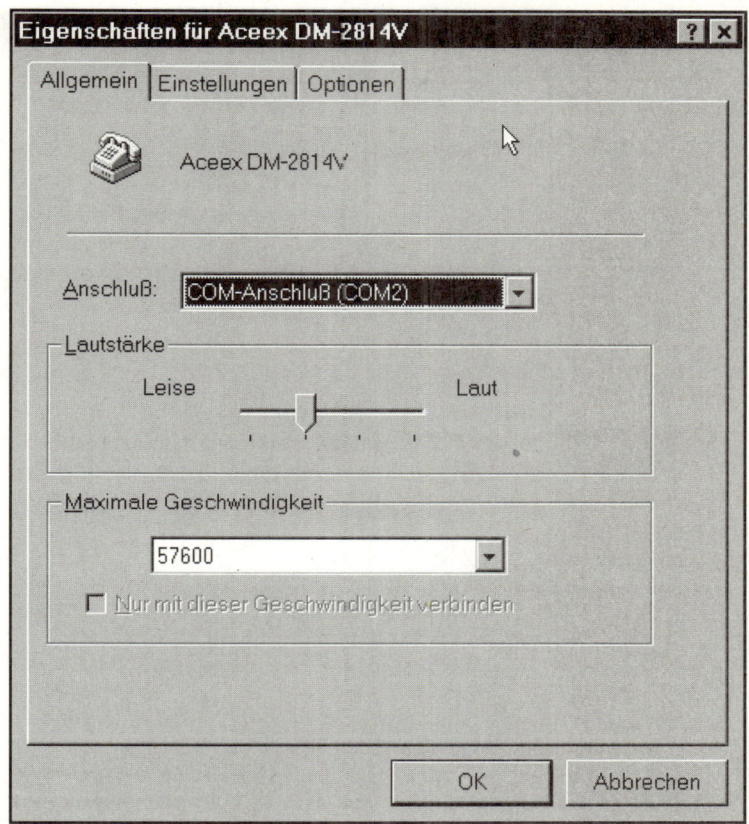

Abb. 15.29: *Das Eigenschaftsfenster für die Modemeinstellungen*

Die wichtigsten Einstellungen für die DFÜ-Verbindung finden Sie unter dem Register OPTIONEN. Die übrigen Angaben bezüglich Übertragungsrate, COM-Anschluß, Verbindungs- und Rufeinstellungen müssen nicht unbedingt verändert werden, es sei denn, Sie haben eine Nebenstellenanlage.

Klicken Sie nun auf das Register OPTIONEN. Wichtig sind hier die Verbindungsoptionen. Wenn eine Verbindung zu Ihrem Provider hergestellt wird, benötigen Sie anschließend, wenn die Verbindung geklappt hat, ein Terminalfenster.

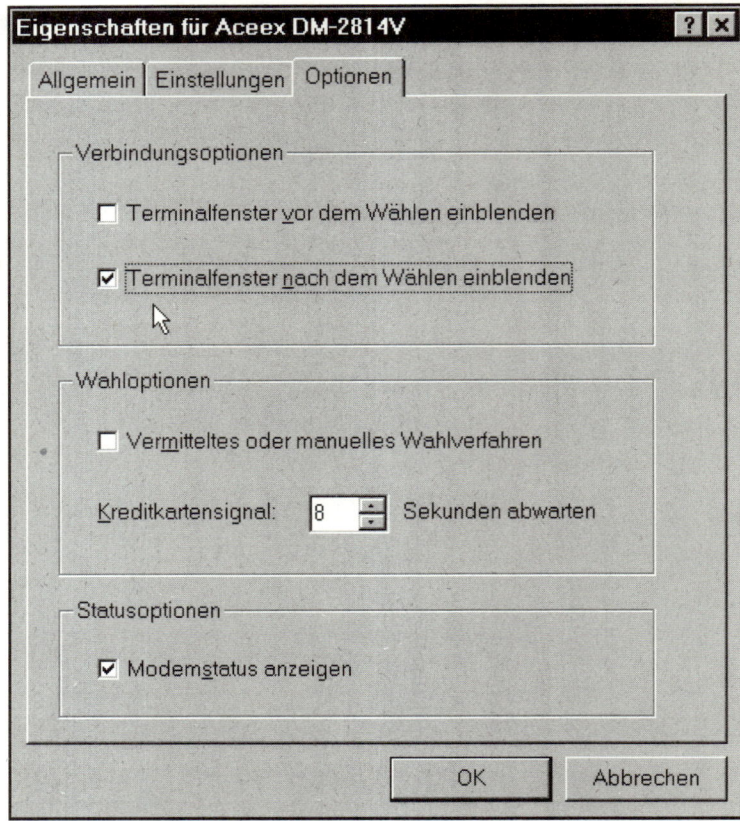

Abb. 15.30: *Auswahl der Verbindungsoptionen*

In diesem Terminalfenster wickeln Sie das Einlogverfahren ab. Sie erhalten von Ihrem Provider einen Benutzernamen und ein Passwort, mit dem Sie sich auf dessen Server einloggen. Der Benutzername und das Paßwort werden beim Einwählen überprüft, erst dann wird eine Verbindung hergestellt.

Markieren Sie also in diesem Fall die Option TERMINALFENSTER NACH DEM WÄHLEN EINBLENDEN.

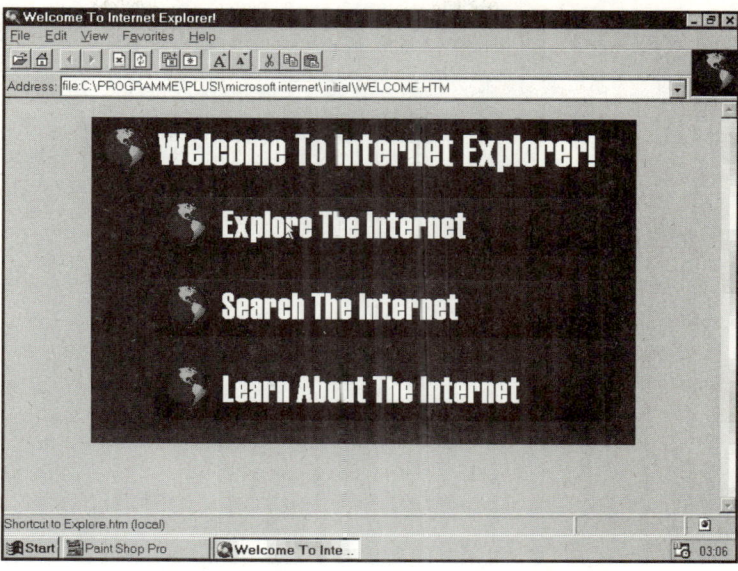

Abb. 15.31: *Die Oberfläche des Internet-Explorers*

Internet-Explorer starten

Nachdem Sie nun den Internet-Explorer installiert und eingerichtet haben, können Sie Ihn über das Desktop-Icon starten. Mit einem Doppelklick wird dann die Oberfläche des Internet-Explorers geöffnet. Diejenigen, die schon mal mit einem World Wide Web-Browser gearbeitet haben, werden die Oberfläche sofort wiedererkennen. Es handelt sich dabei nämlich um eine lizenzierte Version von NCSA-Mosaic, die Microsoft an die Oberfläche von Windows 95 angepaßt hat.

Der Internet-Explorer besitzt alle Funktionen und Features eines vollwertigen World Wide Web-Browsers. Unter der Menüleiste finden Sie die jeweils wichtigsten Befehle noch einmal in Buttonform. Darunter finden Sie die Eingabezeile für WWW-Adressen, die Sie dann eingeben müssen. Zu diesem Zeitpunkt arbeiten Sie noch offline, das heißt, es besteht zu Ihrem Internetprovider noch keine Verbindung.

287

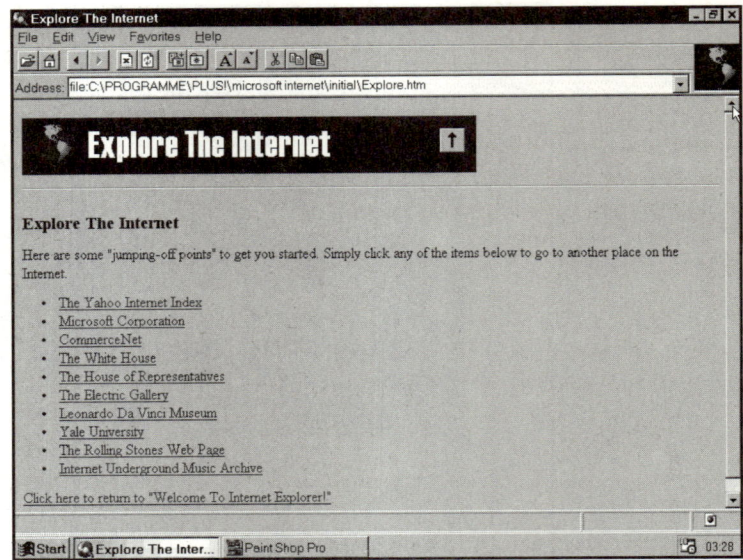

Abb. 15.32: *Die vorgefertigte Angebotsseite von Microsoft*

Wenn Sie mit dem Cursor über die geladene Web-Seite fahren, werden Sie merken, daß der Cursor sich an einigen Stellen von einem Zeiger in eine Hand verwandelt. Dies bedeutet, daß Sie sich mit dem Cursor über einem Hotspot befinden. Hotspots sind nichts anderes als Schaltflächen, die Sie zu einer anderen Seite des Web-Dokuments springen lassen.

Wenn Sie auf die Schaltfläche EXPLORE THE INTERNET klicken, ändert sich Ihr Web-Dokument, und Sie bekommen ein vorgefertigtes Web-Dokument zu sehen, das einige interessante Startpunkte des Internets auflistet. Hier finden Sie zum Beispiel die Startadresse des Microsoft Web-Servers, die Zugangsadresse des White House oder die Web-Seite der Rolling Stones, die natürlich auch nicht im Internet fehlen dürfen.

Bis hierhin haben Sie leider immer noch keinen echten Schritt ins Internet getan. Möchten Sie zum Beispiel auf den Web-Server von Microsoft, so klicken Sie erneut auf die Hotspotfläche, die Sie in der Auflistung erkennen, wenn Sie mit der Maus über die Auflistung der Adressen fahren.

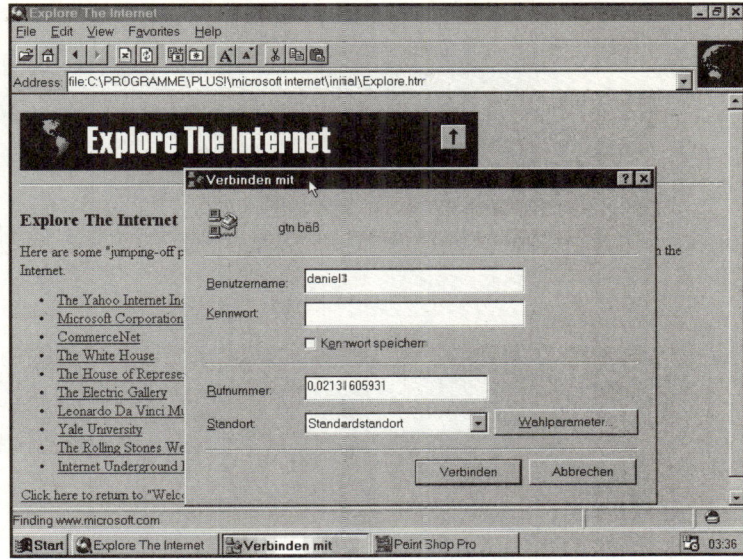

Abb. 15.33: *Die automatische Anwahl vor dem Offline-Betrieb*

Sofort öffnet sich das DFÜ-Anwahlfenster mit der eingestellten Telefon-nummer Ihres Internetproviders. Benutzername und Kennwort sind hier erstmal unerheblich, denn Sie werden gleich in einem separaten Terminal-fenster abgefragt. Klicken Sie auf die Schaltfläche VERBINDEN, um die Anwahl einzuleiten.

Der Anwahlstatus wird Ihnen in einem kleinen Dialogfenster angezeigt. In einem animierten Icon können Sie deutlich den Wahlvorgang sehen. Klappt die Verbindung, öffnet sich anschließend ein Terminalfenster. Es ähnelt einer DOS-Box.

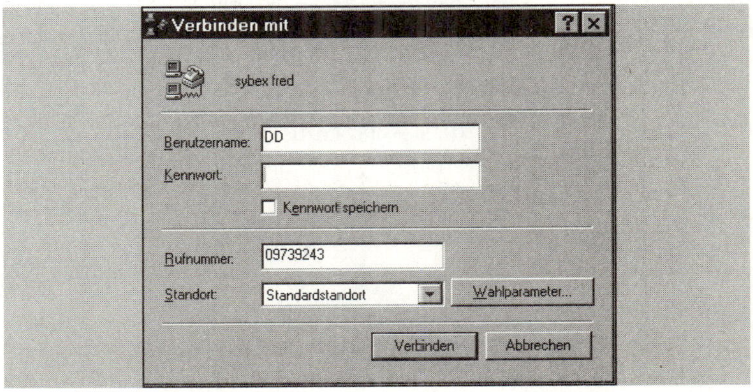

Abb. 15.34: *Anwahl zum Provider*

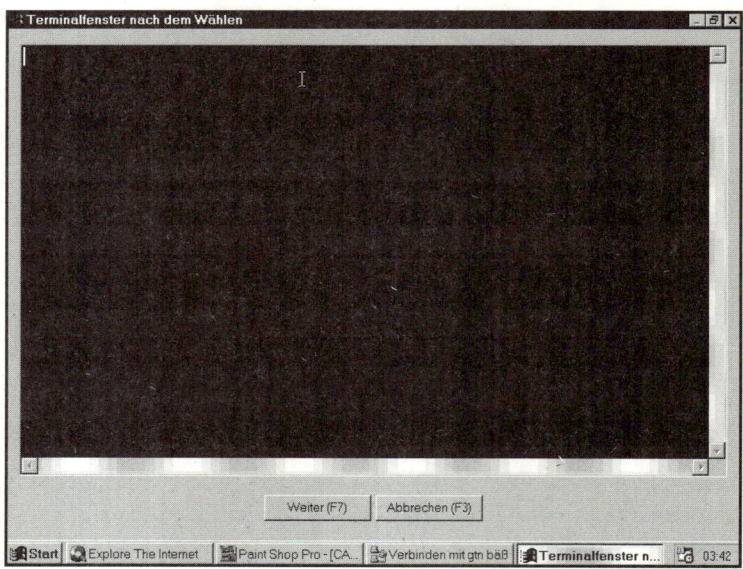

Abb. 15.35: *Das geöffnete Terminalfenster*

Folgende Schritte führen Sie bitte durch:

1. Bestätigen Sie mit ⏎ die Anwahl.

2. Das Terminalfenster ändert sich nun und zeigt meistens das Eingangsbild des Providers. Anschließend werden Sie nach Username und Passwort gefragt. Geben Sie also Ihren Usernamen ein, und drücken Sie ⏎. Danach geben Sie das Paßwort ein und bestätigen nochmals mit ⏎.

3. Damit die Eingaben bestätigt werden können, klicken Sie bitte im Terminalfenster auf die Schaltfläche F7. Daraufhin verschwindet das Terminalfenster. Ihre Angaben werden jetzt überprüft. Erst dann steht die Verbindung.

Geschafft!! Sie sind sozusagen im Internet. Von jetzt an besteht eine Online-Verbindung über Ihren Internetprovider direkt auf den Information-Highway.

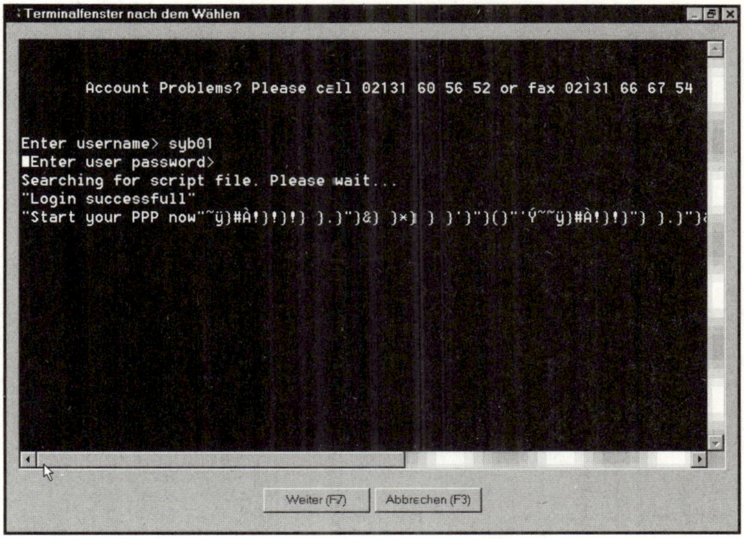

```
: Terminalfenster nach dem Wählen                                    _ 8 X

        Account Problems? Please call 02131 60 56 52 or fax 02131 66 67 54

Enter username> syb01
■Enter user password>
Searching for script file. Please wait...
"Login successfull"
"Start your PPP now"~ÿ}#Â!)!}!) ).)")&} }×} } )')")()"'Ÿ~~ÿ}#Â!)!)") ).)")a
```

        Weiter (F7)   Abbrechen (F3)

Abb. 15.36: *Anmeldung beim Internetprovider*

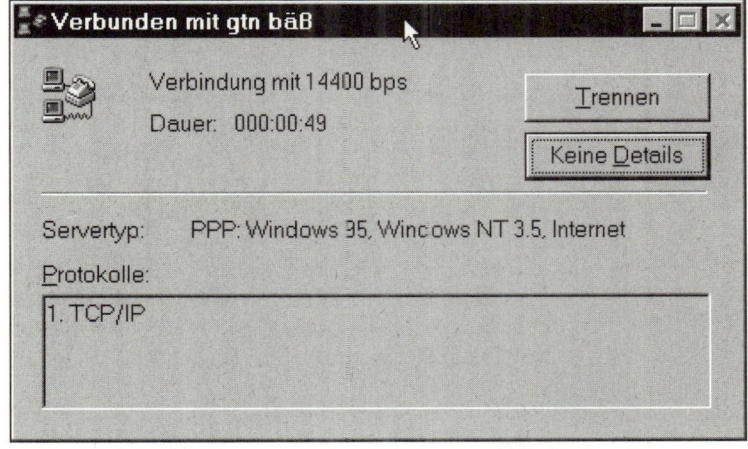

Abb. 15.37: *Die Verbindung steht: Der Weg ins Internet*

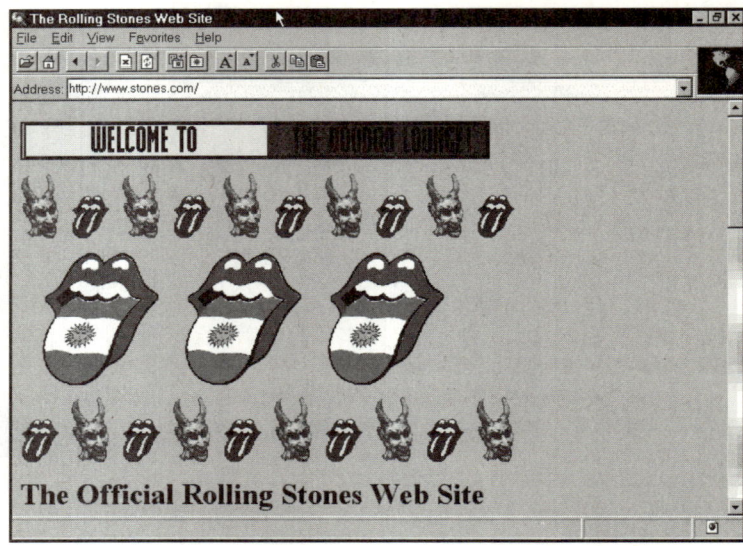

Abb. 15.38: *Die Web-Seite der Rolling Stones*

Sofort danach beginnt der Internet-Explorer die Verbindung mit der ausgesuchten Adresse aufzunehmen. Dies erkennen Sie an der unteren Statuszeile. Sie zeigt den Verbindungstatus an. Da eine typische Web-Seite mindestens eine Grafik enthalten sollte, zeigt die Statuszeile auch den Ladevorgang der Web-Seite mit ihren Grafiken an. Der Text einer Web-Seite erscheint zuerst. Die Grafiken werden nachgeladen, was aber nicht heißt, daß Sie sich nicht in dem Web-Dokument bewegen können.

Mit Hilfe der Scrollbalken blättern Sie durch die erste Seite einer Web-Seite. Um zu einer anderen Seite des Dokuments zu springen, müssen Sie nur nach bestimmten Sprungmarken innerhalb des Dokuments suchen. Blau unterlegte Schrift deutet daraufhin, daß hier das Dokument auf ein anderes verweist. Oft verbirgt sich auch hinter den Grafiken ein Hotspot. Dies erkennen Sie sofort an Ihrem Cursor.

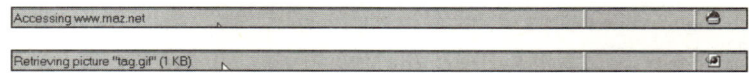

Abb. 15.39: *Unterschiedliche Formen der Statuszeile*

SYBEX

2021 Challenger Drive
Alameda, CA 94501
(800) 227-2346 or *fax* (510) 523-2373

Send e-mail to info@sybex.com for more information.

Welcome to Sybex. We bring practical skills to computer users of all levels and ages through several book series. Click on any series to review specific titles.

- Quick & Easy — colorful tutorials with screen-by-screen illustrations for the beginner
- Your First — plain-English books offering advice on buying and using computer products
- Instant Reference — for immediate quick reference to features, terms, and troubleshooting
- Mastering — for complete guidance on getting the most from your software applications
- Handbooks — for administrators, developers, and other power users
- Internet — access guides, directories, and other references for internauts and newbies
- Networks — for administrators, developers, and end users of Novell products

What's New

- We now have an online catalog. Search for books or topics of interest to you.
- Visit the Internet for Kids companion, a set of pages to accompany our new book *Internet for Kids*.

Copyright © 1995 Sybex Inc.

This area is maintained by Daniel A. Tauber.

Abb. 15.40: *Die komplette Startseite oder Homepage von SYBEX Inc. USA*

Hier sehen Sie die komplette Eingangsseite von SYBEX Inc. mit seinem Angebot an Computerliteratur. Die Seite ist bewußt mit wenig Grafiken ausgestattet, um ein schnelles Laden der Seite zu ermöglichen. Bei einer Geschwindigkeit von maximal 14400 oder 19200 Baud dauert es immer noch sehr lange, bis sich eine Web-Seite aufgebaut hat. Das automatische Laden von Grafiken kann aber auch abgeschaltet werden. Doch dazu später.

Web-Seiten bieten Ihnen in erster Linie Informationen in Textform an. Durch geschickte farbige Gestaltung und Aufteilung des Textes kann man sehr ansprechende Web-Seiten erstellen, die auch nicht mit Informationen überfrachtet sind. Grafiken bereichern eine Web-Seite ungemein. Web-Seiten können aber auch auf Audio-, Videodateien verweisen, um bestimmte Sachverhalte besser zu veranschaulichen. Doch haben Sie hier erheblich lange Ladezeiten, die Ihnen das Surfen im Web schnell vergraulen können.

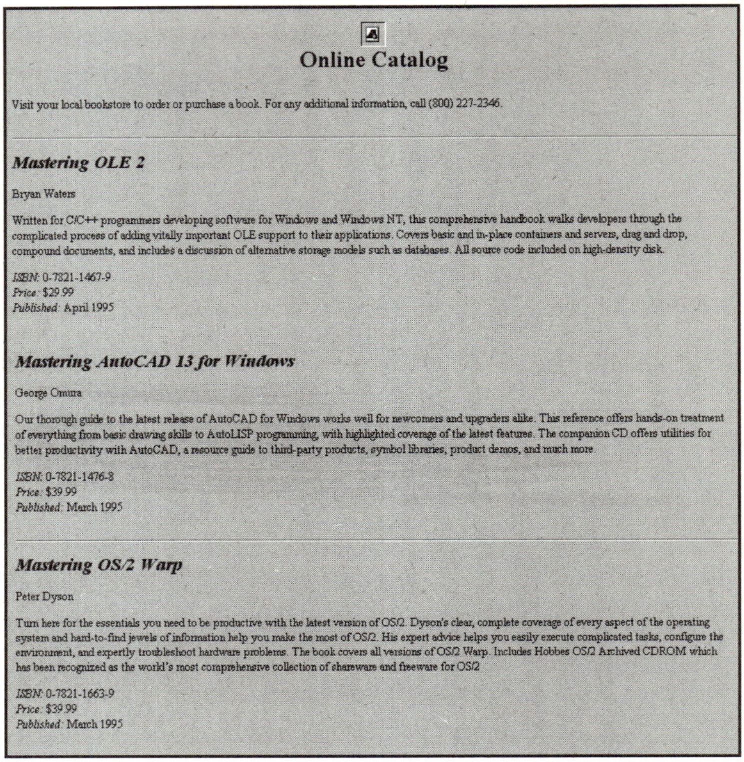

Online Catalog

Visit your local bookstore to order or purchase a book. For any additional information, call (800) 227-2346.

Mastering OLE 2

Bryan Waters

Written for C/C++ programmers developing software for Windows and Windows NT, this comprehensive handbook walks developers through the complicated process of adding vitally important OLE support to their applications. Covers basic and in-place containers and servers, drag and drop, compound documents, and includes a discussion of alternative storage models such as databases. All source code included on high-density disk.

ISBN: 0-7821-1467-9
Price: $29.99
Published: April 1995

Mastering AutoCAD 13 for Windows

George Omura

Our thorough guide to the latest release of AutoCAD for Windows works well for newcomers and upgraders alike. This reference offers hands-on treatment of everything from basic drawing skills to AutoLISP programming, with highlighted coverage of the latest features. The companion CD offers utilities for better productivity with AutoCAD, a resource guide to third-party products, symbol libraries, product demos, and much more.

ISBN: 0-7821-1476-8
Price: $39.99
Published: March 1995

Mastering OS/2 Warp

Peter Dyson

Turn here for the essentials you need to be productive with the latest version of OS/2. Dyson's clear, complete coverage of every aspect of the operating system and hard-to-find jewels of information help you make the most of OS/2. His expert advice helps you easily execute complicated tasks, configure the environment, and expertly troubleshoot hardware problems. The book covers all versions of OS/2 Warp. Includes Hobbes OS/2 Archived CDROM which has been recognized as the world's most comprehensive collection of shareware and freeware for OS/2.

ISBN: 0-7821-1663-9
Price: $39.99
Published: March 1995

Abb. 15.41: *Unterdokument der SYBEX-Homepage mit einem Ausschnitt der Mastering Buchreihe*

In unserem Beispiel können Sie nun auf die verschiedenen Buchreihen verzweigen, die Sie in der Auflistung finden. Sie brauchen nur eine der blau unterlegten Aufzählungen anzuklicken und verzweigen automatisch auf das nächste Unterdokument, welches mit der Homepage verbunden ist. Nach diesem Prinzip arbeiten die meisten Web-Seiten. Für besondere Informationen kann eine Web-Seite auf einen anderen Webserver verweisen. Deswegen kann es sein, daß Sie innerhalb eines Web-Dokuments von Server zu Server hüpfen, wenn die Dokumente weit verstreut liegen. Je nach Web-Adresse kann es sein, daß Sie auf einem amerikanischen Web-Server landen, im nächsten Moment aber ein Dokument laden, das auf einem Server in Australien liegt.

Copyright © 1995 Sybex Inc.

This area is maintained by Daniel A. Tauber.

Abb. 15.42: *Internet-Mailadresse auf einer Web-Seite*

Jede Web-Seite enthält auch die Möglichkeit, dem Autor der Web-Seite oder einem anderen Adressaten eine Nachricht oder E-Mail zukommen zu lassen. Oft befindet sich eine eingeblendete E-Mailadresse am Ende einer Homepage. Diese ist blau unterlegt und öffnet beim Anklicken Microsoft Exchange mit einem Dialogfenster zum Erstellen einer neuen Nachricht.

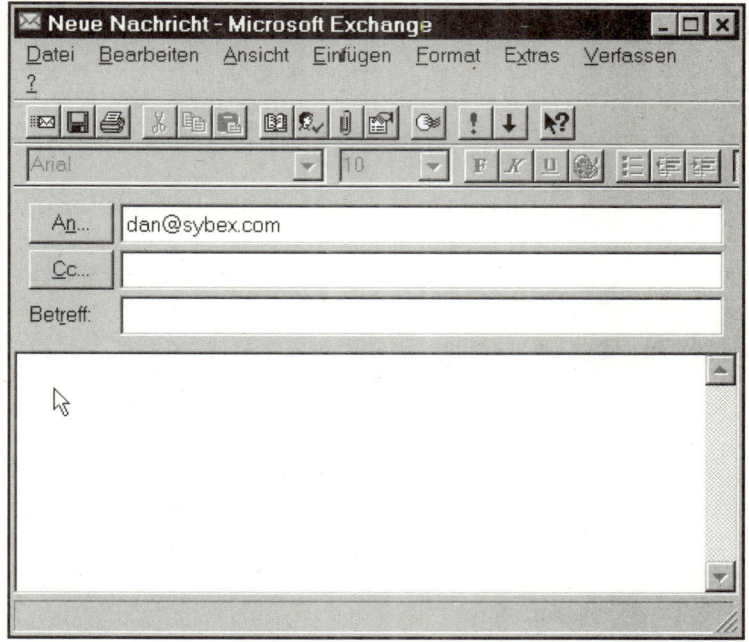

Abb. 15.43: *Automatisch wird der Exchange-Client gestartet, um eine neue Nachricht zu verfassen und abzuschicken*

Bedienung des Internet-Explorers

Wie Sie schon an den ersten Beispielen gemerkt haben, ist der Umgang mit Web-Dokumenten relativ einfach. Auch die Bedienung der Menüs und Befehle des Internet-Explorers selbst gestalten sich relativ übersichtlich.

Wenn Sie ein Web-Dokument geladen haben, können Sie doch ein bißchen mehr als nur in ihm blättern und andere Web-Adressen anspringen. Der Internet-Explorer bietet in seiner Oberfläche fünf Menüs an, in denen Sie alle Befehle zur Bedienung finden. Alternativ können Sie aber auch die Buttonleiste verwenden, in der Sie alle nötigen Befehle finden, um sich mit dem Internet-Explorer im Internet zu bewegen.

Die Buttonleiste sei deshalb kurz vorgestellt. Gleichzeitig erfahren Sie auch ein bißchen über die Funktionsweise eines World Wide Web-Browsers. Sie arbeiten eigentlich alle nach dem gleichen Prinzip und ähneln sich daher auch in den Oberflächen und Funktionen.

 Öffnet eine Dialogbox zum Öffnen einer Datei im HTML-Format oder eine Eingabezeile für Web-Adressen.

 Bringt Sie sofort auf die von Ihnen eingestellte Homepage, mit der der Internet-Explorer startet.

 Blättern zwischen geladenen Web-Dokumenten.

 Stop-Taste, mit der der Ladevorgang einer Web-Seite beendet werden kann.

 Refresh-Taste, die eine Web-Seite aktualisieren läßt und dementsprechende Objekte nachlädt.

 Fügt die Adresse einer geladenen Web-Seite zu Ihrem Web-Adreßbuch, in dem Sie alle bevorzugten Adressen sammeln können.

 Öffnet Ihr Web-Adreßbuch mit allen bisher gespeicherten Web-Adressen. Alle Adressen werden von Windows 95 als sogenannte Internet-Shortcuts verwaltet.

Dieser Icon-Verwaltung bedient sich Windows auch auf dem Desktop. Sie können Ihre Adressen somit als separate Datei behandeln und beliebig weiter bearbeiten oder beispielsweise als E-Mail verschicken, wenn Sie jemandem eine besonders inter-essante Web-Adresse mitteilen möchten. Über die Verwaltung der Adressen erfahren Sie nachher mehr.

 Vergrößert den Schriftgrad einer Web-Seite. Gleichzeitig kann diese Funktion auch zum Zoomen verwendet werden.

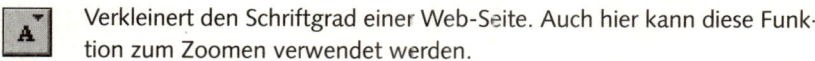 Verkleinert den Schriftgrad einer Web-Seite. Auch hier kann diese Funktion zum Zoomen verwendet werden.

Editierfunktion für den Inhalt einer Web-Seite. Diese Buttons finden Sie in fast allen Windowsapplikationen. Die Schere dient natürlich zum Ausschneiden.

Kopierfunktion

Funktion Einfügen

Adressen laden und abschicken

Wichtig ist natürlich auch die Eingabezeile für die Web-Adressen, ohne die keine Verbindung hergestellt werden kann. Hier können Sie eine beliebige Adresse eingeben oder aus dem Auswahlfenster die zuletzt aufgerufenen Adressen erneut ansprechen. Anschließend drücken Sie die Taste ⏎, und der Internet-Explorer versucht, eine Verbindung herzustellen.

Abb. 15.44: *Eingabezeile für Internetadressen*

In der Statuszeile erkennen Sie dann, ob der Internet-Explorer die Adresse finden kann oder nicht. Haben Sie zum Beispiel die Adresse nicht korrekt eingegeben, kann eine Verbindung nicht hergestellt werden. Hinter jeder Web-Adresse verbirgt sich wiederum eine IP-Adresse, die mit dem ihr zugeordneten Namen der Web-Adresse übereinstimmen muß.

Wenn Sie die Web-Adresse `http://www.microsoft.com` falsch schreiben, vielleicht `http://www.microsoft.co`, also einfach einen Buchstaben vergessen, kann die Adresse nicht gefunden werden. Also seien Sie bei der Eingabe der Adressen sorgfältig, sonst erhalten Sie eine Fehlermeldung.

Oft enthalten Web-Adressen nicht nur den Zugang zur Homepage, sondern direkt zu Unterdokumenten. In diesem Fall werden die Adressen

297

unhandlich, und bei der Eingabe schleichen sich immer mehr Fehler ein. Wenn Sie zum Beispiel folgende Web-Adresse

http://agent4.lycos.cs.cmu.edu/cgi-bin/pursuit?joerg

eingeben sollen, werden Sie schnell merken, wie leicht sich ein Fehler einschleicht.

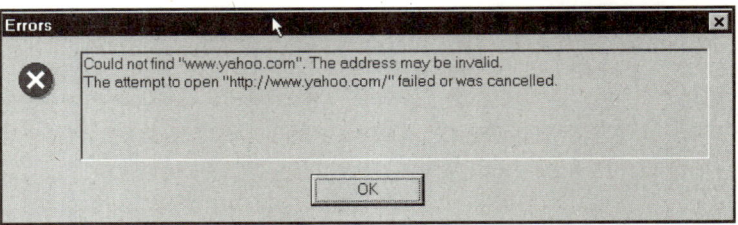

Abb. 15.45: *Fehlermeldungen für einen nicht gefundenen Server*

 Oben rechts finden Sie in der Buttonleiste eine animierte Weltkugel. Wenn der Internet-Explorer versucht, eine Ver-bindung herzustellen, dreht sich die Kugel. So haben Sie ein Kontrollinstrument, ob der Internet-Explorer auch richtig arbeitet. Steht die Verbindung zu Ihrem Provider nicht mehr, weil sie aus irgendeinem Grund unterbrochen worden ist, dreht sich die Erdkugel ebenfalls nicht mehr. In diesem Fall müssen Sie den Explorer beenden und sich bei Ihrem Provider neu einwählen.

Wichtig ist auch die Statuszeile am unteren Bildschirmrand des Internet-Explorers. Sie wurde eingangs schon erwähnt. Sie kann ebenfalls als Kontrollinstrument verwendet werden. Wenn Sie mit dem Mauscursor über das rechte Symbol in der Statuszeile fahren, öffnet sich ein kleines Popup-Fenster mit Informationen. Hier können Sie sofort erkennen, was der Internet-Explorer gerade macht und welche Arbeitsschritte er durchführt.

Abb. 15.46: *Der Internet-Explorer versucht, eine Verbindung herzustellen*

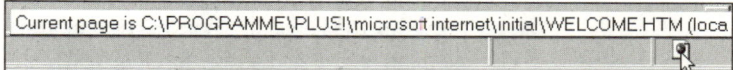

Abb. 15.47: *Anzeige der gerade geladenen Web-Seite*

Vorteile durch die neue Oberfläche

Weitere Vorteile bei der Bedienung des Internet-Explorers ergeben sich
durch die neue Benutzeroberfläche von Windows 95. Hier kommt auch
die rechte Maustaste zur Geltung. Mit ihrer Hilfe können Sie das
Eigenschaftsfenster eines markierten Objekts öffnen. So können Sie zum
Beispiel auf ganz einfache Art und Weise Web-Dokumente bearbeiten,
die Sie gerade mit Hilfe des Internet-Explorers geladen haben. Dabei
kommt es auf das Objekt oder Element des Web-Dokuments an, das Sie
mit dem Mauscursor berühren. Wenn Sie dann die rechte Maustaste betätigen, öffnet sich ein Popup-Fenster mit jeweils unterschiedlichen Befehlen und Funktionen.

Abb. 15.48: *Die Homepage des Internet-Explorers kann nun über das
Popup-Menü bearbeitet werden*

Meistens sehen Sie drei verschiedene Elemente auf einer Web-Seite. Jedes Elemente kann auf unterschiedliche Art und Weise bearbeitet werden.

❑ Normaler Fließtext

❑ Grafiken und Bilder

❑ Web- oder Sprung-Adressen, die meist blau unterlegt sind

Normaler Fließtext dient in erster Linie zur Information und für Hinweise. Diesen Text können Sie wie in einer Textverarbeitung markieren und kopieren und dann mit einem Editor oder einer Textverarbeitung weiterverarbeiten. Das Web-Dokument selbst kann natürlich nicht verändert werden.

Wenn Sie zum Beispiel die Homepage des Internet-Explorers laden und auf das Dokument EXPLORE THE INTERNET springen, können Sie den Text markieren und dann über die rechte Maustaste kopieren.

Anders verhält es sich, wenn Sie mitten in das Dokument klicken und dann das Popup-Fenster öffnen. Hier erhalten Sie jetzt mehrere Befehle zur Auswahl.

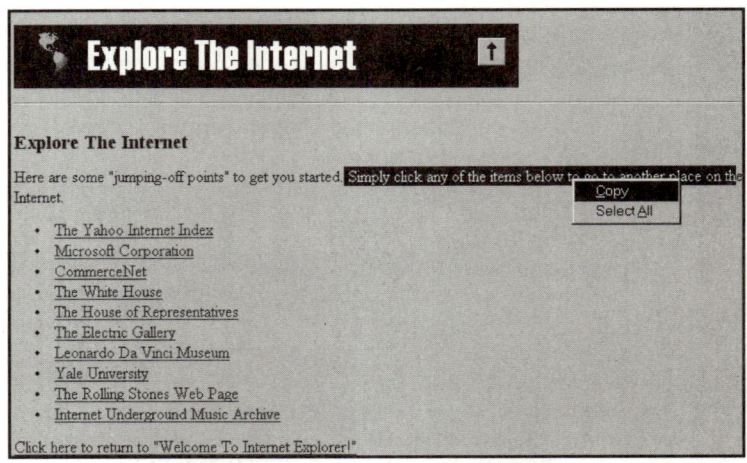

Abb. 15.49: *Markierter Text in einer Web-Seite*

Mit Hilfe dieses Popup-Fensters können Sie zum Beispiel die gesamte Web-Seite markieren oder, was noch komfortabler ist, die Adresse der Web-Seite zu Ihrem persönlichen Web-Adreßbuch hinzufügen. Dazu später mehr. Der dritte Befehl zeigt das gesamte Dokument im sogenannten

HTML-Source-Code an. Der Web-Browser macht eigentlich nichts anderes als den HTML-Source-Code zu übersetzen und in eine Form zu bringen.

Anschließend haben Sie die Möglichkeit, den Source-Code zu über-nehmen, in einen Web-Editor zu laden und dann zu verändern. Wenn Sie sich in der HTML-Sprache auskennen, können Sie auf diese Weise selber Web-Dokumente erstellen und dann als Anbieter ins World Wide Web stellen. Viele Internetprovider bieten ihren Kunden schon zu günstigen Konditionen private Web-Seiten an, die sie selber pflegen und erweitern können. Doch hier weiter auf die Erstellung von HTML-oder Web-Dokumente einzugehen, wäre zu umfangreich. Es gibt jedoch schon einige Tools, mit deren Hilfe Sie die Web-Seiten mit einem herkömmlichen Textverarbeitungsprogramm erstellen können, ohne die HTML-Sprache beherrschen zu müssen.

Mit Hilfe des Befehls SHORTCUT kann die komplette Adresse des Web-Dokuments als Shortcut auf Ihrem Desktop abgelegt werden.

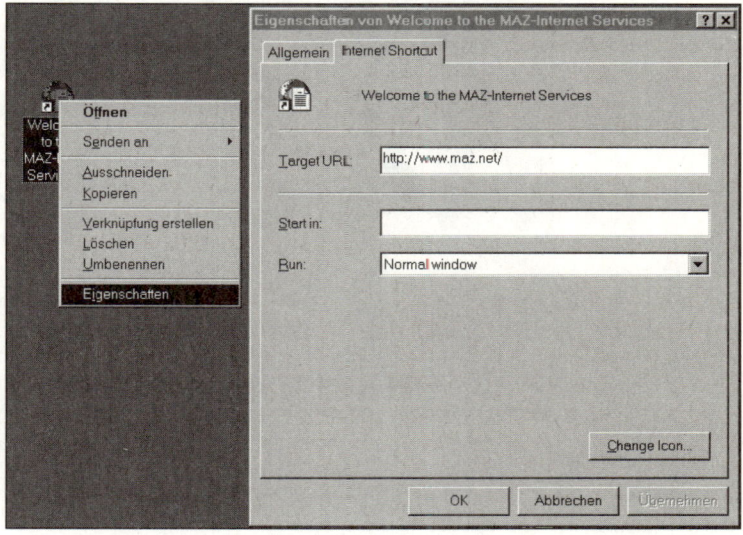

Abb. 15.50: *Das Eigenschaftsfenster des Internet-Shortcuts zu einer Internetadresse*

Dieser Shortcut hat die gleichen Eigenschaften wie Shortcuts von Programm- oder Dokumentdateien. Er verweist lediglich auf die vorhandene Datei und kann ohne weiteres wieder gelöscht werden, wenn er nicht mehr gebraucht wird. Der Vorteil liegt in der Speicherung der Web-Adresse mit Hilfe des Internet-Shortcuts. Diese Adressen können Sie nun beliebig sammeln und in Ordnern speichern. Mit einem Doppelklick auf den Shortcut wird automatisch der Internet-Explorer gestartet und die Verbindung zu der Adresse hergestellt, um die gewünschte Web-Seite zu laden.

Einfacher ist allerdings die Methode, eine gerade geladene Seite in Ihr persönliches Web-Adreßbuch zu kopieren. So sammeln Sie im Laufe der Zeit wichtige Web-Adressen. Die Bedienung und Verwaltung des Adreßbuches erfahren Sie im nächsten Abschnitt.

Sprungadressen und Bilder können ebenfalls auf sehr einfache Weise aus einem Webdokument herausgezogen werden. Markieren Sie mit der Maus eine Sprungadresse, und klicken Sie mit der rechten Maustaste.

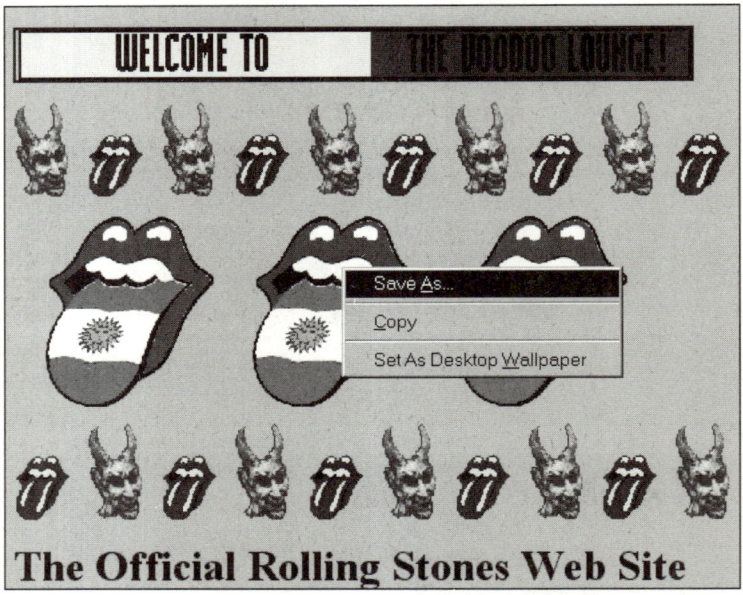

Abb. 15.51: *Die Homepage der Rolling Stones. Jede Grafik kann separat abgespeichert werden.*

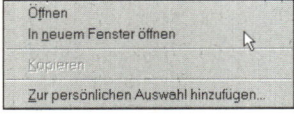

Über das Pop-Menü kann nun eine Sprungadresse aufgerufen werden, oder Sie öffnen sie direkt in einem eigenen Fenster. Auch hier kann die Adresse im Adreßbuch über den Befehl HINZUFÜGEN abgelegt werden.

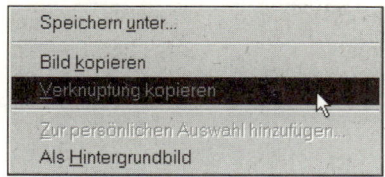

Grafiken können Sie entweder abspeichern oder in die Zwischenablage kopieren und dann weiterverwenden. Alle Grafiken sind im Internet standardmäßig im GIF-Format abgespeichert. Alternativ kann eine Grafik auch als BMP-Datei gespeichert werden. Zu guter Letzt können Sie eine Grafik, wenn Sie Ihnen so gut gefällt, direkt als Hintergrundbild für Windows 95 ablegen.

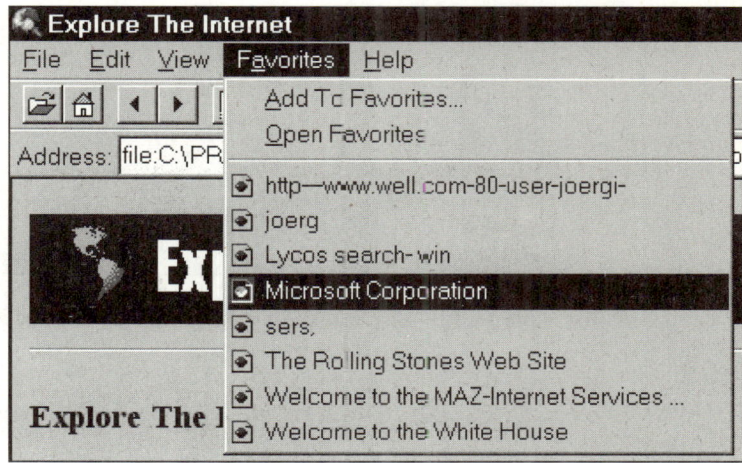

Abb. 15.52: *Das Menü* FAVORITES *für die Verwaltung von gespeicherten Adressen*

Web-Adreßbuch oder Hotlists

Fast jeder World Wide Web-Browser verfügt über ein Internetadreßbuch mit einigen vordefinierten Adressen. Dieses Adreßbuch kann nun beliebig erweitert werden. Am einfachsten ist es, während Ihres Streifzugs durchs Internet immer die jeweilige Adresse der Web-Seite zu speichern, die Ihnen gefällt.

Natürlich können Sie sich auch der Internet-Telefonbücher bedienen, um an interessante Web-Seiten zu gelangen, doch ist die manuelle Eingabe einer Web-Adresse sehr mühselig. Eine der bekanntesten Quellen dürften die Internet Yellow-Pages sein. Sie enthalten die wichtigsten Internetadressen nach Themen sortiert und werden wie normale Telefonbücher jährlich aktualisiert. Es gibt auch schon digitalisierte Internet-Telefonbücher. Sie gleichen einem Web-Dokument und enthalten die Adressen im

303

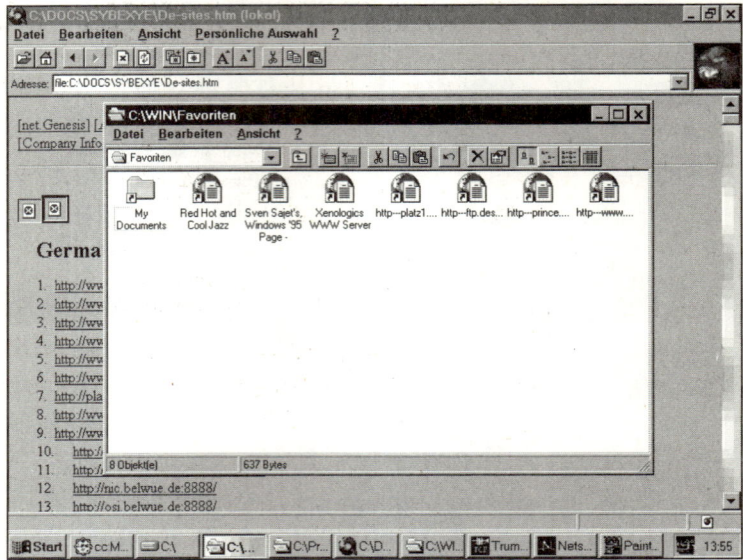

Abb. 15.53: *Das Adreßbuch in Ordnerform mit Shortcuts als gespeicherte Adressen*

HTML-Format - sie können also direkt mit einem Mausklick verbunden werden. Dies erspart die Eingabe.

Zum Sammeln Ihrer beliebtesten oder "sinnlosesten" Web-Seiten finden Sie im Internet-Explorer ein eigenes Menü mit zwei Befehlen für das Abspeichern und Aufrufen von gespeicherten Adressen. Darunter finden Sie eine Auswahlliste mit den zuletzt besuchten Web-Seiten, die Sie dann direkt anwählen können.

Haben Sie eine interessante Seite geladen, wählen Sie aus dem Menü FAVORITES den Befehl HINZUFÜGEN. Die Adresse wird im Hintergrund gespeichert. Noch einfacher ist allerdings der Weg über die rechte Maustaste.

Zum Öffnen des Adreßbuches wählen Sie den Befehl OPEN FAVORITES. Sie erkennen, daß es sich hier um einen ganz gewöhnlichen Windows 95 Ordner handelt, in dem sich die gespeicherten Adressen als Shortcuts befinden. Mit einem einfachen Doppelklick wird die Verbindung dann gestartet.

Wie vorher schon beschrieben, lassen sich Shortcuts sehr flexibel behandeln, da sie lediglich für einen schnellen Zugriff gedacht sind und Sie sie nach Gebrauch ohne Sorge löschen können. Außerdem können Sie die Adressen nun weitergeben, in eigene Dokumente einladen oder per E-Mail verschicken.

Abb. 15.54: *Öffnen einer HTML-Seite oder einer Homepage in separaten Fenster*

Jede WWW-Adresse in eigenem Fenster laufen lassen

Der Internet-Explorer besitzt die geniale Eigenschaft, mehrere Fenster mit unterschiedlichen Web-Dokumenten zu öffnen. Sie können also parallel mehrere Web-Seiten anwählen oder laden.

Angewählte Web-Seiten können Sie als komplettes HTML-Dokument abspeichern. Dies führen Sie mit dem Befehl SPEICHERN UNTER aus dem Menü DATEI durch. Hier können Sie dem Web-Dokument einen beliebigen Namen geben. Umgekehrt öffnen Sie eine gespeicherte Web-Seite mit dem Befehl ÖFFNEN aus dem Menü DATEI. In der sich öffnenden Dialogbox haben Sie nun die Möglichkeit, eine Adresse aus einer Auswahlliste zu markieren. In der Auswahlliste finden Sie jeweils die zuletzt angewählten Adressen. Alternativ können Sie auch eine gespeicherte Web-Seite öffnen. Dies können Sie auch tun, wenn Sie offline arbeiten, also keine direkte Verbindung ins Internet aufgebaut haben.

Beides - sowohl eine vorher gespeicherte Web-Seite als auch die Anwahl einer Web-Seite - kann in einem neuen Fenster ablaufen. Hierfür markieren Sie nur die Option IN NEUEM FENSTER ÖFFNEN. Der Vorteil liegt in einer besseren Übersicht, wenn Sie oft auf verschiedene Web-Seiten wechseln oder wenn Sie ein Unterdokument einer Homepage gleichzeitig mit dem Hauptdokument anzeigen lassen wollen.

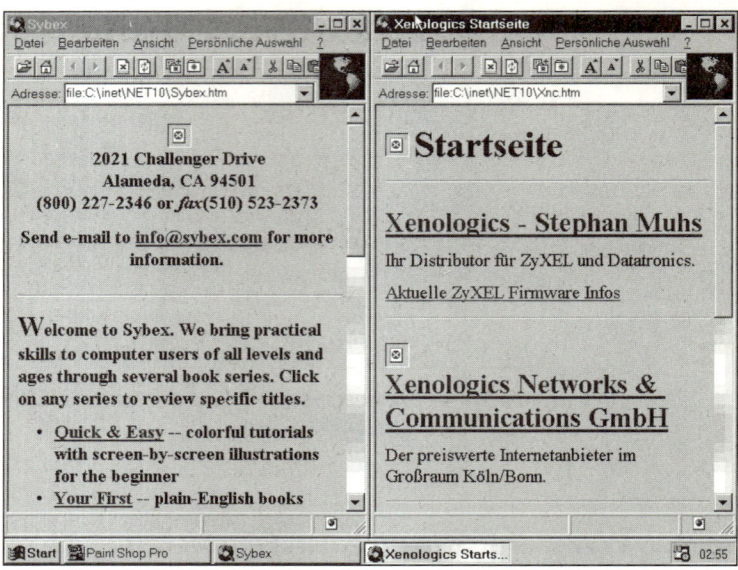

Abb. 15.55: *Anzeige von mehreren Web-Seiten gleichzeitig*

Weitere Einstellungen

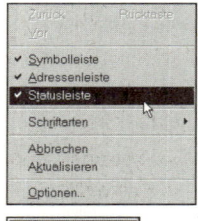

Für den täglichen Umgang besitzt der Internet-Explorer einige wichtige Funktionen und Befehle, mit denen Sie den Internet-Explorer auf Ihre Bedürfnisse anpassen können. Im Menü ANSICHT befinden sich einige Befehle, mit deren Hilfe Sie die Oberfläche des Explorers verändern können. So lassen sich zum Beispiel die Symbol-, die Adreß- und die Statusleiste ein- oder ausblenden.

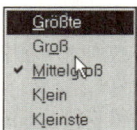

Weiterhin können Sie die Schriftgröße verändern, mit der die Web-Seite in der Präsentationsfläche angezeigt werden soll. Gelangen Sie mit dem Mauscursor auf das Menü SCHRIFTARTEN, öffnet sich ein weiteres Menü für die Auswahl von fünf unterschiedlichen Schriftgrößen. Das Erscheinungsbild der Web-Seite ist aber auch von der von Ihnen verwendeten Monitorauflösung abhängig.

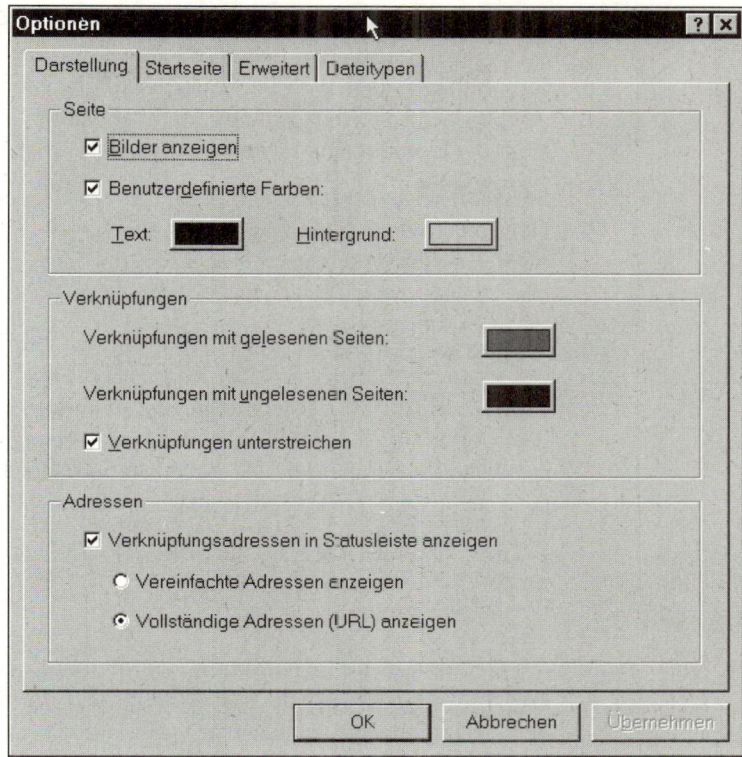

Abb. 15.56: *Eigenschaftsfenster des Internet-Explorers*

Unter dem Befehl OPTIONEN finden Sie ein eigenes Eigenschaftsfenster mit vier Registern, und zwar jeweils eines zur Einstellung der Darstellung der Web-Seite, der von Ihnen gewünschten Startseite, für Systemeinstellungen des Explorers und ein Register für die Auswahl von Dateitypen.

Darstellung

Die Option DARSTELLUNG beinhaltet Einstellungen für die Präsentation der Web-Seiten. Um das Laden von Web-Seiten zu beschleunigen, können Sie das Laden von Grafiken und Bildern ausschalten. Die Web-Seite erscheint dann nur mit Text. An der Stelle, an der Bilder erscheinen sollen, sehen Sie nur ein Symbol. Auf Wunsch können Sie das Bild durch Anklicken separat nachladen. Einige Web-Seiten sind dermaßen mit Bildern und Grafiken überfrachtet, daß es einige Zeit dauert, bis die Seite vollständig erscheint.

Zur Änderung der Farbe des Textes und des Hintergrundes haben Sie die Möglichkeit, durch Anklicken der Option TEXT oder HINTERGRUND eine Farbpalette zu laden. Je nach Grafikkarte und eingestellter Auflösung können Sie dann einen bestimmten Farbton auswählen. Dadurch wird allerdings der Ursprungscharakter einer Web-Seite erheblich verändert.

Im nächsten Abschnitt können Sie die Farbe der Hyperlink-Texte bestimmen. Standardmäßig erscheinen alle bisher ungelesenen Ver-knüpfungstexte, die durch Anklicken auf eine nächste Seite verweisen, in dunkelblau. Bereits angeklickte Verknüpfungen erscheinen in einem olivgrün.

Verknüpfung mit http://www.sybex.com/quick.html Im dritten und letzten Abschnitt können Sie die Verknüpfungsadressen in der Statusleiste anzeigen lassen. Wenn Sie zum Beispiel mit dem Cursor auf einen Hyperlinktext fahren, wird in der Statusleiste dessen Verknüpfung angezeigt. So haben Sie zum Beispiel die Möglichkeit, die genaue Syntax der Adresse zu kontrollieren. Hier gibt es auch die Auswahl zwischen zwei Erscheinungsformen.

Startseite

Die Startseite ist die Seite, mit der der Internet-Explorer startet. Klingt logisch. Jeder World Wide Web Browser beginnt mit der Darstellung irgendeiner Seite, die von Ihnen festgelegt werden kann. Standardmäßig verweisen die Browser meist auf die Homepage des Herstellers. Netscape verweist auf die Startseite von Netscape, Air Mosaic auf die Starseite von Spry. Die Startseite hat auch den Vorteil, daß Sie genau kontrollieren können, ob der Browser auch richtig arbeitet und die Verbindungen herstellt. Zusätzlich bieten die voreingestellten Startseiten weitere Sprungpunkte ins Internet, zeigen Neuigkeiten an und - was viel wichtiger ist - stellen Suchfunktionen bereit, mit denen Sie bestimmte Web-Seiten mit Hilfe von Suchbegriffen finden können. Dazu später mehr.

Wenn Sie das Register STARTSEITE anklicken, sehen Sie in einem Dialogfenster die aktuell eingestellte Startseite mit ihrer Adresse angezeigt. Um eine gerade aktuell geladene Web-Seite zur Startseite zu machen, klicken Sie auf die Option AKTUELLE SEITE. Mit Hilfe der Option STANDARDSEITE stellen Sie die Ursprungsseite wieder her.

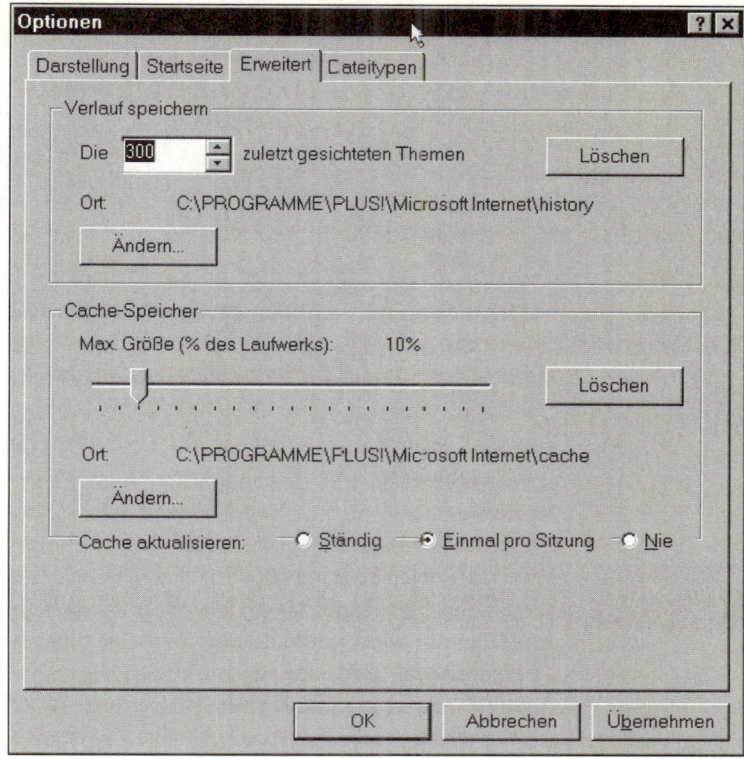

Abb. 15.57: *Systemeinstellungen für den Internet-Explorer*

Erweitert

Hinter diesem Register verbergen sich Optionen zum Speichern der Anzahl von besuchten Web-Seiten sowie eine Cachefunktion, die Arbeits-
abläufe des Internet-Explorers erheblich beschleunigen kann.

Der Abschnitt VERLAUF SPEICHERN ermöglicht es, die Anzahl besuchter Web-
Adressen zu speichern. Diese Adressen werden automatisch als schon
besuchte Adressen protokolliert und in einem bestimmten Verzeichnis
auf Ihrer Festplatte abgelegt. Über die Adreßleiste können die Adressen
wieder aufgerufen werden. Die Speicherung bezieht sich dabei allerdings
immer auf eine Sitzung. Es handelt sich dabei im Gegensatz zu Ihrem
Web-Adreßbuch um eine temporäre Speicherung. In einem Eingabefenster
kann die Maximalanzahl an gespeicherten Adressen angegeben werden.
Wird die Maximalzahl überschritten, werden die zuerst gespeicherten
Adressen verworfen und durch neue, aktuellere Besuche ersetzt.

309

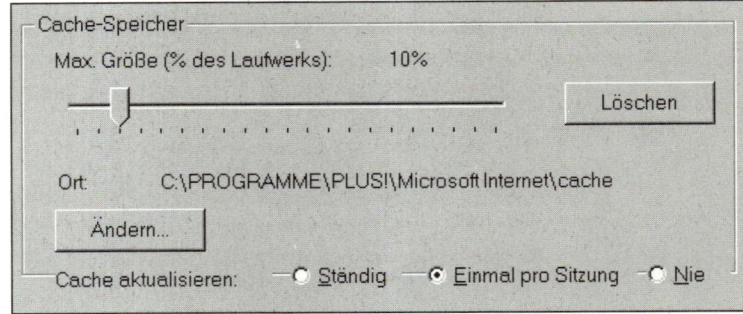

Abb. 15.58: *Einstellung des Cache-Speichers des Internet-Explorers*

Eine besondere Funktion beinhaltet der Cache-Speicher. Seine Aufgabe ist es, während einer Sitzung angewählte Adressen zwischenzuspeichern. Wenn Sie eine Web-Seite laden, so wird keine permanente Verbindung mit dem Web-Server hergestellt. Der Zugriff erfolgt vielmehr in Einzelschritten. Diesen Vorgang können Sie zum Beispiel sehr gut in der Statuszeile beobachten. Laden Sie ein Bild oder eine Grafik nach, wird der Web-Server immer wieder erneut angerufen, allerdings wesentlich schneller als beim ersten Anruf.

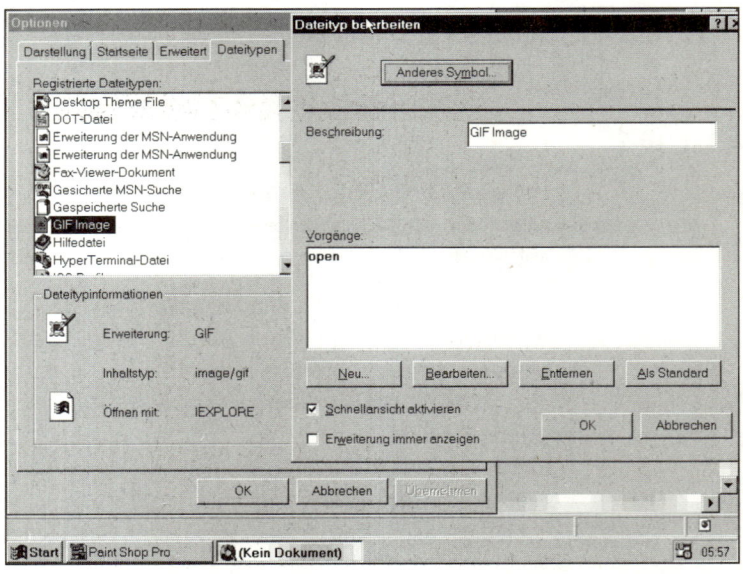

Abb. 15.59: *Bestimmung des Dateityps für den automatischen Start von Web-Objekten*

Mit Hilfe des Cache-Speichers entfällt dieser Vorgang bei einem zweiten Anruf der Web-Seite. So kann das Blättern zwischen angewählten Seiten erheblich beschleunigt werden. Wenn Sie zum Beispiel auf eine Seite zurückblättern, muß diese nicht mehr über das Internet nachgeladen werden, sondern wird über den Cache-Speicher geliefert. Sie sparen dadurch Zugriffe auf die verzögerte Internetverbindung.

Mit Hilfe des Reglers können Sie nun die Größe des Cache-Speichers auf Ihrer Festplatte einstellen sowie das Verzeichnis für die temporäre Speicherung festlegen. Standardmäßig ist die Cache-Größe auf 10% der Festplattenkapazität eingestellt. Soll der Cache-Speicher gelöscht werden, klicken Sie auf den Pushbutton LÖSCHEN. Zusätzlich haben Sie die Option für den Zeitpunkt, mit der der Cache-Speicher aktualisiert werden soll.

Das Register DATEITYP bestimmt, welches Dateiformat welche Applikation starten soll. Web-Seiten enthalten, wie eingangs erwähnt, nicht nur Text und Grafiken, sondern können auch Verknüpfungen zu Video-, Sound- und anderen Dateiformaten besitzen. Damit zum Beispiel eine Sounddatei auch direkt wiedergegeben werden kann, muß Ihre Dateien-

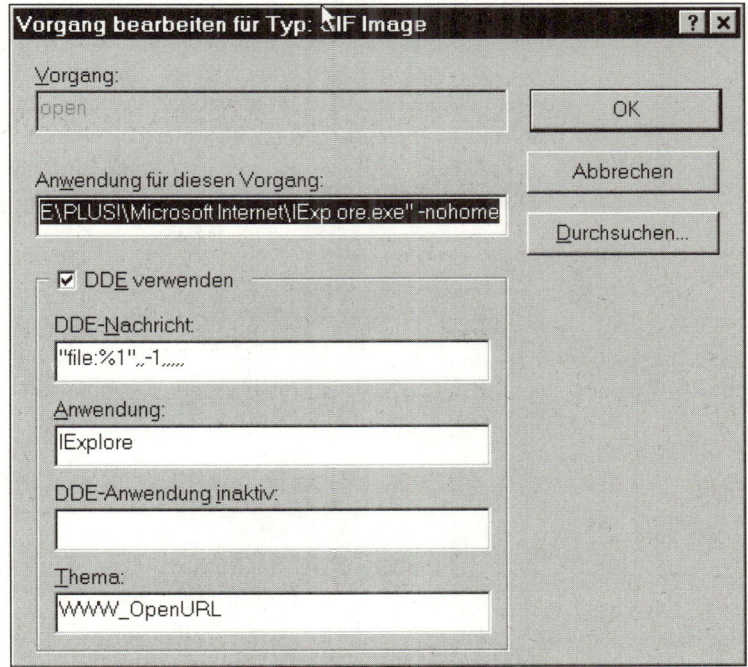

Abb. 15.60: *Zuweisung des GIF-Formats zu der Anwendung Internet-Explorer und dem Befehl zum Öffnen*

dung mit einem bestimmten Tool verknüpft sein, das diese Sounddatei auch laden und abspielen kann.

Für das Internet haben sich zum Beispiel einige MPEG- und JPEG-Player als Standard etabliert, die das Abspielen von Videos ermöglichen. Viele dieser Tools finden Sie im Internet selbst als Shareware-Version oder werden mit dem Browser direkt mitgeliefert. Grafiken und Abbildungen werden meist im GIF-Format in den Web-Seiten hinterlegt. Wenn Sie in der Auswahlliste zum Beispiel den Dateityp GIF markieren und dann auf BE-ARBEITEN klicken, erhalten Sie ein Dialogfenster, das dem Dateityp GIF den Vorgang open zuweist. Dieser Vorgang oder Befehl wird dann von einer Applikation ausgeführt, die das GIF-Format auch lesen kann.

In diesem Fall ist es der Internet-Explorer selbst, der beim Laden eines Web-Dokuments automatisch auch die GIF-Dateien lädt. Bei Sound-dateien würde automatisch der Windows 95 Soundplayer geladen und die Datei abgespielt.

Die Suchfunktion des Internet-Explorers

Zuletzt noch ein Wort zu der Suchfunktion des Internet-Explorers. Sie ist ein sehr hilfreiches Tool, um bestimmte Web-Seiten im Internet zu finden. Jede Web-Seite ist unter mehreren Suchbegriffen über Indizes zu finden, die über mehrere Server verwaltet werden. Da es eine unendliche Zahl an Web-Servern gibt, die die unterschiedlichsten Informationen bereit halten, bieten viele Homepages Verknüpfungen zu sogenannten Such-Engines, die auch eine kombinierte Suche erlauben.

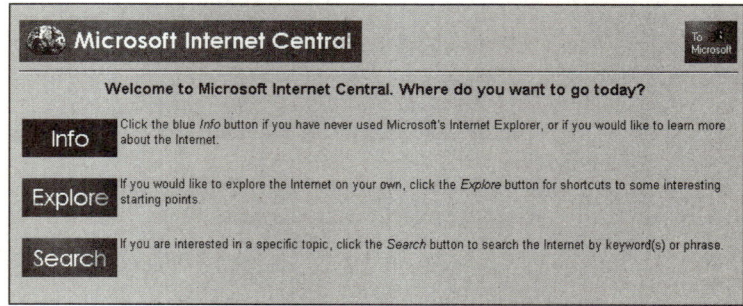

Abb. 15.61: *Homepage von Microsoft Internet Central*

Diese Such-Engines bieten meist ein Eingabefeld für einen Suchbegriff oder ein Schlüsselwort und einen Startbutton, um den Suchvorgang zu

starten. Anschließend wird eine Verbindung zu dem jeweiligen Daten-
bank-Server erstellt, der alle Indizes und Suchbegriffe verwaltet. Der Server führt dann eine Abfrage durch und präsentiert nach erfolgreicher Suche
alle Ergebnisse in einem neuen Fenster. Alle gefundenen Adressen können direkt per Hotlink angewählt werden.

Die Startseite von MSN Internet, welche Sie auch über die Adresse
`www.msn.net` erreichen, bietet ebenfalls eine solche Funktion. Hier erhalten Sie eine Homepage mit einem Suchbefehl. Klicken Sie einfach auf
die Grafik SEARCH, und Sie erhalten eine Eingabemaske für Suchbegriffe.

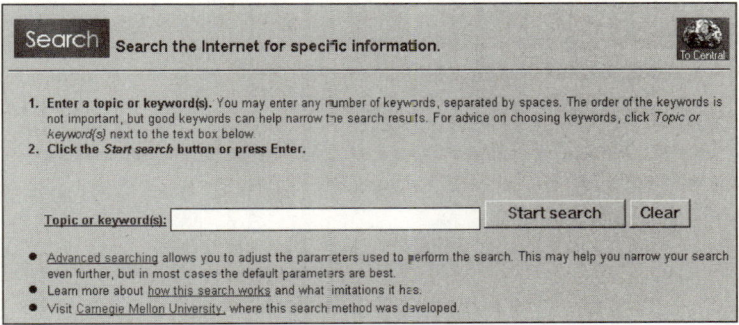

Abb. 15.62: *Eingabemaske für Suchbegriffe*

Abb. 15.63: *Eingabe eines Suchbegriffs*

Sie geben einen Suchbegriff ein und klicken dann auf START SEARCH. An-
genommen, Sie wollen sich über die Verhüllung des Reichstags durch das
Künstlerehepaar Christo informieren. Als Suchbegriff geben Sie „Reichstag" ein und schicken den Befehl ab. Nach einigen Sekunden werden
Ihnen schon die ersten Suchergebnisse geliefert.

Je nach Suchbegriff kann die Searchengine mehr als 100 Web-Adressen
finden. In diesem Fall werden 36 Adressen angezeigt, die Informationen
und sogar stündlich aktualisierte Photos zu der Verhüllung des Reichstags
anzeigen. Jede gefundene Adresse beinhaltet einen Hotlink, das heißt,
Sie können sofort die jeweilige Adresse anwählen. Zusätzlich erklärt Ihnen ein kleiner Abstrakt, was die Web-Seite zum Inhalt hat und wer der
Autor der Web-Seite ist.

Da es sich bei der Verhüllung des Reichstags um ein zeitlich begrenztes Objekt handelt, sind auch die bereitgestellten Informationen nur temporär. In ein paar Wochen wird es diese Web-Dokumente nicht mehr geben. Dies zeigt nur, wie schnell sich das Angebot im Internet verändert. Es gibt natürlich dauerhaft eingerichtete Web-Seiten, aber es kommen täglich neue Anbieter hinzu, Adressen und Web-Seiten ändern sich oder werden neu gestaltet. Internet-Telefonbücher wie die Internet-Yellow-Pages veralten deshalb schneller als normale Telefonbücher.

```
#3. [score 0.5724] http://www.kulturbox.de/christo/reichs_e.htm

last fetched: 09-Jun-95
file date: 04-Jun-95
bytes: 1555
links: 10

title: The Wrapping of the Reichstag and Related Events

outline: The Wrapping of the Reichstag and Related Events

keys: descriptions:
Wrapped Reichstag
```

Abb. 15.64: Suchergebnis mit dem Verweis auf einen Server

Deshalb sind die Suchfunktionen ein sehr gutes Mittel zur Aufrüstung möglichst aktueller Web-Adressen und -Seiten.

KULTURBOX

News and photographic Impressions

News und fotographische Impressionen

June 30, 1995

All Photographies copyright by Wolfgang Volz

Für das Projektteam, die Monitore, die Fotographen, das Internetteam und die Besuchermenge rund um den Reichstag scheint heute der erste richtig entspannte Tag zu sein. Dazu beigetragen haben wohl auch die neuen Monitore. Sie haben noch keine zwei Wochen mit immer dem gleichen Gedudel der Straßenmusikanten auf dem Buckel. Nur Christo und Jeanne-Claude sind hier eine Ausnahme. Sie konnte während der letzten Wochen scheinbar nichts aus der Ruhe bringen.

Eine Menge Fälschungen drängen nun auf den Markt. So wurden zum Beispiel gefälschte Postkarten mit integrierten Plastikkappen vor dem Reichstag verkauft, die kleine Stückchen der an die Besucher verteilten Probemuster enthielten.
Für die Wrapped Reichstags T-Shirts der Monitore sollen bereits 3000 DM geboten worden sein.

Ein wirklich nicht zu übersehender Verlag hat heute schon (oder endlich?) den Bildband zum Verhüllten Reichstag auf den Markt geschmissen.
Michael Cullen bekam eine Postkarte mit dem abgebildeten Reichstag und der Bitte, ihn nach der Enthüllung doch schnell wieder zu verhüllen.

An das Projekt-Team wurde der Vorschlag herangetragen, im Reichstag in der letzter Nacht vor Enthüllung das Licht anzumachen, um die Einzelheiten des Gebäudes durchscheinen zu lassen.

Der Wortwechsel des Tages:
"Wie fühlen Sie sich nun nach 24 Jahren Arbeit am Projekt" (RW)
"Mir geht es so, als wäre der Friede ausgebrochen und keiner hält eine Rede" (MC)
"Vielleicht weil gerade keine Rede gehalten wird, sind die Leute so froh" (RW)
Michael Cullen und Richard von Weizsäcker auf dem Dach des Reichstags.

It seems so that for the project team, the monitors, the photographers, the internet team and all visitors it's the first day everybody is relaxed. In parts this may be caused by the new monitor shift. They haven't yet suffered street music, which repeated every day since two weeks. Christo and Jeanne-Claude are the only exceptions: nothing could get them out of pace during the last weeks.

Many fakes are now on the market. Today, for instsance, you could buy faked postcards with encapsulated parcels of the fabric pieces given to all visitors (6 DM = 4 $). On the black market the price for a monitor t-shirt has arised to 3000 DM (2000 $)

An omni-present publisher put already (or at least?) the first catalog of the wrapped Reichstag on the market.
Michael Cullen got a postcard with a picture of the Reichstag. The sender asked for wrapping the Reichstag soon after it's unwrapping.

Someone suggested to switch on the lights inside the Reichstag during the last night of wrapping. This should show details of the building.

The talk of the day:
"How do you feel after 24 years of work for the project?"(RW)
"For me it's like peace brake out and nobody held a speech" (MC)
"May be people are so happy because of nobody held a speech" (RW)
Michael S. Cullen and the former president of Germany, Richard von Weizäcker, on the roof of the Reichstag.

Abb. 15.65: *Die Verhüllung des Reichstags im Internet*

Kapitel 16:
Desktop-Motive und Themen, Anzeigeeigenschaften und Pinball

Microsoft Plus! besitzt als zusätzliche Ergänzung eine große Auswahl an Desktop-Motiven. Windows 95 bietet aufgrund seiner neuen Oberfläche noch mehr Gestaltungsmöglichkeiten, als es unter Windows 3.x der Fall ist. Für diese Gestaltungsmöglichkeiten brauchen Sie natürlich Futter.

Was bietet Microsoft?

Die Gestaltungsmöglichkeiten beginnen bei der Bestimmung des Hintergrundbildes von Windows 95 selbst und enden bei der Auswahl von bestimmten Icons auf Ihrem Desktop. Um genauer zu sein, bietet Microsoft Einstellungsmöglichkeiten für folgende Komponenten an:

❑ Bildschirmschoner

❑ Akustische Signale

❑ Mauszeiger

❑ Desktop-Hintergründe

❑ Symbole oder Icons

❑ Symbolgröße und -abstand

❑ Farben

❑ Schriftnamen und -schnitte

❑ Schriftgrade und Fenstergröße

Der Clou ist nun folgender. Die Kombination von allen Einstellungen dieser Komponenten kann separat als Thema abgespeichert werden. Das Thema wird dabei in einer Datei gesichert, die die Endung *.theme aufweist. Wie Sie vielleicht wissen, können unter Windows 95 längere Dateinamen und -endungen vergeben werden als bei Windows 3.x. Microsoft hat nun einige Desktopthemen vordefiniert, die Sie bequem aus einer Auswahlliste auswählen und in einer Vorschau auch begutachten können.

Abb. 16.1: *Auswahlfenster für neue Desktop-Themen oder -Motive. Hier das Thema Dangerous Creatures.*

Auswahl an Desktopthemen

Nach der Installation von Microsoft Plus! finden Sie in der Systemsteuerung ein neues Symbol für die Einstellungen des Desktops. Mit einem Doppelklick öffnen Sie dann das Dialogfenster für die Auswahl und Konfiguration der Desktopmotive. Bevor Sie jedoch über die Option MOTIV ein Thema auswählen, sollten Sie Ihre ursprünglichen Einstellungen speichern. Dies tun Sie, indem Sie über die Funktion SPEICHERN UNTER die momentanen Einstellungen unter einem eigenen Namen abspeichern. Wenn Sie nämlich eine Auswahl treffen, gelten diese fortan als Standardeinstellungen. Gleichzeitig können Sie aber auf diese Art und Weise weitere, eigene Schemata erstellen und über die Funktion der Desktop-Motive abspeichern.

Haben Sie Ihr eigenes Desktopschema abgespeichert, können Sie nun aus der Listbox ein alternatives Schema wählen, das dann auch gleichzeitig in der Vorschau angezeigt wird.

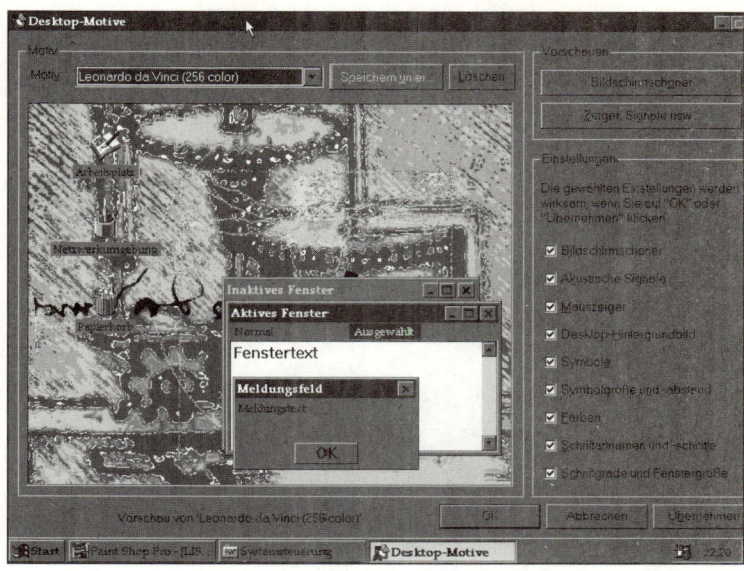

Abb. 16.2: *Leonardo da Vinci als Desktop-Schema*

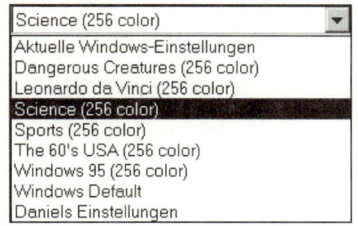

Zu jedem Schema oder Thema gehören spezifische Bildschirmschoner, akustische Signale, Mauszeiger und andere Kompo-nenten, die Ihren Desktop total anders aussehen lassen. Selbst Schriftart und Schriftgrad der Menüs und Befehle ändern sich. Die Standard-Icons AR-BEITSPLATZ, NETZ-WERKUMGEBUNG und das Icon für den MÜLLEIMER werden ebenfalls an das Thema angepaßt. Microsoft bietet in der Auswahl einige vordefinierte Themen. Dazu gehören:

❑ **Dangerous Creatures**. Würmer oder Spinnen als Mauszeiger, Tiergeräusche etc.

❑ **Leonardo da Vinci**. Gibt Ihrem Desktop einen Hauch von Erfindungsgeist, Mona Lisa als Mauszeiger etc.

❑ **Science**. Der wissenschaftliche Desktop, mit einer Mondlandschaft im Hintergrund sowie weiteren Änderungen.

❑ **Sports**. Für alle Sportfans

❑ **Nature**. Für den Naturverbundenen.

❑ **Inside Your Computer**. Für den Hardwarefreak unter den Windows 95-Usern.

❑ **The 60's USA**. Etwas für junggebliebene Freaks, die ein bißchen Wood-Stock-Feeling brauchen.

319

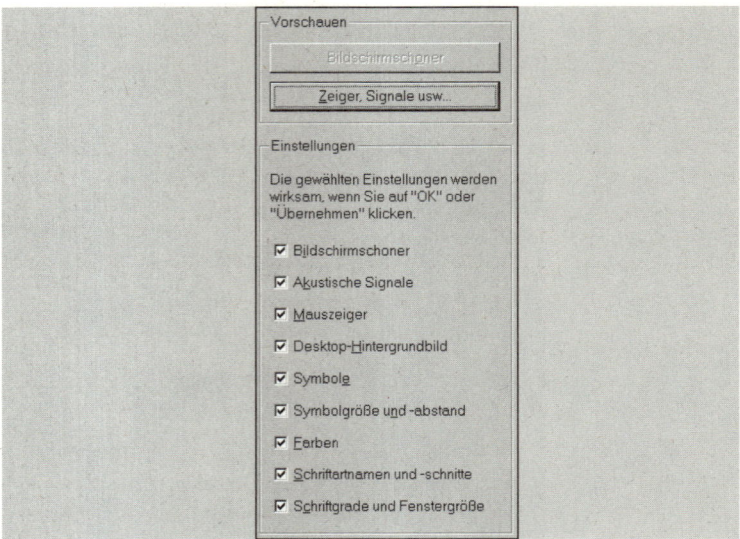

Abb. 16.3: *Einstellungen einschränken*

Es sollen hier nicht alle Schemata aufgezählt werden, da die Beschreibung aller Eigenschaften ausufern würde. Außerdem ist dann der Überraschungseffekt weg, probieren Sie einfach alles aus.

Um die Einstellungen auf bestimmte Komponenten einzuschränken, können Sie beispielsweise über den Abschnitt EINSTELLUNGEN die Veränderungen für einen Bildschirmschoner auszuklammern, weil Sie vielleicht schon einen Bildschirmschoner Ihrer Wahl integriert haben. Jede Option, die in diesem Abschnitt eingeschaltet ist, wird von einem Thema auch verändert. Möchten Sie einen bestimmten Bildschirmschoner beibehalten, schalten Sie die Option BILDSCHIRMSCHONER aus.

Alle Einstellungen werden erst dann aktiv, wenn Sie auf OK oder ÜBERNEHMEN geklickt haben.

 Sie sollten bei der Wahl eines bestimmten Schemas daran denken, daß aufwendige Grafiken im Hintergrund und auch noch so toll aussehende Icons oder Klangschemata die Ressourcen Ihres Rechners belasten. Je bunter Ihr Desktop aussieht, desto mehr wird also von Ihrem Rechner an Ressourcen abverlangt. Sicherlich wird der oder die eine sagen, daß es sich dabei sowieso nur um Schnickschnack für seinen Rechner handelt. Doch der verspielte Anwender, der seinen Desktop gerne "tiefer" legt, sollte die entsprechende Hardware auch parat haben. Für farbaufwendige Hintergrundbilder sollten Sie zum Beispiel eine Grafikkarte mit mindestens 2 MByte RAM besitzen.

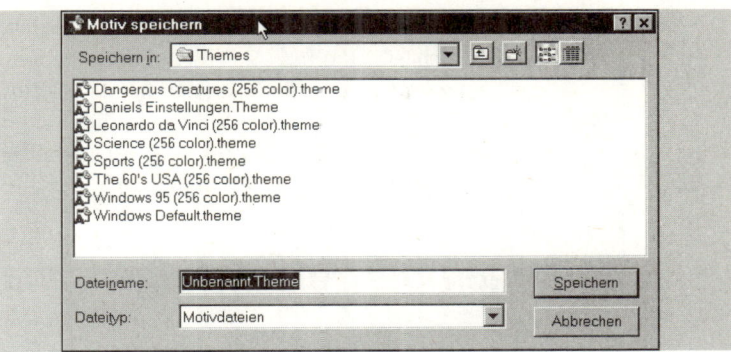

Abb. 16.4: Speichern eines neuen Motivs

Eigene Schemata erstellen und abspeichern

Das Erstellen eigener Schemata ist relativ einfach. Sie verändern Ihren Desktop auf die herkömmliche Weise, also über die Desktopeigenschaften, die Sie mit einem rechten Mausklick auf dem Desktop erreichen. Hier nehmen Sie nun Einstellungen für Hintergrundbild, Darstellung aller Desktopelemente wie Symbole oder Titelleisten etc. und Bildschirmschoner vor. Über die Systemsteuerung ändern Sie noch die Darstellung des Cur-

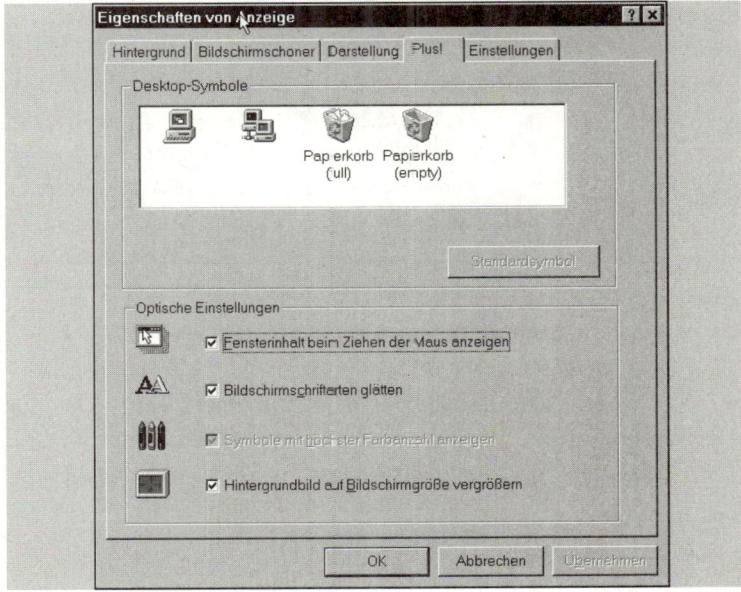

Abb. 16.5: Neue Registerkarte PLUS

321

sors und verbinden bestimmte Systemereignisse mit Sounddateien Ihrer Wahl. Anschließend öffnen Sie erneut das Dialogfenster für die Auswahl der Desktop-Motive und wählen den Befehl SPEICHERN UNTER und speichern dann die aktuellen Einstellungen unter einem separaten Namen ab. Die Datei finden Sie übrigens in dem Unterverzeichnis THEMES, das sich im Verzeichnis von MS-Plus! befindet.

Veränderungen der Anzeigeeigenschaften

Für weitere kosmetische Feinheiten hat MS-Plus! die Desktopeigenschaften von Windows 95 um einige Befehle erweitert. Dazu ge-hören der Austausch der Standard-Desktop-Symbole und weitere optische Einstellungen.

Wenn Sie das Eigenschaftsfenster Ihres Desktops öffnen, finden Sie neben den bekannten Registern HINTERGRUND, BILDSCHIRMSCHONER, DARSTELLUNG und EINSTELLUNG eine neue Registerkarte mit der Bezeichnung PLUS!. Hier finden Sie die weiteren Optionen, die MS-Plus! zur Verfügung stellt.

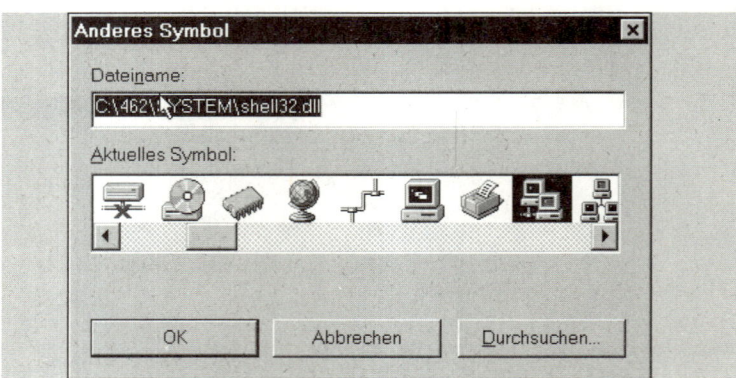

Abb. 16.6: *Standardsymbol austauschen*

❑ Die Desktopsymbole tauschen Sie aus, indem Sie in dem Fenster ein Symbol markieren und über den Button STANDARDSYMBOL ein neues Symbol auswählen. Als Quelle kann dabei eine DLL-Datei dienen, die bestimmte Symbole gespeichert hat, oder eine normale Icon-Datei mit der Endung *.ICO.

Die optischen Einstellungen beziehen sich auf kleine Details bezüglich Schriftarten, Hintergrundbild und Erscheinungsweise von Fensterinhalten. Jede Option kann entweder ein- oder ausgeschaltet werden.

❑ **Fensterinhalt beim Ziehen der Maus anzeigen**. Hier liegt der Vorteil in einer ständigen Präsenz des Fensterinhalts, auch wenn das Fenster verschoben wird.

❑ **Bildschirmschriftart glätten**. Diese Option macht sich nur bei guten Monitoren und einer Einstellung von mehr als 256 Farben bemerkbar. Vor allem Bildschirmschriftarten mit großem Schriftgrad werden durch Ausgleich besser dargestellt.

❑ **Symbole mit höchster Farbanzahl anzeigen**. Das Ausschalten dieser Option kommt den Ressourcen Ihres Rechners entgegen. Auf der anderen Seite werden die Konturen der Symbole schärfer.

❑ **Hintergrundbild auf Bildschirmgröße vergrößern**. Die Option führt automatisch eine Anpassung des Hintergrundbildes auf die Bildschirmgröße durch.

Abb. 16.7: *3D-Pinball für den Spiele-Freak*

3D-Pinball - mal anders flippern

Zu guter Letzt sei noch das Spiel Pinball erwähnt. Dabei handelt es sich um eine komplette Flippersimulation, die doch sehr realistisch wirkt, vor allem dann, wenn Sie eine Soundkarte besitzen, die alle typischen Geräusche eines Flippers exakt nachmacht. Je nach Lautstärke bekommen Sie doch den Eindruck, in einer Spielhölle zu stehen.

Nach dem Start von 3D-Pinball sehen Sie einen realistisch nachempfundenen Flippertisch mit mehreren Anzeigetafeln für den Spielstand der einzelnen Spieler. Sie sehen also, das Spiel ist einem echten Flipper exakt nachempfunden, auch die Flipperkugel bekommt die gleichen Bewegungsabläufe wie auf dem Flippertisch in der Nachbarkneipe.

Das Fenster bietet zwei Menüs für Befehle bezüglich Spielerverwaltung, akustischer Signale und der Veränderung der Tastenbelegung, mit deren Hilfe Sie bestimmte Tasten auf die Bedienung des rechten, linken Flipper und der Einschußfeder legen können.

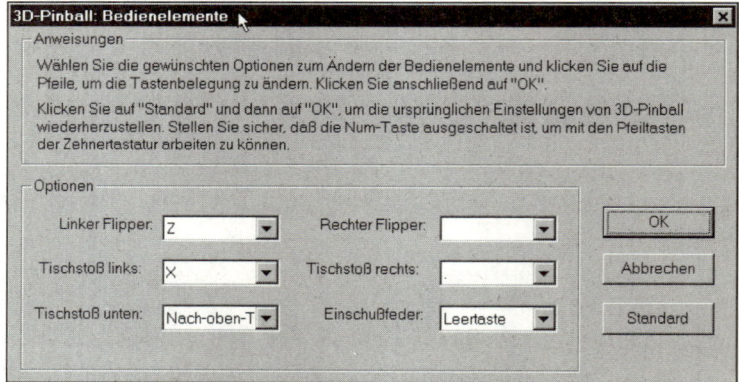

Abb. 16.8: *Auswahl von Tastenbelegungen für die Bedienung des Flipperspiels*

Für jede Funktion können Sie mit Hilfe einer Auswahlliste eine bestimmte Taste definieren, die diese Funktion später ausführen soll. Um die ganze Sache perfekt zu machen, besitzt 3D-Pinball auch Funktionen wie Tischstoß von links, rechts oder unten, die ebenfalls mit Tasten belegt werden können. Das Menü öffnen Sie übrigens über die Funktionstaste F8.

Für den absoluten Hochgenuß können Sie das ganze Spiel über die Funktionstaste F4 auch in den Vollbildmodus schalten.

Kapitel 17: Amaris Btx-Decoder

Für die deutsche Version von Microsoft Plus! ist auch ein Btx-Decoder vorgesehen, den Microsoft von Amaris eingekauft und an die Oberfläche von Windows 95 angepaßt hat. Microsoft hatte hier wohl auch die Überlegung, MS Plus! an den deutschen Markt anzupassen, da der Anteil von Btx-Teilnehmern ständig steigt und Btx neben anderen Online-Diensten wie CompuServe doch eine zentrale Rolle spielt.

Im folgenden soll der Decoder nur in seinen wichtigsten Funktionen beschrieben werden, da eine komplette Erklärung des Programms zu umfangreich wäre.

Btx-Anmeldung

Beim erstmaligen Aufruf des Amaris Btx-Decoders erscheint eine Dialogbox, über die Sie sich als Btx-Mitglied registrieren lassen können. Sie werden interaktiv durch ein Auftragsformular geführt, in das Sie alle nötigen Angaben eingeben müssen. Das Formular drucken Sie später aus und schicken es an eine angegebene Adresse oder FAX-Nummer. In einigen Tagen erhalten Sie dann alle nötigen Daten für Ihren Btx-Zugang. Wenn Sie schon Btx-Mitglied sind, entfällt für Sie diese Prozedur, und Sie können den Hauptbildschirm von Amaris Btx direkt öffnen.

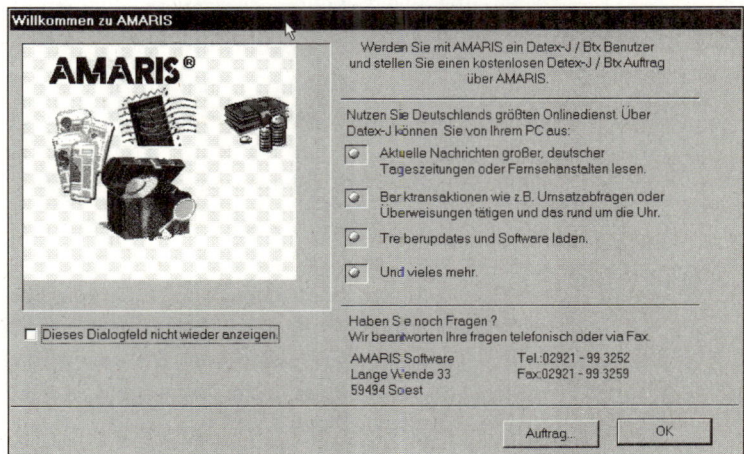

Abb. 17.1: *Elektronisches Btx-Anmeldeformular*

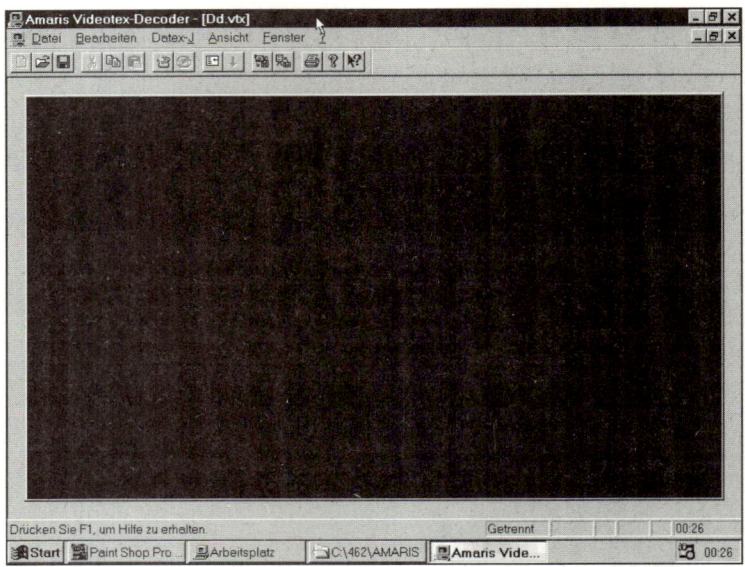

Abb. 17.2: *Hauptbildschirm von Amaris-Btx*

Btx-Decoder konfigurieren

Bevor Sie eine Verbindung herstellen wollen, müssen Sie Ihre Kennungs-
daten angeben. Dies sind Angaben zu Ihrer Btx-Anschlußkennung, die
Sie von der Post bekommen. Dann benötigen Sie Ihre Teilnehmernummer,
eine Mitbenutzernunmmer sowie ein persönliches Kennwort, unter dem
Sie sich beim Btx-Dienst anmelden.

Öffnen Sie hierfür das Menü DATEX-J, und wählen Sie anschließend den
Befehl EINSTELLUNGEN. Sie erhalten eine Dialogbox mit Registern für Angaben zu Ihrem Modem, Kenndaten, Optionen, Telesoftware und Optionen zum Ausdruck von Btx-Seiten.

Wichtig sind vor allem Ihre Modem-Einstellung und die exakten Angaben Ihrer Kenndaten. Haben Sie zum Beispiel Ihre Anschlußkennung oder
das Paßwort falsch eingegeben, werden Sie vom Btx-Dienst nicht richtig
registriert und die Verbindung wird automatisch wieder abgebrochen.
Eine weitere Fehlerquelle sind falsche Modemkonfigurationen. In dem
Handbuch Ihres Modems finden Sie meistens die richtige Anwahlsequenz
für den Zugang zu Datex-J.

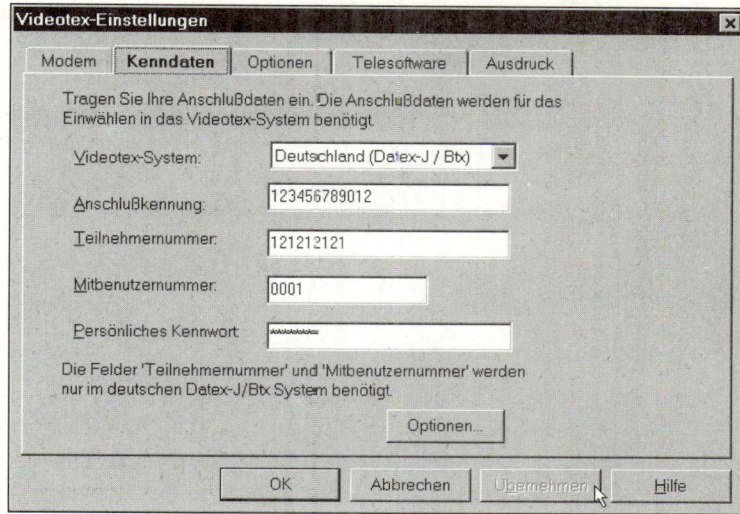

Abb. 17.3: *Genaue Konfiguration des Btx-Decoders*

Die **Anschlußkennung** ist meist eine zwölfstellige Zahl, die in Verbindung mit Ihrem Passwort den Btx-Zugang ermöglicht. Diese Zahl sollten Sie auf jeden Fall geheimhalten, da sie auch nicht ohne weiteres auszutauschen ist. Das Paßwort dagegen läßt sich ändern.

Unter der **Teilnehmernummer** geben Sie Ihre private Telefonnummer an. Als **Mitbenutzernummer** geben Sie 0001 ein. Schließlich tragen Sie Ihr persönliches Kennwort ein. Alle anderen Angaben sind optional und müssen von Ihnen nicht verändert werden. Bestätigen Sie nun alle Eingaben mit OK oder ÜBERNEHMEN.

Verbindung herstellen

Die Anwahl des Btx-Dienstes erfolgt entweder, indem Sie die Funktionstaste F3 drücken, oder Sie klicken in der Buttonleiste auf das Symbol zur Anwahl. Alternativ können Sie auch den Weg über das Menü DATEX-J gehen und dort den Befehl VERBINDEN aufrufen.

Daraufhin erscheint eine Dialogbox mt Angabe der voreingestellten Rufnummer für den Datex-J-Zugang sowie das installierte Modem und der eingestellte Standort.

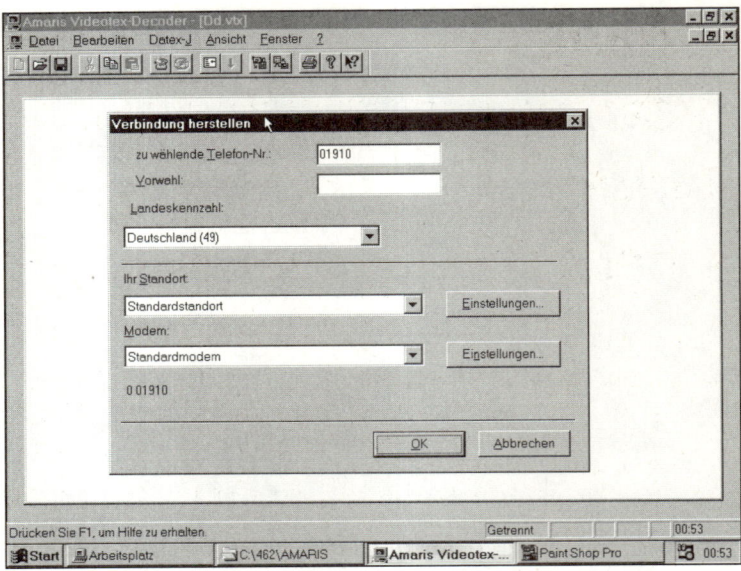

Abb. 17.4: *Anwahlfenster für den Zugang zu Btx*

Klicken Sie nun auf OK, um den Wahlvorgang einzuleiten. Nach erfolgreicher Anwahl werden automatisch Ihre Anschlußkennung gesendet und Ihr Paßwort überprüft. Danach befinden Sie sich im Btx-Dienst.

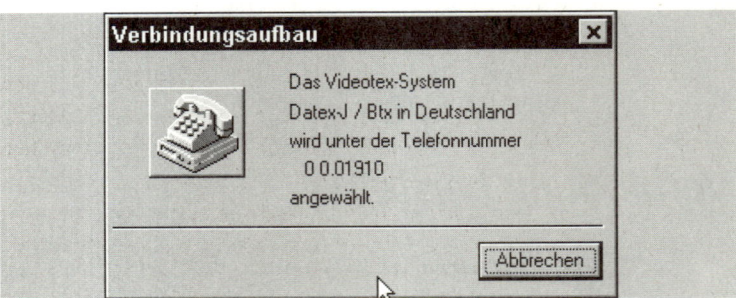

Abb. 17.5: *Verbindungsaufbau mit Datex-J*

Anhang A: Installationsschritte von Windows 95 und Fehlerbehebung

Die Installation von Windows 95 wurde erheblich vereinfacht und bereitet eigentlich keine Schwierigkeiten mehr. Dank des Setup-Assistenten werden Sie menügeführt und bis zum Ende der Installation "betreut".

Trotzdem kann es doch immer noch zu Problemen kommen, etwa wenn die Hardwareerkennung versagt und der gesamte Rechner einfriert. Deshalb seien im Anschluß an die Erklärung der Installation einige Fehlerbehebungen erwähnt.

Für die Installation sind eigentlich keine besonderen PC-Kenntnisse erforderlich. Ihren PC sollten Sie allerdings schon kennen. Trotzdem noch ein Wort zu den Hardwarevoraussetzungen.

Hardwarevoraussetzungen

Wirklich wohl fühlt sich Windows 95 auf einem Pentium-System mit möglichst viel Arbeitsspeicher, was jetzt aber nicht bedeuten soll, daß Sie in den nächstbesten Laden stürmen und einen Pentium bestellen sollen. Ein 486er Rechner tut es auch, wohingegen von einem 386er System abgeraten werden sollte. Zwar läuft Windows 95 auch noch auf einem 386er, doch nach einer gewissen Zeit werden Sie merken, daß es keinen Spaß macht. Folgende Voraussetzungen sollte Ihr PC schon erfüllen:

❑ Mindestens ein 386 SX; besser wäre allerdings ein 486 DX mit 33 oder 66 MHz Taktfrequenz. Optimal wäre ein Pentium mit 75 oder sogar über 100 MHz.

❑ Ab 4 MByte RAM läuft Ihr Windows 95 auf dem PC. Erfahrungswert mit besserer Performance sind 8 MByte. Aber erst mit 16 MByte trumpft Windows 95 richtig auf. Dies ist wohl der größte Quantensprung. Der Performance-Schub ist gewaltig. Von 16 auf 32 MByte bringt kaum noch eine Steigerung, es sei denn, Sie arbeiten viel mit Bildbearbeitungsprogrammen.

❑ Eine Festplatte mit ca. 500 MByte ist das erforderliche Maß, da Windows bei einer Komplett-Installation ca. 60 MByte verschlingt. Eine 1-GByte-Festplatte kann natürlich nicht schaden.

❑ Für ein angenehmes Arbeiten empfiehlt sich natürlich auch eine große Monitorfläche. 15-Zoll-Monitore reichen sicherlich aus, doch wer lange an einem PC arbeitet, sollte dann doch lieber auf einen 17-Zoll-Monitor zurückgreifen. Wichtig ist hier vor allem die Zeilenfrequenz des Monitors. Normal sind 64 kHz, bessere Monitore bieten 85 kHz. Achten Sie aber auch darauf, Grafikkarte und Monitor aufeinander abzustimmen.

❑ Unter den Windowsgrafikkarten blickt man/frau schon lange nicht mehr durch. Das Angebot ist unerschöpflich und ändert sich von Monat zu Monat. Hier können nur Mindestanforderungen angegeben werden. Für eine vernünftige Darstellung benötigen Sie eine Super-VGA-Karte mit mindestens 800*600 Bildpunkten.

❑ Zur Installation unbedingt erforderlich: Entweder ein 1,44 Disketten-laufwerk oder ein CD-ROM-Laufwerk.

❑ Natürlich eine Maus und eine Tastatur, um Ihren PC mit Anweisungen zu füttern.

❑ Optional: Ein Modem mit mindestens 14400 Baud Übertragungsrate. Wollen Sie nämlich Mitglied von Onlinediensten werden oder im Internet surfen, benötigen Sie ein Modem oder eine ISDN-Karte.

❑ Optional: Netzwerkkarte für den Anschluß an ein Netzwerk und entsprechende Verkabelung.

❑ Optional: Soundkarte, damit Sie wirklich alle Features vor allem die des PlusPack! genießen können.

 Wenn Sie eine Update-Version von Windows 95 erstanden haben, muß vorher ein Betriebssystem auf Ihrem Rechner in-stalliert sein, andernfalls bricht die Installation ab. Sie benöti-gen dann eine Vollversion von Windows 95.

Setup starten

Das Installationsprogramm starten Sie entweder von der CD oder der ersten Installationsdiskette durch die Eingabe SETUP. Windows 95 kann Windows 3.0 und höher updaten. Wenn Sie Windows 3.0 verwenden, müssen Sie Setup von der DOS-Ebene aus starten. Besitzen Sie Windows 3.1 oder 3.11, kann das Setup-Programm auch von Windows aus aufgerufen werden.

Das Setup-Programm wird in mehreren Schritten durchgeführt. Zum besseren Verständnis der Installationsroutine und der Behebung eventueller Probleme werden die Schritte jetzt näher erklärt.

Schritt 1: Initialisierungsphase

Windows 95 bereitet Ihren PC für die Installation vor, dabei werden folgende Punkte gecheckt:

❑ Ihre Festplatte wird auf Fehler untersucht.

❑ Setup sucht nach alten Windows-Versionen.

❑ Haben Sie speicherresidente Programme geladen?

❑ Ist ein Speicher-Manager geladen? Wenn nicht, lädt Windows 95 die Datei HIMEM.SYS.

Nachdem alle Tests beendet sind, startet Windows 95 den eigentlichen Begrüßungsbildschirm der Installation.

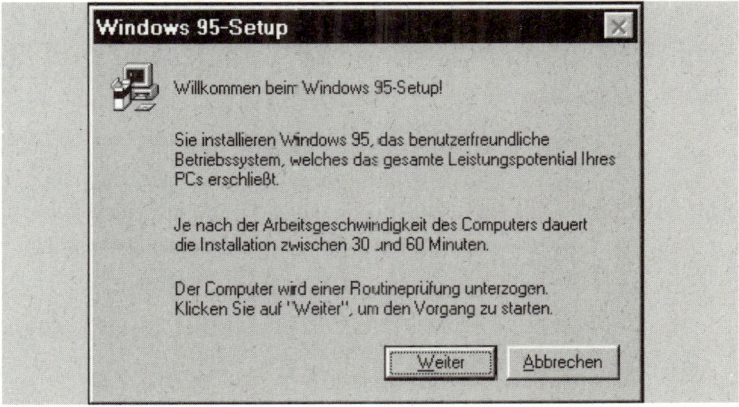

Abb. A.1: *Die Begrüßung zum Setup-Programm*

331

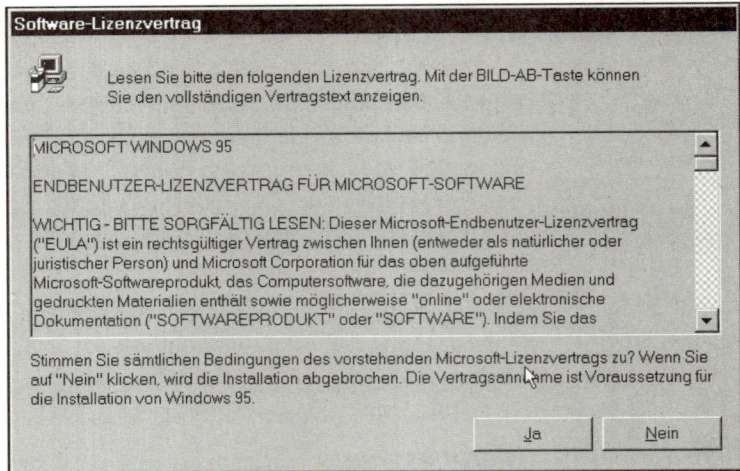

Abb. A.2: Der Lizenzvertrag

Anschließend wird ein Fenster mit den Lizenzbedingungen eingeblendet. Bestätigen Sie mit JA, wird die Installation fortgesetzt.

Schritt 2: Vorbereitung auf Smart Recovery (nur bei fehlgeschlagener Installation)

Dieser Schritt sei trotzdem kurz erklärt, obwohl er bei der erstmaligen Installation nicht in Erscheinung tritt. Wenn die Installation aus irgendwelchen Gründen fehlgeschlagen ist und der Computer neu gestartet werden muß, fährt die Installation dort fort, wo sie abgebrochen worden ist.

Schritt 3: Auslesen der Datei SETUPLOG.TXT (nur bei fehlgeschlagener Installation)

Das Setup-Programm arbeitet hier mit einer Protokolldatei. Diese Datei protokolliert alle Setup-Routinen. Ist die Installation fehlerhaft, kann über die Protokolldatei SETUPLOG.TXT der Stand der Installation nachvollzogen werden, und Windows 95 versucht, den Fehler jetzt zu beheben.

Bei einer gelungenen Installation kann Windows 95 die installierten Dateien nochmals vergleichen, überprüfen und gegebenenfalls beschädigte Dateien ersetzen (Verify-Funktion).

332

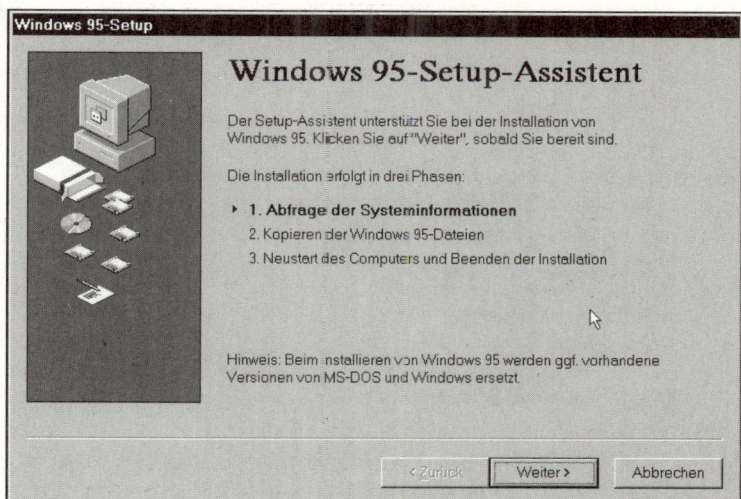

Abb. A.3: *Der Setup-Assistent von Windows 95*

Schritt 4: Abfrage der Systeminformationen

Nachdem nun einige Routineabfragen von Windows 95 durchgeführt worden sind, startet der eigentliche Setup-Assistent. Er fragt Sie interaktiv bestimmte Systeminformationen ab, die Sie auswählen können. Diese Informationen betreffen das Installationsverzeichnis, die Auswahl der unterschiedlichen Installationsarten sowie bestimmte Benutzerangaben.

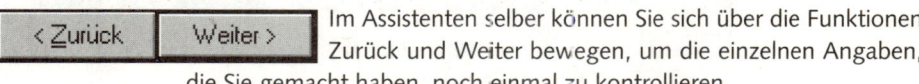 Im Assistenten selber können Sie sich über die Funktionen Zurück und Weiter bewegen, um die einzelnen Angaben, die Sie gemacht haben, noch einmal zu kontrollieren.

Installationsverzeichnis

Als nächstes muß das Installationsverzeichnis von Ihnen festgelegt werden. Hat Windows 95 eine ältere Windows-Version gefunden, wird dieses Verzeichnis als neues Windows 95-Verzeichnis vorgeschlagen.

Wenn Windows 95 in das alte Windows-Verzeichnis kopiert werden soll, bleiben alle vorherigen Einstellungen der alten Windows-Version erhalten. Sie müssen also keine Neu-Installationen vornehmen, da alle benötigten DLL-Dateien und Konfigurationseinstellungen übernommen werden.

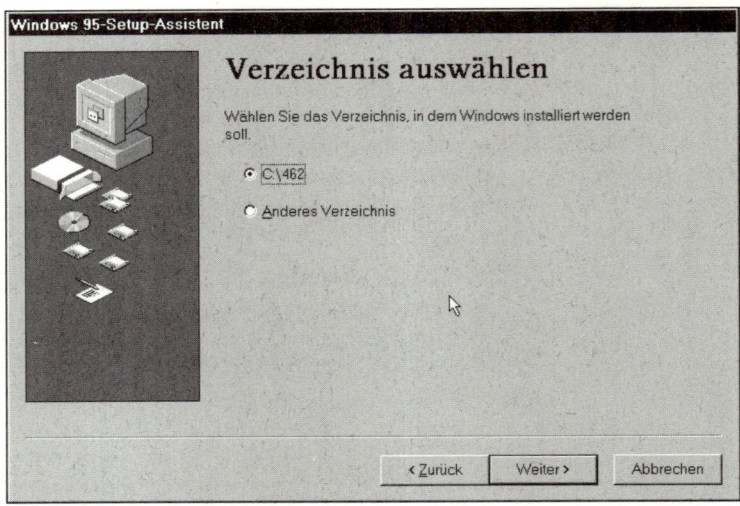

Abb. A.4: *Auswahl des Verzeichnisses*

Der Nachteil ist der, daß Sie dann Ihr altes Windows 3.x nicht mehr starten können. Eine Dualboot-Option besteht zwar noch, doch ersetzt Windows 95 viele Dateien der alten Windows-Version.

Bei der Auswahl eines neuen Verzeichnisses haben Sie zwar eine neue, frische Windows-Installation auf Ihrer Platte, doch müssen Sie alle Programme, die Sie vorher verwendet haben, neu installieren.

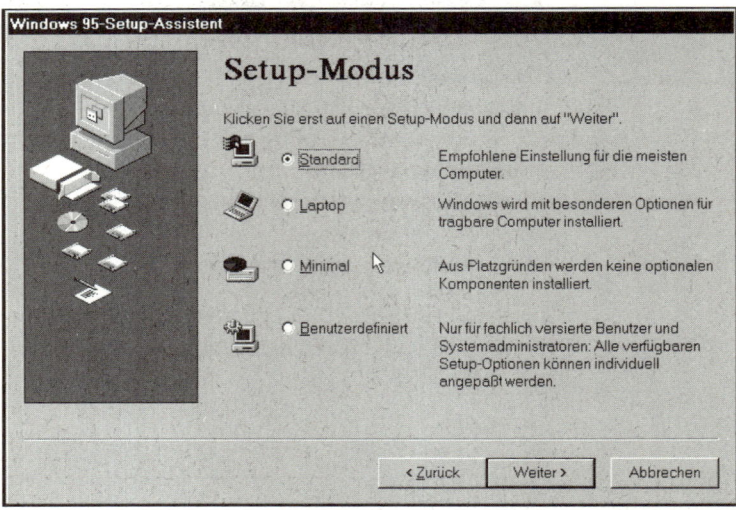

Abb. A.5: Auswahl der Setup-Arten

Welches Verzeichnis Sie nun auswählen, bleibt Ihnen überlassen. Sie müssen nur darauf achten, genügend Speicherplatz zur Verfügung zu haben.

Unterschiedliche Setup-Modi

Im nächsten Schritt stellt Ihnen Windows 95 vier unterschiedliche Setup-Modi zur Verfügung. Sie bestimmen damit den Umfang der Installation und ob die Setup-Prozedur weiter automatisch ablaufen soll. Windows 95 kann Ihnen in diesem Fall bestimmte Auswahlmöglichkeiten abnehmen:

STANDARD   Windows 95 wird mit allen Standardkomponenten, die Sie für den Alltag benötigen, installiert. Die Netzwerkfunktionen sind hierbei ausgespart.

LAPTOP   Diese Option ist überwiegend für Besitzer von tragbaren Computern gedacht. Windows 95 wird in einer Sparversion installiert inklusive DFÜ-Tools, die Sie für unterwegs benötigen. Zusätzlich erhalten Sie einige Sonderfunktionen speziell für Laptops und Notebooks.

MINIMAL   Die absolute Sparvariante. Es werden nur die allernötigsten Komponenten von Windows 95 installiert. Diese Version reicht für die Grundfunktionen von Windows 95 aus, hat aber den Nachteil, daß Sie nicht alle Vorteile von Windows 95 ausnutzen können.

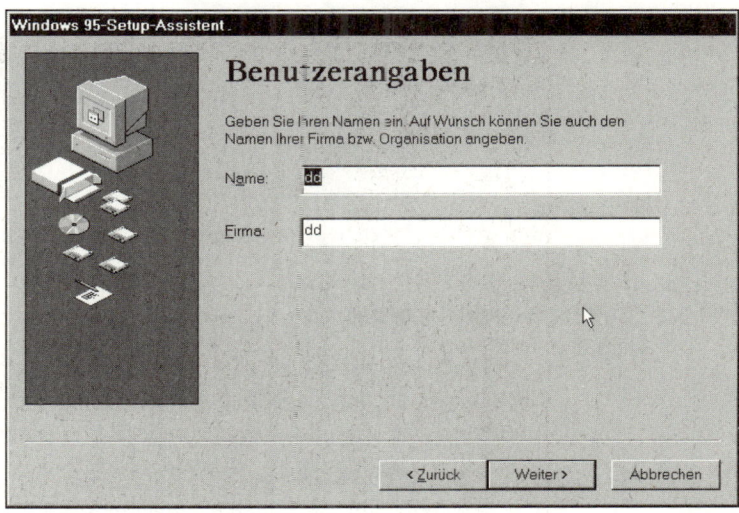

Abb. A.6: Benutzerangaben

BENUTZERDEFINIERT Mit Hilfe dieser Option haben Sie die Möglichkeit, die Installation von Windows 95 fein abzustimmen. Hier können Sie in folgenden Dialogfenstern die weitere Installation von Windows 95 und seiner Komponenten beeinflussen. Bestimmte Komponenten können Sie von der Installation aussparen, aber im Gegensatz auch Einzelheiten hinzufügen.

Einsteiger sollten hier die Standardvariante vorziehen, fortgeschrittene Anwender und vor allem Umsteiger sollten das Benutzerdefinierte Setup wählen.

Benutzerangaben

Die Benutzerangaben sind eher von geringer Bedeutung und dienen zur Identifizierung während der Installation. Geben Sie hier Ihren Benutzernamen an.

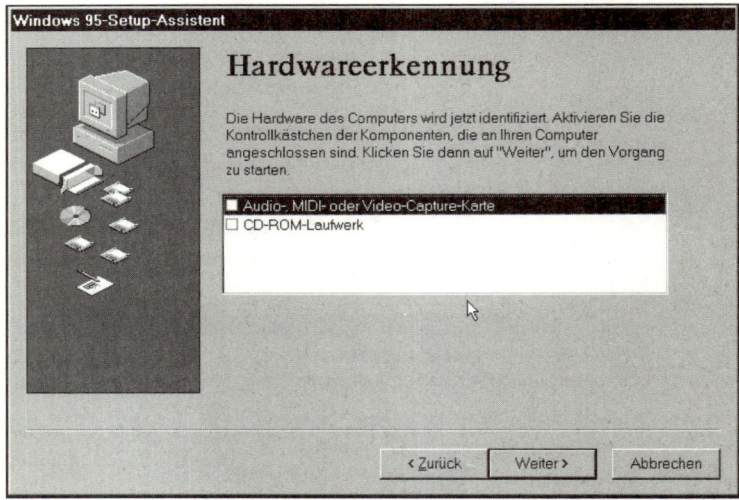

Abb. A.7: Abfrage der Hardwareerkennung

Schritt 5: Hardwareerkennung

Der nächste Hauptschritt ist die Hardwareerkennung von Windows 95. Da Windows 95 sich als Plug and Play-Betriebssystem bezeichnet und automatisch installierte Hardwarekomponenten erkennen kann, ist dieser Schritt bei der Installation besonders wichtig.

Windows 95 muß also während der Erkennung feststellen, welche Hardwarekomponenten installiert sind und welche Ressourcen wie Eingabe/Ausgabe-Adressen Interrupts, DMA-Kanäle und Speicheradressen verwendet werden. Alle Angaben werden dann zentral in einer Datenbank abgelegt. Diese Datenbank wird als Registry bezeichnet und speichert alle Systemeinstellungen.

Die Hardwareerkennung ist wohl auch der sensibelste Teil der Installation von Windows 95. Wenn bestimmte Hardwarekomponenten nicht erkannt werden oder es zu falschen Einstellungen kommt, kann der Rechner sich sogar aufhängen. Dies ist aber kein Grund zur Sorge, denn oft müssen bestimmte Komponenten manuell eingestellt werden.

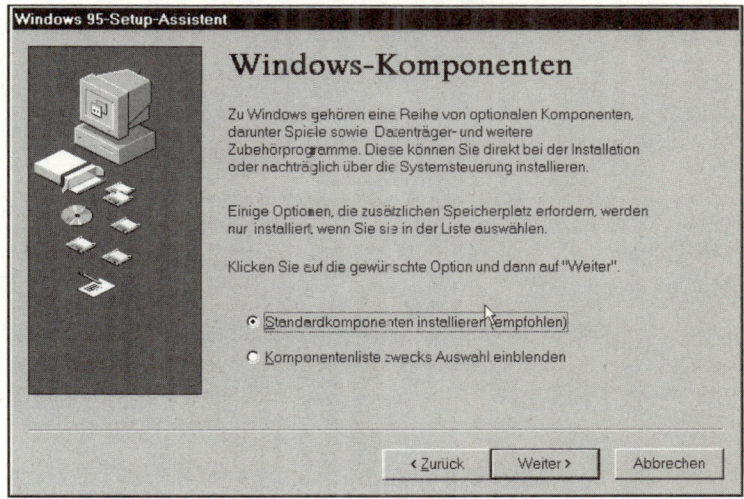

Abb. A.8: Die Windows-Komponenten

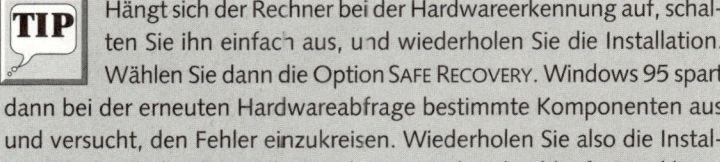 Hängt sich der Rechner bei der Hardwareerkennung auf, schalten Sie ihn einfach aus, und wiederholen Sie die Installation. Wählen Sie dann die Option SAFE RECOVERY. Windows 95 spart dann bei der erneuten Hardwareabfrage bestimmte Komponenten aus und versucht, den Fehler einzukreisen. Wiederholen Sie also die Installation so lange, bis die Hardwareerkennung glatt durchläuft. Dies klappt in den meisten Fällen.

Schritt 6: Auswahl der Windows-Komponenten

In Schritt 6 wählen Sie die Windows-Komponenten aus, die Ihnen bei der benutzerdefinierten Installation zur Verfügung stehen. In einem Auswahlfenster sind alle Komponenten aufgeführt. Rechts daneben sehen Sie den benötigten Speicherplatz, den die ausgewählten Komponenten benötigen sowie eine kleine Beschreibung.

Über ein Kontrollkästchen markieren Sie eine Komponente, wenn sie installiert werden soll. Über die Funktion DETAILS verzweigen Sie in weitere Einzelheiten der Komponenten. So stellt die Komponente Multimedia weitere Unterkomponenten zur Verfügung. Sie beinhalten zum Beispiel Multimedia-Tools wie CD-Player, Mischpult oder Mediaplayer.

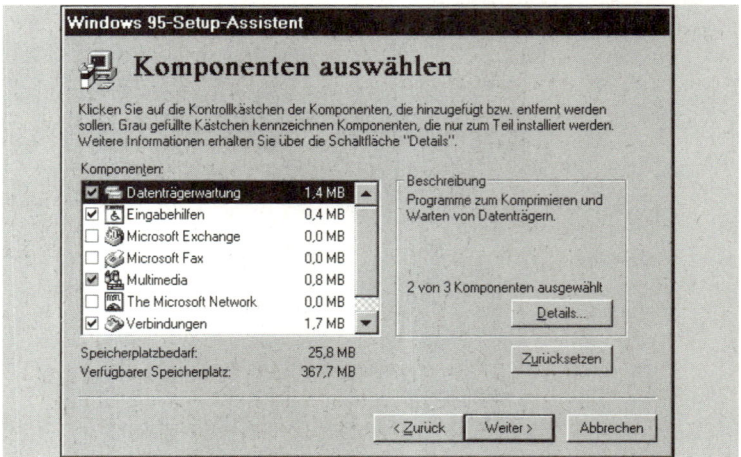

Abb. A.9: Komponenten auswählen

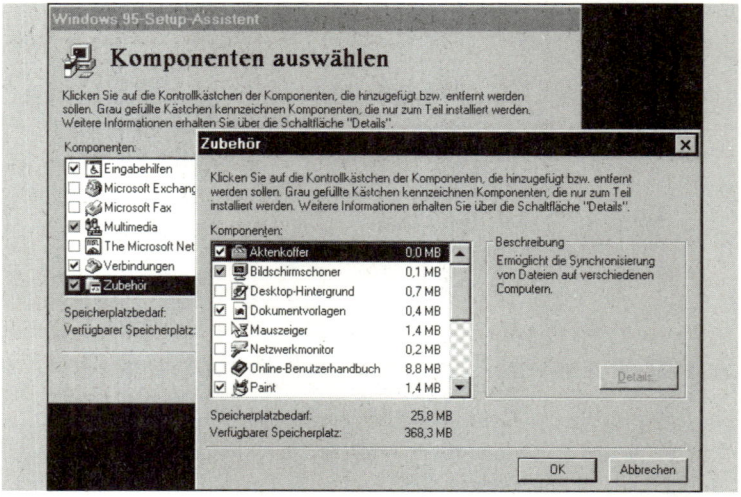

Abb. A.10: Einzelheiten der Komponenten auswählen

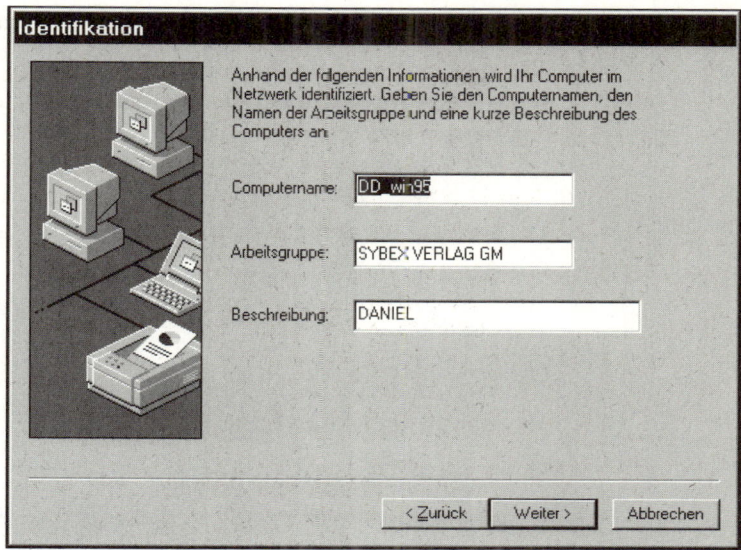

Abb. A.11: Angaben für ein installiertes Netzwerk

Netzwerk

Nach der Komponentenauswahl erscheint das Dialogfenster für Angaben zu einem angeschlossenen Netzwerk. Diese Option erscheint nur, wenn von Windows 95 auch eine installierte Netzwerkkarte erkannt worden ist.

Abb. A.12: Angaben zur Netzwerkkonfiguration

339

Hier müssen Sie Angaben zu Computername, Arbeitsgruppe und Beschreibung machen, um sich später im Netzwerk identifizieren zu können.

Für die installierte Netzwerkkarte müssen ebenfalls Einstellungen vorgenommen werden. Wichtig sind vor allem:

❑ Verwendeter Interrupt der Karte

❑ Ein- und Ausgabeadresse

❑ Verwendete Protokolle

❑ Client

❑ Verwendete Netzwerkdienste

❑ Primäre Netzwerkanmeldung

❑ Datei- und Druckerfreigabe

❑ Identifikation im Netz

Viele Einstellungen werden allerdings automatisch von Windows 95 vorgegeben.

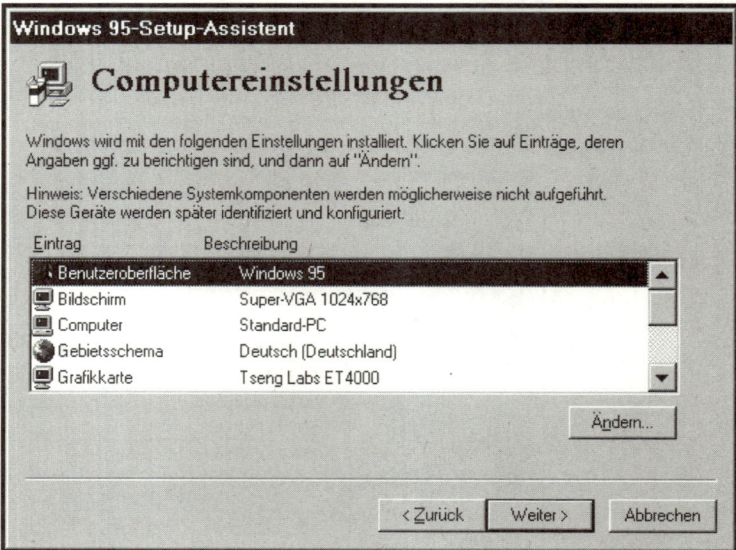

Abb. A.13: *Computereinstellungen, mit denen Windows 95 installiert wird*

Computereinstellungen

Ebenfalls noch zum Schritt 6 gehören die Optionen für die Auswahl der Hardwarekomponenten. Windows 95 hat bei der Hardwareabfrage bestimmte Komponenten erkannt und in die Liste eingetragen.

Deutlich sehen Sie in dem Dialogfenster die Hardwarekategorie und den dazu erkannten Typ. Hier haben Sie nun noch einmal die Gelegenheit, bestimmte Einstellungen zu ändern oder zu korrigieren, wenn Windows 95 ein Gerät nicht richtig erkannt hat.

Wählen Sie in der Liste ein Gerät aus. Über die Funktion ÄNDERN gelangen Sie in ein Auswahlfenster zur Bestimmung des Hardwareherstellers und den angebotenen Modellen.

 Ist Ihr Gerät nicht in der Hersteller- und Modelliste aufgeführt, so wählen Sie entweder ein Standardgerät, oder installieren Sie nachträglich einen mitgelieferten Treiber des Geräteherstellers.

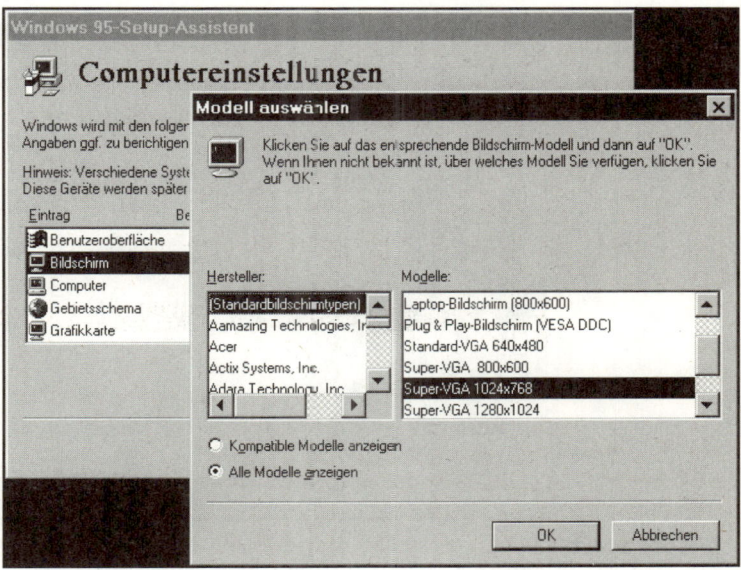

Abb. A.14: *Nachträgliche Anpassung der Computereinstellungen*

341

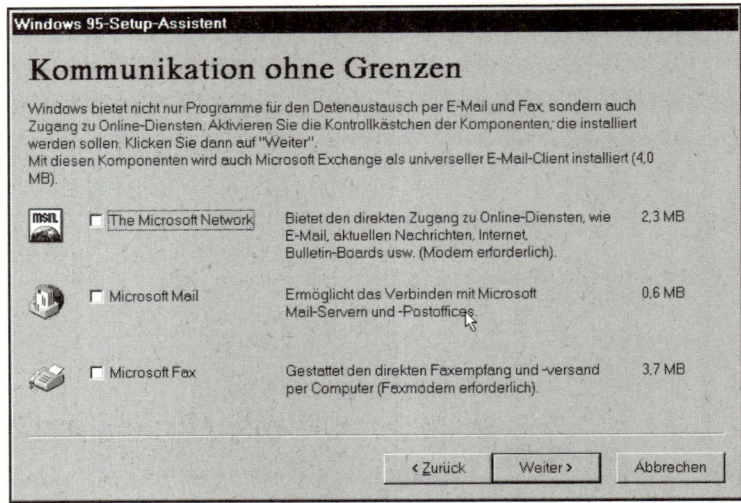

Abb. A.15: *Auswahl von Kommunikationskomponenten*

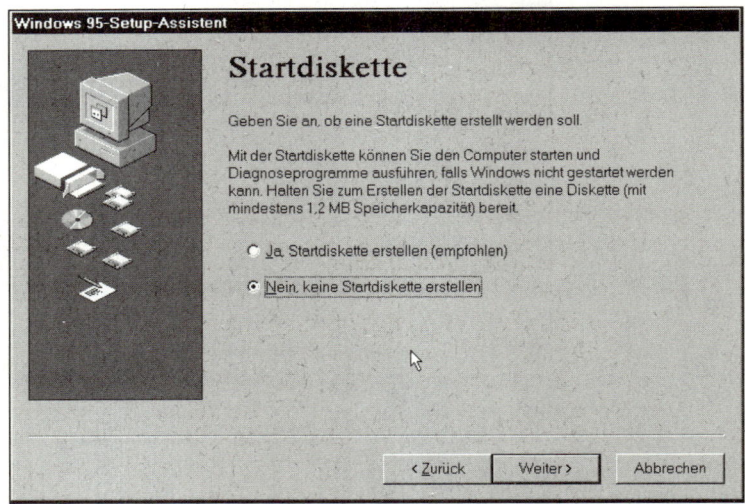

Abb. A.16: *Erstellung der Startdiskette*

Schritt 7: Erstellung der Startdiskette

In diesem Schritt erhalten Sie die Option für die Erstellung einer Boot-
diskette. Sie benötigen hierfür eine Diskette, die automatisch formatiert
wird, damit Windows 95 anschließend alle wichtigen Systemdateien auf
die Diskette kopieren kann.

Mit Hilfe der Startdiskette können Sie Windows 95 von einer Diskette
aus starten. Allerdings wird dabei die Shell von Windows 95 nicht geladen. Heben Sie die Diskette auf, um sie später als Not- oder Rettungs-
diskette verwenden zu können. Im Notfall können Sie mit der Diskette
die Systemdateien von Windows 95 auf der Festplatte reparieren.

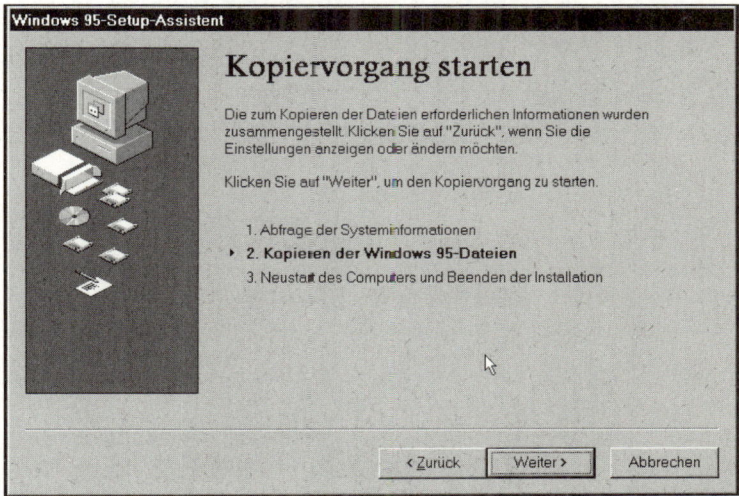

Abb. A.17: *Windows 95-Dateien werden kopiert*

Schritt 8: Dateien kopieren und Setup beenden

Nachdem Sie nun alle Einstellungen und Konfigurationen vorgenommen
haben, leiten Sie im nächsten Schritt den eigentlichen Kopiervorgang ein.
Setup kopiert alle Dateien in das angegebene Verzeichnis und erstellt die
Systemdateien im Hauptverzeichnis Ihrer Festplatte. Ihre alten DOS-
Systemdateien werden dabei nur umbenannt, um sie später wiederver-
wenden zu können. Anschließend wird der Rechner neu gestartet. Sie
haben es fast geschafft.

Schritt 9: Hardwarekonfiguration

Nach dem Neustart wird erneut die Hardware konfiguriert und eingestellt.

Schritt 10: Desktop-Einstellungen

Anschließend werden allgemeine Einstellungen vorgenommen wie Einrichtung der Hilfefunktion, Konvertierung von vorhandenen Programmgruppen von Windows 3.x, Einstellung von Datum und Zeit sowie weitere Einstellungen.

Schritt 11: Zweiter Start des Rechners (konfigurationsabhängig)

Im letzten Schritt kann es sein, daß Windows 95 bestimmte Hardware-
einstellungen vorgenommen hat, die ein erneutes Booten des Rechners
erfordern. Endlich! Windows 95 ist installiert.

Fehlermeldungen und -behebungen beim Setup

Bei der Installation kann es doch immer wieder zu Schwierigkeiten kommen, vor allem bei der Hardwareerkennung. Es gibt nun viele Tausende Rechnerkonfigurationen, die von Windows 95 erkannt werden sollten, doch gibt es immer mal wieder Hardwarefehler, die jedes Betriebssystem zum Scheitern bringen.

Aber auch beim Kopieren der Dateien kann es zu Fehlern kommen. Mal öffnet sich vielleicht ein Archiv nicht, oder die Datei ist schlichtweg kaputt und läßt sich nicht installieren.

Für diesen Fall seien im folgenden einige Fehlermeldungen und Symptome aufgeführt und erklärt. Mit einigen Tricks und ein bißchen Geduld kann man doch so manche Hürde überwinden.

ScanDisk bleibt bei der Untersuchung der Festplatte hängen

In diesem Fall sollten Sie das Setup-Programm mit dem Parameter /IS starten:

```
SETUP /IS
```

Setup wird dann ohne ScanDisk gestartet und verwendet den herkömmlichen Befehl CHKDSK zur Untersuchung von Fehlern auf der Festplatte.

Setup hängt sich auf und der Rechner friert ein

Es gibt einige Rechner mit CMOS-Einstellungen für den Anti-Virenschutz. Sie sollten diesen Schutz bei einigen Rechnerkonfigurationen ausschalten.

Setup hängt sich während der Hardwareerkennung auf, und der Rechner friert ein

Wenn der Rechner während der Hardwareerkennung einfriert - dies merken Sie spätestens, wenn die Maus sich nicht mehr bewegen läßt - schalten Sie ihn einfach aus und nach ein paar Sekunden wieder ein. Betätigen Sie bitte nicht die Tastenkombination Strg Alt Entf für den Warmstart.

345

Der Rechner sollte sich von Grund auf neu initialisieren. Dies tut er nur bei einem Kaltstart. Anschließend wiederholen Sie die Setup-Prozedur so lange, bis alle Hardwarekomponenten erkannt sind.

Sollte dies auch nicht klappen, so müssen Sie das Setup nochmals wiederholen und die Hardwareerkennung manuell vornehmen. Wenn das Dialogfenster für die Hardwareabfrage erscheint, können Sie zwischen der automatischen oder manuellen Abfrage entscheiden. Umgehen Sie also einfach die automatische Hardwareerkennung, und modifizieren Sie die Hardwareliste selber. In der Hardwareliste wählen Sie dann folgende Komponenten aus:

❑ Diskettencontroller

❑ Festplattencontroller

❑ Tastatur

❑ Maus

❑ Monitor

❑ Grafikkarte

Dies sind die Mindestangaben, ohne die Windows 95 nicht startet.

Setup hängt sich nach der Installation und dem ersten Start auf

In diesem Fall ist eine Hardwarekomponente von Windows 95 nicht richtig erkannt und installiert worden. Oft handelt es sich dabei um einen falschen Treiber. Führen Sie folgende Schritte durch:

1. Starten Sie Windows 95 erneut.

2. Bei der Startmeldung von Windows 95 drücken Sie entweder die Funktionstaste F5 für den Safe-Mode oder F8, um in das Bootmenü zu gelangen, und wählen dort die Startprozedur ABGESICHERT.

3. Im abgesicherten Modus können Sie jetzt bestimmte Treiber entfernen und erneuern.

4. Starten Sie Windows erneut.

Fehlermeldung: Falscher oder fehlender COMMAND.COM

Wenn diese Datei fehlt oder beschädigt ist, kann sie mit Hilfe der Windows 95-Startdiskette wiederhergestellt werden. Auf ihr befindet sich alle Systemdateien und die Datei COMMAND.COM. Sie sollten also bei der erstmaligen Installation von Windows 95 unbedingt eine Startdiskette erstellen lassen.

1. Legen Sie die Startdiskette in das Laufwerk, und starten Sie Windows 95 von der Diskette aus.

2. Bei der Eingabeaufforderung geben Sie bitte ein:

```
attrib -r -s- h c:\command.com

copy a:\command.com c:\
```

3. Anschließend starten Sie den Rechner wie gewohnt.

Um die Systemdateien komplett zu ersetzen, können Sie statt des ATTRIB-Befehls auch den Befehl SYS verwenden. Am Eingabeprompt geben Sie einfach

```
SYS C:
```

ein.

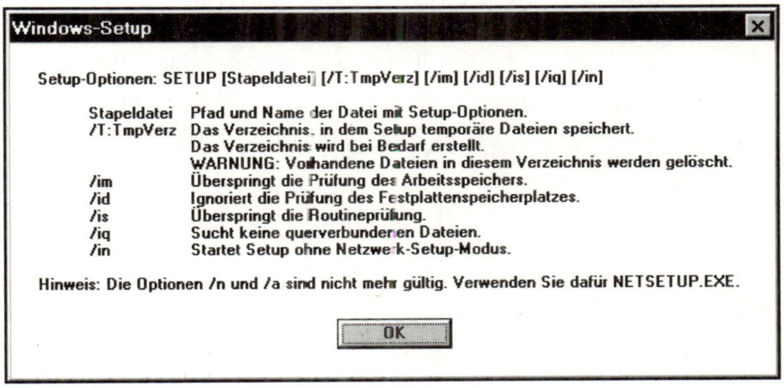

Abb. A.18: *Die Setup-Optionen*

Setup und Aufrufparameter

?   Zeigt alle Parameter von SETUP an.

/c   Setup übergeht den Plattencache SmartDrive.

/d   Verhindert die Verwendung der alten Windows-Version beim Setup von Windows 95.

/id   Schaltet während der Installation die Überprüfungsroutine für den Speicherplatz aus.

347

/it Schaltet während der Installation die Überprüfungsroutine für speicherresidente Programme aus.

/is Setup übergeht während der Installation das Programm ScanDisk.

/l Schaltet während der Installation die Logitech-Maus ab.

Die Datei MSDOS.SYS

Eine sehr wichtige Rolle spielt die Systemdatei MSDOS.SYS. Es handelt sich dabei um eine reine Textdatei, die von Ihnen auch editiert werden kann. Ähnlich den bekannten INI-Dateien enthält auch die Datei MSDOS.SYS Sektionen mit bestimmten Parametern zum Start von Windows 95.

In der Datei finden Sie die Sektion [Paths] mit den genauen Angaben des Windows 95-Verzeichnisses. Dieser Eintrag darf von Ihnen nicht verändert werden, sonst findet Windows 95 beim Start nicht die Registry-Dateien.

Als zweite und interessantere Sektion finden Sie noch den Eintrag [Options]. Über bestimmte Parameter, die gleich noch erklärt werden, können Sie die Startup-Prozedur von Windows 95 beeinflussen.

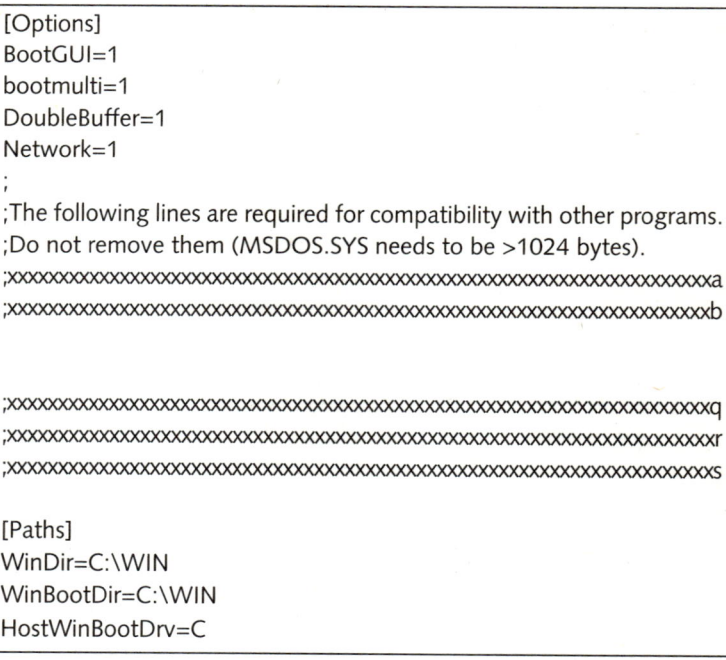

```
[Options]
BootGUI=1
bootmulti=1
DoubleBuffer=1
Network=1
;
;The following lines are required for compatibility with other programs.
;Do not remove them (MSDOS.SYS needs to be >1024 bytes).
;xxxxxxxxxxxxxxxxxxxxxxxxxxxxxxxxxxxxxxxxxxxxxxxxxxxxxxxxxxxxxxxa
;xxxxxxxxxxxxxxxxxxxxxxxxxxxxxxxxxxxxxxxxxxxxxxxxxxxxxxxxxxxxxxxb


;xxxxxxxxxxxxxxxxxxxxxxxxxxxxxxxxxxxxxxxxxxxxxxxxxxxxxxxxxxxxxxxq
;xxxxxxxxxxxxxxxxxxxxxxxxxxxxxxxxxxxxxxxxxxxxxxxxxxxxxxxxxxxxxxxr
;xxxxxxxxxxxxxxxxxxxxxxxxxxxxxxxxxxxxxxxxxxxxxxxxxxxxxxxxxxxxxxxs

[Paths]
WinDir=C:\WIN
WinBootDir=C:\WIN
HostWinBootDrv=C
```

Abb. A.19: *Inhalt der Datei MSDOS.SYS*

Die Sektion [Paths] kann folgende Einträge haben:

HostWinBootDrv=<Root of Boot Drive>

Standard: C

Bedeutung: Gibt Ihr Bootlaufwerk an.

WinBootDir=<Windows Directory>

Standard: Laufwerk wird bei der Installation vorgegeben (z.B. C:).

Bedeutung: Bestimmt das Laufwerk, von dem Windows 95 ge-
                 startet wird.

WinDir=<Windows Directory>

Standard: Verzeichnis wird bei der Installation vorgegeben (z.B.
                 \WIN95).

Bedeutung: Installationsverzeichnis, in das Windows 95 kopiert
                 wurde.

Die [Options]-Sektion kann folgende Einträge besitzen und von ihnen
verändert werden:

BootDelay=<Seconds>

Standard: 2

Bedeutung: Bestimmt die Zeit, mit der die Meldung „Starte
                 Windows 95" auf dem Bildschirm sichtbar bleibt, bis
                 Windows 95 endgültig geladen ist.

349

BootFailSafe=<Boolean>

Standard: 0

Bedeutung: Mit der Einstellung 1 wird Windows 95 im Safe-Mo-
dus gestartet. In diesem Modus startet Windows 95
im einfachem VGA-Modus und ohne Netzwerkfunktionen.

BootGUI=<Boolean>

Standard: 1

Bedeutung: Bei der Einstellung 1 wird die Shell von Windows 95
gestartet. Bei Einstellung 0 erscheint nur die Eingabeaufforderung.

BootKeys=<Boolean>

Standard: 1

Bedeutung: 1 schaltet die Funktionstastenbelegung beim Start von
Windows 95 ein (⇩4, ⇩5, ⇩6, und ⇩8).
Mit ⇩4 kann zum Beispiel der Dualboot eingeleitet
werden, und Ihr altes DOS wird gestartet. Mit ⇩8
gelangen Sie in das Bootmenü. Die Funktionstasten
müssen Sie drücken, wenn die Startmeldung von
Windows 95 erscheint.

 **TIP**   Die Einstellung BootKeys=0 übergeht die Einstellung
BootDelay=n.

BootMenu=<Boolean>

Standard: 0

Bedeutung: 1 blendet beim Start von Windows 95 das Bootmenü
ein. Bei der Einstellung 0 müssen Sie F8 drücken, wenn
die Bildschirmmeldung "Starte Windows 95" erscheint.
Dann kommt auch das Bootmenü zum Vorschein.

`BootMenuStandard=<Number>`

Standard: Einstellung 1, wenn Windows 95 ohne Fehler hoch-
fährt. Das Bootmenü wird übergangen, und Windows
95 startet mit dem ersten Menüeintrag. In diesem Fall
STANDARD

Einstellung 4, wenn Windows 95 nicht korrekt hoch-
fährt. Das Bootmenü wird übergangen, und Windows
95 startet mit dem vierten Menüeintrag. In diesem Fall
Safe-Mode.

Bedeutung: Auswahl des Bootmenüeintrags, mit dem Windows 95
standardmäßig starten soll.

`BootMenuDelay=<Number>`

Standard: 30

Bedeutung: Anzahl der Sekunden, mit der das Bootmenü eingeblendet werden soll, bevor es mit dem Standardwert
fortfährt.

```
     Microsoft Windows 95 Start-Menü


     1. Standard
     2. Protokolliert
     3. Abgesichert
     4. Abgesichert mit Netzwerk
     5. Einzelbestätigung
     6. Nur Eingabeaufforderung
     7. Abgesichert, Nur Eingabeaufforderung
     8. Vorherige MS-DOS-Version


   Auswahl: 1


F5=Abgesichert Umschalt+F5= Eingabeaufforderung
Umschalt+F8=Bestätigen [N]
```

Abb. A.20: *Das Bootmenü von Windows 95*

351

`BootMulti=<Boolean>`

Standard: 0

Bedeutung: Bei der Einstellung 0 ist die Option ausgeschaltet. Bei
                 dieser Einstellung können Sie nicht mit den Funktions-
                 tasten F4 und F8 das alte Betriebssystem starten.

 Nach der Installation von Windows 95 fehlt dieser Eintrag in
der Datei MSDOS.SYS. Fügen Sie also nachträglich den Eintrag

`bootmulti=1`

in die Sektion `[Options]` ein. Wie Sie die Datei editieren, erfahren Sie
weiter unten.

`BootWarn=<Boolean>`

Standard: 1

Bedeutung: Die Einstellung 0 schaltet die Safe-Mode-Meldung und
                 das Bootmenü aus.

`BootWin=<Boolean>`

Standard: 1

Bedeutung: Bestimmt, welches Betriebssystem standardmäßig ge-
                 laden werden soll. 1 startet automatisch Windows 95.
                 Einstellung 0 lädt standardmäßig DOS 5.x oder 6.x.

Hinweis: `Bootmulti=1` muß bei dieser Option vorher eingetragen sein!

`DoubleBuffer=<Boolean>`

Standard: 0

Bedeutung: Schaltet die Funktion Double-buffering ein, wenn sie
                 von bestimmten Laufwerkscontrollern verlangt wird.

DBLSpace=<Boolean>

Standard: 1

Bedeutung: Lädt automatisch die Datei DBLSPACE.BIN für den
                  Festplattenverdoppler DriveSpace. Mit 0 wird der La-
                  devorgang unterdrückt.

DRVSpace=<Boolean>

Standard: 1

Bedeutung: Lädt automatisch die Datei DRVSPACE.BIN für den
                  Festplattenverdoppler DriveSpace. Mit 0 wird der La-
                  devorgang unterdrückt.

LoadTop=<Boolean>

Standard: 1

Bedeutung: Bei der Einstellung 0 wird die Datei COMMAND.COM
                  oder DRVSPACE.BIN/DBLSPACE.BIN in den konven-
                  tionellen Speicher unter 640 KByte geladen. Diese
                  Option sollten Sie nur verwenden, wenn Sie Schwie-
                  rigkeiten mit bestimmter Software haben. Ansonsten
                  werden diese Dateien in den Extended Memory hoch-
                  geladen.

Logo=<Boolean>

Standard: 1

Bedeutung: Blendet beim Start von Windows 95 entweder das
                  animierte Logo ein oder aus. Mit der Einstellung 0 kann
                  der Windows-Start beschleunigt werden.

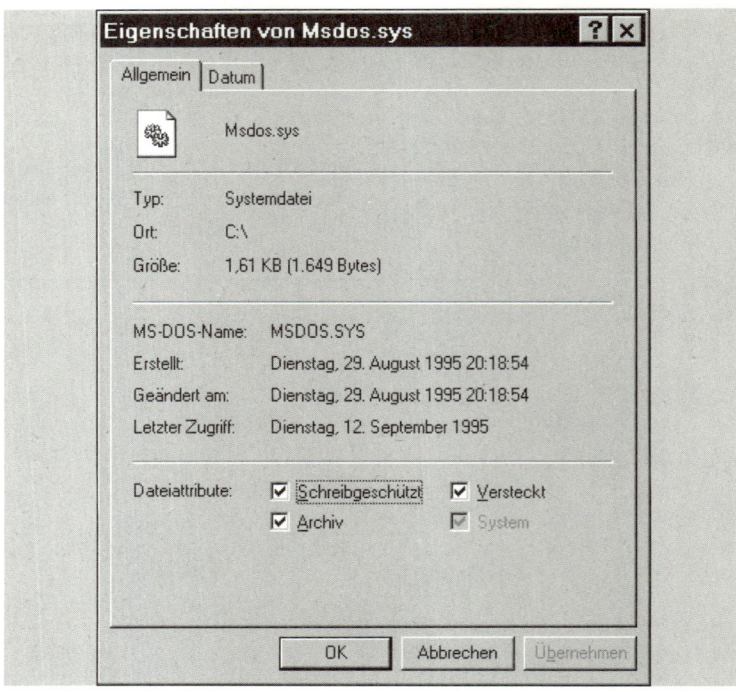

Abb. A. 21: *Ändern der Dateiattribute von MSDOS.SYS*

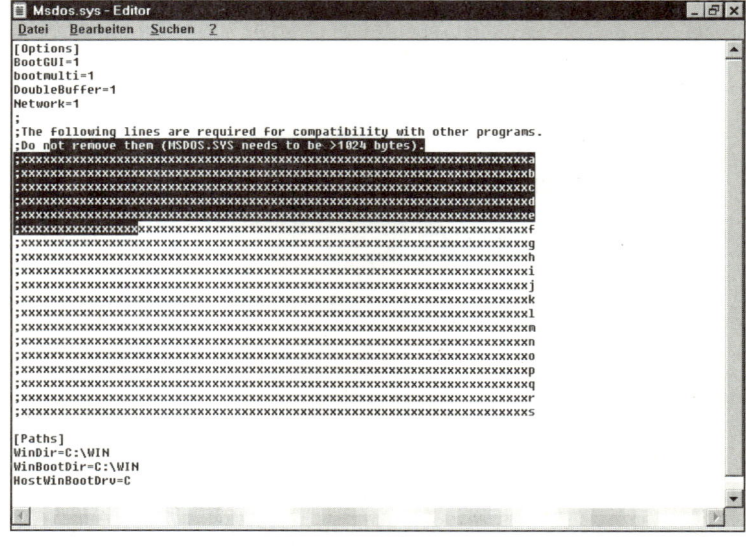

Abb. A.22: *Editieren von MSDOS.SYS*

```
Network=<Boolean>
```

Standard: 0

Bedeutung: Einstellung 1 blendet im Startmenü die Option für das
                  Übergehen der Netzwerkfunktionen ein.

Editieren der Datei MSDOS.SYS

Um die Datei überhaupt editieren zu können, muß der Schreibschutz der
Datei MSDOS.SYS entfernt werden. Gehen Sie dabei wie folgt vor:

1. Öffnen Sie das Icon ARBEITSPLATZ oder COMPUTER.

2. Öffnen Sie das Laufwerk C: mit einem Doppelklick.

3. Klicken Sie mit der rechten Maustaste auf die Datei MSDOS.SYS,
    und wählen Sie die Funktion EIGENSCHAFTEN.

4. Klicken Sie auf das Kontrollkästchen SCHREIBGESCHÜTZT, um das At-
    tribut zu entfernen. Bestätigen Sie anschließend mit OK.

5. Mit einem Doppelklick auf MSDOS.SYS laden Sie die Datei automa-
    tisch in einen Editor.

6. Nehmen Sie nun alle Änderungen vor. Speichern Sie anschließend
    die Datei ab, und beenden Sie den Editor. Meistens wird als Editor
    WORDPAD oder NOTEPAD geladen.

7. Klicken Sie wieder mit der rechten Maustaste auf die Datei
    MSDOS.SYS, und wählen Sie die Funktion EIGENSCHAFTEN.

8. Klicken Sie auf das Kontrollkästchen SCHREIBGESCHÜTZT, um das At-
    tribut wieder hinzuzufügen. Bestätigen Sie anschließend mit OK.

9. Starten Sie Windows 95 erneut, damit die Einstellungen geladen
    werden können.

Anhang B: Literaturhinweise

Diejenigen unter Ihnen, die sich noch etwas weiter informieren möchten, finden in der Literaturliste einige Titel, die verschiedene Themen rund um Windows 95 ausführlicher und mit anderen Schwerpunkten behandeln als dieses Taschenbuch.

An erster Stelle sollte hier auf jeden Fall der Titel von Microsoft Press "Inside Windows 95" erwähnt werden, der auch schon ins Deutsche übersetzt worden ist. Der Autor Adrian King sitzt als Microsoft-Mitarbeiter und Mitentwickler von Windows 95 am nächsten an allen Informationsquellen. Dieser Titel richtet sich auch stark an Entwickler und beinhaltet eine ausführliche Darstellung der Betriebssystemarchitektur von Windows 95. Im folgenden seien weitere Titel genannt:

❑ King, Adrian, *Inside Windows*. Redmond: Microsoft Press 1994; Übersetzung: Adrian King, *Inside Windows 95*, München: Microsoft Press 1994

❑ Schulman, Andrew, Unauthorized Windows 95, IDG Books 1994. Dieser Titel geht wirklich ans Eingemachte. So gehören zum Inhalt zum Beispiel folgende Themen: Bootvorgang, Protected Mode oder wie Windows DOS-Programme verwaltet.

❑ Jennings, Roger, *Unveiling Windows 95*, Indianapolis: QUE 1994

❑ *QUE'S First Look at Windows 95*, Indianapolis: QUE 1994

❑ Monadjemi, Peter, *Windows 95 enthüllt*, München: Markt und Technik 1994

❑ Schieb Group, *Windows 95. Was nun?*, Düsseldorf: SYBEX 1995

❑ CompuServe Forum, *go winnews*, In der Section *Hot News* finden Sie weitere Informationen. Hier sind auch die Resource Kits zu den Betaversionen von Windows 95 abgelegt. Sie können in verschiedenen Dateiformaten runtergeladen werden.

❑ Internet: ftp:// ftp microsoft.com, http://www.microsoft.com

❑ Eine spezielle Web-Seite für Windows 95: http://www.windows.microsoft.com

❑ Jörg Schieb, *Das Windows 95 Buch*, Düsseldorf: SYBEX 1995. Umfassendes Buch zum Thema Windows 95, ca. 1100 Seiten.

❑ Jörg Schieb, *QuickStart Windows 95*, Düsseldorf: SYBEX 1995. Einsteigertitel.

❑ Jörg Schieb, *Quick & Easy Windows 95*, Düsseldorf: SYBEX 1995. Vierfarbiger Einsteigertitel.

❑ Andreas F. Golla, *Erste-Hilfe-Kasten Windows 95* (CD-ROM), Düsseldorf: SYBEX 1995. Sammlung von hilfreichen Tools, Infotexten, Treibern und den ersten 32-Bit-Shareware-Programmen für Windows 95.

❑ Artikel einer Serie über die neuen Bedienelemente von Windows 95, in: *Microsoft Systemjournal*, Heft Nr. 6, November/Dezember 1994.

❑ *Microsoft Windows 95 Reviewer's Guide*, ebenfalls in CompuServe erhältlich

Stichwortverzeichnis

371

374